제2판

지식근로자시대의

비즈니스 커뮤니케이션

Business Communication

서 인 석

정보기술이 발전하면서 업무에서 정보와 지식을 충분히 활용하는 지식근로자가 늘어나고 있다. 전통적으로 육체 근로자가 대패, 톱, 망치 등과 같은 도구를 사용하였지만 현대의 지식근로자는 커뮤니케이션이라는 도구를 사용하여 지식을 창출하고, 그 지식으로 경쟁에 앞서 간다.

나라디엠출판사

서 문

근래에는 정보기술이 발전하면서 업무에서 정보와 지식을 충분히 활용하는 지식근로자가 늘어나고 있다. 지식근로자는 자신의 업무와 관련된 정보와 지식을 동료들과 교환하고 토론하여 최선의 업무 처리 방법을 개발한다. 이렇게 개발한 최선의 방법을 다른 사람에게도 능동적으로 알려서 다른 사람의 업무 효율도 높이도록 한다. 이와 같은 활동의 중요 부분은 정보교환, 토론 등과 같은 커뮤니케이션을 통하여 진행한다. 전통적 육체근로자는 망치와 톱, 기계 같은 도구를 사용하였지만, 현대의 지식근로자는 커뮤니케이션을 작업도구로 사용한다.

이렇게 커뮤니케이션의 중요성이 높아지면서 각 기업과 조직에서는 종업원에게 커뮤니케이션 교육을 강화하고 있고, 커뮤니케이션 능력이 높은 사람을 고용하려고 한다. 또 경제단체나 대학교육 인증프로그램에서는 대학에서 커뮤니케이션을 가르치도록 요구하는 일이 많아졌다.

커뮤니케이션 능력은 실무적으로 말하면 비즈니스 문서작성과 말하기 분야가 있다. 이 두 가지 커뮤니케이션 능력은 서로 관련성이 높다. 문서를 작성하면서 습득한 짜임새 있고 간결한 문장을 작성하는 능력은 말하기에도 응용할 수 있고, 말하기에서 습득한 상대방을 배려하는 능력을 문서작성에서도 사용할 수 있다. 또 프레젠테이션에서 말을 잘하기 위해서는 기본적으로 좋은 발표 개요를 쓸 수도 있어야 한다. 이와 같이 커뮤니케이션 능력들은 서로 연관되어 있기 때문에 서로 연관하여 배우면 커뮤니케이션 능력을 향상시키기에 유리하다.

문서작성과 말하기 능력 중 어떤 능력을 먼저 배울 것인가는 사람에 따라 다르게 생각할 수 있다. 이 책에서는 문서작성을 먼저 학습한다. 문서작성 과정은 말하기에 비해서 생각해볼 시간이 많아서 신중하게 판단할 수 있으며, 한 번 잘 못하여도 수정할 기회가 있으며, 다른 동료들에게 의논해볼 기회도 많기 때문에 배우기가 상대적으로 수월하다. 먼저 문서작성 학습을 통하여 커뮤니케이션 원리를 충분히 습득하면 말하기에 관련된 커뮤니케이션도 쉽게 배울 수 있다.

이 책에서는 실제 업무의 다양한 상황에 활용할 수 있도록 다양한 내용과 형태의 문서 작성에 대해서 먼저 설명한다. 문서 커뮤니케이션을 자세하게 설명하기 위하여 일상적 문서, 설득적 문서, 부정적 내용을 전하는 문서 등으로 나누어 설명하고, 또 메모와 이메일, 보고서 등으로 나누어 설명하기도 한다. 여기에서는 문법적인 글쓰기 방법보다는 비즈니스에서 상대방을 배려하면서 정보를 효과적으로 전달하고 설득하는 방법을 설명한다. 문서의 형식보다는 문서의 실제 내용을 구성하는 방법을 설명한다.

문서작성의 커뮤니케이션 원리를 충분히 설명한 후에 경청과 대화, 프레젠테이션 등에 대해 설명한다. 먼저, 일상적인 업무에서 상대방의 입장을 고려하여 커뮤니케이션하기 위하여 경청한 후에 대화하는 방법을 설명한다. 이어서 프레젠테이션에 대해서는 준비과정과 실제 실시과정을 각 단계별로 설명한다. 그 외에도 팀 조직의 구성원은 어떻게 커뮤니케이션을 할 것인가, 회의는 어떻게 하는가, 전화는 어떻게 사용할 것인가 등과 같은 내용도 설명한다.

또 사람들은 직장을 얻기 위하여 이력서와 자기소개서를 작성하고, 면접을 실시한다. 이 책에서는 커뮤니케이션 기술을 활용하여 이력서와 자기소개서 작성 및 면접을 실시하는 방법에 대해서 설명한다. 이 내용은 한편으로는 직장을 구하는 사람들에게 실제적인 도움을 주면서, 다른 한편으로는 커뮤니케이션 능력을 실제에 활용하는 방법을 설명하는 것이다.

마지막으로 이 책에서는 커뮤니케이션 기술을 활용하여 직장을 얻기 위한 이력서와 자기소개서 작성 및 면접에 대응하는 방법에 대해서 설명한다.

이 책을 공부한 사람들이 새로운 능력을 기르고, 그 능력이 새로운 인생의 문을 여는 열쇠가 되기를 바란다.

2011년 가을

저자 서인석

목 차

제1장 비즈니스 커뮤니케이션의 의의와 과정

제2장 업무 문서 작성 과정

제3장 업무상의 글쓰기 스타일

Business
Communication

제4장 일상적 문서의 작성

제5장 설득적 문서의 작성

Business
Communication

제6장 부정적 내용을 알리는 문서 작성

제7장 메모와 이메일 작성, 정보기술의 사용

제8장 보고서 작성의 준비

제9장 보고서 작성의 실제

제10장 경청과 대화, 비언어적 커뮤니케이션

Business
Communication

제12장 팀과 커뮤니케이션

제13장 조직 내의 커뮤니케이션 행동

제14장 이력서와 자기 소개서 작성

제15장 취업을 위한 면접

제1장

비즈니스 커뮤니케이션의 의의와 과정

1. 커뮤니케이션의 중요성
2. 커뮤니케이션 과정
3. 커뮤니케이션의 오류
4. 비즈니스 커뮤니케이션의 원칙

제1장

비즈니스 커뮤니케이션의 의의와 과정

커뮤니케이션은 사람이나 집단이 정보를 교환하고 의미를 공유하는 사회적 과정이다.[1] 사람들이 직장에서 일하는 과정은 커뮤니케이션의 연속이다. 일하는 과정에 나타나는 커뮤니케이션의 예로는 보고서 작성, 이메일 작성, 회의 참석, 면접 진행, 전화 대화, 동료와의 협의, 업무상의 점심, 지시사항 전달, 프레젠테이션 등이 있다. 이런 활동을 통하여 정보를 공유하고 활동을 조정하고 적절한 의사결정을 할 수 있다. 이렇게 사람들이 커뮤니케이션을 통하여 일을 진행하기 때문에 커뮤니케이션 하는 방법을 잘 이해하면 업무를 효과적으로 처리할 수 있다.

1 커뮤니케이션의 중요성

근래에는 사람들이 일하는 방법이 급격히 변화하고 있다. 전통적으로 관리자는 지시와 명령을 하고 종업원은 지시와 명령에 따라 자신의 일을 묵묵히 실천하는 것이 일하는 모습이었다. 그에 비해서 근래에는 모든 구성원이 정보를 교환하고 토론하고 새로운 지식을 형성하여 경쟁력을 향상시킬 수 있는 방법을 개발하면서 지식 근로자로 일한다. 이때 정보교환, 토론, 지식형성 등은 커뮤니케이션을 통하여 진행한다. 따라서 이제 직장 생활을 하기 원하는 사람이나 직장 생활을 하고 있는 사람에게 커뮤니케이션 능력은 핵심적인 능력이다.[2]

커뮤니케이션은 근래의 일하는 환경이 변화하면서 더욱 중요하게 되었다. 그러한 환경의 변화로는 팀 작업의 확산, 정보 기술의 발달, 재택근무와 같은 새로운 근무 형태의 출현, 지식경영 시대의 도래 등이 있다.

1) 팀 작업의 확산

세계적인 경쟁에서 고객의 요구에 신속하게 반응하고 비용을 절감하기 위하여 현대의 기업은 종업원의 수를 줄이고 계층이 단순한 새로운 조직을 운영한다. 계층이 단순화되면서 관리자의 수는 줄어들기 때문에 과거에 관리자가 실시한 의사결정을 종업원이 현장에서 직접 실시하는 경우가 많아지고 있다. 이렇게 의사결정에 참여하는 사람들은 우선 정보를 취득하여야 하고, 자신이 결정한 내용을 다른 사람들에게 말이나 문서로 전달해야 한다. 또, 회의에서 자신의 의견을 적절하게 말하거나 문서로 제출하기도 한다. 이런 활동을 위해서 커뮤니케이션 능력이 필요하다.

한편, 조직 계층이 단순화되면서 이제 대부분의 기업에는 여러 사람의 지혜를 이용하여 신속하게 업무를 처리하도록 기본 작업 단위를 팀으로 운영한다. 즉, 현대 기업에서는 정규업무팀, 품질관리 분임조, 신제품개발팀 등과 같은 팀이 업무를 진행한다. 팀의 구성원은 업무에서 중요 의사결정을 할 수 있는 권한을 가지고 공동의 책임 하에 공동의 목적을 협동적으로 달성하고 있다. 권한이 많이 위임되어 신입팀원 선발에 관한 권한을 가진 팀도 있고, 품질관리와 관련된 높은 수준의 결정 권한을 가진 팀도 있다.[3] 이렇게 팀 내에서 중요 의사결정을 하기 때문에 상위계층 관리자의 역할은 줄어든다. 대신 팀 구성원들이 서로 협동하여 작업하고 공동의 책임을 진다. 모든 팀 구성원들이 문제를 분석하고 의사결정에 참여하게 된다.[4] 이 과정에서 팀 구성원들의 적극적인 커뮤니케이션이 이루어져야 한다.

예를 들어 한 기업에서 신제품을 개발하기 위하여 마케팅, 생산, 설계, 연구 등의 부서에서 파견한 사람들로 신제품개발팀을 구성하게 된 경우를 생각해보자. 각각 다른 부서 출신의 구성원이 같이 일하면서 정보를 공유하고 공동으로 의사결정을 한다. 여기서 어려운 점은 서로 다른 부서 출신의 구성원이 서로 다른 교육과 훈련을 받고, 다른 근무 경험과 지식을 갖고 있기 때문에 회사의 업무를 보는 관점, 주로 사용하는 용어 등이 차이가 있어서 커뮤니케이션에 문제가 발생한다는 것이다. 이런 문제를 해결하기 위해서 팀 구성원에게는 다른 구성원의 관점을 이해하고 상대방을 배려하는 커뮤니케이션 능력이 필요하다.

2) 정보 기술의 발달

이제 우리는 이메일, 블로그, 소셜 네트워크, 팩스, 이동전화, 휴대용 컴퓨터, 화상회의 등을 통해서 정보를 교환하고 다른 사람을 만나고 있다. 이들 기술을 이용하면 몇 백 명의 사람을 동시에 연결할 수도 있다. 다른 나라의 소비자와도 쉽게 접촉할 수 있다.

이러한 정보기술 덕분에 기업과 소비자 간의 커뮤니케이션이 증가하고 있다. 인터넷과 웹을 이용하면 기업은 저렴한 비용으로 신속하게 정보를 수집하고, 고객을 지원하며, 제품과 서비스를 판매할 수 있다. 많은 기업이 웹 사이트를 개설하여 편리하게 소비자에게 정보를 알릴뿐만 아니라 소비자로부터 많은 정보를 얻기도 한다. 블로그나 소셜 네트워크를 이용하여 기업의 CEO가 소비자와 직접 대화를 하기도 한다. 반면에 과거에는 기업에서 소비자와 종업원에게로 가는 메시지가 많았지만 근래에는 정보기술을 이용하여 소비자와 종업원의 의견이 기업에 전달되고 있다. 일방향 커뮤니케이션보다는 양방향 커뮤니케이션이 일반화되고 있다. 이렇게 정보기술의 발달로 양방향 커뮤니케이션이 활성화된 시대를 비즈니스 커뮤니케이션 2.0 시대라고 부르기도 한다.[5)]

이러한 환경에서 업무를 위한 커뮤니케이션을 실시하는 사람은 정보기술을 잘 활용할 수 있어야 한다. 예를 들어 컴퓨터 화면에서 좋게 보이도록 문서를 작성하는 방법, 전달하려는 내용에 적합한 매체 선정 방법, 블로그에 적합한 글을 작성하는 방법, 소셜 미디어에서 소비자나 종업원의 문의에 효과적으로 대답하는 방법 등을 배워야 한다. 이런 활동을 위하여 정교한 커뮤니케이션 능력이 필요하다.

3) 새로운 근무 형태의 출현

근래에 새로운 근무 형태가 출현하고 있다. 대표적으로 재택근무와 사무실 공유 등이 이루어지고 있다. 먼저, 자신의 집에서 일하면서 업무상의 커뮤니케이션은 정보기기를 이용하는 재택근무를 하는 사람이 증가하고 있다. 재택근무를 하는 사람은 자기 집에서 일하면서 근무시간을 유연하게 조절할 수 있다. 회사의 사무실과는 다른 도시에 거주하면서 자기 집에서 일하는 사람도 있다.

한편, 회계법인의 회계사는 고객회사의 사무실에서 일하는 시간이 많기 때문에 자기 회사의 사무실을 이용하는 시간이 적다. 이들을 위해서 비싼 건물비용을 지출하면서 빈 책상을 둘 필요가 없다. 따라서 회계법인과 같이 구성원들이 외부에서 근무하는 일이 많은 회사에서는 각 개인에게 전용 책상을 배정해주지 않고 하나의 사무실을 돌아가면서 공동으로 사용하기도 한다.[6] 외부 근무가 많은 컨설팅회사나 판매회사도 이와 같은 방법을 사용한다.

이렇게 새로운 업무 환경에서 일하는 사람에게는 같은 사무실에서 장시간 서로 얼굴을 마주 보며 근무하는 사람보다 커뮤니케이션이 더 어려워졌다. 다른 사람을 만날 기회가 줄었기 때문에 다른 사람의 이야기를 들어주고 다른 사람 입장에서 생각할 줄 아는 능력이 더욱 더 많이 필요하게 되었다. 이런 환경에서 근무하는 사람에게 더욱 정교한 커뮤니케이션 능력이 필요하다.

4) 지식경영과 지식근로자 시대의 도래

지식경영은 조직에서 업무에 관련된 지식과 지혜가 개발되고 체계화되고 확산되도록 의식적으로 노력하는 경영방식을 말한다. 지식경영을 하는 조직에서는 구성원 사이에 커뮤니케이션이 활발하게 일어날 수 있도록 다양한 커뮤니케이션 경로를 열어준다. 구성원들이 서로 쉽게 방문할 수 있도록 하는 방법에서부터 시작하여, 고도의 정보기술을 이용한 커뮤니케이션 방법까지 여러 가지 경로를 설정해준다. 일단 커뮤니케이션을 실시할 수 있는 경로를 설정한 뒤에는 구성원들이 스스로 다른 구성원들에게 알려줄 정보를 만들고, 접촉할 사람을 찾아 활발한 커뮤니케이션을 실시하는 문화를 조성해준다.

기업에서는 지식경영을 원활하게 진행하기 위하여 기업 내의 지식과 학습을 관리하는 CKO(chief knowledge officer)를 둔다. 이들은 정보기술을 이용하여 데이터베이스, 파일, 설명서, 규정집, 구성원들의 두뇌 등을 서로 연계하고, 조직 내 지식의 창출과 검색을 용이하게 해준다. 그 결과 구성원들이 최선의 방법(best practice)을 사용하여 비용을 절약하고 비효율적인 부분을 제거하며 우수한 제품과 서비스를 생산할 수 있도록 해준다.[7] 이렇게 지식경영을 하는 기업에서 근로자는 일하는 과정에서 커뮤니케이션을 하면서 지식을 창출하고, 그 지식으로 경쟁력을 강화한다. 따라서 지식경영을 실시하면 모든 구성원이 최고가 되도록 서로 도울 수 있다.

이제 근로자는 육체적 힘으로 일하는 것이 아니라 지식으로 일하는 지식근로자가 되었다.[8] 현대의 지식근로자는 커뮤니케이션을 하면서 지식을 창조하고 교환하여 부를 창출하게 되었다. 전통적으로 목수가 대패, 톱, 망치 등과 같은 도구를 사용하는 것과 같이 현대의 지식근로자는 커뮤니케이션이라는 도구를 사용하여 지식을 창출하고, 그 지식으로 경쟁에 앞서간다.

이렇게 환경의 변화에 따라 비즈니스를 하는 사람이 가져야 할 능력으로 커뮤니케이션의 중요성이 부각되고 있다. 이러한 필요성을 인식하는 사람이 많아지면서 커뮤니케이션 능력 향상을 위한 교육의 필요성도 부각되고 있다. 2003년 전국경제인연합회는 「기업이 바라는 대학 교과과정」을 제시했다. 기업이 바라는 대학 교육과정의 내용으로 기획·문서작성 능력, 프레젠테이션 능력, 커뮤니케이션 능력 등이 주요항목으로 제시되었다.[9] 2000년에 실시된 미국 대학 및 기업고용위원회는 기업이 원하는 취업 지원자의 요건 10가지를 선정하였다. 그 중에서 제1번은 커뮤니케이션 능력이고 이어서 동기유발, 팀워크 등이 있다.[10] 그러나 우리나라뿐만 아니라 미국의 기업가들도 학교에서 학생들이 비즈니스에 적합한 커뮤니케이션 스타일을 배우지 않는 것 같다는 불평을 많이 한다.[11] 즉, 높은 수준의 커뮤니케이션 능력을 가진 사람에 대한 수요는 많지만 그런 능력을 가진 사람이 많지 않다는 것을 알 수 있다.

따라서 직장을 가지려고 하는 사람이나 직장에서 비즈니스를 진행 하고 있는 사람은 커뮤니케이션 능력을 가지게 되면 성공할 수 있는 기회를 많이 가질 수 있다.

2 커뮤니케이션 과정

커뮤니케이션은 2인 이상의 당사자가 정보를 교환하고 의미를 공유하는 사회적 과정이다. 그 과정은 2인 이상의 사람이 진행하는 사회적인 쌍방적 과정이며 순간적으로 일어나기보다 시간이 경과하면서 순차적으로 일어나는 동태적 과정이다. 커뮤니케이션 과정에는 기본적으로 〈그림 1-1〉과 같이 몇 가지 요소가 있다.[12] 이와 같은 커뮤니케이션 과정의 각 요소와 단계에서는 다음과 같은 일이 일어난다.

그림 1-1 기본적 커뮤니케이션 과정

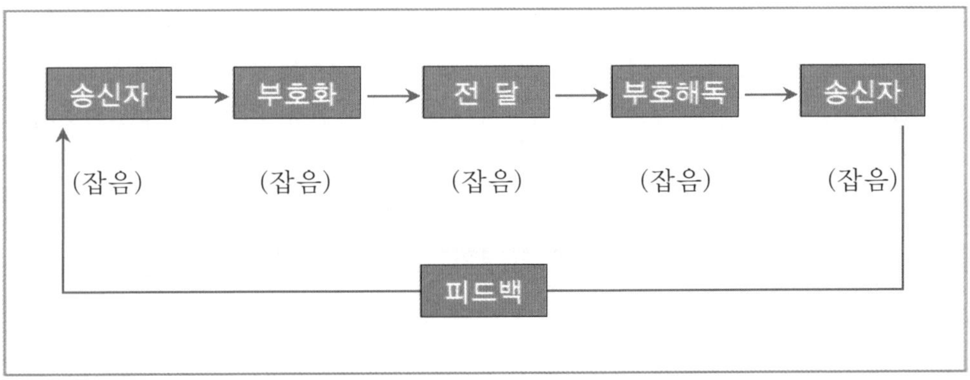

1) 송신자

송신자(source)는 수신자(receiver)에게 무언가를 알리려는 생각을 가진 개인, 집단, 또는 조직이다. 송신자는 전달하려는 메시지를 준비하고, 그것을 부호로 작성하여 전달매체로 입력하는 사람이다. 송신자가 자신의 메시지가 수신자에게 어떻게 영향을 미칠 것인가를 정확하게 예측하고 적합한 메시지를 만들어 낼 줄 아는 능력을 가지고 있을 때 커뮤니케이션은 성공할 수 있다.

2) 부호화

부호화(encoding)는 메시지를 아이디어나 생각의 형태에서 부호의 형태로 변형하여 전달이 가능하도록 하는 과정이다. 그 부호의 형태로는 언어 및 숫자, 도형, 소리, 신체적 제스처 및 동작 등이 될 수 있다. 이 과정에서 가장 큰 문제는 하나의 메시지가 사람에 따라서는 다른 의미를 가진 것으로 받아들여진다는 것이다. 따라서 송신자는 수신자가 동일한 의미를 부여할 수 있는 부호를 사용하여 부호 해독의 오류를 피하여야 한다. 예를 들어 세대 간의 커뮤니케이션에서는 서로 의미를 다르게 해석하는 단어는 사용하지 않는 것이 좋다.

3) 전달

전달(transmission)은 부호화된 메시지가 송신자로부터 수신자에게로 보내지는 과정이다. 이 전달의 경로를 매체라고 한다. 커뮤니케이션의 매체는 개인적 매체와 대중매체가 있다. 개인적 매체로는 개인 간의 대화나 접촉에 사용되는 면대면(face-to-face) 대화, 화상대화, 전화, 편지, 메모, e-메일 등이 있다. 또, 대중매체로는 신문, 잡지, TV 보도와 같은 다양한 매체가 있다. 사용하는 매체에 따라서 메시지가 다르게 해석될 수도 있기 때문에 송신자는 메시지를 효과적으로 전달할 수 있는 최고의 매체를 선정하여야 한다.

4) 부호 해독

부호 해독(decoding)은 메시지의 수신자가 그 의미를 해석하는 과정이다. 수신자가 파악한 의미가 송신자가 의도한 의미와 같을 경우도 있지만 다를 경우도 있다. 수신자가 송신자의 의도와는 상이하게 의미를 파악하게 되면 커뮤니케이션은 실패하고, 오해가 발생하게 된다. 대화하는 중에 너무 어려운 단어를 사용하거나 적합하지 않은 화제를 말하면 송신자가 의도한대로 의미가 해독이 되지 않는다. 상대방의 말을 감정적으로 잘 못 받아들일 때도 해독에 어려움이 발생한다.

5) 수신자

메시지의 수신자(receiver)는 메시지를 받고 해석하는 개인, 집단, 또는 조직이다. 수신자는 메시지를 해독한 뒤에, 그것에 반응할 것인가 또는 하지 않을 것인가를 선택할 수도 있다. 송신자가 보낸 메시지 그대로를 수신자가 받는 것이 아니다. 수신자는 메시지를 자신이 가진 생각의 틀에 따라서 해석한다. 이런 생각의 틀은 인생경험, 문화적 배경, 가치관과 신념 등에 따라서 구성된다. 해석 과정을 거치면서 송신자의 의도가 잘못 전달되기도 하기 때문에 이를 막기 위하여 피드백이 필요하다. 송신자가 메시지를 보낼 때와 같이 수신자의 청취도 상당한 집중력을 요구하는 능동적 과정이다.

6) 피드백

피드백(feedback)은 수신자의 메시지에 대한 반응으로, 수신자가 메시지를 어떻게 수신하고 이해하였다는 것을 송신자에게 알리는 언어적 또는 비언어적 과정이다. 예를 들어 종업원이 관리자의 지시를 이해하였다는 것을 말이나 문서로 표시하는 경우는 언어적 피드백에 해당한다. 고개를 끄덕이거나 지시받은 일을 수행하는 것을 보여주는 것은 비언어적인 피드백에 해당한다. 피드백을 받기가 어려운 매체(예, 이메일, 전화 음성메시지)에는 커뮤니케이션에 여러 가지 문제가 발생할 가능성이 있다. 이런 경우는 피드백을 주고받기 위해서 의도적인 노력을 하여야 한다.

7) 잡음

잡음(noise)은 커뮤니케이션 과정에 교란을 일으켜 방해나 왜곡이 일어나게 하는 요소들을 말한다. 이 잡음은 커뮤니케이션의 모든 과정에서 나타날 수 있다.

커뮤니케이션을 방해하거나 왜곡하는 잡음은 외부 잡음과 내부 잡음이 있다. 먼저 외부 잡음은 효과적인 커뮤니케이션을 진행하는데 방해가 되는 환경적 요소나 경쟁적 요소를 말한다. 주변 환경이 너무 시끄럽거나 너무 덥거나 의자가 불편하거나 전화의 감도가 낮거나 복사한 문서의 선명도가 낮을 경우 등 다양한 경우에 외부 잡음이 발생한다. 또, 다른 중요한 업무가 많은 경우, 너무 많은 회의에 참여하여야 하는 경우, 너무 많은 보고서를 읽어야 하는 경우 등도 외부 잡음에 해당한다.

내부 잡음은 사람의 마음 내부에서 발생하는 것으로 커뮤니케이션 상대방을 싫어하는 마음, 다른 문제 때문에 발생한 정신적 혼란, 특정한 사람에 대한 편견, 특정한 문제에 대한 편견, 흥미 부족 등이 있다. 이 경우에는 다른 사람에게 부주의한 행동을 할 뿐만 아니라 전달할 정보를 만들고 해석할 때도 잡음을 만들게 된다.

3 커뮤니케이션의 오류

송신자와 수신자 사이에 커뮤니케이션의 내용이 정확하게 일치하기는 쉽지 않다. 사람들 간에 지각의 차이가 있거나, 피드백이 부족하거나, 부적절한 감성이 개입되거나, 정보의 과중이 있거나, 부적절한 매체를 선택하거나, 참여자들의 문화에 차이가 있을 때 정확성을 저해하는 일이 발생한다.

1) 지각의 차이

송신자와 수신자가 동일한 방법으로 부호를 작성하거나 해독하기 위해서는 커뮤니케이션에 사용된 언어와 부호를 동일하게 지각하여야 한다. 그러나 사람들은 각각 다른 배경, 교육, 나이, 경험을 가지고 있기 때문에 같은 현상을 보고도 다르게 지각할 가능성이 높다.

지각의 차이 때문에 경영자가 나타낸 의견을 종업원들이 다르게 해석하는 경우도 있다. 예를 들어 회사의 CEO가 긍정적 관점에서 보낸 편지를 읽고 난 뒤에 어떤 종업원은 긍정적으로 해석하면서 모든 것을 믿는다. 반면에 어떤 종업원은 CEO에 대해서 부정적으로 해석하고 아무 것도 믿지 않기도 한다. 이와 같이 사람들은 각자가 현실을 해석하는 관점에 따라 상황을 다르게 판단한다. 그럼에도 불구하고

모든 사람이 자신과 비슷한 방법으로 해석할 것이라고 생각할 때는 커뮤니케이션에 오류가 발생한다.[13)]

송신자와 수신자가 동일한 단어에 대해서 다른 의미를 부여하거나, 동일한 의미를 다른 단어로 표현하는 경우가 있다. 이 경우에 커뮤니케이션에 문제가 발생할 수 있다. 단어에는 사전적인(denotative) 의미와 확장된(connotative) 의미[14)]가 있다. 확장된 의미라는 것은 사람들이 원래의 의미에 새로운 의미를 추가한 것을 말한다. 예를 들면 '플라스틱'이란 말의 사전적인 의미는 '여러 가지 형태로 쉽게 변형될 수 있는 화합물질'이다. 그런데 일부 사람에게는 '값싼 인공물질' 또는 '편리한 물질'이라는 확장된 의미를 가지기도 한다. 송신자와 수신자가 지각의 차이 때문에 단어의 확장된 의미를 서로 다르게 해석하면 문제가 발생한다.

지각 차이 때문에 발생하는 의미의 혼란을 피하기 위해서는 메시지를 받는 사람의 상황을 고려하고, 여러 가지 말로 설명해 주고, 상대방이 잘 알아들었는가를 확인하는 질문을 하는 것이 좋다.

2) 피드백의 부족

피드백이 부족하면 커뮤니케이션의 정확성과 생동감이 낮아진다.[15)] 송신자가 피드백을 통하여 수신자의 반응을 알 수 있으면, 그 반응에 따라서 계속 이어지는 메시지를 적절하게 구성할 수 있다. 그러나 피드백을 받지 못하면 송신자 자신의 생각으로 반응을 추측하고 메시지를 계속 보내게 되어, 이어지는 메시지의 정확성을 보장할 수 없다.

수신자가 피드백을 해주지 않으면 송신자가 피드백을 받기 위하여 적극적으로 노력해야 한다. 우선, 커뮤니케이션을 하기에 좋은 시간을 선택하여 여유를 가지고 피드백 할 수 있도록 해준다. 또 수신자에게 질문을 하여 피드백을 받아내는 경우도 있다. "저의 말이 잘 이해가 되십니까?" "질문할 것이 없으십니까?" 등과 같은 말을 하여 피드백을 유도하기도 한다. 수신자에게 1차적으로 소량의 정보만을 제공하여 수신자가 다시 묻게 만드는 방법으로 피드백이 일어나도록 하기도 한다.

정보를 받은 수신자는 "제가 이해한대로 다시 설명해 보겠습니다." 와 같은 말을 하면서 자기가 이해한 사항을 말해주면 피드백이 원활해진다. 평가적인 말보다는 서술적인 말로 피드백해 주는 것이 좋다. "김00씨는 중고가구 사업을 계획하고 있군요." 와 같은 말은 서술적이다. "당신의 아이디어는 항상 이상합니다."와 같은 말은 평가적인 말이다. 이렇게 평가적인 말을 하면 메시지의 내용을 정확하게 파악했는지가 불분명하게 되고, 상대방의 감성을 자극하여 갈등을 일으킬 가능성이 높다.

3) 정보 과중과 여과

너무 많은 정보를 받는 수신자는 유입되는 모든 정보를 제대로 처리하지 못한다. 특히 요즈음에는 컴퓨터 네트워크를 통하여 다량의 정보가 전달되어 과중한 부담을 주는 경우가 많다. 수신자가 너무 많은 정보를 받았을 때는 일부 정보를 오해하거나 무시하는 일이 발생하기 쉽다. 이런 일을 방지하기 위하여 수신자는 자기에게 꼭 필요한 정보를 골라내는 방법을 마련하여야 한다. 또 송신자는 꼭 필요한 정보만을 전달하도록 노력하여야 한다. 그러나 이런 노력이 지나쳐서 과도한 정보 여과가 되지는 않도록 하여야 한다.

수신자에게 중요하지 않을 것이라고 생각하여 송신자가 의도적으로 정보를 제한하거나 여과할 수도 있다. 정보를 제한하거나 여과할 경우에 정보의 의미가 달라지거나 그릇된 해석을 유발할 수도 있는 위험이 있다. 이런 일이 발생하는 것을 방지하기 위해서는 송신자는 수신자에게 전달하여 이해시켜야 할 것을 신중히 선정하고, 선정된 것에 대해서는 수신자가 이해할 만한 충분한 정보를 제공하여야 한다.

4) 부적절한 매체 선택

커뮤니케이션 매체를 부적절하게 선택하면 뜻이 잘못 전달되기도 한다.[16)] 예를 들어 신문을 보지 않는 사람에게는 신문에 실린 광고는 전혀 효과가 없을 것이다. 또 종업원 해고 통보를 이동전화 문자메시지로 간단하게 보낸다면 받는 사람의 충격은 더욱 클 것이다.

커뮤니케이션의 개인적 매체로는 면대면 대화, 화상대화, 전화, 이메일, 문서 등이 있다. 이들 각 매체는 장단점을 가지고 있다. 먼저, 면대면 대화는 말, 얼굴 표정,

몸의 동작, 어조 등 다양한 내용을 전달할 수 있는 장점이 있다. 이 장점 때문에 당사자 사이에 인간적인 유대와 신뢰관계를 형성하고 의견을 일치시키기에 가장 좋다. 그러나 서로 만나야 하기 때문에 먼 거리에 있는 사람에게는 시간과 여행비용이 많이 소요될 수도 있다는 단점이 있다.

화상대화는 시간과 비용이 적게 들면서도 면대면 대화와 유사한 효과를 거둘 수 있다는 장점이 있다. 그러나 면대면 대화에서처럼 공간을 공유하고 있을 때 발생하는 인간적 에너지 교환이 적고, 기술적으로 고장이 날 염려가 있다는 단점이 있다.

전화를 이용하면 정보를 빠르고 쉽게 전달하고 획득할 수 있다. 목소리에 포함된 음색이나 에너지도 정보를 전해준다. 단점은 당사자들이 공간을 공유할 수 없다는 것과 시각적인 정보를 얻을 수 없다는 것이다.

이메일은 빠른 속도로 정보를 전달하고, 상세한 정보 제공이 가능하고, 기록 보관에도 좋다. 단점으로는 일단 배포된 뒤에는 송신자가 통제할 수 없어서 수신자가 읽는지, 다른 사람에게 전달하는지를 알 수 없기 때문에, 민감한 사항이나 부정적인 내용에는 사용하기 어렵다는 것이다. 당사자들이 공간을 공유하지 못하는 것도 단점이다.

문서는 편지, 메모, 보고서, 편람, 서식 등이 있다. 문서적 의사소통은 정확하며 내용이 오랫동안 보존이 된다. 의사소통이 이루어진 증거가 남게 되고, 한번 작성된 문서를 장기간 동안 업무 수행에 이용하게 된다. 또 다른 장점으로는 사람들이 글로 표현할 때는 말로 표현할 때보다 신중하다는 것이다. 그 결과 문서적 의사소통은 논리적이고 명확하다. 반면에 문서적 의사소통의 단점으로는 시간이 많이 소요된다는 것과 피드백을 쉽게 받을 수 없다는 것이 있다.

이러한 매체를 선정할 때는 각 매체의 장단점과 함께 커뮤니케이션의 목적을 고려해야 한다. 새로운 아이디어를 다른 사람이 받아들이도록 하려면 면대면 대화가 가장 적합하고, 다음으로는 화상회의, 전화통화 순으로 적합하다. 정보를 정확하고 상세하게 전달하고자 한다면 문서나 이메일 등이 좋다.

5) 문화 간의 차이

세계화가 진행되면서 서로 다른 문화를 가진 사람들이 같이 일하거나 고객으로 만나는 일이 많아지고 있다. 서로 다른 문화에서 온 사람들은 서로 다른 지각, 가치관, 언어 등을 가지고 있다. 이런 차이 때문에 발생하는 문제에 대해 다음과 같은 방법으로 해결한다.[17]

첫째, 자신을 파악하고 감수성을 가진다. 다른 사람과 자신이 출신 문화에 따라서 사물을 지각하고 해석하는 방법에 차이가 있는가를 주의 깊게 살펴보는 것이 좋다. 또 자신이 성별, 종교별, 민족별 집단에 따라서 사람을 다르게 평가하는 편견을 가지고 있지는 않는가를 점검해 볼 필요가 있다. 이러한 편견을 가지면 커뮤니케이션이 왜곡된다.

둘째, 비언어적 커뮤니케이션의 해석에 주의한다. 커뮤니케이션의 상당부분은 비언어적인 방법으로 이루어지는데, 각 문화에서는 사람의 몸짓을 서로 다르게 해석하는 경우가 있다. 이러한 차이를 이해하고 상대방의 입장에서 다시 생각해보는 노력이 필요하다.

셋째, 차이에 대해 올바르게 이해한다. 문화에는 차이가 있을 뿐이지 우열이 있는 것은 아니라고 생각한다. 이러한 인식을 바탕으로 다양한 문화의 사람들이 서로의 문화를 인정해주고 이해하는 기회를 가질 필요가 있다[18]. 사람들은 다른 문화를 이해하고 상호작용하면서 인간적 성장의 기회를 가지기도 한다.

4 비즈니스 커뮤니케이션의 원칙

비즈니스에서 커뮤니케이션의 오류를 극복하고 목적을 달성하기 위해서는 기본적으로 다음 세 가지 원칙을 지켜야 한다. 즉, 수신자의 관점에서 커뮤니케이션을 진행하고, 피드백을 수신하고, 윤리적 고려를 충분히 해주어야 한다.

1) 수신자의 관점

비즈니스 커뮤니케이션에서는 송신자가 메시지를 만들고 보낼 때 수신자의 관점을 먼저 고려해야한다. 이를 위해 본격적인 커뮤니케이션을 실시하기 전에 메시지를 수신할 사람을 잘 분석하여야 한다. 모든 수신자는 각각 다르다. 항상 특정 수신자나 수신자 집단이 각각의 상황에서 어떻게 생각하고 어떻게 느끼는가를 파악해야 한다. 이러한 사항을 파악한 바탕에서 수신자가 중요하게 생각하는 사항을 중점적으로 설명하고 수신자가 이해할 수 있는 단어를 사용해야 한다.

수신자 관점의 반대는 송신자 관점(I-viewpoint)이다. 송신자 관점은 송신자 자신의 입장과 생각으로 메시지를 작성하는 것을 말한다. 커뮤니케이션을 잘 못하는 사람이 자신의 관점에서 자기 할 말만을 한다. 송신자 관점의 메시지로는 비즈니스 목적을 달성하기 힘들다.

수신자 관점을 사용한다고 해서 기본적 가치관이나 윤리를 무시하고 수신자가 듣기 원하는 말을 하지는 않아야 한다. 예를 들어 자신이 원하는 것을 수신자가 행동하도록 하기 위한 목적으로 존경한다고 표현한다면, 그것은 속임수이고 부적절한 행동이다. 진실성과 성실성이 뒷받침되는 윤리적 고려가 비즈니스 커뮤니케이션 또 다른 원칙이다.

2) 피드백의 수신

비즈니스 커뮤니케이션의 가장 중요한 목적은 수신자가 메시지를 이해하도록 하는 것이다. 수신자의 피드백은 그 이해를 확인하는데 핵심적인 행동이 된다. 비즈니스에서 커뮤니케이션을 실시할 때 송신자는 수신자로부터 피드백을 받아 낼 수 있도록 노력해야 한다. 이를 위하여 다음과 같은 행동을 한다. ① 수신자의 관심과 이익을 강조한다. ② 수신자가 반응을 쉽게 하도록 도와준다.

예를 들어 직장을 구하는 사람이 한 회사에 이력서와 자기소개서를 제출하였을 때는 그 문서의 수신자가 면접 절차에 자신을 초대하여 주기를 원한다. 송신자는 이력서와 자기소개서에 자신의 장점이 해당 기업에 도움이 된다는 것을 충분히 설명하고 면접을 요청하면서 자신과 쉽게 접촉할 수 있는 전화번호와 주소를 같이 써넣어준다. 또 판매안내문을 작성할 경우에는 제품이 수신자에게 도움이 된다는 것을 설명한 뒤에 주문할 것을 요청하고, 주문할 때 사용할 수 있는 무료전화번호, 이메일 주소, 간단하게 작성할 수 있는 주문서 양식 등을 같이 제시해야 한다.

말로 커뮤니케이션 할 때는 송신자는 수신자가 잘 이해하였는가를 알아보고 필요하면 질문을 하도록 요청하기도 한다. 특별한 경우에는 송신자가 수신자에게 메시지를 반복하도록 요청하기도 하고 수신자가 이해한 것을 설명해보도록 할 수도 있다. 집단을 대상으로 연설을 할 경우에는 상황이 허락하면 연설 중에 청중을 관찰하고, 질문을 하고, 평가를 하여 피드백을 받아볼 수도 있다.

3) 윤리적 커뮤니케이션

윤리적이라는 것은 선한(good) 목적을 달성하기 위하여 옳은(right) 행동을 하는 것을 말한다. 비즈니스 커뮤니케이션에서 옳다는 것이 의미하는 것은 메시지에 포함되어야 하는 정보를 실제로 충분히 포함시키는 것을 말한다. 선한 목적은 그 커뮤니케이션에 참여한 사람들이 최고의 결과를 얻을 수 있도록 노력하는 것을 말한다. 따라서 윤리적 커뮤니케이션은 참여한 모든 사람이 최고의 결과를 얻도록 노력하고, 해당 상황에 적합한 정보를 충분히 제공하고 진실하며 속이지 않는 것을 말한다.

윤리적 내용으로 메시지를 작성하려면 다음과 같은 질문을 해보면 판단에 도움이 된다. 메시지가 진실하고 정확한가? 상대방 관점에서 볼 때 수신자가 알고자 하는 정보를 충분히 제공하는가? 메시지에는 상대방에게 영향을 미치는 사항이 전부 포함되고 있는가? 메시지의 내용이 상대방의 입장을 고려하고 존중하는가?

이러한 질문을 바탕으로 수신자의 욕구를 고려하여 작성하여야 한다. 메시지에 수신자의 욕구를 고려한다는 것은 수신자가 원하는 말만 해주는 것이 아니다. 원하는 말을 해주지 못하는 경우는 정직하게 그러한 말을 하도록 결정한 이유를 충분히 제시하고, 존경과 배려를 해주는 말을 해준다. 또 그러한 말 중에 사람을 차별하는 말을 포함하지 않아야 한다.

제2장

업무 문서작성 과정

1. 업무상 글쓰기의 특성
2. 업무 문서작성의 과정

제2장

업무 문서작성 과정

직장의 업무에서 중요한 결정은 기획서나 보고서와 같은 문서를 통하여 이루어진다. 먼저 대화를 통하여 합의한 사항이라도 문서로 그 결과를 정리하여 확정하는 경우가 많다. 또 중요 사항에 대한 교육 자료, 중요 정보 보고 등도 문서로 이루어진다. 특히 기업의 조직이 세계화되면서 업무와 관련된 사람이 한 자리에 모여서 의논하면서 업무를 처리하는 방식은 점점 어려워진다. 이 경우 중요 업무에 대해서는 문서를 작성하여 회람을 하고, 그에 대한 각자의 의견을 문서로 제시하여 업무를 처리하는 방식이 많이 실시되고 있다. 이렇게 중요한 업무는 문서를 통하여 이루어지기 때문에 업무 문서의 작성 능력은 직장 생활을 하는 사람의 운명을 결정하는 능력이 된다.

비즈니스 커뮤니케이션을 공부하는 사람들은 말하기와 글쓰기 중 먼저 글쓰기를 연습하는 것이 좋다. 글쓰기는 말하기에 비해서 생각할 시간이 많이 있으며, 한 번 잘 못하여도 수정할 기회가 있으며, 다른 동료들에게 의논해볼 기회도 많기 때문에 작성 중에 연습할 기회가 많다. 글쓰기를 연습하여 습득한 원리는 대부분 말하기에도 적용될 수 있어서 말하기 능력의 향상에도 도움이 된다.

이런 업무상의 글쓰기는 다른 글쓰기와는 차이가 있다. 학생이 학교에서 작문이나 보고서를 쓸 때는 자신의 감정을 묘사하거나 지식을 보이기 위해서 노력하고, 되도록이면 많은 분량을 작성하여 자신의 능력을 보여야 한다. 그러나 비즈니스 글쓰기는 다른 목적을 가지고 있다. 자신의 능력을 보이기보다는 읽는 사람의 입장에서 필요한 정보를 간결하게 제공하고 설득하여야 한다.

1 업무상 글쓰기의 특성

업무 중에 문서를 작성할 때는 읽는 사람에게 필요한 정보를 제공하고 설득하기 위하여 다음과 같은 요건을 갖추는 것이 좋다.[1)]

- 목적에 충실해야 한다. 업무에서는 정보를 전달하고 문제를 해결하기 위한 목적으로 글을 쓴다. 각 문서는 정해진 목적에 적합하게 작성하여야 한다.
- 경제적이어야 한다. 업무상의 문서는 명확하고 간결하게 작성해야 한다. 길게 쓰는 것은 별로 환영받지 못한다.
- 독자 지향적이어야 한다. 글 쓰는 사람의 입장이 아니라 글을 읽는 사람의 입장에서 문제를 바라보아야 한다.

이러한 요건에 따르면 업무에서 글쓰기는 어렵지 않다. 업무 문서를 작성할 때는 문학작품을 쓸 때와 같은 문장력이 필요 없는 경우가 대부분이다. 아이디어를 긴 문서로 나타낼 필요가 없다. 사회생활을 처음 시작하는 사람은 문서를 작성할 때 길게 써야 좋은 것으로 알고 있는 경우가 많다. 이런 생각은 틀렸다.[2)] 비즈니스에서는 간결한 것을 우대한다. 업무 문서를 작성할 때는 자신의 유식함이나 어휘력을 보이려고 노력할 필요가 없다. 업무 문서는 아이디어를 자연스럽고 간단하고 분명하게 전달하면 된다. 많은 회사에서는 비즈니스 문서를 1페이지로 작성할 것을 권장하고, 내용이 많을 경우에는 1페이지짜리 요약서를 제공할 것을 권장하기도 한다.[3)]

2 업무 문서작성의 과정

글을 써야 할 일이 있을 때 바로 글을 쓰기부터 시작하는 사람도 있다. 그런 사람은 일시에 글의 목적과 내용을 파악하고, 독자에 대해서도 파악하고, 철자법과 문법도 점검하면서 적절한 단어와 문장을 작성해 나가려고 한다. 그러나 이렇게 글을 쓰는 것은 매우 숙련된 사람이 아니고는 불가능하며 오히려 시간이 많이 걸리기도 한다.

글쓰기를 할 때는 순차적으로 적절한 과정을 거쳐서 쓰는 것이 좋다. 업무상 문서작성의 기본적인 과정은 목적 설정, 독자 분석, 내용 결정, 내용 조직, 초고 작성, 수정 및 편집, 교정이다. 대부분의 사람은 이렇게 순차적으로 글을 쓸 때 시간이 더 절약된다. 이러한 글쓰기 순서에 따라 미리 목적 설정을 하면 글의 진행방향이 명백해지고, 독자 분석을 해두면 어떤 내용을 쓸 것인가가 명백해지기 때문에 더 빨리 글을 쓸 수 있다.

그림 2-1 업무 문서작성 과정

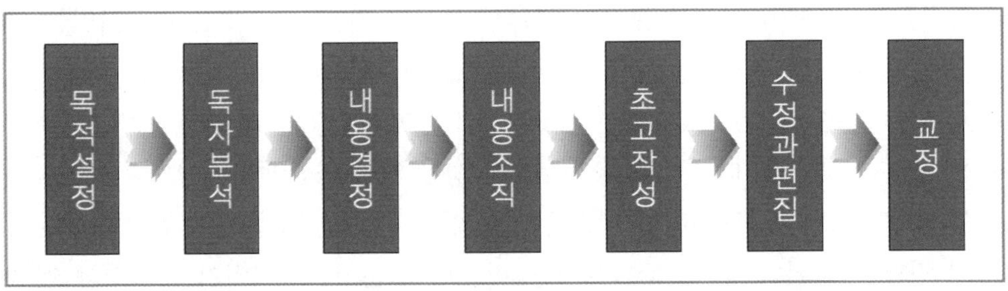

업무상 문서작성의 기본적 과정이 있지만, 실제 상황에서 어떤 과정을 거쳐서 글을 쓸 것인가는 작성할 문서의 복잡성 · 길이 · 중요성에 따라서 다르다. 예를 들어 은행에서 사업자금을 빌리기 위하여 사업계획서를 작성하여야 하는 경우와 파티 참석을 요청하는 이메일에 답장을 쓸 경우는 그 절차가 다르다. 은행에서 사업자금을 빌리려는 사람은 글쓰기의 전체 과정을 신중하게 진행해야 할 것이다. 파티 참석을 요청하는 이메일에 답장을 쓸 때는 각 과정을 간단히 하여 수월하게 쓸 수 있다.

기본적인 글쓰기 과정을 단계별로 차근차근 진행하려고 하지만 상황에 따라서 그것을 지키지 못하는 경우도 많다. 어떤 경우에는 글쓰기의 후반부 절차인 수정과 편집을 마쳤을 때 새로운 자료를 발견하거나 새로운 아이디어가 생각나서 내용 조직 방법을 바꾸어야 하기도 하고, 독자의 새로운 면을 발견하기도 한다. 이럴 경우는 앞의 단계에서 다시 시작해야 한다. 이하에는 업무 문서의 기본적인 작성과정에 대해서 설명한다.

1) 목적 설정

글을 쓰기 위해서는 먼저 그 목적을 명확히 하여야 한다. 업무상의 글쓰기의 기본적 목적으로는 정보 제공, 행동 유도, 아이디어 제공, 교육, 설득, 호의 표시 등이 있다. 이러한 기본적인 목적에 입각하여 작성하는 글의 목적을 설정한다.

업무상 작성하는 글의 목적을 설정 할 때는 먼저 일반적 목적을 설정하고, 이를 점점 다듬어서 구체적 행동으로 표현한 구체적 목적을 설정한다.[4] 예를 들어 일반적인 목적이 '배송된 상품의 반송 설득'이라고 하였다면, 이를 잘 발전시켜 '판매한 기업이 자신의 비용부담으로 파손된 상품을 10일 이내에 회수하도록 하는 것'은 구체적인 목적이 된다. 또 일반적인 목적을 '고객의 손해배상 요구 거부'라고 설정하였을 때, 구체적인 목적으로는 '합리적인 이유로 손해배상 요구를 거부하고 고객과 호의적인 관계는 계속 유지하는 것'이라고 설정할 수 있다.

2) 독자 분석

문서를 읽을 사람이 원하는 것이 무엇인가를 잘 파악하면 문서의 내용을 결정하기가 쉬워진다.[5] 따라서 비즈니스에서 글을 쓸 때는 글을 읽을 사람의 배경, 독서 수준, 성격, 환경, 경험, 관심, 감정, 지식 등을 고려하여 글의 내용, 단어, 논조 등을 결정한다. 이렇게 하면 글을 읽는 사람이 해당 글이 자신을 위하여 쓴 글이라는 것을 분명히 알 수 있게 된다. 이를 위하여 다음과 같은 질문을 하면서 독자를 분석하는 것이 좋다.

❖ 독자와 나의 관계는 어떤가?

자신이 소속된 조직 내부에 있는 사람과 외부에 있는 사람에게는 문서의 내용을 다르게 작성해야 한다. 외부에 있는 사람에게 문서를 작성할 때는 먼저 그 사람이 소속한 회사의 웹사이트나 사업설명서 등을 읽어보고 그 회사의 사업방향과 비전을 파악해두는 것이 도움이 된다. 외부에 있는 사람에게는 좀 더 공식적인 형식으로 더 많은 배경정보를 제시하고 전문 용어는 적게 사용하는 것이 좋다. 또 독자와 서로 잘 아는 사이가 아닐 경우는 우선 신뢰성을 높이기 위해 합리적인 논조에 따라 주장을 뒷받침하는 충분한 증거를 제시해야 한다.

조직 내부에 있는 사람에 대해서도 위치에 따라서 글을 다르게 작성해야 한다. 상사와의 커뮤니케이션은 업무의 성공에 매우 중요하다. 상사에게 글을 쓸 때는 형식을 잘 갖추고, 겸손한 논조를 사용하고, 정보를 충실히 제공하여야 한다. 또 그 사람이 과거에 작성한 문서를 읽어보고 그가 좋아하는 스타일이나 어휘를 사용할 필요가 있다.

한편, 부하 직원에게 글을 쓸 때는 공손하면서도 건방지지 않도록 표현해야 한다. 공동의 노력으로 아이디어를 만들어 낸다는 것을 분명히 표명해주는 것이 좋다. 업무에 관한 사항은 정확하고 구체적으로 설명해주어서 부하가 진행에 어려움을 겪지 않도록 해야 한다. 권위의식을 보이는 상사에게는 부하들이 진실한 말을 하기보다는 책임을 회피하기 위한 노력을 많이 하게 된다는 것을 생각해두어야 한다.

❖ 주요 독자가 누구인가?

문서를 읽을 사람이 한 사람일 경우는 고려해야 할 사항이 적기 때문에 글 쓰는 어려움이 적다. 그러나 여러 사람을 대상으로 글을 쓰는 경우도 있다. 이 경우에는 주요 독자가 누구인가를 파악하고 이 사람이 원하는 것을 만족시키기 위하여 노력해야 한다. 이러한 주요 독자는 일반적으로 높은 지위에 있는 사람인 경우가 많다. 한편 주요 독자 다음으로 중요한 독자인 2차 독자에 대해서도 고려해야 한다.

예를 들어 광고 회사에서 광고를 제안하여 고객 회사의 담당 임원의 승인을 얻어야 하고, 그 임원은 다른 동료나 부하의 의견을 참고하여 승인 여부를 결정하는 경우를 상정해 본다. 이 경우에 담당 임원은 주요 독자이며 다른 동료나 부하는

2차 독자라고 할 수 있다. 글을 쓸 때는 내용, 조직, 논조 등을 주로 담당 임원의 관점에 맞추고, 다른 동료나 부하에 대해서도 2차적으로 고려한다. 담당 임원의 관점에 맞추기 위해서는 담당 임원의 강조사항, 좋아하는 문서 스타일, 중요하게 생각하는 회사의 방침 등을 파악하고 문서를 작성해야 한다.[6)]

주요 독자에 대해서는 글의 주제와 관련해서 과거에 그 사람이 내린 의사결정, 앞으로 달성하려는 목표, 관심사, 욕구 등을 잘 파악해 두어야 한다. 그 사람이 발표자와 비슷하게 생각하는 것과 반대로 생각하는 것도 파악한다. 특히 글의 내용이 그 주요 독자의 생각과 반대되는 경우는 그 근거를 충분히 제시하고 표현을 부드럽게 한다.

❖ 독자의 반응은 어떨 것인가?

독자의 반응이 긍정적일 것이라고 예상될 때는 커뮤니케이션이 쉽다. 이때는 두괄식으로 작성하여 가장 핵심적 정보를 먼저 쓰고 이어서 보충하는 상세한 정보를 쓴다. 독자가 핵심적인 정보에 긍정적이기 때문에 별다른 설명이 없이도 쉽게 받아들인다.

반면에 독자의 반응이 부정적일 것이라고 예상될 때는 미괄식으로 작성한다. 먼저, 자기의 생각보다는 해당 부분 전문가의 의견이나 외부 기관의 아이디어를 충분히 제시하고, 예절바르고 보수적인 언어를 사용하는 것이 좋다. 사람을 설득하기 위해서는 한 가지 증거나 예만을 제시하지 말고 여러 가지를 제시하여야 한다. 이렇게 여러 가지 조치를 취한 뒤에 핵심적인 정보를 제시한다.

한편, 독자가 중립적인 반응을 보일 것이라고 예상될 때는 글의 아이디어가 중요하다. 그 논리가 적절하다는 것을 독자가 확신할 수 있도록 하는 내용을 처음 몇 문장에 제시한다. 그러면서도 글은 짧고 읽기에 쉽도록 작성한다.

❖ 독자가 현재 알고 있는 것은 어느 정도인가?

제시하는 아이디어와 관련된 분야에 대해 독자가 사전에 알고 있는 정도도 커뮤니케이션에 영향을 미친다. 이 정도에 따라서 배경지식을 제공하는 정도와 전문용어를 사용하는 정도를 결정할 수 있다. 독자가 다양하여 사전 지식에 차이가 많이 날 경우에는 주요 독자에 맞추어 정보를 제공해야 한다. 일반적으로 너무 적은 정보를 제공하는 것보다는 많은 정보를 제공하는 것이 더 낫다.

3) 내용 결정

글의 목적 설정과 독자에 대한 분석을 바탕으로 무슨 내용을 쓸 것인가를 결정한다. 간단한 편지와 메모를 작성할 경우에는 결정할 것이 적지만, 정식 보고서를 작성할 때는 결정해야 할 사항이 많다. 내용을 결정하는 기본적인 기준은 작성자가 말하고 싶은 사항이 아니라 독자가 알고 싶은 내용으로 구성하여야 한다는 것이다. 불필요하게 많은 정보를 제공하여 독자의 시간을 허비하게 하지 않고, 반대로 너무 단출한 정보를 제공하여 독자가 혼란스럽지 않도록 해야 한다.

다양한 방법으로 내용을 결정할 수 있지만 절대로 하지 말아야 할 방법은 먼저 글을 쓰면서 내용을 결정해 나가는 방법이다. 글쓰기는 적어도 내용의 기본적인 윤곽과 기본적인 아이디어를 정한 다음에 시작하여야 한다. 그 윤곽은 그냥 머릿속에서 생각할 수도 있고, 간단히 종이에 써 놓을 수도 있고, 잘 갖추어진 양식에 따라서 작성할 수도 있다. 다만 그 윤곽은 단순한 사실의 나열이 아니라 창의성을 충분히 가진 것이어야 한다. 특히 제안서나 기획서 작성의 경우에는 새로운 사실을 찾아내고, 창의적인 해결책을 제시하기 위한 각고의 노력이 필요하다.

(1) 자료 수집

문서 내용의 기본적인 윤곽을 결정하기 위해서는 자료를 수집하여야 한다. 먼저 독자가 어떤 사항을 알고 싶어 하는가를 생각해보고 자료를 수집하면서, 누구나 쉽게 얻을 수 있는 자료보다는 질 높은 자료를 확보하기 위한 노력이 필요하다. 글을 거의 완성하는 단계에 새로운 자료를 발견하게 되면 다시 써야 하는 번거로움을 겪기 때문에 글을 쓰기 전에 필요한 조사를 철저히 실시하는 것이 좋다.

비공식적인 간단한 문서를 작성할 때는 간단히 조사하고, 공식적인 보고서를 쓸 때는 공식적인 조사를 실시한다. 비공식적 조사는 우선 간단하게 과거의 자료를 조사하거나 인터넷을 검색한다. 소규모 인터뷰를 허거나 선배나 관리자에 문의하는 것과 같은 인적 네트워크를 통한 자료수집에서도 질 높은 자료를 수집할 수 있을 때도 있다. 공식적인 조사의 방법으로는 전통적 문헌조사, 전자적 문헌조사, 실험 등이 있다. 또 문제가 발생한 현장을 방문하여 직접 인터뷰로 확인하거나 설문조사하는 노력도 필요하다. 자료 수집과 관련된 좀 더 상세한 내용은 이 책의 제8장 보고서 작성 준비에서 설명한다.

이런 자료 수집을 쉽게 하기 위하여 자신의 업무와 관련된 자료는 평소에도 수집하여 주제별로 정리하고 데이터베이스로 만들어 두며, 그에 관한 자신의 아이디어나 생각도 같이 정리해두는 것이 좋다. 특히 자신의 업무와 관련된 최근의 중요 통계자료는 잘 정리할 뿐만 아니라 숙지하고 있으면 상황의 변화를 쉽게 알 수 있다.

(2) 브레인스토밍

자료를 수집한 뒤에는 그 자료를 바탕으로 창의적인 아이디어를 생각해야 한다. 그 방법으로는 브레인스토밍과 마인드맵이 있다.

첫 번째 방법으로, 브레인스토밍은 사람이 집단을 이루어 자유스러운 분위기에서 창의적인 아이디어를 도출해내는 방법이다. 이것을 진행하기 위해 먼저 해결해야 할 문제를 정한 뒤 6-12명의 사람들이 모여서 회의를 시작한다.

회의에서 아이디어를 만들어 낼 때는 질보다 양에 중점을 두면서 구성원들이 가급적 많은 아이디어를 말하도록 자유로운 분위기를 연출한다. 그 과정에 엉뚱해 보이는 생각을 장려하고 다른 사람의 아이디어를 비판하지 않도록 한다. 또, 다른 사람의 아이디어에 편승하여 자신의 아이디어를 발전시키도록 한다. 브레인스토밍이 효과가 있도록 하기 위해서는 집단의 구성원이 서로 비판하기보다는 좋은 아이디어를 많이 만들도록 서로 촉진해야 한다.[7)] 회의에서 서로 아이디어를 촉진하지 못하면 각자 개별적으로 아이디어를 도출했을 때보다 효과가 적은 경우도 있다.[8)]

회의는 1-2시간 정도로 시한을 정해둔다. 이 정도로 시한을 짧게 하여야 사람들이 집중해서 아이디어를 생각해낸다. 사람들이 제안한 아이디어를 큰 종이에 써서 벽에 계속 붙이고, 비슷한 아이디어를 적은 종이는 같은 곳으로 모으면서 회의를 진행한다. 모여진 아이디어에 대해서 토론을 하면서 아이디어를 더욱 발전시킨다.

브레인스토밍을 실시할 집단이 형성되지 않으면 개인 혼자 실시하는 브레인스토밍도 유용한 방법이 될 수 있다. 먼저 생각나는 대로 아이디어, 사실 정보, 전례 등을 개별 카드 위에 적어 놓는다. 이때도 지켜야 하는 원칙은 질보다 양이다. 질을 평가하지 말고 우선 많은 내용을 적어 놓는다. 이를 바탕으로 개별 항목을 서로 연계시켜보기도 하고, 필요 없는 것은 제거하기도 하고, 내용을 세련되게 바꾸어보기도 하여 글의 기본적인 아이디어를 작성해 나간다.

(3) 마인드맵

또 다른 창의적 아이디어를 생각해 내는 방법으로는 마인드맵(mind mapping)이 있다. 이 방법을 사용하면 생각나는 아이디어를 체계적으로 연관을 지으면서 정리해 나갈 수 있다. 이 방법으로 작업 할 때 제일 먼저 글의 기본 주제를 종이의 한 가운데 쓰고 원으로 둘레를 친다. 이어서 기본주제와 관련이 있는 중요 개념을 쓰고 선으로 연결한다. 또 그 개념과 관련된 다른 개념을 쓰고 선으로 연결한다. 연결은 기본 주제에도 할 수 있고, 그에 연결된 다른 개념에도 할 수 있다. 생각난 것이 사소한 것일 때는 관련된 개념의 일부로 연결해 준다. 이렇게 연결된 개념들이 하나의 아이디어로 발전하게 한다.

마인드맵을 이용하면 눈에 보이는 그림을 바탕으로 유연하게 자유로운 사고를 촉진할 수 있어서 창의적인 아이디어를 창출하기도 쉽다. 마인드맵으로 주요 개념과 아이디어를 하나의 종이에 나열하게 되면 각 개념 간의 관계를 다른 방법으로 연결하거나 해석하여 새로운 아이디어를 쉽게 개발할 수도 있다. 이러한 마인드맵을 쉽게 작성할 수 있도록 개발된 소프트웨어도 있다.

4) 내용 조직

내용 조직은 수집한 자료와 아이디어를 분류하고 제시하는 순서를 정하는 것이다. 내용이 잘 조직된 글은 비슷한 항목이 묶여져 있고, 이해하기 쉬운 순서에 따라서 제시된다. 내용이 잘 조직되지 않은 글은 순서 없이 아이디어가 연결되고 글의 논리가 튀어서 이해하기 어렵다. 독자는 중요 사항을 파악하기도 어렵고 내용을 나름대로 연결시켜보다가 지친다. 내용 조직은 어렵기 때문에 복잡한 글을 쓸 때는 여러 번 새로 조직하기도 한다.

(1) 배열방법

간단한 글을 작성할 때는 큰 노력 없이 주제를 적당히 나열하여 내용을 배열한다. 그러나 내용이 조금 복잡해지면 아이디어의 배열방법과 순서에 주의하여야 한다. 배열방법과 순서를 미리 결정하면, 그 과정에 자신의 생각을 논리적으로 전개해 보기 때문에 글을 쓸 때 훨씬 수월해진다.

아이디어를 배열할 때 가장 주의해야 하는 것은 아이디어를 요소나 범주로 적절하게 나누어주는 것이다. 보통은 3-5개로 나누어 주는 것이 이상적이다. 3개로 나누는 것이 좋으나 내용이 많을 때는 5개로 나누기도 한다. 요소나 범주가 5개 이상으로 나누어 질 때는 작은 요소들을 묶어서 하나로 만들어 주는 것이 좋다. 이렇게 나누고 각각 중간제목을 붙여준다.

〈그림 2-2〉에서는 아이디어를 배열하는 방법으로 혼합식과 십진법식, 장절식을 보여준다. 가장 많이 사용하는 혼합식은 로마 숫자, 글자(한글 또는 영문), 아라비아 숫자 등을 사용하여 주요 아이디어와 보조 아이디어의 제시 순서를 표시해 준다. 사용하는 사람에 따라서 로마 숫자나 글자보다 아라비아 숫자를 더 많이 사용하기도 한다. 십진법식은 각 항목이 전체 내용에서 차지하는 위치를 쉽게 알 수 있게 해준다. 장절식은 '제1장, 제1절' 하는 식으로 아이디어를 제시하며 학술서적이나 논문에 많이 사용한다. 각 배열방법은 주제에 초점을 맞추고, 주요 아이디어를 분명히 보여주면서 이를 설명하는 상세정보를 제시하기에 적합한 방식이다.

그림 2-2 아이디어 배열방법

혼합식	10진법식	장절식
I.	1.	제1장
1.	1.1.	제1절
(가)	1.1.1.	제1항
①	1.1.2.	제2항
②	1.2.	제2절
(나)	2.	제2장

참고 자료 : 김은령, 『비즈 라이팅』, 책아책아 출판, 서울, 2004, p.56

(2) 배열순서

글의 내용을 배열하는 순서를 결정할 때는 글 쓰는 사람이 아니라 글 읽는 사람을 고려하여 결정한다. 이를 위해 독자의 행동을 사전에 예측해보고 이에 따라서 순서를 결정한다. 다음과 같은 접근법으로 논리적 순서를 설정할 수 있다[9].

우선순위 가장 중요한 사항부터 설명하고 덜 중요한 것은 뒤에 설명하는 이 방법은 두괄식이라고 한다. 가장 중요한 사항을 앞에 두어 독자가 이를 읽고 기억하도록 한다. 업무를 위한 문서에는 기본적으로 이 방법을 많이 사용한다.

우선순위의 반대 가장 중요한 사항을 뒤에 설명하는 이 방법은 미괄식이라고 한다. 설득을 하고자 할 경우에는 이 방법이 효과적이다. 주장하는 바를 설명하는 이유와 근거를 먼저 충분히 제시하여 설득력을 높일 수 있기 때문이다. 부정적인 정보를 전달할 때도 이 방법을 많이 사용한다. 부정적인 소식을 전하게 된 이유를 먼저 충분히 제시하는 것이 사람들의 이해를 구하기 쉽기 때문이다. 또 보통 사람들은 문서의 가장 마지막에 제시된 것을 오래 기억하는 경향이 있기 때문에 중요 내용을 오래 기억하게 할 때도 이 방법을 사용한다.

발생순서 이 방법은 먼저 발생한 일부터 시간에 따라서 서술한다. 일의 진행이나 절차를 설명할 때 이 순서를 사용한다.

발생순서의 반대 이 방법은 가장 최근에 발생한 일을 먼저 말하고 점점 과거의 일로 가면서 설명한다. 이 순서에 따르면 현재의 상황을 강조하게 된다. 근래에는 이력서에 이 방법을 많이 사용한다. 이력서의 내용 중에서 최근의 경력이나 학력이 가장 궁금한 사항이기 때문이다.

비교 여러 가지 기준에 따라서 문제들 사이의 유사성을 보여준다.

대조 여러 가지 기준에 따라서 문제들 사이의 차이를 보여준다.

공간 물리적 순서에 따라서 요소들에 대해서 토론한다. 예를 들어 왼쪽에서 오른쪽으로, 위에서 아래로 등이 있다.

우선순위에 따르는 접근법과 우선순위의 반대 순서로 설명하는 접근법이 업무상의 글쓰기의 가장 기본적인 배열순서 접근법이다. 이 두 가지 접근법에 대해서는 다른 장에서 두괄식과 미괄식으로 상세하게 설명한다.

지금까지 진행해온 사항은 비즈니스 글쓰기의 준비에 해당한다. 본격적으로 글을 쓰기 전에 최종적인 점검을 하여 내용을 정확하게 설정하도록 준비하는 것이 좋다. 이러한 준비의 점검을 위하여 〈그림 2-3〉과 같은 점검표를 작성해보면 도움이 된다. 이러한 표를 이용하여 점검해가면서 여러 가지 사항들을 종합적으로 다시 판단해본다.

그림 2-3 비즈니스 글쓰기 준비 점검표

제 목		
목적설정	일반적 목적	
	상세 목적	
독자분석	독자의 구성	
	독자의 반응	
내용결정	주요 내용	
	내용 조직	

5) 초고 작성

자신이 글쓰기 능력이 약하다고 생각하는 사람 중에는 약한 능력을 극복하기 위해서 열심히 쓰는 것만을 생각하는 사람도 있다. 그러나 너무 서둘러서 글쓰기를 시작하지 않아야 한다. 글을 쓰기에 앞서 목적 설정, 독자 분석, 내용 결정, 내용 조직 등의 단계를 체계적으로 거친 후에 글을 쓰기 시작해야 한다.

대부분의 사람은 한 번에 좋은 글을 쓸 수 없다. 수많은 수정을 거쳐야 좋은 글쓰기를 할 수 있다. 처음에는 자신이 생각하는 바를 써서 초벌원고(초고)를 작성한다. 이렇게 한번 작성한 초고를 여러 번 고치는 과정을 거쳐서 좋은 원고를 만든다.[10) 초고를 작성하는 단계에서는 완벽한 문장을 쓰려고 노력할 필요가 없다.

초고 작성에서 가장 중요한 것은 우선 종이나 컴퓨터 스크린에 자신이 생각하는 것을 적어나가는 것이다. 이 단계에는 글의 스타일, 정확성, 형식 등을 생각하지 않는다. 글쓰기는 예술이고, 수정하여 스타일과 형식에 맞추는 것은 논리적 능력이다. 따라서 글쓰기는 오른쪽 뇌가 담당하고, 스타일과 형식에 맞추는 것은 왼쪽 뇌가 담당한다. 처음부터 스타일과 형식을 강조하면 글쓰기를 담당하는 오른쪽 뇌가 활동하지 못하게 된다. 자연히 창의적인 글쓰기를 하지 못한다.[11) 따라서 우선 스타일과 형식에 구애되지 말고 많은 내용을 쓰는 것이 좋다. 이 단계에서 완전한 것을 기대해도 안 된다. 내용을 조직화한 것에 따라서 전체 내용을 몇 개의 부분으로 나누고 가장 쓰기 쉬운 부분을 먼저 쓴다.

반면에 사람들이 보고서나 문서를 작성할 때 처음부터 완벽하게 작성하려고 하면, 상당한 시간동안 글쓰기를 착수하지 못하고 뒤로 미루다가 마지막에 황급하게 작성하게 된다. 이렇게 되면 사람들은 창의성을 발휘하고 집중하기가 어렵고, 자신에 대한 긍정적인 이미지를 잊어버리고 글 쓰는 것을 두려워하게 된다. 이를 극복하기 위해서 다음과 같은 방법을 따르는 것이 좋다.[12)]

1. 적절한 환경을 선정한다.

자신이 근무하는 사무실은 전화가 오고 중간에 다른 업무도 처리해야 하기 때문에 글을 쓰기에 적합하지 않은 경우도 있다. 사람들은 도서관과 같은 환경에서 글쓰기를 가장 잘한다. 이 환경은 낮은 수준의 소음이 있고, 어느 정도는 익명성이 있고, 큰 테이블 위에 여러 자료를 펼쳐 놓을 수 있는 장소를 말한다. 도서관과 비슷한 환경으로 컴퓨터실에서 생각하고 글 쓰는 것을 좋아하는 사람도 있다. 낮은 수준의 소음이 지속적으로 있고 비슷한 일을 하는 사람들이 보이기 때문이다.

2. 글 쓰는 시간을 적절히 선택한다.

짧은 내용을 쓰는 경우는 글을 계획하고 초고를 작성하고 수정하는 일을 한 번에 끝낼 수 있다. 그러나 길고 복잡한 내용을 써야 할 경우에는 여러 번으로 나누어 작업한다. 작업시간은 한 번에 두 시간 이상을 작업하지 않도록 한다. 또 직장 업무에서는 문서 작성 시간이 3일 이상이 소요될 때는 중간보고를 해주는 것이 좋다. 중간보고 내용으로 원래 정해진 기한, 현재의 진척 상황, 완료 예정 시간 등이 있다.[13)] 이런 보고가 있어야 상사는 불안한 마음을 최소화할 수 있다.

3. 목적을 잘 보이는 곳에 적어둔다.

글쓰기 처음 단계에서 설정한 목적을 자신이 쓰는 종이의 빈 곳에 적어두거나, 게시판이나 컴퓨터 앞에 붙여 둔다. 눈으로 볼 수 있는 곳에 적어 두어의식에 항상 남아 있도록 한다.

4. 먼저 생각나는 부분을 일단 집중적으로 쓴다.

생각난 것이 조잡한 내용이어도 일단 쓴다. 조잡한 내용도 계속 다듬어나갈 수 있다. 이런 것을 모아서 기록으로 활용하여 브레인스토밍을 실시할 수도 있다. 중간부터라도 말할 것이 가장 많은 부분에서 시작한다. 먼저 생각나는 것이 없을 때는 주요한 통계나 숫자 자료를 명시하고 그에 대한 해석을 쓰면 글쓰기가 수월하게 진행되는 경우가 많다. 한편 서론은 가장 마지막에 작성하여야 독자에게 강조할 사항을 알려줄 수 있다.

5. 완벽주의를 고집하지 않는다.

지금 작성하고 있는 것은 최종본이 아니고 초고라는 것을 명심한다. 스타일, 문장 간의 연결, 철자, 구두점 등에서 실수가 있는 것을 염려할 필요가 없다. 마음에 들지 않는 부분은 표시를 해두고 다음으로 넘어간다. 기존에 써둔 것을 고치는 것이 처음부터 새로 쓰는 것보다 수월하다.

6. 써야할 내용에 대해서 다른 사람과 이야기를 해본다.

다른 사람과 대화를 하다보면 새로운 아이디어가 쉽게 떠오르기도 한다. 자신이 생각한 아이디어를 사람들에게 이야기를 해본다. 자신이 생각하는 2~3가지 경쟁적 아이디어를 이야기하고 평가를 부탁해보면 입체적인 이야기를 들을 수 있다. 다른 사람의 피드백을 주의 깊게 들으면서 새로운 아이디어를 개발할 수도 있다. 한편, 이야기를 들어줄 사람이 없으면 녹음기에 대고 이야기한다. 녹음한 내용을 들어보고 자신의 아이디어를 다시 평가한다. 또 자신이 쓰고자 하는 주제에 대해서 다른 사람에게 편지를 쓰는 방법도 있다. 친구나 친척과 같이 자신이 편안하게 대할 수 있는 사람에게 편지를 쓴다. 이렇게 쓴 편지를 초고로 사용할 수도 있다.[14)]

위와 같은 방법을 사용하면서 점점 자신에게 가장 적합한 방법을 개발해 나간다.

유명한 운동선수나 예술가가 자신의 독특한 방법을 개발하듯이 업무 문서 작성도 자신의 방법을 개발해 나갈 수 있다.

6) 수정 및 편집

대부분의 사람은 먼저 초고를 작성하고, 이를 수정하고 편집하는 과정을 거치면서 글을 완성하게 된다. 글쓰기에 사용하는 시간 중에서 25%는 계획, 25%는 초고쓰기, 45%는 수정 및 편집, 5%는 교정에 사용하여야 한다고 전문가들은 말한다.[15)]

수정과 편집은 글의 내용과 문장 구조를 개선하는 것을 말한다. 대부분의 경우 수정을 거치지 않고는 아이디어를 제대로 전달할 수 없다. 또 수정 작업은 한 번에 끝낼 수 없고 여러 번 실시하여야 한다. 수정과 편집 작업을 여러 번 거치면서 자신이 하고자 하는 말을 정확하게 표현할 수 있게 된다. 아마추어나 한 번의 수정 작업으로 글쓰기를 끝낸다는 말이 있다.[16)] 글쓰기 전문가는 초고를 여러 번 수정하여 완성된 원고를 만든다. 그러나 아주 짧은 문서는 간단한 수정만으로 완성하기도 한다.

수정 작업을 할 때는 자신이 작성한 글에 대해서 비판적 입장을 견지하면서 작업하여야 한다. 그러나 초고를 완성한 뒤에 바로 문서를 보면 비판적 입장을 가지기가 쉽지 않다. 대체로 24시간 정도가 지난 뒤부터 수정 작업을 하는 것이 좋다.

수정 작업에서 사용하는 원칙은 매우 다양하다. 단어 사용의 원칙, 문장 작성의 원칙, 문단 구성의 원칙, 어조와 관련된 원칙 등을 생각해 볼 수 있다. 이들 원칙에 대해서는 다음 장에서 업무상의 글쓰기 스타일이라는 제목으로 설명한다.

다른 사람이 작성한 문서를 모방하거나 복사하려고 노력하기 보다는 지금까지 언급한 글쓰기의 절차를 잘 지키면 독자의 관심을 끌 수 있는 아이디어를 개발하게 되고, 독창적인 글이 된다. 이렇게 작성한 독창적인 글은 독자의 욕구와 관심사를 잘 반영해준다.

7) 교정

수정 및 편집이 끝나면 마지막으로 교정을 하여야 한다. 교정(proofreading)은 문서의 효과성을 높이기 위하여 최종적으로 수정하는 과정이다. 앞에서 언급한 바와 같이 전체 글쓰기 시간의 45%가 수정이라면 마지막 5% 시간은 교정을 해야 한다.

가능하다면 작성한 문서를 일정시간 동안 좀 멀리 둔 후에 교정한다.[17] 문서를 작성한 후 즉시 교정을 하면 자신이 말하려고 했던 의도가 기억에 강하게 남아 있기 때문에 논리나 단어 상의 단점을 찾아내기가 어렵다. 문서를 만든 시간과 교정하는 시간 사이의 차이를 두면 문서를 좀 더 객관적으로 보게 된다.

(1) 교정 방법

대부분의 문서는 간단한 교정으로 충분하다. 먼저 작성한 원고를 프린트하여 교정한다. 컴퓨터 화면에서 보는 것과 종이에서 보는 것은 차이가 많이 난다. 문서를 계속 작성해온 컴퓨터 화면에서는 무난해 보이던 문장이나 문서도 종이에서는 다르게 보이는 경우가 많다. 특별한 관심이 필요하거나 이중 점검을 하여야 하는 부분에 #과 같은 특별한 표시를 해두었다가 마지막에 다시 점검한다.

사전이나 컴퓨터 프로그램의 도움을 받아가면서 교정을 하여도 완벽한 점검이 되지 않는 경우가 많다. 이럴 경우에 대비하여 최종적인 교정에는 원고의 내용을 잘 알고 있으면서 서로 도움을 주고받는 사람들로 이루어진 파트너 시스템이 필요하다. 다른 사람에게 원고 한 본을 프린트하여 주고 글 쓴 사람 본인도 한 본을 가진다. 두 사람이 교대로 소리 내어 읽어가면서 오류와 이상한 문구를 찾아낸다. 교정을 실시할 때는 천천히 읽으면서 문장의 뜻보다는 개별 단어에 중점을 둔다.

파트너가 없을 경우에는 원고를 거꾸로 읽어 가면서 교정한다. 거꾸로 읽으면 문서 작성할 때 가졌던 생각과 다른 생각으로 객관적 입장에서 오류를 찾아내기가 쉽다. 특히, 컴퓨터 프로그램이 찾아내지 못하는 철자 오류를 찾도록 노력한다.

자신이 쓴 원고에서는 오류를 찾아내기가 쉽지 않다. 자신이 한 일에 오류가 없을 것이라고 믿고 싶은 심리적 특성 때문이다. 이런 문제를 극복하기 위해서는, 원고 속에 당연히 오류가 있을 것이라고 생각하고 오류를 발견하면 스스로에게 칭찬을 해주는 마음 자세를 가지도록 한다.

교정을 실시할 때 천천히 읽으면서 한 번은 내용에 대해서, 또 한 번은 정확성에 대해서 실시한다. 원고가 아주 긴 경우에는 일관성을 검토하는 세 번째 교정도 실시하는 것이 좋다. 그러나 짧은 문서를 교정할 때는 한 번에 모든 것을 끝낼 수도 있다. 교정을 실시하는 구체적인 방법은 다음과 같다.

(2) 내용 교정

문서를 작성하고 일정한 시간이 지난 뒤에 먼저 글의 목적을 적어둔 것을 읽어보고, 이어서 원고 전체를 읽으면서 내용을 점검한다. 먼저 본문에 대한 교정을 실시하고, 이어서 중간제목을 교정한다. 중간제목에 관심을 기울이지 않아서 실수하는 경우가 많다. 내용을 교정하는 과정에 다음과 같은 질문을 해본다.

- 내용이 원래 설정한 목적에 적합한가?
- 글의 목적을 독자에게 명확하게 전달하는가?
- 독자의 욕구에 충실히 따랐는가?
- 모든 정보가 필요한 것인가?
- 필요한 정보가 빠진 것은 없는가?
- 각 요점을 효과적인 순서에 따라서 제시하는가?

(3) 정확성 교정

글이 표준 문법과 철자법에 적합하게 작성되었는가를 점검한다. 이를 위하여 문법, 철자, 구두점 등을 점검한다. 1차로 워드프로세서 프로그램의 문법과 철자 점검 기능을 이용하고, 최종적으로는 사람이 직접 점검하여야 한다. 문법이나 철자에서 오류가 있으면 독자의 신뢰를 잃게 된다. 이런 오류가 있으면 독자는 혼란스럽게 되고, 글 쓴 사람의 능력을 믿지 않게 된다. 표를 점검할 때는 가로 방향과 세로

방향으로 각각 읽어서 이중으로 검토한다. 특이한 폰트(이탤릭체, 진한 글자체, 작은 폰트 등)에 대해서는 이중 점검을 한다.[18] 사람 이름도 정확한가를 이중 점검한다.

(4) 일관성 교정

각 문단을 읽고 일관성을 평가한다. 사용하는 글자의 크기와 스타일에 대해서도 주의한다. 문서 전체적으로 동일한 포맷을 사용하고 있는가를 살펴야 한다. 그림이나 표를 제시하였을 경우는 적절한 위치에 배치하고 번호를 적절히 부여하였는가를 점검한다.

제3장

업무상의 글쓰기 스타일

1. 단어 사용 방법
2. 문장 작성 방법
3. 문단 작성 방법
4. 전반적인 어조

제3장

업무상의 글쓰기 스타일

앞 장에서 설명한 바와 같이 초고를 작성한 뒤에 수정 및 편집을 실시한다. 수정 및 편집에서는 문법, 철자법, 구두점, 띄어쓰기 등을 잘 지켜야 하지만, 그 외에도 여러 가지를 고려하여야 글을 쓴 목적을 100% 달성할 수 있다. 이러한 고려 사항을 이 책에서는 스타일이라고 한다. 스타일은 글의 내용보다는 표현 방법에 관한 것이다. 스타일은 글에서 사용된 개별 단어, 문장, 문단, 어조 등을 효과적으로 나타내는 방법을 말한다. 이를 설명하기 위하여 다음 문장을 예로 제시한다.

> "바로 전 해인 작년에 00기업은 적자를 보였다. 이 회사는 공장 3동을 폐쇄하였다. 많은 종업원을 정리해고 하였다. 이 회사의 사장은 최근 상공회의소 올해의 경영자로 선정되었다. 00기업은 이제 이와 같은 재무상의 긴급사태를 초래한 원인을 탐색하기 위해 전력을 다하고 있다. 회사의 사장은 이에 대해서 ……(중략)…… 라고 말한다."

위의 글은 문법이나 철자법에는 문제가 없다. 그러나 뜻이 명확하지 않고 생동감과 짜임새가 없다. 예를 들어 '바로 전 해'와 '작년'은 같은 뜻이다. 공장 3동을 폐쇄한 것은 적자의 원인인가, 결과인가를 알 수 없다. 사장이 올해의 경영자로 선정되었다는 말은 왜 넣었는가? 글로 쓰지 않고 말을 할 때도 "긴급사태를 초래한 원인을 탐색하기 위해 진력을 다한다."는 표현을 사용하겠는가? 또, 각 문장 사이에 접속사를 전혀 쓰지 않아서 문장 흐름이 원활하지 못하다.

위의 글을 다음과 같이 바꾸어 볼 수 있다.

“작년에 00기업은 적자를 보았다. 그 결과 공장 3동을 폐쇄하고 종업원 200명을 정리해고 하였다. 올해 초부터 00기업은 그 문제의 원인을 파악하여 적극적으로 해결하고 있다. 이러한 노력을 인정받아 최근 상공회의소 올해의 경영자로 선정된 이 회사의 사장은 ……(중략)…… 라고 말한다.”

이렇게 수정한 글은 앞의 글에 비해 의미가 명백하고 읽기가 쉽다. 여기에서는 각 문장 간의 관계가 분명하게 나타난다. 명확하면서도 친근한 단어를 사용하고, 논리적 순서에 따라서 사실을 제시하였다. 간단히 말하면 수정한 글은 나름대로의 스타일 원칙을 지키고 있다. 이렇게 업무를 위한 글을 쓸 때 지켜야 할 원칙은 14가지를 생각해볼 수 있다.[1)] 이들 원칙은 간단한 편지나 메모부터 복잡한 보고서까지 모든 글에 적용할 수 있다. 이하에서는 이들 원칙을 단어, 문장, 문단, 어조 부문으로 나누어 제시한다.

❖ 단어

1. 간결한 단어를 사용한다.
2. 생동감 있는 단어를 사용한다.
3. 정확한 단어를 사용한다.
4. 긍정적인 말을 많이 사용한다.
5. 차별하는 말은 사용하지 않는다.

❖ 문장

6. 단문을 많이 사용한다.
7. 능동태를 많이 사용한다.

❖ 문단

8. 문단이 통일성을 가지도록 한다.
9. 문단의 길이를 조절한다.

❖ 전반적인 어조

10. 독자에 초점을 둔다.
11. 자신감이 나타나도록 쓴다.
12. 예의바르고 성실한 어조로 말한다.
13. 강조할 것을 분명히 나타낸다.
14. 가독성(readability)이 높게 디자인을 한다.

글의 초고를 작성할 때는 이런 원칙보다는 내용과 아이디어에 중점을 둔다. 그런데 이런 원칙에 익숙한 사람은 초고를 쉽게 또, 정확하게 작성하기 때문에 뒤에 수정을 적게 해도 된다. 또 작성한 초고를 수정할 때도 이들 원칙을 효과적으로 적용할 수 있다.

1 단어 사용 방법

우리는 평소에 어휘력을 기르기 위하여 많은 단어를 배우고 어려운 단어도 사용하는 방법을 연습해 두어야 한다. 이렇게 연습하여 어휘력이 풍부하게 되면 각 상황에 적합한 단어를 선택할 줄 알게 된다. 업무상의 글에서는 간결하고 생동감 있게 쓰고, 정확성을 지키고 긍정적인 단어를 사용하여야 한다. 또 사람을 차별하는 말은 사용하지 않아야 한다.

1) 간결한 단어를 사용한다.

일을 하는 사람은 간결하게 표현된 정보를 원한다. 고위직일수록 더 간결한 정보를 원한다. 글을 간결하게 작성하면 사람들은 쉽게 곧 바로 이해할 수 있다. 문서를 간결하게 작성하려면 정보 전달에 중점을 두고 꼭 필요한 말만 하여야 한다. 길고 어려운 단어는 꼭 필요한 경우에만 사용한다.

❖ 정보 전달에 중점을 둔다.

문학 작품을 쓰는 작가는 사람들에게 감명을 주기 위해서 글을 쓴다. 그들은 독자에게 즐거움과 흥분을 주기도 하고, 분노를 느끼도록 만들기도 한다. 반면에 업무를 위한 글을 쓰는 사람은 정보를 전달하고 이해시키기 위하여 글을 쓴다.[2] 이를 위해 간단하고 쉬운 단어를 사용하면 사람들이 이해하기 쉽고, 사용하는 과정에서 실수가 발생할 염려도 적고, 독자가 쉽게 이해할 수 있다. 다음 문장은 같은 뜻을 다른 단어로 설명하고 있다. 간단하고 쉬운 단어를 사용하면 이해하기 쉬운 경우가 많다.

☒ "단순하게 요약해서 말씀을 드리면, 우리가 불순물을 다량으로 포함하고 있는 물을 사용하였기 때문에 업무 진행에 장기간의 지체가 발생하였습니다."

➔ "간단히 말씀드리면, 우리가 불결한 물을 사용하였기 때문에 업무가 매우 늦어졌습니다."

☒ "최선의 결과를 확실히 얻고자 한다면 종업원이 업무 수행에 필수적인 수단을 가질 수 있도록 해주어야 한다."

➔ "최선의 결과를 얻으려면 업무 수행에 필수적인 도구를 종업원에게 주어야 한다."

☒ "우리가 테스트하는 동안 이 모델은 사용 중에 작동이 중단된다는 것을 두 번 발견하였다는 점을 감안하여 이 시점에서 우리는 다른 방법을 모색하고 있다."

➔ "이 모델은 사용 중 작동이 중단된다는 것을 테스트에서 알았기 때문에 이제 우리는 다른 방법을 찾고 있다."

간단하게 나타낼 수 있는 짧은 단어가 없는 경우도 있다. 그 경우에는 그 단어를 사용하면서, 작성자와 독자가 이해할 수 있는 단어로 설명을 해주어야 한다.

❖ 대화에서 사용하는 단어를 사용한다.

대부분의 대화에서는 짧고 쉬운 단어를 사용한다. 이런 말을 문서에 써야 한다. 대화에서 사용하는 단어를 문서에 사용하면 독자가 쉽고 빨리 이해한다. 글을 쓰고 난 뒤에 "대화에서도 이러한 단어를 사용하는가?"를 점검해 볼 필요가 있다. 반면에 길고 어려운 단어를 사용하면 자신이 유식해 보이기는 하겠지만 독자는 내용을 이해하기 어렵다. 또 대화에서처럼 상대방의 이름을 자주 불러주는 것이 좋다. 이렇게 하면 독자에게 글이 현실감이 있는 것으로 보인다. 다음의 두 문장을 비교해보자.

⌧ "본행에서는 귀하의 계좌에 신용대출로 500,000원을 입금하였음을 알려드립니다."

➔ "저희는 송00씨의 계좌에 500,000원을 신용대출로 입금했습니다."

그러나 지나친 대화체 말이 나와서는 안 된다. 글의 문장은 말보다 완전하고 체계적이어야 하며, 높은 완성도로 세련된 맛을 살려야 한다. 다음의 두 문장을 비교해보자.

⌧ "자신의 잘못을 인정 안하는 사람은 발전이 없다."

➔ "자신의 잘못을 인정하지 않는 사람은 발전이 없다."[3)]

❖ 불필요한 전문용어 사용을 피한다.

자신의 전문 영역에서 오랫동안 일한 사람은 다른 사람에게도 전문용어를 사용하는 경향이 있다. 이렇게 전문용어를 사용하면 전문가끼리는 쉽게 대화를 할 수 있고 시간을 아끼고 이해도 쉬워진다. 그러나 비슷한 지식을 가지지 않은 비전문가에게 전문용어를 사용하면 문제가 발생한다. 예를 들어 CD는 은행에 근무하는 사람에게는 예금증서(certificate of deposit)를 의미하지만, 음악이나 컴퓨터 관련되는 일을 하는 사람에게는 콤팩트디스크(compact disk)를 의미하고, 인적자원관리를 하는 사람에게는 경력개발(career development)을 의미한다. 비전문가는 이 용어가 무엇을 의미하는지 모르는 경우가 많다.

전문 용어를 사용할 경우에는 상대방의 입장에서 어렵지는 않은지, 정확한 의미에 대해서 혼란이 발생하지 않을지를 판단해보아야 한다. 어려움이 예상될 때는 먼저 용어에 대해서 정의를 하고 사용하여야 정확하고 효율적인 커뮤니케이션을 할 수 있다. 좀 더 적극적으로는 이런 전문용어를 쉬운 용어로 바꾸어 독자가 쉽게 알 수 있도록 해주어야 한다. 그렇게 하지 않으면 독자를 무시하고 자신을 과시하는 글로 보이게 된다. 무시당했다고 생각하는 독자는 그 글을 읽지 않으려고 할 것이다. 이런 문서로는 비즈니스를 할 수가 없다.

❖ 단어의 중복을 피한다.

간결한 글을 쓰기 위하여 각 단어에 대해서 평가해보고, 말을 중복하지 않아야 한다. 중복은 이미 말했거나 알고 있는 사항을 불필요하게 여러 번 말하는 것이다. 예를 들어 "예상 못한 놀라운"이라고 말하면 '예상 못한'이라는 말과 '놀라운'이라는 말이 서로 뜻이 중복되어 '놀라운 놀라운'이라는 말과 같게 된다. 형용사나 부사를 너무 많이 쓰면 이렇게 불필요한 중복이 일어날 수 있기 때문에 피하는 것이 좋다. 그러나 중복과 반복을 혼동하지는 말아야 한다. 반복은 같은 단어를 한 번 이상 사용하는 것이다. 반복을 하면 강조에 도움이 될 때가 있다. 그러나 중복은 아무런 도움이 되지 않기 때문에 피해야 한다.

2) 생동감 있는 단어를 사용한다.

독자들은 생동감 있는 글을 읽을 때 흥미를 느끼고 감성적 변화가 생긴다. 같은 내용도 생동감 있는 말로 표현이 되면 더 좋은 내용인 것처럼 보인다. 생동감 있는 문장은 구체적이고 동사를 많이 써서 표현해 준다. 반면에 생동감이 없는 글에는 상투적인 문구나 속어가 사용되며, 뜻도 분명하지 않은 말이 섞여 있기도 하다. 독자가 글에 흥미를 느끼지 못하면 글을 읽지 않아서 글 쓴 사람은 목적을 달성하기 어렵다.

❖ 구체적인 말을 사용한다.

앞에서 설명한 바와 같이 업무상의 문서에는 간결한 글이 좋다. 그러나 간결함을 과도하게 시도하여 너무 추상적이거나 애매한 말을 사용하면 커뮤니케이션의 효과가 줄어드는 경우가 있다. 다음의 두 문장을 비교해 보자. 두 번째 문장을 작성한 사람은 구체적인 말을 사용하여 독자의 마음에 생생한 이미지를 만들고 휴가여행을 가고 싶도록 만든다.

⊠ "당신은 여기에서 좋은 휴가를 보낼 것입니다. 여기에서는 조용하고 평화로운 가운데 휴식을 가질 수 있습니다."

➔ "여기에서 휴가를 보내게 되면 계속 들려오는 파도 소리를 듣게 됩니다. 구조요원의 보호 하에서 수영을 즐길 수 있고, 일광욕을 하면서 낮잠을 잘 수도 있습니다. 또 나무의 신비함을 충분히 즐길 수 있습니다. 밤에는 오솔길을 따라 산책을 하면서 나무 사이로 별을 감상할 수도 있습니다. 산책에서 돌아오면 방에서 조용히 단잠을 잘 수 있습니다."

문장에서 구체적인 그림이 그려지도록 하는 것이 좋은 경우가 많다. 다음의 두 문장을 비교해 보자.

⊠ "부사장은 그 프레젠테이션을 지루하게 생각하는 것 같았다."

➔ "부사장은 그 프레젠테이션을 듣는 도중에 하품을 하고 시계를 보기도 하였다."

비즈니스에서는 구체적인 숫자로 상황을 표시해주면 현장감을 더 살릴 수 있다.

⊠ "셀 수 없이 많이 팔았습니다."

➔ "지금까지 A상품을 400만개 판매했습니다. 하루에 2만개가 팔린 꼴입니다."4)

☒ "가격파괴로 손님이 평소의 곱으로 왔다."

➔ "40% 할인으로 하루 매출이 120만원이나 늘었다."

☒ "수없이 많은 군중이 모였다."

➔ "어림잡아 4,000명의 군중이 모였다."[5)]

❖ 동사를 많이 사용한다.

동사를 많이 쓴 문장에는 활력이 있다. 동사를 많이 사용하면 글을 읽는 사람에게 구체적인 행동을 요구하기도 쉽다. 그러나 동사로 표현할 수 있는 것을 명사로 표현하는 사람이 많다. 다음의 두 문장을 비교해 보자.

☒ "김00 이사는 우리가 요청한 것을 고려사항에 넣을 것이라는 의사를 표명하였다."

➔ "김00 이사는 우리가 요청한 것을 고려하겠다고 말하였다."

앞의 예에서 첫째 문장은 명사를 많이 써서 어려운 말이 많아지고 정체된 분위기가 난다. 요점은 김00 이사가 고려하겠다고 말한다는 것이다. 이 두 동사가 글에서 핵심이 되도록 하는 것이 좋다. 두 번째 문장은 동사를 중심으로 작성하여 좀 더 직접적으로 설명하고 문장도 짧아졌다.

❖ 상투적인 말과 속어를 사용하지 않는다.

상투적인 말은 오랫동안 사용되어 그 뜻을 잃어버려서 현재는 의미가 퇴색된 문구이다. 이런 문구를 사용한다면 케케묵고 무의미한 행동을 반복하는 사람으로 보일 수 있다. 상투적인 말은 제거하고 단순하고 현실감이 있는 말로 바꾸는 것이 좋다. 기업에서 많이 사용하는 상투적인 말의 예로는 다음과 같은 것들이 있다.

가족 같은 분위기에서.......	회사의 정책을 준수하여.......
언제든지 불만을 말씀해주시면.......	지도 편달해주시기.......
좋은 기회를 놓치기 마시고.......	불초 소생을.......

속어는 특정한 집단의 사람들이 일시적으로 사용하는 말이다. 속어에 익숙하지 않은 사람들은 개별 단어는 이해할 수 있지만 문장 속에서의 뜻을 이해하기가 어렵다. 이런 단어가 들어간 문장은 속어 때문에 뜻을 알기 어렵게 될 수도 있다. 업무를 위한 글에서는 속어는 피해야 한다.

3) 정확한 단어를 사용한다.

정확하게 의미가 전달되어 독자가 이해할 수 있도록 글을 써야 한다. 정확하게 글을 쓸 때 신뢰성을 확보할 수 있다. 정확성은 제시한 내용, 제시하지 않고 남겨둔 것, 내용을 제시하는 방법 등에 의해서 영향을 받는다. 이 과정에서 윤리적 측면도 고려하여 성실하고 공정하게 올바른 판단을 하여야 한다.

정확성의 가장 기본은 사실과 수치를 정확하게 제시하는 것이다. 예를 들어 다음과 같은 메모를 받았다고 생각해보자.

❏ "10월 28일 목요일에 내년도 예산편성 지침을 마련하기 위한 회의를 제2회의실에서 개최합니다."

그런데 이 메모를 받은 사람들이 10월 28일이 목요일이 아니라 수요일이라는 것을 발견했다고 가정해보자. 사람들은 메모의 모든 내용에 대해서 의심할 것이다. 요일이 틀렸을 뿐만 아니라 다른 것도 틀렸을 것이라고 생각하기 쉽다. 한편, 이 메모에는 예산편성 지침 마련이라는 한 가지 의제만 있다고 하였지만 실제회의의 의제는 5가지일 경우에는 또 다시 정확성에 의심을 받는다. 또 예산편성과 같이 중요한 내용을 중요하지 않은 것처럼 전달하는 것도 정확성에 방해가 된다.

4) 긍정적인 말을 많이 사용한다.

일에서 성과를 달성하고자 하는 사람은 긍정적인 태도를 가져야 한다. 업무상의 글을 쓰는 사람들은 자신의 글에 대해서 다른 사람이 반대하지 않도록 하는 것이 아니라 찬성하도록 노력해야 한다. 글을 통하여 찬성하는 분위기가 형성되도록 하려면 기쁨, 즐거움, 감사 등과 같은 단어를 사용하는 것이 좋다. 무엇을 할 수 없다는 것보다는 무엇을 할 수 있다는 것을 보여주어야 한다. 부정적인 이미지를 가진 단어보다는 긍정적인 이미지를 가진 단어를 사용할 때 글을 쓴 목적을 달성하기 쉬워진다. 정책 실행의 이점을 강조하는 것이 실행하지 않은 불이익을 강조하는 것보다 사람을 설득하기 쉽다. 또 긍정적인 말을 사용하면 다른 사람이나 조직과 좋은 관계를 맺기도 쉽고, 더 많은 정보를 줄 수도 있다. 다음에 제시하는 문장을 비교해보자.

⌧ "정00씨가 대금을 지불하기 전까지는 상품을 발송할 수 없습니다."

➔ "정00씨의 대금 지불이 확인되면 즉시 상품을 발송하겠습니다."

⌧ "저는 아직 직업을 경험한 적이 없습니다."

➔ "저는 학교의 봉사 동아리에서 2년 동안 총무를 하였습니다. 그 때 저는 여러 업무의 과정과 결과를 정확하게 기록해두는 것이 좋다는 것과 다른 사람과 같이 팀을 이루어 일하는 방법에 대해서 알게 되었습니다."

⌧ "주문서에 사이즈를 표시해주지 않아서 주문대로 제품을 보내드릴 수 없습니다."

➔ "주문서에 사이즈를 표시해 주시면 즉시 주문대로 제품을 보내드리겠습니다."

☒ "귀하는 5월 2일자 편지에서 하자가 있는 제품을 반품하였다고 문제를 제기하였습니다."

➔ "귀하는 5월 2일자 편지에서 제품 반품에 대해서 말씀하셨습니다."

'없다', '아니다'라는 말 외에도 '실수', '피해', '파손', '실패', '거부', '거절', '걱정', '비난', '미안', '불평', '불행', '부당', '후회', '무시', '금지' 등과 같은 말도 부정적인 뜻을 전달하기 때문에 가능하다면 피하는 것이 좋다.

☒ "안내서에 따라서 사용하지 않으면 제품이 파손될 염려가 있습니다."

➔ "안내서를 잘 따라서 하시면 저희 연구원들이 개발한 노하우를 그대로 전수받을 수 있습니다."

☒ "저희는 이번 실수에 대해서 사과드립니다."

➔ "저희가 관심을 가질 수 있도록 전화를 해주셔서 감사합니다."

☒ "저희는 금요일에는 오후 8시에 문을 닫습니다."

➔ "저희는 금요일에는 퇴근 후에도 서비스 받으실 수 있도록 오후 8시까지 문을 열고 있습니다."

☒ "사장님의 지원이 없으면 그 문제를 해결할 수 없습니다."

➔ "사장님이 지원해 주시면 그 문제를 해결할 수 있습니다."

부정적인 말을 사용하지 않기 위하여 가정법을 사용할 수도 있다. 이 방법을 사용하면 부정적인 소식의 영향을 부드럽게 할 수 있다. 다음의 문장을 비교해보자.

☒ "저는 저번 주에 개최된 회의에 대해서 말하지 못했습니다."

➔ "제가 저번 주에 개최된 회의에 대해서 말할 수 있는 기회가 있었다면 좋았을 것입니다."

☒ "저는 우리 회사의 고객 이름을 알려드릴 수 없습니다."

➔ "고객의 이름을 알려드리려고 하면 고객의 프라이버시를 고려해야 합니다."

무엇이 진실이 아니고, 무엇을 할 수 없다는 것보다는 무엇이 진실이고, 무엇을 할 수 있는가를 강조하는 것이 좋다. 그렇다고 해서 부정적인 말을 전혀 사용하지 않아야 하는 것은 아니다. 부정적인 말은 강력하고 단호하다는 특성을 가지기 때문에 가끔 사용할 필요도 있다. 그러나 부정적인 말이 꼭 필요한 상황이 아니라면 긍정적인 말을 사용하는 것이 목적을 달성하고 호의적인 관계를 유지하는데 더 좋다.

5) 차별하는 말은 사용하지 않는다.

업무를 위하여 작성한 글에서는 사람들을 동일하게 대우하고 근거 없는 편견이 담긴 차별하는 말을 사용하지 않아야 한다. 차별하는 말을 사용하면 비윤리적인 행동이 되며, 다른 사람을 공격하게 된다. 차별하는 말이 담기지 않도록 하는 것은 정성의 문제라는 것을 명심하고 항상 주의하여야 한다.

먼저 성차별적인 언어를 사용하지 않도록 주의하여야 한다. 성차별적 언어로는 남성을 지칭하는 단어로 남녀 모두를 지칭(예, 스포츠맨, 금융맨), 성별의 불필요한 강조(예, 여성총리, 여류작가, 여성팀장), 고정 관념적 속성 강조(예, 남자보다 강한 여자, 철의 여인), 성차별적 이데올로기 내포(예, 현모양처, 미망인, 처녀작), 선정적 표현(예, 쭉쭉 빵빵, S라인), 비하(예, 아줌마, 부엌데기) 등을 나타내는 말이 있다[6].

이러한 문제점을 고려하여 성차별적인 용어보다는 중성적인 표현을 사용하고 언어에 여성을 비하하는 말이 담기지 않도록 해야 한다. 예를 들어 스포츠맨은 운동선수로 고치고, 처녀작은 첫 작품, 미망인은 고(故) 아무개의 부인, 아줌마는 여성 등으로 바꿔서 사용할 수 있다. 성차별적인 언어를 사용하지 않기 위해서 영어의 경우에는 남자 위주의 말인 chairman, foreman, salesman과 같은 말은 chair person, supervisor, sales representative 등으로 바꾸어 사용하기도 한다.[7] 그 외에도 출신지역이나 출신학교를 나타내면서 차별하는 말을 사용하지 않아야 한다. 신체적으로 불편한 사람을 비하하는 말도 사용하지 않아야 한다.

사람들은 다른 사람을 잘 배려하는 사람이나 자신을 공격하지 않는 사람을 보호해 주려는 마음을 가지고 있다. 다른 사람을 배려하는 태도를 글에 잘 나타내어야 한다. 아직까지는 차별을 나타내는 말이 우리의 생활에 깊이 자리 잡고 있기 때문에 먼저 편견이 없는 언어를 사용하는데 상당한 노력이 필요하다. 편견이 담기지 않은 언어를 사용하여 글을 읽는 사람이 글을 쓴 방법보다는 글의 내용에 집중할 수 있도록 해야 한다.

2 문장 작성 방법

자신의 생각을 나타낼 단어를 선택한 뒤에는 이들을 적절한 방법으로 결합하여야 한다. 이렇게 단어를 결합한 것을 문장이라고 한다. 문장을 작성할 때는 아이디어 간의 관계를 명백하게 보여주고 독자의 흥미를 유발하고 읽기 쉽도록 해야 한다. 문장을 효과적으로 작성하기 위하여 단문, 복문, 중문, 수동태와 능동태 등을 적절히 사용하여야 한다.

1) 단문을 많이 사용한다.

문장의 길이를 결정하는 기준은 한 문장의 평균 단어 수가 20개 이하가 되도록 하는 것이다. 〈표 3-1〉에서 보는 바와 같이 문장이 길어져서 20단어 이상이 되면 독자가 문장을 이해하는 정도가 급격히 낮아진다고 한다.[8] 한글의 글자 수로는 한 문장은 30~50자가 적당하며, 길어도 60자를 넘지 않는 것이 바람직하다.[9] 단문으로 짧은 문장을 만들면 문장의 글자 수가 적어진다. 문장을 연결하여 중문과 복문을 만들면 문장의 글자 수가 많아서 이해하기 어렵다.

표 3-1 문장의 길이와 이해 정도

문장의 길이	이해 비율
8단어	100%
15단어	90%
19단어	80%
28단어	50%

자료원 : R. W. Goddard, "Communication: Use Language Effectively," *Personnel Journal*, Apr. 1989, p.32.

그러나 짧고 단순한 문장이 너무 많을 때는 글이 일관성이 없어지고 싫증이 난다. 따라서 단문을 많이 사용하여 이해하기 쉽게 하면서도 중문과 복문 등을 적절하게 섞는 것이 글을 재미있게 만드는 방법이다. 즉, 간결성과 강조를 위하여 단문을 사용하고, 아이디어 간의 관계를 보여주기 위해서는 중문과 복문을 사용한다.

2) 능동태를 많이 사용한다.

대부분의 사람은 대화에서 자연스럽게 능동태를 많이 사용한다. 글쓰기 할 때도 이처럼 능동태를 사용하는 것이 좋은 경우가 많다. 능동태 문장을 쓰면 말이 많아지는 것을 방지하고, 행동을 돋보이게 하고, 문장이 힘이 있고, 적극적이 된다. 수동태 문장을 쓰면 더 많은 단어를 사용해야 하고, 뜻이 모호하고, 책임이 불명확하다. 또, 독자와 글 쓴 사람 사이에 인위적인 거리가 발생하고, 문장의 세련미도 훨씬 적다.

그러나 수동태 문장을 쓰는 것이 더 유리한 경우도 있다. 동작의 대상이 되는 사람이나 물건을 강조하거나, 행동을 수행한 사람이 알려지지 않거나, 동작의 주체를 명확하게 표시하지 않으면서 부정적인 소식의 중요성을 낮추고자 할 경우에는 수동태를 사용한다. 그러나 전체 문장의 25%이상이 수동태 문장이면 글이 건조하고 장황하며 재미가 없다. 가급적이면 문서 전체에서 수동태 문장이 10%를 넘지 않도록 하는 것이 좋다.

능동태와 수동태 문장을 작성한 예를 다음과 같이 제시한다.

- ❑ 대부분의 업무상의 글에서는 능동태를 사용한다.
  "우리 회사는 모든 지원자에 대해서 건강검진을 실시합니다."
- ❑ 행동의 대상을 강조하기 위하여 수동태를 사용한다.
  "모든 지원자에게 건강검진이 실시됩니다."
- ❑ 부정적 소식의 중요성을 낮추기 위해서 수동태를 사용한다.
  "귀하의 모니터는 복구되지 않습니다."
- ❑ 행동의 주체를 밝히지 않을 때는 수동태를 사용한다.
  "비용을 추정할 때 실수가 발생됐습니다."

그러나 '보여지다'(->보이다), '~되어지다'(->되다)[10] 등과 같은 이중 수동태를 보여주는 단어는 사용하지 않아야 한다. 한국어에서는 이중 수동태는 어색하다.

3 문단 작성 방법

문단은 하나나 그 이상의 문장으로 구성된다. 문단은 독자에게 여러 가지 정보를 하나의 주제 하에 일관성 있게 정리해준다. 이를 위하여 문단은 통일성이 있으며 적절한 길이를 가져야 한다.

1) 문단이 통일성을 가지도록 한다.

통일성은 여러 문장이 잘 결합되어 주제와 관련된 정보가 논리적 순서에 따라서 제시되는 것을 말한다. 통일성을 주기 위하여 주제가 되는 문장을 제일 앞에 두는 경우가 많다. 이렇게 하면 글 쓰는 사람은 주제에 초점을 맞추어 일관성 있게 글을 쓸 수가 있다. 또 독자도 주제가 무엇인가를 쉽게 알 수 있다.

통일성을 가지는 문장은 연결성이 좋다. 연결성은 각 문장의 전후관계가 부드럽게 연결되는 것을 말한다. 연결성을 가지는 문단을 읽는 사람은 문장 간의 관계를 파악하기 위하여 유심히 살펴보거나, 의도하는 바를 파악하기 위하여 따로 노력할 필요가 없다. 문단이 연결성을 가지도록 하기 위하여 전환을 나타내는 말을 사용하여 독자를 적절히 안내한다. 전환을 나타내는 말로 '왜냐하면,' '예를 들어' '그러므로', '그러나'와 같은 말이나 '첫째', '둘째', '마지막으로' 등과 같은 말을 사용하기도 한다. 그러나 이런 단어를 너무 많이 사용하여 문장이 두서없이 연결되는 일이 없도록 해야 한다.

2) 문단의 길이를 조절한다.

문단의 적절한 길이를 결정할 때는 글 쓰는 사람의 편리보다는 독자의 필요에 따라야 한다. 문단을 끊어주면 시각적인 휴식을 주고, 새로운 아이디어가 시작된다는 신호를 주기도 한다. 끊어지는 부분이 없이 길게 연결되어 있는 문단은 지루하고 복잡하게 보일 가능성이 높다. 반면에 너무 짧은 문단이 계속 나열될 경우는 연결이 부드럽지 않을 수가 있다.

문단의 길이에 대해 일정하게 정해진 규칙은 없다. 기본적으로 한 문단 안에서 하나 이상의 주제를 다루어서는 안 된다. 복잡한 주제는 여러 문단으로 나누어 설명하는 것이 좋다. 한 문단 안에 주제 문장을 하나 넣고, 이를 보조하는 3-4 문장을 같이 쓴다. 단어의 수는 한 문단에 60-80 단어 정도가 포함되도록 한다.

4 전반적인 어조

글의 어조(tone)는 독자와 글의 내용에 대해 글 쓴 사람이 보이는 태도를 말한다. 일상적인 대화에서 목소리의 음색이 말을 듣는 사람에게 영향을 미치는 것과 같이 글의 어조도 독자에게 영향을 미친다. 업무상의 글에서는 독자에 초점을 두며, 자신감, 예절, 성실 등과 같은 어조가 조성되도록 노력하여야 한다. 또 강조할 부분을 적절히 나타내고, 읽기 쉽게 디자인을 해야 한다.

1) 독자에 초점을 둔다.

사람들이 만나서 서로 얼굴을 마주하고 말할 때는 상대방을 배려하기 위하여 미소를 짓고 부드러운 목소리로 말하기도 한다. 그러나 글로 쓸 때는 단어나 문장으로만 상대방을 배려해야 한다. 상대방인 독자를 배려하는 글을 쓰려면, 독자에 초점을 맞추어 독자가 알고자 하는 것을 강조하고 그들이 글에 어떤 영향을 받을 것인가를 고려하여야 한다. 이를 위하여 감정이입이 필요하다. 감정이입은 자신을 상대방의 입장에 두고 그 사람의 상황, 감정, 동기, 욕구 등을 이해하는 것을 말한다.

글 쓰는 사람 자기본위의 문장과 글을 읽는 독자의 입장에서 작성한 문장을 비교해보자.

☒ "우리 회사의 모든 종업원은 첨부한 근무환경에 관한 설문지에 답해주시기 바랍니다."

➔ "여러분의 아이디어가 중요합니다. 첨부한 근무환경에 관한 설문지에 여러분의 의견을 표시해주십시오."

☒ "본사에서는 오늘 오후에 귀하가 주문하신 제품을 발송하였습니다."

➔ "김00씨가 주문하신 제품은 5월 25일까지 도착할 것입니다."

☒ "본 상점은 3월 15일부터 일요일에는 오후 1시부터 5시까지 영업합니다."

➔ "고객께서는 3월 15일부터 일요일에는 오후 1시부터 5시 사이에 저희 상점을 이용하실 수 있습니다."

☒ "저희 회사는 제품사용자 등록을 받은 다음부터 제품보증을 실시합니다."

→ "고객께서 제품사용자 등록을 하시면 그 때부터 제품보증을 받으실 수 있습니다."

☒ "표 파는 곳"

→ "표 사는 곳"

또 독자가 글에서 권하는 행동을 했을 때 얻을 수 있는 이점을 강조하여야 한다. 글 쓰는 사람보다는 독자가 어떤 이득을 얻을 수 있는가를 보여주기 위하여 노력하여야 한다. 예를 들어 한 보험회사에서 주소록 변경이 필요한 고객들에게 2가지 다른 방식으로 작성된 글을 보냈다.11) 절반의 사람들에게는 다음과 같은 글이 적힌 이메일을 보냈다.

❑ "저희가 고객님께 보낸 우편물이 계속 되돌아와서 업무에 차질이 있습니다. 고객님의 주소가 바뀌었으면 회신해 주시기 바랍니다."

나머지 절반의 사람들에게는 다음과 같은 글이 적힌 이메일을 보냈다.

❑ "고객님께 돌려드릴 이익환급금, 보험료 배당금 안내서 등과 같은 우편물을 보내드리고자 합니다. 고객님의 주소가 바뀌었으면 회신해 주시기 바랍니다."

첫 번째 글에 대해서는 3%정도만 회신이 왔다. 이에 반해서 두 번째 글에 대해서는 90%의 회신이 왔다. 이메일을 쓰는 회사의 입장보다는 이메일을 받는 사람인 고객의 입장을 감안하여 글을 작성하였을 때 그 효과가 높았다.

그러나 부정적인 말이나 거부하는 말을 하여야 할 경우에는 다른 방법을 사용하여야 한다. 이런 경우에는 수동태 문장을 사용하거나 주어를 생략하여 독자에게 초점이 모이지 않도록 하는 것이 좋다. 다음의 문장을 비교해보자.

☒ "강00씨가 프레젠테이션 할 때 논리를 뒷받침하는 증거를 좀 더 명확하게 제시해야 했습니다."

➔ "논리를 뒷받침하는 증거가 제시되었으면 더 설득력 있는 프레젠테이션이 되었을 것입니다."

☒ "김00씨는 7일 안에 제품을 반품하지 않았기 때문에 대금을 환불받을 수 없습니다."

➔ "7일 안에 제품을 반품하시면 저희는 기꺼이 대금을 환불해 드립니다."

수정된 문장에서는 상대방의 이름을 쓰지 않았다. 상대방과 부정적인 정보 사이를 분리하기 위하여 요령을 발휘하였다.

그림 3-1 '글 쓴 사람을 중시하는 태도'와 '독자를 중시하는 태도'의 편지 비교

'글 쓴 사람을 중시하는 태도'의 편지

최근에 저희 마트에서 거래 카드를 개설해 주신 것에 대해서 감사드립니다. 저희 마트는 다양한 가정용품과 사무실 용품을 구비하고 있습니다.

저희 마트는 국내 최대의 마트 체인이기 때문에 소비자에게 가장 좋은 서비스를 제공할 수 있습니다. 또, 저희 마트 체인에서는 개별 상점에서 20Km 이내 지역에는 무료 배달 서비스를 실시합니다.

우리는 고객의 방문 주문은 물론이고, 전화나 팩스로 하시는 주문도 받고 있습니다. 우리의 고객 서비스부에서는 주문 받은 그날에 모든 서비스를 완료합니다.

또 고객께서 시내지역의 상점에서 구매하실 때 주차장을 무료로 이용하실 수 있도록 해드립니다.

우리 00마트는 고객의 의견을 환영합니다. 저희가 제공할 수 있는 추가적인 서비스가 있으면 저희에게 전화해 주시기 바랍니다.

'독자를 중시하는 태도'의 편지

고객님께서 최근에 00마트에서 거래 카드를 개설해 주신 것에 감사드립니다. 고객께서 개설하신 카드로는 국내 32개 00마트 체인에서 다양한 가정용품과 사무실 용품을 구매하실 수 있습니다.

00마트 체인의 상점에 직접 찾아오시면 친절한 직원이 고객님께서 적합한 제품을 찾으실 수 있도록 도와드릴 것입니다.

또 고객님의 댁이나 사무실에서 전화나 팩스로 주문하실 수도 있습니다. 주문에 이용하실 수 있는 전화는 123-5555번이고, 팩스는 123-5556번입니다. 고객님의 주문은 4시간 이내에 서비스가 완료됩니다. 저희 마트 체인의 상점에서 20Km 이내에 계시는 고객은 배달비가 무료입니다.

고객께서 시내지역 상점에서 구매하실 때는 주차장을 무료로 이용하실 수 있습니다. 현재 제공되는 서비스 외에 추가적인 서비스가 필요하시면 저희에게 전화(123-5557번)를 해주시기 바랍니다.

참고 자료 : D. B. Roebuck, *Improving Business Communication Skill*, 3rd ed.. Prentice Hall, Upper Saddle River New Jersey, 2001, p.38.

2) 자신감이 나타나도록 쓴다.

글에는 자신감이 나타나도록 하여야 한다. 설명이 완벽하며 논리적이라고 생각한다면 자신감을 가지고 쓸 수 있을 것이다. 이런 자신감을 가질 때 다른 사람을 설득하기도 쉽다. 자신감이 나타나지 않는 말은 가급적 사용하지 않아야 한다. 예를 들어 "생각이 드시면," "생각해 주시기를" 등과 같은 말은 피하는 것이 좋다. 다음의 문장을 비교해보자.

☒ "이 제품에 대해서 더 많은 정보가 필요하다는 생각이 드시면 본사에 무료로 전화하실 수 있습니다."

➔ "본사의 무료 전화를 이용하시면 이 제품에 대해서 더 많은 정보를 얻을 수 있습니다."

☒ "저의 자격이 귀사에서 요구하는 자격에 부합된다고 생각해주시기를 바랍니다."

➔ "저의 자격은 귀사에서 요구하는 자격에 부합합니다. 그 근거는 다음과 같습니다."

그러나 자신감이 지나쳐서 뻔뻔하거나 건방져 보이지 않아야 한다. 특히, 별다른 근거 제시도 없이 "저는 그렇게 알고 있습니다." "저의 말에 동의하실 것이라고 확신합니다." 등과 같은 말은 하지 않아야 한다. 다음의 문장을 비교해보자.

☒ "저희가 생각하는 이 방법에 동의해주실 것이라고 확신합니다."

➔ "이 방법을 사용하면 고객의 사생활을 보호하면서도 필요한 자료를 수집할 수 있습니다."

3) 예의바르고 성실하게 말한다.

예의를 갖춘 문장을 보면 독자는 친근함과 선의를 느낀다. 고객에게 정성을 다하는 상점이나 식당에는 사람들이 다시 방문하는 것처럼 글도 예의를 다 갖출 때 독자와 긍정적인 관계를 형성할 수 있다. 예의바르고 성실하게 보이도록 겸손한 말을 쓰는 것이 좋다. "귀하는 실패했습니다." "믿기 힘든 사실입니다." "당신의 불만 사항" 등과 같은 표현은 쓰지 않아야 한다. 강요하거나 설교조의 말인 "....... 하셔야 합니다."와 같은 말도 하지 않는 것이 좋다. 다음의 문장을 비교해보자.

⊠ "우리 회사와 같이 작은 기업은 고객이 제 시간에 대금을 지불해 주지 않으면 살아남기 힘듭니다. 3월 30일까지 대금을 지불해주셔야 합니다."

➔ "3월 30일 이전에 대금을 지불하시면 저희 회사의 신용우량 고객으로 등록되실 수 있습니다."

⊠ "귀하는 편지를 잘 못 보냈습니다. 저희 부서는 제품 발송을 담당하지 않습니다."

➔ "귀하의 편지를 제품 발송 담당 부서로 보냈습니다. 일주일 이내로 담당부서에서 귀하에게 답장을 할 것입니다."

⊠ "이 보고서를 금요일까지 제출하셔야 합니다."

➔ "이 보고서를 금요일까지 완성하실 수 있습니까?"

➔ "이 보고서를 금요일까지 완성해 주시면 고맙겠습니다."

분노를 느끼게 될 때라도 화를 내거나 빈정거리는 말로는 커뮤니케이션의 목적을 제대로 달성할 수 없다는 것을 명심해야 한다. 화가 나고 일에 방해가 있어도 냉정을 유지하면서 문제의 본질에 집중하고, 문제의 원인을 해결하도록 노력해야 한다. 다음의 문장을 비교해보자.

⊠ "이번이 세 번째 통고입니다. 빨리 당신이 해야 할 일을 하십시오."

➔ "저희 회사 계좌로 800,000원을 입금해 주시기 바랍니다. 이미 저희 회사에서 두 번이나 통고해드린 지불 기일을 어기셨습니다."

예의와 성실성을 보이기 위해서는 언어적인 부분뿐만 아니라 비언어적인 부분도 같이 고려한다. 종이, 봉투, 표지 등을 예의에 맞게 사용하고, 응답에 걸릴 시간도 같이 고려해 준다.

4) 강조할 것을 분명히 나타낸다.

문서에 제시된 모든 아이디어가 중요한 것은 아니다. 특별히 더 중요하고 설득력이 높은 부분이 있다. 앞에서 언급한 바와 같이 강조할 아이디어는 되도록이면 단문으로 강력하게 제시하는 것이 좋다. 그 외에도 다음에 제시하는 방법을 사용한다.

❖ 주요 아이디어를 처음이나 마지막에 제시한다.

문장이나 문단에서 첫 번째 있는 말은 가장 많은 강조를 받고, 마지막에 있는 말도 조금 강조를 받는다. 중간에 있는 말은 강조를 가장 적게 받는다. 문장이나 문단의 처음이나 끝에는 주위에 경쟁하는 말이 적기 때문에 강조가 되기 쉽다. 다음의 두 문장을 비교해보자.

❑ "생산부와 관리부의 모든 사람이 참석하는 5월 23일 회의에서 새로운 임금제도에 대해 설명할 것입니다."(참석자를 강조함)

❑ "5월 23일에 생산부와 관리부의 모든 사람이 참석하는 회의에서 새로운 임금제도에 대해 설명할 것입니다."(날짜를 강조함)

❖ 강조하고 싶은 말을 문장의 주어로 한다.

능동태 문장에서는 주어인 행동하는 사람을 강조한다. 수동태 문장에서는 주어인 행동의 대상을 강조한다. 다음의 문장을 비교해보자.

- ❑ "김00 인사팀장이 새로운 임금제도를 발표하였다."
- ❑ "새로운 임금제도가 발표되었다."

❖ 중요하다는 것을 나타내는 말을 사용한다.

"가장 중요한," "핵심적," "첫째로는" 등과 같은 말을 사용한다. 반대로 중요하지 않은 아이디어에 대해서는 "중요하지는 않지만," "사소한" 등과 같은 말을 사용한다. 다음의 문장을 비교해보자.

- ⌧ "공장 부지를 임차할 수 있는 방법을 모색하는 일을 컨설턴트에게 맡기기로 했습니다."
- ➔ "공장 부지를 임차할 수 있는 방법을 모색하기로 했습니다. 여기서 중요한 것은 이 일을 컨설턴트에게 맡기기로 결정한 것입니다."

글에서 강조를 하는 이유는 글을 쓴 사람과 글을 읽는 사람 사이에 글의 내용 중에서 중요한 부분에 대해 서로 일치된 견해를 가지도록 하는 것이다. 이런 과정에서 사람을 잘 못 유도하면 안 된다. 예를 들어 A와 B 두 가지 제품을 비교하여 A제품이 조금만 더 양호함에도 불구하고 A제품이 훨씬 더 양호한 것으로 잘 못 강조하여서는 안 된다. 이런 행동을 하는 것은 비윤리적일 뿐만 아니라 현명하지도 못하다. 건전한 판단과 공정한 행동을 하여야 커뮤니케이션의 진정한 목적을 달성할 수 있다.

5) 가독성이 높게 디자인을 한다.

가독성(readability)이란 문장의 스타일과 문서의 물리적 모양을 독자가 이해하기 쉽게 구성한 정도를 말한다. 가독성을 높이기 위한 가장 기본적인 요소로는 앞에서 언급한 문장의 길이와 단어의 길이가 있다. 일반적으로 짧은 문장과 짧은 단어를 많이 사용하면 가독성이 높아진다.[12] 그러나 짧은 문장을 너무 많이 사용하면 모든 아이디어가 비슷하게 강조되어 아이디어 간의 관계가 명확하지 않게 되기도 한다. 따라서 긴 문장도 적절히 배치하여야 한다.

그 외에도 가독성을 높이기 위하여 다음과 같은 디자인 방법을 사용하는 것이 좋다.

❖ 일관성을 유지한다.

단순하고 일관성 있는 디자인을 사용한다. 한 문서에 여러 가지 형태와 크기의 글자체를 사용하면 혼란스럽다. 일반적으로 큰 제목이나 중간 제목 등은 좀 더 크고 굵은 글자를 사용하는 정도로만 변화를 준다. 여백, 공백, 제목 등에 대해서는 한 번 결정되면 문서의 처음부터 끝까지 같은 기준을 적용한다.

❖ 여백을 적절히 이용한다.

읽기에 좋도록 하기 위하여 문서의 아래 위와 옆쪽에 여백을 넓게 넣어준다. 본문 중간의 여백도 전체 디자인의 하나로 간주해야 한다. 일반적으로 여백이 많으면 좋다. 너무 긴 문단은 짧은 문단으로 나누어 여백이 생기게 한다. 중간 제목을 적절히 넣어주면 내용을 적절히 나누어주고 중간에 여백이 들어가게 되어 읽기에 좋다. 제목의 아래 위에도 여백을 남긴다.

❖ 적절한 줄 길이와 글자 크기를 선택한다.

줄의 길이가 너무 짧으면 옆으로 읽어나가는 습관에 혼란이 오기 때문에 문장의 연결성이 낮아 보인다. 반면에 줄의 길이가 너무 길면 사람들이 지루하게 느낀다.

일반적으로 한 줄의 길이는 25-75 글자가 되도록 하는 것이 좋다. 글의 본문에는 10-12호 크기 글자를 쓰고, 제목이나 중간 제목에는 좀 더 큰 글자를 사용한다.

❖ 중요한 단어나 아이디어를 적절하게 강조한다.

강조해야 할 단어나 아이디어에는 큰 글자, 굵은 글자, 이탤릭체 등을 사용하는 방법이 있다. 과거에 타이프라이터를 사용할 때는 밑줄을 사용하였으나 컴퓨터 시대에는 사용하지 않는다. 윤곽선이나 그림자를 넣는 것은 보기에 혼란스럽기 때문에 업무상의 문서에는 부적절하다. 보통은 굵은 글자가 이탤릭체보다는 강조하는 효과가 크다. 큰 글자는 전체제목이나 중간제목에 사용하는 경우가 많다.

❖ 목록 형태로 의견을 제시한다.

목록 형태로 의견을 제시하면 문장 주위에는 여백이 많아지고 각 항목별로 독자적인 줄을 이루기 때문에 내용이 더 돋보인다. 각 줄 앞에 번호를 넣을 수도 있고 불렛(예; ■, ○, □, - 등) 기호를 넣을 수도 있다. 목록의 순서가 중요하고 항목이 많을 때는 번호를 사용하는 것이 좋다. 항목이 많을 때는 번호를 넣어두면 번호로 그 항목을 지목할 수 있어서 편리하다. 순서는 중요하지 않고 항목이 적을 때는 불렛 기호를 사용한다.

제4장

일상적 문서의 작성

1. 두괄식 접근법
2. 일상적인 요청 문서와 회답 문서
3. 일상적인 클레임 편지와 회신
4. 호의를 표시하는 편지

제4장

일상적 문서의 작성

앞의 두 장에서는 업무상의 문서를 작성하는 과정과 서술 스타일에 대해서 설명하였다. 이 장에서부터는 업무상 문서의 구체적인 작성방법에 대해서 논의한다.

이 책에서는 업무상의 문서를 세 가지로 나누어 (1) 보통의 내용을 전달하는 일상적 문서, (2) 어려운 문제를 해결하기 위한 설득적 문서, (3) 거부하거나 부정적 소식을 전하는 부정적 내용의 문서 등으로 분류한다. 이들 세 가지 문서를 작성하는 방법에 대해서 각 장별로 논의한다.

이 장에서는 먼저 일상적인 문서에 대해서 논의한다. 일상적인 문서는 업무에서 흔히 발생하는 일이나 호의적인 소식을 두괄식으로 제시하는 문서이다. 업무에서 가장 많이 사용하는 문서이다. 나머지 두 가지 설득적 문서와 부정적 소식의 문서에 대해서는 다음 두 장에서 논의한다.

1 두괄식 접근법

문서를 작성하기 전에 독자의 입장에서 생각해보고 내용이 호의적으로 받아들여질지, 비호의적으로 받아들여질지를 먼저 결정하여야 한다. 또 흔히 발생하는 일로 생각할 것인지, 아주 어려운 일로 생각할 것인지를 결정하여야 한다. 이를 바탕으로 하여 글 쓰는 방법을 결정한다.

내용이 호의적이고 일상적으로 발생하는 일에 관한 것이라고 판단되면 결론을 먼저 제시하는 두괄식 접근법(direct approach)을 사용한다. 반면에 독자가 비호의적이고 상당한 설득이 필요할 것이라고 판단되면 결론을 뒤에 제시하는 미괄식 접근법(indirect approach)을 사용한다. 두괄식 접근법은 이 장에서 논의하고, 미괄식은 다음 장에서 논의한다.

두괄식으로 글을 쓰는 방법은 가장 중요한 정보를 제일 처음에 제시하는 것이다. 업무에 바쁜 사람은 문서의 처음만 읽는 사람도 많기 때문에 업무상의 글을 쓰는 사람은 문서의 처음을 중요하게 고려해야 한다. 처음에 가장 중요한 내용을 서술하고, 이어지는 부분에서 상세한 내용을 담고, 문서의 마지막에는 긍정적인 내용을 서술하면서 마친다. 대부분 업무상의 문서는 두괄식으로 작성하는 것이 좋다.

업무상의 글에서 두괄식 접근법을 사용하면 많은 이득을 얻을 수 있다. 사람들은 글의 중요한 정보를 먼저 알면 전체 내용을 쉽게 이해한다.[1] 업무에 바쁜 사람은 이러한 방식을 선호한다. 이 방식을 사용하면 독자가 글의 앞뒤를 오가면서 내용을 다시 읽을 필요가 없기 때문에 시간을 절약할 수 있다.

두괄식 접근법이 이점이 많음에도 불구하고 사용하지 않는 사람도 많다. 그 이유는 다음과 같다. 첫째는 글 쓰는 사람이 자신이 사고한 과정에 따라 글을 쓰는 것이 쉽기 때문이다. 이 경우에 문서의 처음을 배경정보 같은 것으로 시작하게 된다. 둘째는 대부분 학교에서는 기승전결의 미괄식 글쓰기를 많이 가르치기 때문에 사람들이 여기에 따르려고 한다. 셋째는 독자의 관심을 끌기 위해서 궁금증을 가지게 하는 것이 필요하다고 생각하는 사람도 있다. 그러나 실제로는 이런 궁금증 때문에 혼란이 발생하는 경우가 많다.[2]

두괄식을 사용하는 일상적인 업무상의 문서는 (1) 일상적인 요청 문서와 그에 대한 회답 문서, (2) 일상적인 클레임 편지와 그에 대한 회신, (3) 호의를 표시하는 편지 등과 같은 세 가지 종류가 있다.

2 일상적인 요청 문서와 회답 문서

업무에서 가장 많이 사용하는 문서로는 일상적인 요청을 담은 문서와 그에 대한 회답 문서가 있다. 이와 같은 문서를 작성하는 방법에 대해서 잘 알고 있으면 업무를 효과적으로 진행할 수 있다.

1) 일상적인 요청 문서

문서를 읽은 사람이 별다른 설득을 하지 않아도 요청한 사항을 쉽게 해결해 줄 것이라고 예상되는 경우에는 일상적인 요청을 한다. 예를 들어 특정 기업의 제품에 대한 정보를 요청하면 그 기업은 제품 홍보를 위하여 쉽게 정보를 제공해 준다. 이런 반응이 예상되면 일상적인 요청을 하게 된다. 그러나 해당 기업의 비용이 지출되거나 중요한 정보를 제공해야 할 경우는 일상적인 요청이 아니라 설득적 요청을 하여야 한다.

일반적으로 일상적인 요청 문서는 기본 요청, 보충 설명과 상세 정보, 긍정적 종결의 순서로 문서 내용을 작성한다.

(1) 기본 요청

일상적 요청을 담은 문서는 두괄식으로 작성하여 중요 내용을 첫 문장에 제시한다. 요청하는 사항이 복잡하여 첫 문장에 제시하기 곤란할 경우에는 처음 한 두 문장에 간단한 배경을 설명하고 이어서 중요 내용을 제시한다.

처음에 요청할 때는 명확하게 말하면서도 예절을 갖추어야 한다. 특히 독자가 회답해 주기 위하여 어느 정도 노력을 해야 할 때는 정중하게 요청을 해야 한다. 정중한 요청은 예절을 잘 갖추고, 회답에 어느 정도 시간적 여유를 주어서 요청하는 것을 말한다. 예를 들어 "5월 3일까지 귀사의 회답을 받을 수 있겠습니까?"와 같은 방식으로 요청한다. 일상적 요청을 하는 방법으로는 직접 질문, 진술, 정중한 요청 등 세 가지가 있다. 세 가지 방법에 대한 예를 제시하면 다음과 같다.[3)]

직접 질문 귀사에는 공공 교육기관 대량매입 할인제도가 있습니까? 저희 학교에서는 실습 장비를 현대화하기 위하여 CAD시스템 50대를 새로 구입하고자 합니다.

진술 귀사의 MMF에 대한 정보를 알고 싶습니다. 저는 외국에서 근무하며 현지의 통장으로 임금을 받기 때문에 매달 자동 통장이체 방식은 사용하기 어렵습니다.

정중한 요청 강00씨의 근무경력과 관련하여 몇 가지 질문을 하고자 합니다. 귀사에서 근무한 적이 있는 강00씨는 이번에 저희 회사의 경력사원 모집에 지원하였습니다.

얼마나 상세한 대답을 원하는가를 사전에 결정해두어야 한다. 한 문장으로 간단한 대답을 원할 때와 3페이지로 된 대답을 원할 때는 각각 서로 다른 방식으로 요청해야 한다. 원하는 대답의 형태를 결정하고 이에 맞추어 요청할 말을 작성하는 것이 좋다. 다음의 두 문장은 알고자 하는 내용에 따라서 질문하는 방식이 달라지는 것을 보여준다.

- ❑ "귀사의 워드프로세서 프로그램 신 버전에 대해서 설명해 주십시오."
- ❑ "귀사의 워드프로세서 프로그램 신 버전은 자동으로 줄과 문단의 번호를 지정해 줍니까?"

많은 질문을 할 경우에는 각 질문에 번호를 부여한다. 질문을 받은 사람은 그 번호 순서에 따라 답을 하면 모든 질문에 빠짐없이 대답해 줄 수 있다. 각 질문을 할 때는 명확하고 객관적인 단어를 사용한다. 필요할 경우에는 독자에게 회답 내용을 비밀로 하겠다는 것을 분명히 말한다.

(2) 보충 설명과 상세 정보

요청한 사항에 대하여 보충 설명이나 상세 정보가 필요할 때가 많다. 보통은 요청을 하게 된 이유, 배경 정보, 전후 사정 등을 설명한다. 앞에서 예를 든 강00씨의 근무경력 조회를 받은 회사의 입장에서는 상세한 사정을 모르면 정보를 제공하기 싫을 것이다. 강00씨의 직장을 얻기 위한 하나의 절차로 그 정보가 필요하다는 것이 알려지고, 자기 회사에서 발행한 경력증명서의 사본이 같이 제공되면 비로소 그 정보를 제공할 수 있을 것이다.

상대방이 대답을 함으로써 어떤 이득을 볼 수 있는가를 설명해줄 필요도 있다. 예를 들어 대규모 할인점을 개설할 경우에 개설 지역 거주자에게서 상품 수요를 조사하면서 성실하게 응답을 해주면 필요한 상품을 사기 쉬워진다는 것을 설명해 주면 좋다. 그러나 이미 잘 알려진 이득을 강조할 필요는 없다. 예를 들어 재활용품 수집을 요청하면서 재활용의 좋은 점을 강조할 필요는 없다. 이미 대부분의 사람이 그 이점을 잘 알고 있기 때문이다.

(3) 긍정적인 종결

문서의 마지막 부분에서 긍정적인 어조를 보인다. 긍정적이고 친절하고 참신한 말로 끝맺음을 한다. 독자가 회답 편지에서 제공할 정보에 대해서 미리 감사를 표시하고, 회답 편지의 기한과 기한의 이유를 설명하고, 서로에게 혜택이 되는 일이라는 것을 말하기도 하면서 끝을 맺는다. 그러나 정보제공이 당연한 것처럼 보이는 말은 절대하지 말아야 한다. 그 예로는 다음과 같은 문장이 있다.

- ❑ "다음에 제가 도와드릴 일이 있으면 꼭 연락해주십시오."
- ❑ "저희는 귀사에서 제공해줄 정보에 미리 감사드립니다. 제공해 주실 정보는 강00씨를 공정하게 평가하는데 큰 도움이 될 것입니다."
- ❑ "제품에 관한 정보를 11월 1일까지 보내주시면 좋겠습니다. 그 때 저희는 크리스마스 시즌을 위한 주문을 합니다. 그 때 귀사의 제품도 주문이 같이 될 수 있을 것입니다."

그림 4-1 일상적인 요청 문서(비효과적 문서의 예)

강00 팀장님, 안녕하십니까?

저희 회사의 기술영업 담당자들은 매우 바쁩니다. 세계 여러 나라로 출장을 다니면서 고객과 상담을 하기 때문에 근무 시간의 반 정도는 여행을 하면서 보냅니다. 이 사람들은 여행 중에는 노트북 컴퓨터를 많이 사용합니다. 본사의 데이터베이스와 연결하여 고객에게 제출할 제안서를 많이 작성합니다. 이들 중 몇 사람이 종이에 프린트한 제안서를 즉시 고객에게 제공할 수 있도록 휴대용 프린트를 지급해 줄 것을 요청했습니다.

따라서 저희는 귀사의 휴대용 프린터인 SP-450에 대해 몇 가지 정보를 얻고자 합니다. 이 모델이 레이저 프린터인지 알고 싶습니다. 우리 기술마케팅 담당자들에게는 여행 중에 B4 사이즈의 종이에 프린트할 수 있고, 배터리를 사용하는 프린터가 필요합니다. 품질보증은 어떻게 합니까?

위의 사항과 관련하여 추가적인 정보가 필요하시면 언제든지 연락해주십시오.

감사합니다.

최00

그림 4-1 일상적인 요청 문서(효과적 문서의 예)

영평 컴퓨터 주식회사
프린터 판매팀 강00 팀장 귀하

귀사의 휴대용 프린터 SP-450에 대해서 자세한 정보를 얻고자 합니다. 저희 회사에서는 기술영업 담당자들이 여행 중에 노트북 컴퓨터에 연결하여 사용할 휴대용 프린터를 30대 정도 구입할 것을 검토 중입니다.

특별히 다음 사항을 알아보고자 합니다.

1. SP-450 모델은 레이저 프린터입니까?
2. 배터리를 사용합니까? 여행 중에 사용할 것이기 때문에 꼭 필요한 사양입니다.
3. B4 사이즈의 종이를 사용할 수 있는 프린터입니까?
4. 품질보증기간은 최소 1년 이상이 됩니까?

가능하다면 회신은 팩스(번호: 345-4567)로 해주시기 바랍니다. 주문 방법에 관한 정보도 같이 보내주시면 감사하겠습니다.

감사합니다.

서울 서초구 서초동 00번지
00산업 구매관리팀
최00

참고 자료 : S. Ober, *Contemporary Business Communication*, Houghton Mifflin Company, Boston, 2009, pp.183–184.

2) 일상적인 회답 문서

일상적인 사항을 요청하는 문서에 대한 회답으로 정보를 제공하는 문서를 일상적인 회답 문서라고 한다. 가급적이면 빠른 시간 안에 회답을 한다. 그렇게 하는 것이 정보를 요청한 사람의 시간을 절약해 줄 뿐만 아니라 마음도 즐겁게 해준다.

이 문서는 기본 내용, 보충 설명과 상세 정보, 구체적 행동을 포함하는 긍정적인 종결의 순서로 작성한다.

(1) 기본 내용

요청한 사항에 대해서 긍정적인 답을 줄 수 있으면 두괄식으로 작성하여 문서의 앞에 핵심적인 내용을 제시한다. 회답을 할 때 예절을 잘 갖추어야 한다. 아까워하면서 정보를 제공하는 것처럼 보이면 문서를 읽을 사람과의 좋은 관계를 해칠 수가 있다.

(2) 보충 설명과 상세 정보

이어서 핵심적 내용에 대해서 보충적인 설명과 상세한 정보를 제공한다. 예를 들어 특정한 제품의 주문에 대한 문의가 왔을 경우에 그 주문을 받아 줄 수 있다면 그 제품을 어떤 시간에 어떤 방법으로 배달해 줄 수 있다는 상세한 회답을 해준다.

상세한 내용을 제시할 때는 독자의 입장에서 생각하고 정보를 제시하는 것이 좋다. 글 쓰는 사람의 입장에서 쉽게 구할 수 있는 정보만을 제시하는 것은 좋지 않다. 독자가 궁금하게 생각하고 관심을 가진 사항을 파악하여 그에 관해 언급해주어야 한다. 상황에 따라 필요하다면 상세한 설명을 해주기도 하고, 보충 자료를 첨부하기도 한다. 문의한 내용과 관련된 다른 사항에 대해서 설명해 주기도 한다.

(3) 구체적 행동을 포함하는 긍정적인 종결

문서를 마감하는 부분에서는 독자에 대한 호감을 더욱 확고하게 보인다. 대부분의 경우에 계속적인 관계 유지를 희망한다는 말과 함께 끝을 맺는다.

그러나 끝내는 말을 너무 진부하게 하는 것은 좋지 않다. 예를 들어 "불편한 사항이 있으시면 언제든지 전화해 주십시오." "고객님의 말씀에 언제나 귀 기울이고 있습니다." 등이 있다. 이런 상투적인 말은 억지로 하는 말처럼 보인다. 상투적인 말보다는 문서를 읽을 사람에게 적합한 참신한 말을 쓰는 것이 좋다. 업무상 많은 문서와 편지를 읽어야 하는 사람 입장에서는 늘 비슷한 말이 적힌 문서들을 보면, 그 말들이 진실하거나 성실해 보이지 않을 가능성이 높다.

그림 4-2 일상적인 회답 문서의 예

00산업 구매관리팀 최00씨 귀하
제목 : SP-450 질의에 대한 회답

예, 저희 회사의 인기제품인 SP-450 휴대용 프린터는 B4 사이즈 종이에 프린터 할 수 있습니다. 따라서 귀사의 기술영업 담당자가 넓은 스프레드시트에 작업한 내용을 여행 중에도 프린트 할 수 있습니다. 물론 A4 용지에도 프린트할 수 있습니다.

프린트 할 때의 정숙성과 이동의 편리성을 위하여 본사에서는 잉크제트 방식을 사용합니다. 이 방식을 사용하여 절반 정도의 비용으로 레이저 프린터와 비슷한 품질의 프린트를 할 수 있습니다.

사람들이 여행 중 비행기 안이나 차안에서 노트북 컴퓨터를 이용하지만, 프린트는 보통 일정한 장소에 도착하고 난 뒤에 이용합니다. 따라서 SP-450은 배터리가 아닌 교류전력만을 사용합니다. 그 결과 무게를 1Kg 가량 줄일 수 있습니다. 연결 동력선이 4m이기 때문에 동력원이 멀리 있는 경우도 쉽게 연결할 수 있습니다.

저희 회사에서는 1년간 품질보증을 합니다. 품질보증은 접수 후 2시간 이내 처리하도록 최선을 다하고 있습니다.

SP-450을 주문하시거나 시용해보시려면 귀사에서 가장 가까운 저희 회사 00대리점(전화: 567-5678)으로 연락하십시오. 그 대리점에서는 기술영업 담당자가 여행가방의 무게는 2.5kg만 증가시키면서도 생산성을 높일 수 있는 방법을 직접 보여줄 것입니다.

감사합니다.

영평 컴퓨터 주식회사
프린터 판매팀
팀장 강00

참고 자료 : S. Ober, *Contemporary Business Communication*, Houghton Mifflin Company, Boston, 2009, p.188.

3 일상적인 클레임 편지와 회신

클레임 편지(claim letter)는 구입한 제품이나 서비스의 문제를 해결하기 위하여 구매자가 작성하는 문서이다. 구매자는 개인일 수도 있고 조직일 수도 있다. 클레임 편지는 먼저 주문을 했던 부서나 고객관계부서에 보낸다. 이들 부서에서 해결해주지 못할 때는 기업의 최고경영자에게 클레임 편지를 보내기도 한다. 현대 기업에서는 고객이 제품이나 아프트서비스에 불만을 가진 것에 민감하게 행동해야 한다.[4] 따라서 고객의 클레임 편지가 접수되면 최대한 빨리 대응하여 회신 편지를 보내야 한다.

1) 일상적인 클레임 편지

클레임 편지에 상대방이 쉽게 응해줄 수 있는 내용을 담고 있을 때는 일상적인 것으로 볼 수 있다. 예를 들어 도매상과 상품구매 계약을 체결할 때는 단위 당 500원으로 한 것을 대금 청구서에서는 800원으로 계산하였다면, 쉽게 그 내용을 수정할 수 있기 때문에 일상적인 클레임 편지로 해결할 수 있다. 그런데 단위 당 500원으로 계약한 상품을 그 다음 날부터는 400원으로 판매하기 시작했을 경우에, 그 도매상에 가격을 낮추어 달라고 요청하는 편지는 좀 복잡한 내용을 담게 되어 일상적인 것보다는 설득적 클레임 편지가 된다.(설득적 클레임 편지는 다음 장에서 설명한다.) 일상적 클레임 편지에서는 먼저 말하고자 하는 주요 요점을 먼저 말한다. 예를 들면 다음과 같은 문장을 먼저 말한다.

❑ "A상품을 구매하는 계약을 할 때는 단위 당 500원으로 합의하였지만 실제 대금을 청구할 때는 단위 당 800원으로 계산하셨습니다. 대금 청구서를 다시 작성하여 보내주시기 바랍니다."

❑ "저희 회사에서는 공기가열식 팝콘 기계를 주문하였지만 00기업(주)에서는 5월 8일에 식용유가열식 팝콘 기계를 보내 주었습니다. 팝콘 기계를 교환해

주시기 바랍니다.”

기본적인 클레임 사항을 말하고 난 뒤에는 문제에 대해서 정확한 정보와 사실을 바탕으로 보충 설명을 하고 자료를 첨부하여 준다. 필요하면 주문서나 송장의 사본을 첨부하여 보내기도 한다. 서비스와 관련한 클레임일 경우는 그 당시 담당자의 이름도 적어 보낸다. 확신에 찬 어조를 사용하고 논리적으로 설명한다.

상대방 기업이 이성적으로 행동하기를 바라는 바와 같이 클레임 제기자도 이성적으로 행동해야 한다. 클레임 편지를 작성할 때는 되도록이면 화, 빈정거림, 위협, 과장 등이 나타나지 않도록 한다. 감정이 섞인 강한 말을 사용한 클레임 편지를 받은 사람도 비슷한 행동으로 대응할 가능성이 있다. 따라서 사실에 입각하고 감정을 배제한 말을 사용하여 두괄식으로 문제가 무엇인가를 정확하게 설명하는 것이 좋다. 감정을 배제한 입장에서 클레임 편지를 받을 상대방은 개인적으로는 아무 잘못이 없는 사람으로 생각하고 편지를 쓴다. 또 “당신의 회사”와 같이 인칭과 함께 회사를 지칭하기보다는 “00기업(주)”와 같이 회사 이름으로 지칭한다. 다음의 문장은 감정을 표현하는 방법을 대조적으로 보여준다.

⊠ “당신 회사의 렌터카를 안전하다고 광고하는 것은 사기입니다. 부끄러운 줄 아세요.”

➔ “제가 지난주에 하루 8만원에 렌트한 차는, 00렌터카(주)에서 안전하다고 광고를 하고 있지만 실제로는 그렇지 않았습니다.”

⊠ “당신 회사가 24시간 내에 배달해준다고 광고한 것은 새빨간 거짓말이었습니다.”

➔ “24시간 내에 배달해준다는 광고를 믿고, 제가 00택배(주)를 통해 5월 4일 보낸 우편물은 제 시간에 도착하지 않았습니다.”

마지막에는 서로 호의를 유지할 수 있도록 정중한 말로 원하는 조치사항을 말한다. 확신하는 어조로 제품교환, 수리, 반품, 정중한 사과 등을 언제까지 원한다고 말한다. 여러분 자신이 어떤 조치가 적절한지를 모를 경우에는 상대방 회사에서 조치를 선택하도록 남겨둔다. 다음은 끝맺음의 예이다.

❑ "저희는 00기업(주)이 주문 사항을 처리하는 과정에 실수가 있었을 것이라고 생각합니다. 과거에 여러 차례 거래에서는 항상 정확하고 신속하게 주문이 처리되어 고맙게 생각하고 있습니다. 저희 회사에는 빠른 기일 내에 기계를 설치해야 합니다. 5월 15일 이전에 공기가열식 팝콘 기계를 보내 주시기 바랍니다."

2) 일상적인 클레임 회신

클레임 회신은 고객의 클레임 편지에 대해서 어떤 조치를 취했는가를 알려주는 편지이다. 대부분의 기업에서는 클레임을 문서로 받았을 때는 그 조치결과도 문서로 통보해주도록 규정하고 있다. 제기된 클레임에 긍정적인 대답을 해줄 수 있을 때는 일상적인 문서작성법에 따라 회신을 해준다.

(1) 전반적인 어조

클레임이 있으면 기업이나 제품에 대한 평판이 나빠질 가능성이 있다. 고객의 감정이 상했기 때문에 회신을 작성할 때는 전반적 어조에 유의하여야 한다. 고객에게 유리한 조치를 취해주기로 결정하였으면 친절하고 신뢰성을 주는 어조를 보이는 것이 최선이다. 다음의 두 문장은 동일한 조치를 해주면서도 다른 어조를 보이는 경우를 대조적으로 보여준다.

☒ "자동차 정비설명서를 잘 따랐으면 문제가 발생하지 않았을 것이라고 생각합니다만, 저희 회사에서는 송00씨의 자동차를 무료로 수리해주기로 결정하였습니다."

➔ "저희 회사에서는 송00씨의 자동차를 무료로 빠른 시간 내에 수리해주기로

결정하였습니다. 이 통보를 받는 즉시 편리한 시간에 가까운 저희 회사 지정 정비소에 가셔서 수리를 받으십시오."

이 경우에 가능하다면 중립적이거나 긍정적인 단어를 사용한다. 예를 들어 '고객께서 불만을 제기하신'보다는 '고객께서 말씀하신'과 같은 단어를 사용한다. 그리고 되도록이면 빠른 시간 내에 대응하여 고객의 나쁜 감정이 깊어지지 않도록 한다.

(2) 좋은 소식 제시

고객이 클레임을 제기한 것을 당연한 것으로 인정하고 해결책을 제시할 수 있을 때는 이 소식을 제일 먼저 쓴다. 이에 관한 상세 사항이나 배경 정보는 그 뒤에 제시한다. 다음은 일상적인 클레임 회신 편지의 처음 문장의 예이다.

- ❑ "고객님의 말씀이 옳습니다. 고객님께서 구매하신 세탁기의 보증기간은 6개월 연상되어야 합니다."
- ❑ "고객께서 사용하시다가 고장난 컴퓨터는 고객의 댁과 가까운 위치에 있는 저희 회사의 00지역 서비스 센터에서 무료로 수리를 받으실 수 있습니다."

클레임을 제기한 사람에게 문제를 해결할 기회를 주어서 감사하다는 말을 분명히 하여야 한다. 그러나 사과는 부정적인 면을 강조한다. 고객이 만족할 수 있도록 즉시에 해결해줄 수 있는 작고 일상적인 클레임에 대해서는 사과를 하지 않는 방법도 있다. 대신 긍정적인 측면을 강조하고 미래의 거래도 촉진한다. 반면에 고객이 심각한 불편을 겪었고 기업의 잘 못이 분명할 경우에는 정중하게 사과한다. 이 경우에는 먼저 좋은 소식을 전한 후에 사무적인 방식으로 사과한다.[5] 그 뒤로는 사과를 반복하지 않는다.

(3) 설명

먼저 좋은 소식을 전한 뒤, 문제가 발생한 원인과 문제의 재발을 피하는 방법에 대해서 말해준다. 상황을 충분히 상세하게 설명해주어야 하지만, 너무 장황하게 이유를 설명하지는 않아야 한다. 부정적인 말을 피하고, 책임을 전가하지 말아야 한다. 또 사소한 실수가 발생할 수도 있지 않느냐는 태도는 보이지 말아야 한다.

클레임을 제기한 고객은 해당 제품에 대한 생각이 흔들릴 수도 있기 때문에 고객이 긍정적인 생각을 가질 수 있도록 해야 한다. 고객이 제품에 대해서 확신을 가지고 제품을 다시 구입하도록 정보를 제공한다. 가능하다면 그런 일이 발생하지 않도록 어떤 노력을 하고 있는가를 설명해준다. 그러나 믿음을 주기 위하여 다시는 절대로 그런 일이 발생하지 않을 것이라고 약속하지는 않아야 한다. 불가능한 약속으로 보일 수 있다. 대신에 상세한 정보를 제공하는 것이 좋다. 다음의 두 문장을 비교해보자.

⌧ "이러한 일이 다시는 발생하지 않도록 하겠다는 것을 굳게 맹세합니다."

➔ "다행히도 이와 같은 사고는 잘 발생하지 않습니다. 예를 들어 지난 12개월간 날씨가 나쁘거나 파업이 발생한 경우에도 저희 회사의 정시 배송비율이 99.7%였습니다. 다른 기업보다 월등히 높은 비율입니다."

중요한 고객일 경우는 무리한 클레임을 해결해 주기도 한다. 이어서 설명을 하는 순서에서 적절한 이유를 거론하면서 요령 있게 충분히 말한다. 고객이 또 그와 같은 문제를 일으키지 않도록 당부할 필요도 있다. 너무 무례하게 이런 말을 하면 고객의 마음을 상하게 할 수도 있어서 조심해야 한다. 다음은 고객을 배려한 클레임 회신의 예이다.

❑ "저희 회사는 귀사와의 관계를 중시하여 귀사에서 사용하는 BR-2000 복사기를 저희 직원이 방문하여 4월 12일에 무료로 수리해드리겠습니다. 귀사에서는 3일 간 BR-2000 복사기로 13,834장을 복사하였습니다. 그런데 사용설명서에 명시된 바와 같이 그 제품은 하루에 2000장을 복사하도록 설계된 것입니다. 앞으로 계속 그 이상을 복사하실 일이 있으시면 BR-5000으로 교환하시면 문제가 없습니다. 귀사가 구입하시면 20% 할인이 가능합니다."

(4) 긍정적이고 미래지향적 종결

마지막에는 긍정적인 말을 한다. 문제를 다시 말하지 않고, 다시 사과하지도 않는다. 미래에 문제가 생길 가능성도 말하지 않는다. 고객이 아직 마음이 상해있을 것을 암시하는 말도 하지 않는다. 대신에 고객과의 관계를 지속한다는 암시를 준다. 구체적으로는 추가적인 판매, 수선한 제품을 사용하여 얻을 만족, 고객의 지속적인 관심 등을 말하여 관계가 계속될 것으로 암시한다. 그러나 고객이 클레임에 대한 조치를 좋게 생각하고 제품에 대해서 확신을 가질 것이라고 생각될 때만 추가적인 판매에 대해 언급해야 한다. 그렇지 않으면 역작용을 일으킨다.

4 호의를 표시하는 편지

호의를 표시하는 편지는 친절과 친근함을 직접적으로 보여주기 위하여 작성한 축하, 감사, 애도 등을 보여주는 편지이다. 사람들은 이런 편지에 적당한 말을 찾아내기에 어려움을 느낀다. 말을 찾기 어려워서 망설이다가 제품으로 만들어진 표본 카드를 보내거나 전화를 하기도 한다. 그러나 표본 카드나 전화보다는 본인이 직접 글로 작성한 편지가 더 큰 감동과 의미를 줄 수 있다는 것을 고려하여 되도록이면 직접 작성하는 것이 좋다.[6] 요즈음은 그 편리성 때문에 이메일로 편지를 보내기도 한다. 그 경우에도 글의 내용은 본인이 직접 작성하는 것이 좋다.

이런 편지에는 직접적인 사업 목적이 없기 때문에 호의를 보이기 쉽다. 그렇다고 해서 이런 노력이 사업에 영향을 전혀 주지 않는 것은 아니다. 사람들은 자연스럽게 친근한 사람과 업무를 논의하고 싶어 한다. 이와 같은 사업상의 이점은 친근하게 된 결과로 자연스럽게 발생한다. 그러나 이런 편지를 작성할 때 사업적인 목적을 강하게 포함시키게 되면 원래의 목적을 달성하기 힘들다. 편지를 받는 사람은 그런 목적이 포함되었다는 것을 쉽게 간파한다. 판매 촉진이나 재판매를 위한 내용이 포함되어 있는 편지는 판매를 위한 편지로 간주하고 작성해야 한다.

1) 일반적 지침

호의를 표시하는 편지를 보내어 원하는 효과를 얻기 위해서는 다음과 같은 지침에 따르도록 한다.

1. **즉시 보낸다.** 호의를 표시하는 편지를 보내려고 마음을 먹었으면서도 시간을 끌다가 너무 늦게 보내는 사람이 있다. 가장 의미가 있는 편지는 보내야 할 이유가 막 발생했을 때 보낸 것이다.

2. **두괄식으로 작성한다.** 주요 내용을 첫 번째나 두 번째 문장에서 말한다. 애도를 표하는 경우에도 이미 사실을 알고 있기 때문에 먼저 말해도 된다.

3. **성실해야 한다.** 너무 화려하거나 강한 말을 피한다. 말하는 것과 같은 평범한 어조로 읽는 사람 위주로 작성한다. 상대방의 이름을 틀리지 않게 쓰고, 자신의 인적사항도 정확하게 표시한다.

4. **구체적으로 언급한다.** 감사를 표시할 때는 구체적인 사건이나 행동을 말한다. 천편일률적으로 양식에 맞추어 대량으로 작성한 편지로 보이지 않도록 개인적인 내용을 언급한다.

5. **간단하게 작성한다.** 1페이지 이상이 되지 않도록 한다. 한 페이지도 너무 가득 채우지 않도록 한다. 표준 업무 양식보다는 작은 면적의 종이에 개인적인 서신 기분이 나도록 작성한다. 편지에 제목도 붙이지 않는다.

6. **정성을 보여야 한다.** 편지에는 글로 나타낸 것 외에도 무언으로 표시하는 정성이 전해진다. 편지의 외양이나 형식을 보고 작성자의 성의나 태도를 알 수 있다. 예를 들어 다발로 묶었던 흔적이 남아있는 종이를 사용했다면 무성의하고 황급하게 편지를 썼다는 것을 보여주게 된다. 편지를 보내어 좋은 인상을 주려면 종이나 봉투를 성의 있게 선택해야 한다. 그 외에도 정성이 담긴

글씨나 배달방법을 사용하도록 노력한다.

2) 축하 편지

업무상 중요한 성과를 달성한 사람에게 축하 편지를 보낸다. 승진, 정년, 수상 등이 여기에 해당한다. 약혼, 결혼, 생일 등과 같은 개인적인 경사에도 축하 편지를 보내기도 한다. 회사 내부 종업원뿐만 아니라 외부의 고객, 관계회사 등에도 보낸다. 다음과 같은 예를 참고한다.

❑ "강00 사장님, 이번에 00산업협회 회장에 당선되신 것을 축하드립니다. 오늘 아침 신문에서 인터뷰 기사를 보고 저도 매우 기뻤고, 앞으로 강00 사장님께서 어떤 일을 하실 계획인지도 알게 되었습니다. 앞으로 회원과 지역사회를 위해 좋은 일을 많이 해주시기 바랍니다."

3) 감사 편지

돈으로 보상하는 것보다 감사 편지가 더 높은 가치를 발휘할 수도 있다. 사람들은 컴퓨터로 천편일률적으로 찍어내는 편지를 너무 많이 보았기 때문에 손으로 쓴 감사 편지를 받으면 좋아한다. 손으로 쓴 편지를 받은 사람은 보낸 사람이 성실하고 진실하게 감사하고 있다고 생각한다. 이메일로 보낸 경우도 기존에 개발된 내용보다는 본인이 직접 작성한 내용을 보낼 때 이와 비슷한 효과를 거둘 수 있다. 이런 감사 편지의 복사본을 그 사람의 상사에게도 보내면 더 좋은 감사의 방법이 된다.

감사 편지는 그 이유가 생겼을 때마다 바로 보내야 한다. 감사 편지를 보낼 이유로는 선물을 주거나, 추천서를 써주거나, 도움을 주거나, 좋은 결정을 해주거나, 연설을 해 주는 것 등이 될 것이다. 이런 감사 편지를 받는 사람은 즐거운 마음을 가지게 될 것이다. 특히 예상하지 못하였을 때는 기쁨이 더 클 것이다. 자신의 의무 외의 부분에까지 친절을 베푼 사람에게는 예상하지 못한 감사 편지를 써주면 서로 즐거운 마음을 가질 수 있다. 다음의 예를 참고한다.

❑ "지난주에 있었던 이사회에 저를 초청하여 발언할 기회를 주신 것에 대해서 진심으로 감사드립니다. 저는 그날 우리 회사에 꼭 필요한 인적자원개발 계획을 이사회 구성원에게 설명할 수 있는 소중한 기회를 가져서 좋았습니다."

❑ "강00 팀장님, 저희 회사 신입사원 오리엔테이션 교육에 강사로 참여하여 주셔서 대단히 감사합니다. 교육에서 업무일정 수립 방법에 대한 귀중한 노하우를 가르쳐 주셨습니다. 그런 노하우는 강 팀장님과 같은 전문가가 아니고는 알 수 없는 내용이었습니다. 저희 회사 신입직원들은 강 팀장님의 강의와 질의에 대한 응답에서 많은 감명을 받았습니다. 저희는 강 팀장님의 참여에 깊은 감사를 드립니다."

4) 애도 편지

고통이나 불행을 당한 사람에게 애도를 표시하는 것은 어렵지만 그만큼 가치도 있다. 심각한 건강문제, 사업상의 어려움, 사랑하는 사람의 죽음 등을 당한 사람에게는 다른 사람이 자기를 생각하고 있다는 것과 혼자가 아니라는 것을 알려줄 필요가 있다. 그러나 이러한 애도를 나타내는 편지를 작성하는 것은 매우 어렵다. 그렇다고 해서 상업적으로 만들어진 카드를 보내는 것은 너무 성의가 없어 보인다.

가장 어려운 편지는 사망한 사람에 대해 애도를 표하는 것이다. 사망한 사람에 대한 언급을 회피할 필요는 없지만 너무 오래 말할 필요도 없다. 이런 편지는 짧게 해야 한다. 먼저 애도를 표하고 사망한 사람에 대한 추억을 간단히 언급한다. 이어서 애정을 표하면서 편지를 끝맺는다. 꼭 필요한 경우는 도움을 주겠다는 제의를 하기도 한다.

제5장

설득적 문서의 작성

1. 미괄식 접근법
2. 제품판매 안내문
3. 설득적 클레임 편지 작성
4. 미납금 독촉 서신
5. 두괄식 설득적 글쓰기

제5장

설득적 문서의 작성

설득은 특정한 행동을 취하도록 하거나 특정한 아이디어를 지지하도록 동기를 유발하는 과정이다. 사람들이 설득이 되면 하지 않았을 행동을 하게 되거나 믿지 않았을 아이디어를 믿게 된다. 설득은 업무에서 여러 가지 측면으로 중요하다. 업무에서 설득을 하는 예로는 소비자가 상품을 구입하도록 설득하거나, 일자리에 인재를 추천하거나, 윗사람에게 제안을 받아들이도록 설득하거나, 공급자에게 상품가격을 깎아 달라고 설득하는 일 등이 있다. 사실은 모든 업무상의 커뮤니케이션에는 설득적인 요소가 포함되어 있다. 단순히 제품 정보를 전하는 경우에도 제품을 사도록 설득하는 말이 숨어있다.

여러 가지 이유로 사람들은 설득적인 글을 읽지 않으려고 한다. 그런 글을 읽는 것이 시간 낭비라고 생각하거나, 과거에 비슷한 경험에서 손해를 보았거나, 다른 사람의 제안을 쉽게 받아들이지 않는 성격 때문일 수도 있다. 이렇게 처음에 상대방이 글을 읽지 않으려는 것을 극복하는 것이 설득의 핵심이다.

설득적 글을 쓸 경우에는 사람들이 관심을 보일 수 있도록 먼저 주의를 끌 수 있는 말을 하면서 시작하여야 한다. 주의를 끈 후에는 제시된 관점이 적절하다는 적절한 이유를 제시하여 반대하지 않도록 하여야 한다. 이를 위해서는 신중히 계획을 세우고 목적을 분명히 설정하고 글을 읽을 사람을 분석하여야 한다.

설득적인 글의 효과를 높이기 위한 방법은 글을 읽는 상대방에게도 이득이 있다는 것을 보여주는 것이다. 예를 들어 "저는 능력이 대단합니다. 저를 고용해보십시오." 하기보다는 "저를 고용하면 귀사에는 다음과 같은 이득이 있게 될 것입니다." 라고 하는 것이 좋다. 이와 같은 글을 읽은 사람은 채용의 이득이 무엇인가를 확신하게 된다.

이러한 방식으로 설득을 하기 위한 글을 쓰려고 하면 먼저 "내가 설득하려고 하는 사람에게 무슨 일이 있는가?"를 고려하고, 그 사람에게 어떤 이득을 제공할 것인가를 생각해 보아야한다. 또 설득적인 글의 효과를 높이기 위해서는 자기 스스로 설득하는 사항에 대해서 확신과 관심을 가지고 있어야 한다. 이러한 상태에서 진심으로 설득할 수 있다.

1 미괄식 접근법

다른 사람을 설득하기 위한 방법으로는 두괄식과 미괄식이 있다. 설득적 글쓰기에서는 일반적으로 미괄식을 많이 사용한다.

두괄식으로 작성된 설득적인 문서에는 가장 중요한 설득 사항이 먼저 나타나고 다음에 설득을 위한 상세한 설명과 정보가 제시된다. 이렇게 되면 독자는 설득을 위한 상세한 정보와 논리를 보기도 전에 읽기를 그만둘 수도 있다. 앞에서 언급한 바와 같이 사람들은 설득하는 글을 읽지 않으려는 경향이 있다. 이러한 일이 발생하지 않도록 하기 위하여 대부분의 설득적 문서는 미괄식으로 작성된다. 이 장에서는 미괄식 방법을 주로 설명하고, 두괄식 방법에 대해서 마지막 절에서 간단히 언급한다.

미괄식 접근법에서는 중요 내용을 제시하기 전에 설명을 한다. 이를 위해서 먼저 사람의 관심을 끌기 위한 말을 한다. 이렇게 먼저 관심을 끌고 설명을 하는 설득적 글쓰기를 할 때는 광고나 PR 분야에서 유래한 AIDA 접근법을 따르는 것이 좋다. AIDA는 주의(attention), 흥미(interest), 욕구(desire), 행동(action)을 나타내는 말이다.

1) 주의(attention)

설득적인 글쓰기를 할 때는 문서의 처음에 독자의 주의를 집중시킬 수 있는 말이 필요하다. 주의를 집중시키기 위해서는 간단하면서도 문제와 관련이 깊은 문장을 제시해야 한다. 사람의 주의를 끌기 위한 말을 낚싯바늘(hook)[1]이라고도 한다. 이용어는 사람의 관심을 끌어야 하는 광고나 PR 분야에서 유래한 말이다. 특히, 상대방의 강력한 저항이 예상될 때는 심사숙고하여 강력한 효과를 보일 수 있는 문장을 고안해야 한다. 이 문장은 너무 길지 않게 해야 한다. 한두 문장 정도일 때 읽는 사람의 주의를 끌기 쉽다. 문서의 목적을 파악하기 위하여 긴 문장을 읽을 만큼 인내심을 가진 사람이 적다. 읽는 사람과 관련이 깊으면서도 흥미 있고 짧은 문장으로 사람의 주의를 집중시켜서 본문으로 유도하는 것이 좋다. 다음과 같은 예가 참고자료가 될 것이다.[2)]

문제 설명 임시직 종업원을 한명 증원해 주기를 원하는 문서를 작성할 때 처음 시작한 말의 예이다. "지난 달 경리부 직원들은 총 180시간의 잔업을 했습니다. 잔업수당은 전부 420만원이 지급되었고 직원들은 잔업의 피로 때문에 사기가 떨어졌습니다." 이렇게 처음에 해결해야 할 문제를 집약적으로 보여준다.

예상하지 못한 내용 민감한 문제에 대한 세미나에 종업원이 참여하도록 하는 메모를 작성할 때 첫 문장의 예이다. "어떤 행동이 성적 괴롭힘에 해당하는가에 대해서 남성과 여성은 서로 다르게 생각합니다." 이 문장을 읽은 사람은 각자 여러 가지 생각을 하고 그 다음 문장을 읽게 될 것이다.

글을 읽는 사람의 이득 비즈니스 글쓰기 교육을 실시할 것을 권하는 편지를 작성할 때 첫 문장의 예이다. "종업원이 공문이나 메모 한 건을 작성하는데 평균 8만원의 비용이 듭니다." 기업에서는 비용 절약에 노력한다. 이런 문장을 보고 비용절약의 방법을 모색하기 위하여 기업의 담당자는 유심히 다음 문장을 보게 될 것이다.

칭찬 한 기업의 사장을 연사로 초청하는 문서를 작성할 때 첫 문장의 예이다. "저희 집행위원회 구성원은 이00 사장님의 성공에 놀라고 있으며 성공의 비결을 알고 싶어 합니다." 다만 이런 칭찬을 말할 때는 아부하는 수준이 되지 않도록 주의해야 한다.

관련된 사실 종업원의 카풀을 장려하는 메모를 작성할 때 첫 문장의 예이다. "카풀은 두 명이나 그 이상의 사람이 1주일에 한번 이상 한 차를 타고 출퇴근하는 것을 말합니다." 재미있거나 관련이 있는 사실을 설명하면서 사람들이 그 다음 문장으로 관심을 가지도록 한다.

질문 환경 단체에 사람들이 가입하도록 장려하는 메모를 작성할 때 첫 문장의 예이다. "수달, 자작나무, 부엉이의 공통점이 무엇인지 아십니까?" 사람들은 이 질문의 답을 알아내려고 다음 문장에 관심을 가지게 된다.

위의 예 이외에도 사람의 주의를 집중시키는 문장을 다양한 형태로 작성할 수 있다. 이러한 예를 충분히 확보해 두기 위하여 평소에 받아본 문서 중에서 주의를 끌고 긍정적인 답변을 유도했던 것들을 파일로 보관해두고, 참고자료로 사용하면 좋다.

설득적 문서도 처음에 제목을 제시한다. 미괄식인 점을 생각하여 처음에 제시하는 제목은 주의를 끌기에 적당한 정도로만 하고, 결론은 포함되지 않도록 한다. 결론은 천천히 제시해야 한다. 다음의 예를 참고한다.

☒ "제목 : 디지털카메라 사업부 매각에 관한 제안" (너무 상세함)

☒ "제목 : 제안" (너무 포괄적임)

➔ "제목 : 디지털카메라 사업부의 수익성 분석"(적절함)

2) 흥미(interest)

독자의 주의를 집중시킨 뒤에는 흥미를 가지고 계속 읽도록 유도해야 한다. 글 쓰는 사람이 주장하는 제안의 이점이나 장점을 제시하여, 제안하는 사실이 합리적이라는 것을 보인다. 예를 들어 제품이나 서비스의 중요한 특징으로 안전성, 편리성, 재미 등을 제시한다. 충분한 배경정보와 객관적 근거도 같이 제시한다. 이런 문장을 작성할 때는 독자가 중요하게 생각하는 제품이나 서비스의 특성도 같이 파악하여야 한다.

예를 들기 위하여 환경 단체에 참여를 독려하는 호소문을 작성하는 경우를 상정해 본다. 회원이 되면 직접적인 이점으로 환경관련 잡지를 받는다는 것과 회비에 대해서는 세금감면을 해준다는 것 등을 제시할 수 있을 것이다. 간접적인 이점으로는 여러 사람이 쾌적한 환경에서 살 수 있게 도울 수 있다는 것과 환경 개선을 도우고 있다는 자부심을 가질 수 있다는 것 등을 제시할 수 있을 것이다.

이런 과정에서는 주장하는 바를 논리적이고 합리적으로 제시하여야 한다. 글을 읽는 사람이 확신을 가질 수 있도록 적합한 증거를 제시하면서 상당히 긴 논의 과정을 보여 주기도 해야 한다. 설득적인 문서는 다른 문서에 비해 길이가 길어지는 경우가 많다. 단순히 그렇게 되어야 한다는 것을 제시하기보다는 그 이유와 근거를 제시하면서 객관적이고 상세하고 논리적으로 설명해야 한다.

주어진 상황에 따라서 적절한 형태의 근거를 제시한다. 근거의 형태는 사실과 통계, 전문가 의견, 예 등이 있다.

사실과 통계 사실(fact)은 진실임이 증명된 사항을 객관적으로 진술한 것이고, 통계는 숫자로 구성된 사실이다. 둘 다 정확하고 적절한 것을 사용해야 한다. 통계는 너무 많이 사용하기 보다는 강조를 위하여 꼭 필요한 경우에만 사용한다.

전문가 의견 관련분야에서 권위 있는 전문가의 의견을 제시하는 방법도 있다. 특히 글을 쓰는 사람의 권위가 의심 받을 때 이 방법을 사용한다.

예 설명하는 내용과 관련된 분야의 대표적인 사례나 사건을 제시한다.

3) 욕구(desire)

이 단계에서는 독자의 욕구가 작동하도록 한다. 즉, 독자가 "그것이 좋다."라는 생각에서 "그것이 꼭 필요하다."라는 생각으로 변화하도록 한다. 여러 가지 방해요소가 있음에도 불구하고 제안하는 사항이 필요하다는 것을 느끼도록 한다. 이를 위해서 정서적으로 호소할 수도 있고 논리적으로 호소할 수도 있다.

(1) 정서적 호소

독자에게 인간적으로 감정이나 자존심에 호소하면서 설득하는 방법이 있다. 다른 사람이나 다른 기업이 모두 하고 있기 때문에 같이 하고 싶다는 욕구를 가지게 할 수도 있고, 독자의 다양한 감정을 흔드는 정서적 호소를 시도할 수도 있다. 이를 위해 독자가 인간적 매력을 느낄 수 있도록 감정적 접촉을 실시한다. 사람은 이성적 존재이기도 하지만 감정을 가지고 있다. 비즈니스에서는 논리적 설득이 중요하기는 하지만 정서적 호소가 결정적 역할을 할 때도 많다. 예를 들어 제품을 소개할 때 "이 제품은 타사 제품보다 수명이 오래가지만 가격은 20% 저렴합니다."와 같은 논리적 호소도 영향을 미치지만 "이 제품을 사랑하는 사람에게 선물한다면 지금까지 받아본 어떤 선물보다도 기뻐할 것입니다."와 같은 정서적 호소도 영향을 미친다.[3)]

(2) 논리적 호소

비즈니스에서는 주로 논리적으로 호소하여 설득한다. 여기서는 내용 중 설득을 어렵게 하는 요소들에 대해서 적절하게 대응하여야 한다. 예를 들어 상품 가격이 너무 비싸거나, 거액의 기부금을 요청하는 경우에는 이런 문제점에 대해서 언급해 주어야 한다. 그러나 문제점을 강조하지는 않아야 한다. 문제점에 대해서는 상대적으로 가볍게 취급하거나, 이로운 점을 제시하면서 문제점을 같이 제시하거나, 문단의 중간에 배치하여 눈에 잘 보이지 않게 하는 방법 등을 사용한다. 어떤 방법을 사용하여도 문제점을 분명히 알고 있으며, 그런 문제점에도 불구하고 제안이 받아들일만 하다는 것을 설득하여야 한다. 다음에 제시하는 편지의 내용은 장점이 단점보다 더 많다는 것을 보여주기 위하여 작성한 예이다.

❑ "지난 해 저희 전자제품 매장에서는 귀사의 가스 오븐을 720대 팔았습니다. 저희 매장의 이러한 판매실적과 명성을 고려하여 귀사의 정책 중 한 가지를 저희에게는 예외적으로 적용해 주셨으면 고맙겠습니다. 귀사는 상점 내에서 소규모 시연회를 하지 않는 정책을 가지고 있는 것으로 알고 있습니다만, 저희 매장 개점 10주년 행사의 하나로 상점 내에서 시연회를 열어주시면 감사

하겠습니다. 귀사 가스 오븐의 편리성과 탁월한 성능을 고객에게 직접 보여주면 저희 매장에서 귀사의 제품을 훨씬 많이 판매할 수 있을 것입니다."

또 다른 예를 들어 가격이 비싼 제품을 사도록 설득할 경우에는 높은 가격에도 불구하고 제품이 편리하고, 시간과 비용을 절약할 수 있고, 다른 사람의 호감을 얻을 수 있고, 건강과 안전에 도움이 된다는 설명을 한다.

독자가 여러 가지 문제점에도 불구하고 필요성을 느끼도록 하기 위해서는 설득적인 글을 쓴 사람은 신뢰성을 가져야 한다. 글 쓴 사람이 믿을 만한 사람일 때 독자는 저항을 적게 한다. 독자가 글 쓴 사람에 대해서 잘 모를 때는 글 쓴 사람이 가진 지위, 학식과 경험, 권위 등에 대해서 잘 알 수 있도록 해주어야 한다.

4) 행동(action)

충분히 설명한 뒤에는 확신하는 어조로 특정한 행동을 분명히 요청한다. 상대방이 취해 주기를 바라는 구체적인 행동을 명확하고 알기 쉽게 제시해준다. 그러한 행동을 해서 독자가 얻을 수 있는 이점을 제시하기도 한다. 또 상대방이 행동하기 쉽도록 요청 사항을 구체적으로 설명해준다. 예를 들어 상대방이 제안을 들어주려고 하면 어떤 방법으로 언제까지 연락할 것인가 하는 것까지도 구체적으로 알려주어야 한다.

다음과 같은 예를 비교해보라.

⊠ "매우 바쁘시겠습니다만 재무 담당자들께서는 다음 설문에 답해주시면 감사하겠습니다."

➔ "오는 20일에 있을 재무 담당자 회의에 제출할 자료를 작성하기 위한 설문지입니다. 5월 15일까지 응답한 설문지를 제출해 주십시오."

⊠ "저희가 말씀드린 사항에 찬성하신다면 5월 7일까지 알려주시기 바랍니다."

➔ "저희 회사의 새로운 지점이 5월 7일에 문을 엽니다. 그 이전에 이 계획을 집행할 수 있도록 제가 드린 문서에 간단한 의견을 적어서 돌려보내 주시기 바랍니다."

설득적 문서를 작성하는 경우로는 제품판매 안내문, 설득적 클레임 편지, 미납금 독촉 서신 등이 있다. 이하에서는 먼저 제품판매 안내문 작성을 설명하고, 이어서 설득적 클레임 편지와 미납금 독촉 서신 작성을 설명한다.

2 제품판매 안내문

제품판매 안내문은 고객이 돈을 지출하도록 설득하는 문서이기 때문에 작성하기에 특히 어렵다.[4] 다른 형태의 문서보다도 더 복잡한 절차를 거쳐서 작성하며, 그 내용은 AIDA 순서에 따라서 구성한다. 작성에 신중을 기해야 하기 때문에 보통은 전문가가 이 문서를 작성한다.

제품판매 안내문을 작성하기 위해서는 먼저 제품의 모양, 작동원리, 가격, 할인, 배달 방법 등을 완벽하게 파악해야 한다. 이를 바탕으로 해당 제품의 판매 정보를 알리기 위하여 어떤 방법을 사용할 것인가도 결정해야 한다. 가격이 비싸고, 선택에 신중을 요하는 제품을 판매하기 위해서는 좀 더 고급스러운 방법을 사용해야 한다.[5] 구체적으로는 판매촉진을 위한 편지, 소책자, 견본품, 신문광고나 방송광고 등을 어떻게 사용할 것인가를 결정해야 한다.

안내문을 읽을 독자도 분석해보아야 한다. 문서를 작성하기 전에 제품의 소비자인 독자가 가지는 욕구, 관심사, 정서를 파악하고, 판매하려는 제품에 대해서 어떤 이미지를 가지고 있는가를 파악한다. 이를 바탕으로 소비자가 알기를 원하는 정보, 소비자가 제품을 사용하는 방식, 소비자가 받아들일 수 있는 가격 등을 파악한다. 이렇게 파악한 사항을 바탕으로 판매 안내문에 제시할 핵심적 내용을 결정하고 문서를 작성한다. 문서에서는 행동을 유도하는 말을 많이 사용하고, 가격과 아프트서비스에 대해서 신중하게 설명한다.

1) 제품의 핵심 특성 결정

판매 안내문을 작성하기 위해서는 안내문에 제시할 제품의 핵심 특성을 결정하고, 이를 제품을 구매하여 얻을 수 있는 '고객의 욕구와 이득'에 연관을 지어서 설명한다. 예를 들어 "인체공학적으로 설계된 손잡이"가 진공청소기 제품의 핵심 특성이면, "손잡이를 인체 공학적으로 설계하여 청소하기가 쉽고 손과 팔에 무리가 가지 않는다."와 같이 고객의 이득을 설명한다.

안내문에서는 한 가지 핵심 특성을 잡아서 강조하는 방법을 사용한다. 〈그림 5-1〉은 (주)한영해양시스템의 플라스틱 프로펠러 판매 안내문이다. 문서에서 플라스틱 프로펠러의 특징은 가볍다, 안전하다, 저렴하다는 등 여러 가지가 있다. 이런 여러 가지 이점을 동시에 강조하면 초점이 없어진다. 플라스틱 프로펠러의 핵심 특성을 최고의 안전이라고 설정하고 안내문을 작성하였다. 나머지 특성은 간단히 언급하였다.

2) 행동을 포함하는 단어 사용

모든 업무 문서에 행동을 포함하는 단어를 사용하는 것이 좋지만, 특히 판매 안내문에서는 중요하다. 다음 두 문장을 비교해보자.

⊠ "본 의자는 사용자의 등을 보호하고 다리 압력을 낮출 수 있도록 설계되었습니다."

➔ "본 의자는 사용자의 등을 보호하고 다리 압력을 낮추어 줍니다."

두 번째 문장은 더 적은 단어로 첫 번째 문장과 동일한 내용을 전해주고, 의자 설계자의 의도보다는 의자가 사용자에게 실질적으로 얼마나 도움이 되는가를 행동을 표현하는 단어로 설명한다.

생생한 이미지를 줄 수 있는 동사와 형용사를 사용한다. 그러나 너무 남용하지는 않아야 한다. "공장의 바닥이 다이어아몬드처럼 반짝거릴 겁니다."와 같은 말은 민기 어렵다. 문서에 이런 문장이 있으면 나머지 다른 내용조차도 믿기 어렵게 된다.

3) 가격에 대한 언급

가격은 복잡하면서도 민감한 문제이다. 따라서 판매 안내문에서 가격에 대해 말할 때는 신중을 기하여야 한다. 사람들이 제품의 가격을 판단할 때는 유사한 제품의 가격, 일반 경제상황, 구매의 목적 등이 영향을 미친다. 기업에서는 이들 요소를 고려하여 가격을 제시하여야 한다.

안내문에서 제품의 가격을 제시하기 전에 미리 독자에게 준비하도록 해준다. "화려한," "최고급," "경제적" 등과 같은 말을 미리 제시하면, 경쟁 제품에 비교하여 가격이 어떨 것이라는 암시를 준다. 이러한 암시를 미리 본 독자는 가격을 쉽게 받아들일 수 있다.

가격이 제품의 핵심 특성일 경우는 가격에 관련된 말을 제목으로 표시하거나, 문서의 처음 또는 마지막에 제시하여 눈에 잘 띄게 한다. 가격이 제품의 핵심 특성이 아닐 경우는 여러 가지 방법이 있다. 판매 안내문에서는 말하지 않고 동봉한 소책자에서 제시하는 방법이 있고, 문단의 중간 정도에 위치하도록 하여 눈에 잘 띄지 않게 하는 방법도 있다.

4) 확실한 근거 제시

판매 안내문에서 주장하는 사항에 대해서 근거를 제시하여 사람들이 믿을 수 있도록 해야 한다. 판매 안내문에서는 사람들에게 돈을 지출하도록 유도하기 때문에 믿을 수 있도록 근거를 제시해야 한다. 특히 제품이 복잡하거나 비싸거나 희귀한 경우는 충분한 근거를 적절하게 제시하는 것이 중요하다. 근거가 필요한 부분을 판단하기 위하여 독자의 입장에서 의문을 제기해보고, 여기에 대한 대답과 근거를 마련하는 노력을 하여야한다[6].

근거를 제시하는 방법은 여러 가지가 있다. 첫째로 사용해 본 사람들의 경험담이나 권위 있는 인증기관의 인증을 제시하기도 한다. 둘째로 제품의 우수성을 설명하는 예를 안내문에 잘 보이도록 배치하는 방법도 있다. 셋째로 견본품이나 자세한 사진이 실린 소책자를 안내문과 같이 보내주는 방법이 있다. 마지막으로 교환이나 반품을 보증하여 제품에 대해서 확신을 가지도록 하는 방법도 있다.

그림 5-1 제품판매 안내문의 예

(주) 한 영 해 양 시 스 템

울산광역시 00구 00동 123번지 00빌딩 2층 전화 052)111-1234

상문조선주식회사 정00 생산부장 귀하

무게가 가벼운 소재로 만든 프로펠러를 선박에 장착하면 어떤 이점이 있을까요? 플라스틱으로 만든 프로펠러가 금속으로 만든 프로펠러보다 더 안전하고 강할 수도 있을까요?

❑ 저희 플라스틱 프로펠러는 안전과 품질을 보증합니다.
- 한국해양과학연구소의 테스트를 받고 인증을 획득했습니다.
  (한국해양과학연구소 인증번호 201×-123-17)
- 부식, 파손 및 함몰이 없기 때문에 금속 프로펠러보다 안전합니다.
- 영구적으로 품질 보증을 받으실 수 있습니다.

❑ 선박의 성능은 향상되면서 비용을 크게 절약할 수 있습니다.
- 일반 황동 프로펠러 도매가격의 절반 이하 가격으로 공급받으실 수 있습니다.
- 유지보수를 위한 비용을 지출하실 필요가 없습니다.

❑ 추가 혜택도 받으실 수 있습니다.
- 사무실에 플라스틱 프로펠러의 장식용 모형을 설치하실 수 있습니다.
- 제품 소개 기간(6월 15일까지)에 15% 할인을 받으실 수 있습니다.

지난 15년간 저희 한영해양시스템에서 개발한 다양한 선박관련 제품을 주문해주셔서 감사합니다. 이번에 새로 개발된 플라스틱 프로펠러를 선박건조에 사용하시면 귀사 선박기술의 중요한 진전이 있을 것입니다. 선박이 안전하면서도 가벼우며 저비용을 실현하실 수 있습니다.

동봉한 제품에 대한 정보를 담은 소책자를 참고하여 주십시오. 주문을 하실 때는 동봉하여 드린 주문서 양식을 이용해주십시오. 저희의 도움이 필요하시면 전화(052-111-1234)를 해주십시오.

감사합니다.

(주)한영해양시스템 사장 박문호

첨부: 소책자 1부, 주문서 양식 1부

참고 자료 : A. H. Bell, D. M. Smith, *Management Communication*, 3rd ed., John Wiely, NJ, 2009, p.248.

5) AIDA 순서의 적용

판매 안내문은 설득적 문서이다. 그 내용은 AIDA 순서에 따라 첫째로 주의를 끌기 위한 말을 제시하고, 두 번째로 제품의 특징을 설명하여 흥미를 일으키고, 세 번째는 제품을 사용하여 얻을 수 있는 이득을 제시하여 욕구를 일으키고, 마지막으로 독자가 해주기를 원하는 행동을 제시한다.

주의 끌기 설득적 문서인 제품판매 안내문을 작성할 때는 제일 먼저 주의 끌기를 한다.[7] 사람들의 주의를 끌 수 있는 방법은 앞 장에서 제시한 바와 같이 여러 가지가 있다. 제품판매 안내문에는 독자의 주의를 끌기 위하여 좀 자극적인 질문을 사용하는 경우가 많다. 다음의 두 문장 중에서 더 관심을 끄는 것은 어느 것인가를 살펴보라.

- ❑ "이번 학기에 어떤 방법으로 전 과목 A+를 받을 수 있습니까?"
- ❑ "....... 방법을 사용하면 이번 학기에 전 과목 A+를 받을 수 있습니다."

대부분의 사람은 첫 번째 문장을 보고 관심을 가지게 된다. 이 문장을 보고 대답을 해보고 싶은 마음이 생기고, 궁금한 것이 있어서 계속 읽어보고 싶은 마음이 생긴다. 두 번째 문장도 주의를 약간 끌기는 하지만 사람들을 자극하지는 못한다. 중요한 내용을 먼저 말해버리면 사람들이 더 이상 읽고 싶어지지가 않을 수도 있다.

흥미 유발 이 부분에서는 제품의 핵심 특성을 강조한다. 저렴한 가격, 장기간의 수명, 안정성 등과 같은 좋은 특성 중에서 핵심적인 것을 제시한다. 이를 강조하기 위하여 특이한 글자체, 문단 구성 방법, 서술 순서 등을 적절히 활용한다.[8)]이러한 특성을 너무 많이 제시하면 초점이 없어지기 때문에 여러 가지 특성을 소개하면서도 핵심적인 것 한두 가지를 강조하는 것이 좋다.

욕구 증대 이 부분에서는 앞에서 말한 제품의 핵심 특성으로부터 고객이 얻을 수 있는 이득을 반복적으로 강조하여 욕구가 작동하도록 한다. 가능하다면 글과 그림을 모두 동원하여 사람들이 계속 읽으면서 앞으로 어떤 행동을 할 가능성을 높이도록 노력한다. 이런 이득을 제시할 때 항상 고객의 관점에서 이득을 선정하고 설명하여야 한다.[9)]

고객의 주요 이득을 먼저 설명하고, 다른 이득도 같이 설명하여 여러 가지 이득이 있다는 것을 보인다. 그러나 비즈니스에서 좋은 문서는 짧다. 너무 많은 이득을 제시하여 문서가 너무 길어지지 않도록 해야 한다.[10)] 핵심적인 이득을 비교적 길게 설명하고, 나머지 이득에 대해서는 리스트 형태로 간단하게 설명해 주는 방법을 사용한다.

행동 유도 설득적 문서의 마지막 부분에는 문서의 기본 목적인 독자가 어떤 행동을 하도록 촉구하는 내용을 넣는다. 가격이 싸고 단순한 제품에 대한 안내문에서는 즉각적으로 구매 결정을 하도록 권유하고, 가격이 비싸고 복잡한 제품에 대한 안내문에서는 추가 정보를 제공하면서 구매결정을 하도록 유도하는 방법을 사용한다.

고객이 즉시 행동하도록 유도한다. 제품이 매우 우수하기 때문에 지금 즉시 행동하는 것이 좋다는 것을 알려준다. 이런 특별한 이유가 없을 때는 일정한 기간 동안의 가격할인이나 경품을 제공하기도 한다. 그 외에도 다양한 행사를 실시하면서 고객이 즉각 행동하도록 유도한다.

안내문의 마지막에 추신으로 중요한 말을 제시하는 방법도 독자의 반응을 높이는데 효과적이다. 이 부분은 마지막으로 관심을 가지도록 하는 부분이기 때문에 사람들의 마음속에 정보가 오래 남아있게 된다.[11] 여기에서 중요한 이점을 한 번 더 강조하거나, 새로운 제안을 하거나, 마감 기한을 강조하여 사람들이 즉각적으로 행동하도록 유도하면 효과가 높다.

3 설득적 클레임 편지 작성

대부분의 클레임 편지는 두괄식으로 작성하여 주요 문제를 먼저 말한다. 기업에서도 고객의 편의를 위하여 대부분의 합리적인 클레임은 고객이 만족하도록 처리한다. 따라서 대부분의 경우에 클레임과 관련하여 설득이 필요하지 않다.

그러나 클레임을 1차로 제기했지만 상대방 기업에서 이를 받아들이지 않으면 문제는 달라진다. 클레임 사항에 대해 계속 불만이 있을 때는 앞에서 설명한 기법을 동원하여 설득적 클레임 편지를 작성하게 된다.

먼저 보낸 클레임 편지를 상대방 기업에서 거부했더라도 화나 났다는 것을 보여주는 것은 좋지 않다. 편지를 쓰는 목적은 화를 내는 것이 아니라 문제를 해결하는 것이다. 차분한 분위기에서 이런 문제를 더 쉽게 해결할 수 있다. 차분하고 객관적이고 공손한 어조를 유지하고 화를 내거나 과장하지 않아야 한다.

설득적 클레임 편지도 설득적 문서 서술 방법인 미괄식으로 AIDA 순서에 따라서 설명해 나간다. 설득적 클레임 편지는 일상적 클레임 편지와는 특히 두 가지 면에 차이가 난다. 첫째는 처음에 이유를 설명해야 한다는 것이고, 둘째는 더 많은 근거를 제시하여야 한다는 것이다.

1) 이유 설명

일상적인 클레임 편지에서는 클레임의 내용을 먼저 설명한다. 그러나 해결하기 어려운 클레임을 설득적으로 제기하는 편지에서는 먼저 이유를 설명해야 한다. 상대방은 클레임의 이유를 읽기 전에는 클레임의 내용이 비합리적이라고 생각할 것이기 때문이다. 클레임을 한 번 제기한 후 제 2차로 클레임을 제기하는 편지의 첫 문장 두 가지를 비교해보자.

⊠ "품질보증기간이 3일이 지났습니다만 귀사에서 구입한 복사기를 무료로 수리해주실 수 있겠습니까?"

➔ "저희 회사는 귀사에서 이미 20대의 복사기를 구입했으며 한 번도 무료로 수리를 받은 적이 없습니다. 그러나 귀사에서 21번째 구입한 복사기가 품질보증기간을 겨우 3일 넘긴 뒤에 고장이 났습니다. 이 21번째 복사기를 무료로 수리해주실 수 있겠습니까?"

처음 예는 이미 거부된 사항을 다시 물어보는 것이기 때문에 좋지 않다. 두 번째 문장에서는 충분한 배경정보를 제시하고 요청을 하였다. 또 상대 기업과의 관계를 먼저 설명하기 위하여, 많은 복사기를 구입하였지만 무료 수리를 받은 일이 없다는 것을 설명하였다. 이런 방법으로 이해를 구하는 어조를 사용하여 상대 기업이 요청을 받아들일 수 있도록 하였다.

2) 확실한 근거 제시

여기서 제기하는 클레임은 이미 한번 거부가 되었거나 비일상적인 것이기 때문에 가능하면 많은 증거를 제시하여야 한다. 클레임의 이유를 충분히 제시하고, 요청할 사항을 상세하게 설명한다.

그림 5-2 설득적 클레임 편지의 예

태평양항공주식회사 고객서비스 팀장 귀하

부산에서 서울까지를 5시간동안 자동차로 운전해 가는 것보다 태평양항공의 비행기로 50분 만에 편안하게 여행하는 것이 더 편리하고 좋다는 것은 모든 사람이 동의할 것입니다.

그런데 저는 지난 6월 2일에 비행기 표를 가지고도 부산에서 서울까지 심야에 자동차로 운전해 갔습니다. 더군다나 어린 나이의 자식들이 있어서 정말 힘들게 운전하였습니다.

저는 1개월 전에 귀사의 비행기표를 예약하였습니다.(성인 표 2매, 어린이 표 3매) 비행기표를 싸게 구입하기 위하여 환불이 불가능한 표를 구입하였습니다. 예약한 날인 6월 2일에 우리가 공항에 도착하였을 때 예약했던 오후 8시 출발 비행기가 취소되었다는 말을 들었습니다. 그리고 귀사의 영업사원(김형성 씨)이 다음 날 아침 9시 45분에 출발하는 비행기로 예약을 바꾸어 주었습니다.

우리의 여행 목적은 다음날 아침 일찍 시작하는 가족친지의 행사에 참가하기 위한 것이었기 때문에 우리는 그 예약을 취소하고 자동차로 서울까지 갔습니다. 귀사 영업사원의 말에 의하면 일기불순으로 비행기 운항이 취소되었기 때문에 환불이 불가능하다고 하였습니다.

저는 평소에 태평양항공을 자주 이용합니다. 항상 귀사의 광고 문구처럼 즐거운 마음으로 귀사의 비행기를 이용하였습니다. 귀사의 비행기표 관련 업무에서도 항상 즐거운 마음을 가질 수 있도록 해주실 것이라고 생각해봅니다. 저의 비행기표를 환불해주시면 감사하겠습니다.

강00
부산광역시 사하구 00동 00아파트 101-293호
전화번호 000-0000

첨부: 가족친지의 자선행사 초청장 1부

참고 자료 : S. Ober, *Contemporary Business Communication*, Houghton Mifflin Company, Boston, 2009, p.232.

4 미납금 독촉 서신

고객이 청구서의 대금을 제때에 지급하지 못하고 있을 때 기업에서는 대금을 지급 받을 뿐만 아니라 고객과의 관계도 계속 유지하기를 원한다. 이러한 목적을 달성하도록 기업은 미납금 독촉 활동을 한다. 미납금 독촉 서신을 작성하기 위해서는 상황에 적합한 방법을 마련하여야 한다. 이러한 미납금 독촉 방법에는 4개의 단계가 있다. 그 4개의 단계는 친절한 통보, 강력한 통보, 문의 서신, 긴급 통보 등이 있다.[12]

1) 친절한 통보

이 단계에서 기업은 고객이 실수로 대금 지불을 망각하고 있다고 간주한다. 서신의 내용은 고객에게 친절하며 비난하지 않는다. 고객이 대금을 지불할 것을 정중하게 요구한다. 다음의 예는 친절한 통보를 하는 서신의 내용이다.

❑ "저희 회사는 귀사와 이 어려운 시기에 상호협조하기를 바랍니다. 저희 회사에서 귀사에 협조하면 귀사도 저희에게 협조해주시기 바랍니다. 그러나 이를 위해서 먼저 현안 문제를 명확하게 이해할 필요가 있습니다. 귀사에서는 어제 만기가 된 대금 2,000,000원을 미납하셨습니다. 혹시 업무상의 실수로 잊으셨다면 3일 이내에 지불해 주시기 바랍니다."

2) 강력한 통보

친절한 통보를 하여도 대금을 지불하지 않으면 강력한 통보를 하여야 한다. 이 단계에서는 채무 이행을 재차 잊어먹었다고 간주한다. 강력한 통보에서는 채무 이행을 강하게 촉구하면서 상대방이 구입한 제품이나 서비스의 가치를 말해주기도 하고, 상대방을 아주 중요한 사업 동반자로 생각한다는 것도 말해준다.

3) 문의 서신

강력한 통보에도 대금을 지불하지 않으면 이제 왜 고객이 반응이 없는가에 대해서 알아야 한다. 이제 더 이상 고객이 실수로 대금을 지불하지 않는다고 생각하지 않고, 지불하지 않는 것은 특별한 이유가 있다고 생각한다. 이제 그 이유를 알기 위하여 문의한다. 지금까지 좋은 고객이었던 사람은 이 정도의 편지를 받고 지불하는 경우가 많다.

이 편지에서는 고객의 이익을 강조한다. 고객의 이익을 강조할 때는 신용의 중요성을 언급하고, 신용을 유지하기 위해서는 대금을 빨리 지불해야 한다는 것을 말한다. 지불 조건을 변경시켜 줄 수도 있다. 대금 중에서 일부만 지불하도록 하거나, 여러 번 나누어 지불하도록 하거나, 기한을 연장해 줄 수도 있다는 것을 설명하고 고객이 회답하도록 한다. 이 단계의 편지는 오직 한번만 보낸다.

그림 5-3 문의 서신의 예

효문종합전자판매주식회사 귀중

며칠 뒤에 저희 회사에서는 감사를 실시합니다. 이 감사에서는 지불기간이 많이 지난 거래에 대해서는 어떻게 처리할 것인가를 결정합니다.

귀사에서도 짐작하시겠지만, 저희 회사에서는 미납금 독촉 전문회사에 업무를 맡기는 것이 좋은가에 대해서 장단점을 비교해보고 있습니다. 귀사의 미납금에 대해서도 심각하게 고려하고 있습니다.

저희 회사는 귀사와 오랫동안 좋은 관계를 유지해 왔습니다. 저희 회사에서는 귀사의 신용 상태에 위협을 가하거나, 귀사를 당황스럽게 하거나, 추가로 비용을 지출하게 하는 것을 원하지 않습니다. 귀사와의 거래 계약서에는 미납금 회수비용이나 법률비용에 대해서 귀사가 책임을 져야한다는 조항이 있습니다.

지금까지 저희 회사에서는 귀사의 사정을 충분히 배려해 드렸습니다. 계약 사항을 초과하여 귀사의 대금 지불 기간을 연장해 드렸습니다. 저희는 여러 차례 귀사와 접촉을 시도하였으나 아무 반응이 없었습니다. 저희는 이제 귀사의 대금 회수를 위하여 미납금 독촉 전문회사에 맡기는 것을 고려하고 있습니다. 귀사에 특별한 이유가 있다면 연락해 주시기 바랍니다.

저희 회사에서는 귀사가 적절하게 행동하여 조만간 미납금을 지불하기를 희망합니다. 편지가 우송된 시점에서 10일이 경과하고도 귀사에서 아무런 연락이 없으면 저희는 필요한 조치를 취하겠습니다.

저희 회사에서는 10일 내에 귀사가 미납금을 지불하시기를 바랍니다. 그렇지 않을 경우에는 저희는 적절한 법률적 조치를 취하겠습니다.

삼우전자주식회사 경리부장 장00

참고 자료 : D. B. Roebuck, *Improving Business Communication Skill*, 3rd ed.. Prentice Hall, Upper Saddle River New Jersey, 2001, p.105.

4) 긴급 통보

고객이 앞에서 본 바와 같은 문의 서신에도 회답이 없을 경우에는 강력한 조치를 취해야 한다. 이 단계는 고객에게 상황의 심각함을 이야기해 주어야 한다. 위협을 해서는 안 되고, 단지 사실을 말해준다. 그렇지만 법률적 행동의 가능성을 말해줄 수는 있다. 편지의 논조는 확고하고 강력하게 한다. 고객에게 대금을 지불해야 한다는 것과 지불해야 하는 이유는 지금까지 충분히 말해왔다는 것을 강조한다.

5 두괄식 설득적 글쓰기

대부분의 설득적 글쓰기에는 미괄식이 적합하지만 두괄식이 더 좋은 경우도 있다. 조직에서 고위직에 있는 사람 중에는 부하가 두괄식으로 작성해서 제출한 문서를 더 좋아하는 사람이 있다. 이런 경우에는 설득적 문서라도 두괄식으로 작성한다. 일반적으로 설득적 문서를 두괄식으로 작성하는 것이 좋은 경우는 다음과 같다.

- ❑ 글을 읽는 사람이 두괄식을 좋아할 때
- ❑ 조직 내에서 고위직에 있는 사람에게 친숙한 문제에 대해 글을 쓸 때
- ❑ 글을 읽는 사람이 객관적으로 평가하는 성향을 가지고 있을 때
- ❑ 글을 읽는 사람이 결론에 도달하기에 지겨울 만큼 제안이 너무 길거나 복잡할 때

이와 같은 경우에는 두괄식으로 의견을 제시하면 읽는 사람은 시간을 절약하고 제안 사항에 대한 궁금증을 빨리 해소할 수 있어서 좋다고 생각한다. 먼저 주요 내용을 제시하고, 이어서 이를 뒷받침하는 정보를 제시한다. 제안 사항을 받아들이기 쉽게 처음에 주요 내용을 제시하면서 그 기준이나 간단한 논리도 함께 제시한다. 두괄식으로 작성한 경우에도 처음 단계 이후의 계속되는 내용은 앞에서 본 AIDA

과정에 따라서 진행한다. 다음은 전통적으로 사용해온 회의장소를 변경하기 위해 작성한 두괄식 설득적 글쓰기의 처음 부분의 예이다.

부적절한 예 : "우리 회사 중부지역 판매전략 회의를 대전의 미라지 호텔에서 실시할 것을 제안합니다."

적절한 예 : "우리 회사 중부지역 판매전략 회의에 적절한 장소를 선택하기 위하여 세 호텔을 평가해 본 결과 대전의 미라지 호텔이 가장 적절하다고 결론을 내렸습니다. 다음에 제시하는 비교 자료에서 보시는 바와 같이 미라지 호텔이 지역적으로 중앙에 위치하고 회의시설을 잘 갖추고 있고 가격이 가장 저렴합니다."

제6장

부정적 내용을 알리는 문서 작성

1. 부정적 내용을 알리는 글의 조직
2. 주문 불이행 서신
3. 클레임 거부 편지
4. 실망한 고객에 대응하는 방법

제6장

부정적 내용을 알리는 문서 작성

비즈니스에서는 어쩔 수 없이 부정적 내용을 전해야 하는 때가 있다. 부정적 내용을 알릴 때는 간명함보다는 외교술(diplomacy)을 발휘해야 한다. 이 때 특히 독자와 공감대를 형성하며 독자를 중시하는 태도로 글을 써야 한다. 그러나 책임을 회피할 목적으로 수식어나 완곡어법을 사용하지는 않아야 한다. 반면에 단어는 되도록이면 긍정적이고 예의에 맞도록 선택하여야 한다.[1]

부정적 내용을 전하는 글의 목적은 두 가지 측면이 있다. 하나는 거절하거나 부정적 내용을 전달하는 것이고, 다른 하나는 글을 읽는 상대방과의 호의적 관계가 손상되지 않는 것이다. 이 두 가지 목적을 잘 조화시켜야 한다. 부정적 내용을 전하는 글을 쓸 때는 사려 깊은 행동을 하여야겠지만 너무나 사소한 부분까지 고려하는 것은 바람직하지 않다. 잘 못하면 독자가 자신의 요청이 받아들여진 것으로 오해할 수도 있다.

부정적 내용을 전할 때 사용하는 매체로 전화나 면대면 대화가 좋은 경우도 있다. 전화는 상대방이 결과에 대해서 크게 실망하지 않을 만한 내용일 때 적합하고, 면대면 대화는 부하에게 매우 부정적 결과가 발생한 것을 전달할 때 적합하다. 반면에 문서로 전달할 때는 단어를 주의 깊게 선정할 수 있고, 순서와 속도도 잘 통제할 수 있다는 장점이 있다. 또 기록으로 남길 수 있다는 장점도 있다. 각 매체의 장단점을 비교해 보고 주의 깊게 적절한 매체를 선정하여야 한다.[2]

1 부정적 내용을 알리는 글의 조직

부정적 내용을 전하는 글의 내용이나 조직 방법을 결정하려면 글을 읽는 상대방의 욕구, 기대, 성격 등을 파악하고, 상대방과의 관계에 대해서도 고려한다. 다른 유형의 문서 작성처럼 미괄식과 두괄식이 있다.

1) 미괄식 접근법

부정적 내용을 전할 때는 오해를 불러일으킬 가능성이 높기 때문에 미괄식을 많이 사용한다.[3] 특히 부하, 고객, 잘 모르는 사람, 미괄식을 좋아하는 사람에게 부정적 내용을 알릴 때는 미괄식을 사용한다.

미괄식 접근법에서는 이유를 먼저 제시하고, 부정적 내용을 뒤에 제시한다. 이 접근법에서는 부정적 내용보다는 그것이 발생한 이유를 중점적으로 설명한다. 예를 들어 한 부하가 긍정적인 대답을 기대하고 이메일을 보낸 경우를 상정해보자. 그 사람에게 처음 문장부터 부정적인 대답을 해준다면 너무 거친 행동이 된다. 또 그 부하가 그 이유를 다 읽을 때까지는 그런 결정이 부당하다고 생각할 것이다. 이런 문제를 일으키지 않으려면 중립적인 말로 시작하여 이유를 충분히 설명해 주는 것이 좋다. 이런 말이 완충작용을 해주어 부정적 내용을 읽는 사람에게 충격을 줄여준다.

문서에서 이유를 먼저 설명해나가면, 읽는 사람이 먼저 문제나 아이디어에 대해서 스스로 해결책을 모색해보게 된다. 또 저항이 무디어지고 글 쓴 사람과 동료의식을 가지게 되기도 한다. 이렇게 글을 읽는 사람에게 이유를 충분히 설명한 뒤에 결론을 제시하는 접근법을 사용하면, 글 쓰는 사람은 자신의 입장을 충분히 설명하고 난 뒤 결론을 말할 수 있다.

2) 두괄식 접근법

두괄식 접근법은 부정적 내용을 문서의 처음에 제시하는 방법이다. 일상적인 문서와 기본적으로 같은 방식으로 주요 내용을 앞에 제시한다. 일상적인 관점에서 문의하거나 요청하는 편지를 보내어 단순히 수용여부를 빨리 알고 싶다는 사람에게 회신하는 문서는 두괄식으로 작성한다.[4] 또 부정적 내용을 제시해도 상대방의 감정을 자극하지 않는 내용이라면 두괄식으로 작성한다. 이 때 부정적 내용의 간단한 논리와 근거를 함께 제시한다. 가급적 긍정적인 단어를 사용하고 성실한 자세를 보인다. 다음에 제시하는 두 가지 문장을 비교해보라.

☒ "저희 팀이 작성 중인 신제품개발 계획서는 3월 중순에야 완료할 수 있습니다."

➔ "저희 팀에 맡기신 신제품개발 계획서는 연구소의 신제품 관련 연구원이 해외 출장 중이어서 원래 기한인 3월 1일 대신에 3월 15일에 제출이 가능합니다. 양해해주시기 바랍니다."

이어서 필요한 만큼 상세한 설명을 하고 친절한 말과 함께 끝맺음을 한다. 두괄식으로 작성한 문서라고 해서 반드시 미괄식으로 작성한 문서보다 짧아야 하는 것은 아니다. 두 가지 방식은 그 순서를 다르게 제시하지만 정보는 비슷한 것을 제시한다.

그러나 부정적 내용을 전하는 문서는 되도록이면 미괄식으로 작성하는 것이 좋다.[5] 〈그림 6-1〉에서 제시하는 예는 부하에게 부정적 내용을 전달하는 메모를 작성한 예이다. 두괄식과 미괄식의 예를 대조적으로 보여준다.

두 메모가 모두 명백하게 배치전환을 거부한다. 그러나 두괄식 접근법으로 작성한 문서는 기계적이고 딱딱하고 냉정하게 보인다. 업무상의 글에서 정확성과 명확성이 중요하기는 하지만 친절함을 잊어서는 안 된다. 중요한 종업원이나 고객에게 부정적 내용을 전할 때는 미괄식을 사용하면서 긍정적 단어를 선택하는 것이 좋다.

그림 6-1 두괄식 접근법과 미괄식 접근법의 비교

두괄식 접근법을 사용한 메모

수신 : 김00
발신 : 인사팀장 이00
날짜 : 3월 20일
제목 : 배치전환 불가 통보

김00씨가 신청하였던 00부서로의 배치전환은 해당부서에서 거부하기 때문에 불가능합니다. 지금 현재로는 김00씨에게 적당한 빈자리가 없습니다. 이러한 사정을 이해해 주시기 바랍니다.

미괄식 접근법을 사용한 메모

수신 : 김00
발신 : 인사팀장 이00
날짜 : 3월 20일
제목 : 신청사항에 대한 답변

김00씨가 어제 00부서로 배치전환을 신청하고 난 뒤에 해당부서에 가능성을 타진해 보았습니다. 지금 현재 00부서에는 몇 개의 빈자리가 있었습니다. 그러나 00부서의 관리자인 박00 팀장은 현재 김00씨가 원하는 분야에 빈자리는 없다고 하였습니다.

김00씨가 성실하고 열성적인 사람이기 때문에 다음에 00부서에서 원하는 빈자리가 생기면 우선적으로 고려하겠습니다. 김00씨는 우선 현재의 자리에서 훌륭하게 근무해주시기 바랍니다.

참고 자료 : D. B. Roebuck, *Improving Business Communication Skill*, 3rd ed., Prentice Hall, Upper Saddle River New Jersey, 2001, p.84.

요청한 사항을 거부하는 말을 두괄식으로 할 것인가, 미괄식으로 할 것인가를 결정할 때는 사안의 중대성도 고려한다. 비교적 간단한 사안에는 두괄식으로, 중대한 사안에 대해서는 미괄식으로 작성한다. 예를 들어 구내식당이 하루 쉰다는 소식은 두괄식으로 전달하고, 구내식당을 폐쇄한다는 소식은 미괄식으로 전달한다. 그러나 앞에서 언급한 바와 같이 되도록이면 부정적 소식을 전하는 문서는 미괄식으로 작성하는 것이 좋다.

3) 부정적 내용을 전달하는 과정

미괄식 접근법으로 글을 쓸 경우에는 다음과 같은 순서를 따른다. 처음에는 중립적인 내용으로 완충작용을 할 수 있는 한 문단을 작성한다. 그 다음에 거부하는 이유를 설명하고 난 뒤에 부정적인 내용을 제시한다. 마지막에는 긍정적인 관점에서 호의적인 내용으로 끝을 맺는다. 부정적 내용은 보통 미괄식으로 전달하기 때문에 여기서는 미괄식만 제시한다. 두괄식으로 작성하는 경우에는 중요 정보를 앞쪽으로 배치하는 것 외에는 미괄식과 비슷한 방법으로 부정적 내용을 전하게 된 배경정보를 충분히 제공해야 한다.

(1) 중립적인 표현으로 시작

미괄식으로 문장을 작성할 때 처음에는 완충작용을 할 수 있는 말로 시작한다. 완충작용을 하는 말은 다음과 같은 특징을 가질 때 그 효과가 높다.

1. **중립적이다.** 완충작용을 잘할 수 있도록 부정적인 내용을 먼저 제시하지 않는다. 반면에 긍정적인 내용이 있는 것처럼 보이지도 않아야 한다. 이 경우에 글 읽는 사람이 나중에 더 실망하게 된다.

2. **문제와 관련이 있다.** 문제와 너무 관련이 없는 말로 시작하면 읽는 사람은 자신의 요청에 대한 대답이라는 것을 인식하지 못할 수도 있다. 또 문제를 회피하는 것으로 보여서 불성실해 보인다. 문제와 관련이 있는 말로 시작하면 이유

를 설명하는 쪽으로 쉽게 넘어갈 수 있다.

3. **우호적이다.** 처음에 시작할 때는 글 쓰는 사람과 읽는 사람이 공감대를 형성할 수 있도록 우호적인 말을 해야 한다. 처음부터 논쟁을 하거나 강요하는 방식으로 말하면 공감대 형성은 어렵다.

4. **흥미가 있다.** 여기서 완충작용을 하는 말은 설득적 글에서 주의집중 영역만큼은 아니라도 사람들이 계속 읽고 싶은 마음이 날 수 있을 정도로는 흥미가 있어야 한다. 누구나 알 수 있는 이야기로 시작하는 것은 좋지 않다. 특히 상대방이 보낸 문서의 내용을 다시 한 번 말하는 것은 좋지 않다.

5. **짧다.** 문서의 주요 아이디어에 이르는데 너무 많은 시간이 걸리면 사람들은 참지 못하게 된다.

예를 들기 위하여 앞 장의 설득적 문서작성 설명에서 예를 들었던 상대방 회사의 정책에 벗어나는 시연회를 부탁하는 편지에 대한 회답을 하는 상황을 상정해보자. 요청을 받은 기업에서는 이 제의를 거부하기로 결정했을 때 어떤 내용의 문서를 작성할 수 있겠는가? 거부하는 의사를 명백하게 보여주면서도 좋은 관계를 유지할 수 있는 미괄식 접근법으로 문서를 작성해야 한다. 처음에 〈표 6-1〉에 제시된 것과 같은 완충작용을 할 수 있는 말로 시작하는 것이 좋다.

그림 6-1 완충 작용의 형태와 예

완충 형태	예
동 의	귀사에서 기획하고 있는 개점 10주년 기념행사를 열면 판매촉진 효과가 높을 것으로 보입니다.
감 사	저희 회사의 제품을 다량 판매하신 것을 알려 주어서 고맙습니다.(앞으로 거부하려는 부분과 직접 관련된 일에 대해서 감사를 표시하는 것은 피한다. 그런 일에 감사를 보이면 나중에 불성실하게 보인다.)
칭 찬	귀 매장의 개점 10주년을 축하합니다.
사실 정보	저희 제품을 판매하는 매장 3분의 2 이상에서 연매출액이 10% 이상 증가하였습니다.
일반적 원칙	저희 회사에서는 저희 제품을 판매하는 매장의 판매촉진에 다양한 지원을 하고 있습니다.
좋은 소식	저희 회사에서는 다음 달에 20% 가격할인 행사를 대대적으로 광고할 예정입니다. 다음 달에 있을 귀 매장의 개점 10주년 행사에도 큰 도움이 될 것입니다.
이 해	저희 회사에서는 귀 매장의 개점 10주년 행사가 성공할 수 있도록 도우려고 합니다.

자료원 : S. Ober, *Contemporary Business Communication*, Houghton Mifflin Company, Boston, 2009, p.261.

그러나 완충작용을 하는 말을 상대방을 혼란스럽게 할 목적으로 사용해서는 안 된다. 대신에 상대방이 실망스러운 정보를 객관적인 입장에서 받아들이도록 도와주는 것이 되어야 한다.

(2) 부정적 결정의 이유 설명

완충작용을 해줄 말을 하고 난 뒤에는 부정적으로 결정하게 된 이유를 글을 읽는 상대방이 확실히 알 수 있도록 설명해주어야 한다. 부정적인 내용을 전하는 문서에서는 다음과 같이 이유를 설명하는 부분을 가장 주의하여 작성해야 한다.

1. **이유는 긍정적인 표현으로 설명한다.** 문서를 미괄식으로 작성하는 목적은 부정적 결정을 하게 된 이유를 충분히 설명하기 위한 것이라는 것을 감안하여 독자의 관심을 끝까지 유지하도록 노력해야 한다. 독자가 문서를 계속 읽어 나

가도록 하기 위하여 이유를 설명하면서는 부정적인 표현은 쓰지 않는다.

2. **회사의 정책이라서 어쩔 수 없다는 식의 말을 하지는 않는다.** 상대방은 그러한 변명에 공감하지 않을 수도 있다. 회사의 정책이 건전한 것이라면 정당한 이유가 있을 것이다. 그 이유를 설명하고, 변명보다는 문제와 관련된 논리를 적정하게 전개하여 상대방의 이해를 구한다. 또 개인적 차원에서 결정한 것이 아니고 업무적 차원에서 내린 결정이라는 것도 설명해 준다. 이유를 설명하는 과정을 차근차근 진행해나가면 글을 읽는 상대방이 스스로 결론에 도달하게 될 것이다.

3. **간결하게 설명한다.** 거부의 이유가 여러 가지인 경우에는 중요한 것만 말하고 사소한 것은 되도록이면 말하지 않는다. 만약 문서를 읽어본 상대방이 여러 가지 이유 중에서 한 가지를 반박할 수 있을 것 같다는 생각이 들면 다시 문제를 제기해볼 것이다. 그 결과 질문과 응답이 계속 진행되어 업무량이 늘어난다.

어떤 경우에는 내용을 직접 설명해주지 않고 간단한 사실을 말해주어 거부 의사를 분명히 나타내는 방법도 있다. 예를 들어 신입사원 지원자가 응시요건을 갖추지 못하여 불합격하였을 경우에 그 말을 직접 하기보다는 “이번에 모집하는 인원은 최소한 5년 이상 정규직 경력을 가지고 있어야 합니다.”라는 표현만 하여도 그 이하의 경력을 가진 사람에게는 거부 의사를 나타낼 수 있다.

(3) 거부 표시와 대안 제시

독자에게 거부하여야 하는 이유를 설명한 뒤에는 거부 의사를 분명히 나타내어 주어야 한다. 독자가 거부 의사를 확인하기 위하여 더 이상 문의할 필요가 없도록 해야 한다. 대신 상대방을 적절히 배려해서 고통이 크지 않도록 해야 한다. 이러한 배려의 기본은 거부를 당하는 것은 사람이 아니라 요청사항이라는 것을 분명히 보여주는 것이다.[6)]

앞에서 설명한 바와 같이 부정적 내용은 이유를 논리적으로 잘 설명해 주어야 한다. 이유를 잘 설명하면 독자가 글을 읽어나가는 과정에 스스로 거부 의사를 유추할 수 있게 된다. 실제 거부 의사를 제시할 때는 부정적 내용을 강조하지 않는다. 또 불쾌한 생각을 완화할 수 있도록 긍정적인 단어를 사용하고 부정적인 느낌을 주는 단어는 피한다. 문단의 처음이나 끝에 부정적 내용을 배치해서 눈에 잘 보이게 하는 것은 피한다.

부정적인 내용을 전하는 문서에서 거부를 표시하는 결정적인 문장은 다음 사항을 피하여 작성하는 것이 좋다.

1. **상대방이 주어가 되는 문장은 되도록이면 피한다.** '귀하가 말하는', '박00씨가 요구하는', '박00씨가 주장하는', '박00씨가 간과한' 등과 같은 말은 피한다. 이런 말은 요청사항보다는 사람을 강조하기 때문에 독자의 이해를 돕기보다는 화나게 한다. 수동태 문장을 쓰면 행동의 주체를 밝히지 않아도 된다. 능동태 문장은 사람에 주안점이 놓이지만 수동태 문장은 행동에 주안점이 놓인다.

2. **부정적인 문장은 피한다.** '우리는 이해하기 어렵다.' '우리가 무엇을 해주어야 할지 모른다.' '귀하가 말하지 않았다.' 등과 같은 문장은 피한다. 이런 문장은 독자를 하찮게 보고 하는 말로 보인다.

3. **'우리의 기록으로는', '우리의 기록에 보면' 등과 같은 말은 피한다.** 독자는 이런 말을 "우리 회사는 절대로 실수하지 않는다."고 주장하는 것으로 해석한다.

부정적인 내용을 알린다고 해도 사과를 해야 할 필요성은 많지 않다. 합리적으로 업무 의사결정을 했다면 사과를 해야 할 이유는 없다. 문서를 읽는 상대방도 같은 상황에서 같은 정보를 가지고 있다면 같은 결정을 했을 것이다.

부정적 내용을 전하면서 되도록이면 다른 방법을 같이 알려 준다. 또는 다른 약속을 제시할 수도 있다. 예를 들어 "김00씨에게 7월에 10일 간의 휴가를 줄 수 없지만, 7월에 5일, 8월에 5일, 두 번으로 나누어 휴가를 줄 수는 있습니다."와 같은 문장을 쓸 수 있다.

(4) 긍정적인 말로 종결

문서의 끝 부분에서는 상대방을 배려하여 호의적인 관계를 유지할 수 있도록 긍정적인 말을 한다. 신중하게 말하고 지속적으로 호의적 관계를 유지하도록 노력한다. 독자와 공동 관심사를 가지고 있음을 표시하고 긍정적인 논조를 유지한다.

또 다음과 같이 회피해야 할 사항에도 유의한다.

- ❑ 부정적 내용을 반복하지 않는다. 부정적 내용은 같은 내용을 여러 번 말하지 않아야 한다.
- ❑ 실현가능성이 낮은 말은 하지 않는다. 예를 들어 "저희가 좀 더 잘 도와드릴 수 있게 되었을 때……"와 같은 말은 하지 않는다.
- ❑ 문제가 계속 되는 사항에 대해서 말하지 않는다. 예를 들어 "이 문제가 다시 발생할 때……"와 같은 말은 하지 않는다.
- ❑ 상대방이 결정을 받아들이지 않을 수도 있을 것 같은 말을 하지 않는다. 예를 들어 "귀하가 저희 제안을 받아들이기를 바라면서……"와 같은 말은 하지 않는다.
- ❑ 고객을 잃는 것에 대한 우려를 과도하게 보이지 않는다. 예를 들어 "우리는 귀하가 계속 저희 상점에서 구매해 주기를 간절히 원하면서……."와 같은 말은 하지 않는다.
- ❑ 추가적인 의논이 가능하다는 것을 보이지 않는다. 예를 들어 "이 문제와 관련해서 더 논의할 것이 있으면 바로 전화해주십시오."와 같은 말은 하지 않는다.

2 주문 불이행 서신

고객의 모든 주문을 하자 없이 처리할 수 있는 기업은 없다. 주문 받은 것의 일부만 이행해주거나 전혀 이행해주지 못하는 경우도 있다. 다른 제품으로 대체해야 하거나 이행날짜를 지키지 못하는 경우도 있다. 고객에게 주문 불이행에 관한 서신을 쓸 경우에는 부정적인 내용이 대부분이기 때문에 미괄식으로 작성하는 것이 적절하다.

이 경우에 서신에서는 먼저 이유를 충분히 설명해서 주문이 이행되지 못한다는 것을 명확하게 이해하도록 해주어야 한다. 또 부정적인 내용을 전달하면서도 고객과의 관계를 좋게 유지할 수 있도록 작성하여야 한다.

〈그림 6-2〉의 서신에서는 처음에 고객이 주문한 사항에 대해서 확인하면서 사실정보로 완충작용을 하였다. 두 번째 문단에서는 이유를 설명하고 난 뒤에 부정적인 내용을 전했다. 이어서 주문한 제품을 대체할 수 있는 다른 제품을 소개했다. 마지막 문단에서 마무리를 하면서 웹 사이트를 볼 것을 권하고, 미래에도 좋은 관계를 가지기를 원한다는 말로 끝을 맺었다.

그림 6-2 주문 불이행 서신의 예

(주)청구서적판매 고00 사장 귀하

고00 사장님께서는 8월5일에 '스마트 학습' 수학문제집 500권을 주문하셨습니다. 저희 출판사에서는 작년부터 그 문제집을 공급하기 시작하였습니다. 신학기가 다가오면서 그 문제집에 대한 수요가 증가하고 있습니다. 전국의 서점에서 '스마트 학습' 수학문제집을 주문하고 있습니다.

(주)청구서적판매의 주문을 받고 주문품을 배송해드리려고 했습니다. 그러나 8월 3일에 다른 서점의 주문에 따라서 모두 배송하였기 때문에 재고가 없습니다.

'스마트 학습' 문제집과 비슷한 인기가 있는 다른 문제집의 리스트를 동봉하여 보내드립니다. 특히 8월 15일부터 새로 발매되는 '마일드 러닝' 수학문제집이 학생들의 인기를 많이 끌 것으로 생각됩니다.

저희 회사의 웹 사이트(http://000.com)에서는 '마일드 러닝' 수학문제집을 비롯한 여러 서적의 이미지와 자세한 내용에 대해서 소개하고 있습니다. 저희 회사의 웹 사이트는 여러 기관에서 우수 웹 사이트로 선정되었습니다. 저희 회사 웹 사이트를 방문해 보시면 필요한 서적을 발견하실 수 있을 것입니다. 앞으로도 계속 저희 회사에서 좋은 서적을 공급할 기회를 가질 수 있게 되기를 바랍니다.

고맙습니다.

201×년 8월 7일
상화출판주식회사
영업부장 강00

참고 자료 : M. E. Guffey, *Business Communication: Process and Product*, 4th ed.. Thomson South-Western, Mason Ohio, 2003, p.340.

3 클레임 거부 편지

고객이 자신의 권리 이상에 해당하는 것을 요구하거나, 기업이 받아들일 수 없는 것을 요구하는 경우가 있다. 고객이 품질보증 한도를 오해하거나 비합리적인 요구를 할 경우에 이런 일이 발생할 수 있다. 이런 고객은 제품이나 서비스에 문제가 있다고 생각하고 감정적으로 불만을 느끼게 된다. 감정적으로 불만을 가진 고객에게 부정적인 내용을 전하는 것은 매우 어려운 일이다. 이 경우에는 의견이 다른 가운데서도 일치되는 부분을 찾아내도록 노력해야 한다.[7]

이렇게 부정적인 내용을 전달해야 하는 경우에는 이유를 먼저 말한 뒤에 거부 의사를 표명한다. 이런 편지에서는 어조를 적절히 유지하고 고객에 잘못이 있어도 비난하지 않아야 한다. 클레임을 거부해야 하는 이유를 중립적이고 객관적인 말로 설명해야 한다. 마지막으로 미래에도 고객과의 좋은 관계 유지를 원한다고 설명하면서 마무리를 한다.

〈그림 6-3〉은 고객이 지불한 가격과 다른 판매회사의 카탈로그에서 제시된 가격의 차이에 대한 클레임을 거부하는 서신이다. 다른 회사의 카탈로그에는 가격이 낮은 제품에 대해서 소개하고 있지만, 그 카탈로그에 제시된 제품 모델은 구형이라는 것을 설명한다. 이어서 고객이 클레임에서 제시한 모델은 구매한 제품과 다른 것이기 때문에 가격의 차이를 보상해 줄 수 없다는 것을 설명한다.

그림 6-3 클레임 거부 편지의 예

상 영 컴 퓨 터 판 매 주 식 회 사

서울특별시 00구 00동 113번지 00빌딩 3층 전화 02)123-1234

최00씨 귀하

예, 고객님께서 말씀하신대로 저희 회사는 낮은 가격으로 고품질의 컴퓨터를 판매하기 위해 모든 제품에 최저 가격 정책을 시행하고 있습니다. 저희 회사의 최저가격정책은 동일한 제품을 더 낮은 가격으로 다른 상점에서 살 수 있다면 그 차액을 환불해주는 제도입니다. 가격 비교는 동일한 모델의 제품에 한정됩니다.

저희 매장에서는 고객께서 구입하신 DOA 5 모델은 220만원에 판매하고 있습니다. 고객께서 보내주신 다른 판매회사의 카탈로그에는 DOA 모델을 180만원에 판매한다고 기재되어 있습니다. 그러나 그 모델의 정확한 명칭은 구모델인 DOA 4 모델입니다. 고객께서 구매하신 DOA 5 모델은 DOA 4 모델보다 용량과 처리 속도가 향상된 모델입니다. 자연히 고객께서 구매하신 DOA 5 모델은 DOA 4 모델보다 가격이 좀 더 비쌉니다. DOA 5 모델은 크기는 작으면서도 CPU가 훨씬 고급이며 무선통신 장비가 내장되어 있고, 최신 윈도우 사용에 편리합니다.

최00 고객께서는 시장에 나와 있는 제품 중에서 크기가 작으면서도 성능이 가장 우수한 제품을 구매하셨습니다. 그 제품을 사용해보시면 제품의 우수한 성능에 감탄하실 것입니다. 제품의 장점에 대해서는 제품 구매 시에 드린 카탈로그의 24페이지를 보십시오. 제품과 가격에 대한 최신 정보를 알고 싶으시면 저희 회사의 웹 사이트(http://000000.com)를 보십시오. 앞으로 계속 저희 매장의 제품과 가격에 관심을 가지시고 주의 깊게 보아 주시면 감사하겠습니다.

고객님의 무궁한 발전을 기원합니다.

201×년 5월 20일

삼영컴퓨터주식회사 고객지원팀

팀장 강00

참고 자료 : M. E. Guffey, *Business Communication: Process and Product*, 4th ed.. Thomson South-Western, Mason Ohio, 2003, p.342.

서신의 내용으로는 처음에 고객이 클레임 편지에서 말한 대로 낮은 가격으로 고품질의 제품을 판매하고 있다고 동의하여 완충작용을 하였다. 두 번째 문단에서는 고객이 구매한 제품의 주요 특성에 대해서 설명하고, 고객이 비교한 구모델 제품보다는 고급이라는 것도 설명하였다. 서신 작성자는 고객이 구모델로 바꾸기를 원하는 것은 아니라고 가정하였다. 고객이 카탈로그를 잘 못 읽었다거나 회사의 가격정책을 제대로 이해하지 못하고 있다는 말을 하지 않았다. 고객이 구매한 제품과 구모델의 정확한 차이를 중립적인 표현으로 설명하는 안전한 방법을 사용한다. 고객이 산 모델의 장점에 대해서도 설명한다. 이렇게 이유를 설명하고 난 뒤에 고객의 클레임은 정당하지 않다는 것을 간접적으로 말한다.

4 실망한 고객에 대응하는 방법

모든 기업은 고객에게 실망을 줄 때가 있다. 제품을 제때에 배달하지 못할 수도 있고, 제품의 불량이 있을 수도 있고, 서비스에 문제가 발생할 수도 있고, 대금을 잘 못 청구하기도 하고, 고객이 오해하는 경우도 있다. 이렇게 고객에게 유쾌하지 않은 경험을 주게 되면 즉각적으로 해당 고객에게 적절하게 조치해주어야 한다. 한 연구에 의하면 대부분의 전문가는 이런 문제를 해결하고 손실을 최소화하기 위해서 다음과 같은 순서로 행동한다고 한다.[8]

1. 손해를 입은 사람에게 전화를 건다.
2. 문제에 대해서 사과한다.
3. 문제의 원인을 설명하고, 문제를 해결하기 위하여 지금 어떤 일을 하고 있다는 것을 설명한다. 이어서 문제가 다시 발생하지 않도록 하기 위하여 어떤 노력을 한다는 것을 설명하고 그 사람의 동의를 얻는다.
4. 편지나 이메일을 보내서 전화에서 말한 내용을 다시 한 번 설명하고 좋은 관계를 유지하기를 원한다는 말을 한다.

갈등을 해결하고 좋은 관계를 유지하려면 이런 문제에 신속하게 대응하여야 한다. 신속하게 대응하려면 서신을 보내는 것은 적절하지 않을 수도 있다. 가능하다면 먼저 전화로 접촉하고 마지막에 편지를 보내는 방법이 좋다. 반드시 서신이 필요한 경우도 있다. (1) 상대방과 개인적으로 접촉하는 것이 불가능 할 때, (2) 사건을 기록으로 남기고자 할 때, (3) 해결 절차의 종료를 공식적으로 확정하고자 할 때, (4) 서로의 관계 유지를 확고히 하고자 할 때 등에는 서신이 필요하다. 문제해결을 위하여 서신을 보내면 문제를 심각하고 중요하게 다루고 있다는 것을 말이 아닌 행동으로 보여주게 된다.

불편을 겪는 고객에 대해서는 다음과 같은 내용으로 서신을 작성하는 것이 효과적이다.[9)]

- ❑ 회사가 잘 못한 것이 있으면 사과한다.
- ❑ 문제를 인정하고 책임을 진다고 말한다.
- ❑ 재발을 방지하기 위한 행동을 제시한다.
- ❑ 고객의 실망을 감소시키고 관계를 호전시키기 위한 선물이나 보너스를 제시한다.
- ❑ 고객이 보여준 인내심에 감사를 표시한다.
- ❑ 미래에도 좋은 관계를 유지하기를 바란다는 취지의 말을 한다.

제7장

메모와 이메일 작성, 정보기술의 사용

1. 메모와 이메일의 유용성
2. 메모와 이메일의 형식
3. 메모와 이메일의 작성 방법
4. 이메일 시스템 사용 요령
5. 다양한 정보기술 사용

제7장

메모와 이메일 작성, 정보기술의 사용

메모는 조직 구성원이 가장 많이 사용하는 문서 커뮤니케이션의 형태이다. 메모는 형식에 구애를 적게 받는 공식성이 낮은 문서 커뮤니케이션 수단이다. 실제 조직에서는 메모라는 말 외에도 회람, 알림사항, 비망록 등 다양한 이름으로 불린다. 이를 통하여 정보 요구, 합의 사항 확인, 이미 제공된 정보의 명확화, 조직 내의 일상적 문제에 대한 간단한 보고 등을 실시할 수 있다.[1]

오늘날 조직에서는 커뮤니케이션에 큰 변화가 발생하였다. 이메일이 유용한 정보교환 도구로 자리 잡았다. 전통적 방식으로 종이에 쓴 메모의 형태도 계속 사용하고 있지만 이제 이메일을 이용하여 메모를 빠르게 전달하는 것이 자리를 잡았다.[2] 이메일을 사용하여 메모나 문서를 교환하면서 커뮤니케이션 시간이 줄어들고, 의사결정이 빨라지게 되었다.

한편 이메일의 사용이 일반화되면서 바이러스나 정보 과잉과 같은 문제가 발생하였다. 이러한 문제점을 예방하고 사용의 편리성을 높이기 위하여 메신저와 같은 인스턴트 메시징(IM)이나 블로그 등도 많이 사용하게 되었다. 이러한 메모, 이메일, IM과 블로그 등을 효과적으로 사용하여 커뮤니케이션을 효과적으로 진행하는 것이 비즈니스에서 이제 필수적인 일이 되었다.

1 메모와 이메일의 유용성

전통적으로 기업에서는 간단한 정보는 메모형식으로 작성하여 전달했다. 근래에는 메모를 이메일에 실어서 보내는 경우가 많다. 이런 메모와 이메일은 많은 수신자에게 보낼 수 있고, 기록 보존에 좋으며, 복잡한 정보를 전달하고자 할 때 유용성이 높다.

많은 수신자 메모와 이메일을 이용하면 한 사람이나 여러 사람에게 신속하고 효과적으로 정보를 전달할 수 있다.

기록보존 일하는 사람은 거래와 상황에 대해서 기록을 남겨야 하는 경우가 많다. 메모와 이메일로 전달된 것은 후일에 기억을 되살리거나 증거를 남기는데 유용하다.

복잡한 정보 전달 정보가 복잡한 경우에는 먼저 메모나 이메일로 정보를 전달하고, 말로 보충 정보를 전달할 수 있다. 복잡한 정보를 메모 없이 말로만 전달할 경우에 사람들이 정보를 이해하고 기억하기가 쉽지 않아서 업무를 제대로 처리하지 못할 가능성이 높다. 메모와 이메일에 업무 수행에 필요한 상세한 정보를 담아서 전달하면 사람들이 업무 내용을 이해하고 기억하기가 편리하다.

2 메모와 이메일의 형식

메모와 이메일은 가장 많이 사용하는 커뮤니케이션 형태이기 때문에 대부분의 조직에서 표준 양식을 정해두고 있다. 보통 이메일과 메모에는 첫머리에 '수신자, 발신자, 날짜, 제목' 등을 기재한다. 이메일에는 발신자와 날짜가 자동으로 표기되는 경우가 대부분이다. 모든 이메일과 메모에서 계속 같은 위치에 같은 정보가 제시되면 사람들이 익숙해진다. 대부분의 조직에서는 위의 네 가지 요소가 이메일과 메모에 기재되지만 제시되는 순서는 기업마다 다르다.

수신자가 잘 모르는 사람일 경우에는 발신자 즉, 작성자의 이름 앞이나 뒤에 직책을 넣는다. 수신자의 이름 뒤에 '씨'나 '님'을 붙이지 않고, 필요할 경우에는 직책만 기재한다. 정식 공문이 아니기 때문에 서명을 하지 않고 끝맺는 말도 간단히 한다.

각 문단 내부에서는 싱글 스페이스(single-space)로 하고, 각 문단 사이에는 더블 스페이스(double-space)로 한다. 모든 메모는 처음에 종이의 위 끝에서 1.5cm 정도 여백을 주고 시작한다. 종이를 두 장을 써야 할 경우에는 두 번째 페이지에도 간단한 첫머리 양식을 넣는다. 즉, 수신자, 날짜, 제목, 페이지 번호 등을 넣는다. 들여쓰기와 종이 내의 문단 배치 방식은 앞 뒤 종이가 동일하게 한다. 많은 기업에서는 메모 용지에 회사의 건물이나 개인의 모습을 넣거나 로고를 넣어 보기에 좋도록 하고 있다.

3 메모와 이메일의 작성 방법

기업에서 일하는 사람은 근무 중 상당한 시간을 메모와 이메일 작성에 쓴다. 이와 같이 많은 시간 동안 수행하는 업무를 효과적으로 진행하는 방법이 필요하다. 그 방법으로는 분명한 제목 표시, 대화체 어조, 내용의 적절한 조직, 간결성, 안내 표시 사용 등이 있다.

1) 분명한 제목 표시

이메일과 메모의 제목은 글을 쓰는 이유를 충분히 말해주어야 한다. 사람들은 메모와 이메일의 홍수 속에 있으므로 목적을 쉽게 이해할 수 없는 메모와 이메일은 읽지 않으려고 한다. 메모와 이메일의 제목에 글의 목적을 분명하고 상세히 보여주어 읽어볼 마음이 나도록 해야 한다. 사람들은 이메일 제목을 보고 당장 읽을 것인가, 나중에 읽을 것인가, 아니면 지울 것인가 등을 결정한다. 제목이 없거나 단순히 '문의', '전달 사항' 등과 같은 제목을 가진 메일은 주목받지 못한다. 다음의 예를 참고한다.

❑ 일반적인 예 : 교육훈련 계획

❑ 개선된 예 : 2012년 교육훈련 계획 일정표
면접 진행 방법에 대한 교육 계획
제안서 작성 방법에 대한 교육 필요성 조사

제목을 너무 길지 않게 하는 것이 좋다. 10단어 이상은 곤란하다. 3-7단어가 적당하다. 다음의 예를 참고한다.

❑ 단어가 너무 많은 예 : 학생이 선호하는 다양한 피자의 특성에 대한 의견조사

❑ 개선된 예 : 학생의 피자 선호 조사
캠퍼스 피자점의 성공 가능성
00피자에 대한 학생의 선호

2) 대화체 어조

메모와 이메일은 서로 잘 알고 있는 사람들이 주고받는 경우가 많다. 메모와 이메일을 작성할 때는 이야기하듯이 간결한 일상 언어를 사용한다. 그러면서도 작성자의 전문성이 보일 수 있도록 작성해야 한다. 메모와 이메일을 작성하고 난 뒤에 큰소리로 읽으면서 대화체 어조로 작성되었는가를 점검해보고, 메모와 이메일이 너무 무거운 느낌이 들면 수정한다.

3) 내용의 적절한 조직

메모와 이메일을 작성할 경우에는 꼭 필요한 내용만 포함시키고 한 문서에는 한 가지 주제만 다룬다. 두 가지 이상의 주제를 한 문서에서 다룰 경우에, 독자가 각 주제에 대해서 다르게 대응해야 할 때는 문서의 처리에 일관성을 가지지 못할 가능성이 생긴다. 예를 들어 두 가지 주제의 문서를 받은 사람이 한 주제에 대해서는 찬성하고 다른 한 주제에 대해서 반대할 경우에는 문서의 처리가 어렵다.

일상적인 정보를 담은 대부분의 메모와 이메일은 두괄식으로 문제의 핵심사항을 설명한다. 먼저 결론이나 독자가 행동해주기를 바라는 바를 제시하고, 나머지 부분에서는 이유를 설명하여 독자가 동의하도록 한다. 핵심사항과 이유를 설명한 뒤에는, 독자가 메모와 이메일에서 요구하는 행동을 쉽게 취할 수 있는 방법을 제시해준다. 행동을 단계별로 제시하면서 긍정적이고 명확한 단어로 설명해준다. 어떤 행동을 취해야 할 것인가에 대해서 독자에게 의문을 남겨두어서는 안 된다. 행동을 취할 날짜와 시간이 정해져 있을 경우는 그 시간을 제시한다. 마지막으로 전체 내용의 요약이 필요하면 요약하는 내용을 제시하고 맺는말과 인사말을 쓴다.

4) 간결성

사람들은 업무 중에 많은 메모와 이메일을 받게 된다. 많은 메모와 이메일 중에서 가장 눈에 띄도록 작성해야 사람들이 유심히 읽는다. 불필요한 단어나 수동태 문장을 제거하고, 문장을 짧고 단순하게 정리한다. 한 문장에 20단어 이내의 단어를 사용하는 것이 좋다. 독자의 이해를 돕기 위하여 문단을 자주 나눈다. 한 장 정도로 작성된 메모와 이메일이 읽기에 어렵지 않다. 꼭 필요한 내용만을 한 장 이내의 분량으로 예의에 맞게 제시하는 것이 좋다.[3] 조직 내부에 보내는 글은 외부 사람에게 보내는 글보다는 배경정보에 대해서 적게 적어도 된다.

5) 안내 표시 사용

아이디어를 적절히 제시하고 문서를 읽기 쉽게 작성하기 위하여 번호, 점, 중간 제목, 리스트 형식 등을 이용하여 안내 표시를 한다. 이들을 사용하여 메모와 이메일을 작성하면 중요사항을 강조하고 적절하게 조직할 수 있으며 사람들이 쉽고 빠르게 읽을 수 있다.

리스트 형식으로 불렛 기호를 넣은 문장들을 제시할 때는 병렬구조를 이루어야 한다. 즉, 문장이 비슷한 구조를 가지고 있거나 비슷한 구절로 시작하여야 한다. 다음 문장을 비교해보자.

잘못된 경우의 예

00공장은 다음과 같은 이유로 조업을 재개하기 곤란하다.

❑ 조업재개에 필요한 장비를 새로 구입하여야 한다.
❑ 소모품 손실 4천만 원 발생가능
❑ 품질관리부서 인원을 재배치해야 함.
❑ 엔지니어들이 다른 공장에서 일하고 있음

수정된 글

00공장은 다음과 같은 이유로 조업을 재개하기 곤란하다.

❑ 조업재개에 필요한 장비를 새로 구입하여야 한다.
❑ 4천만 원의 소모품 손실이 발생할 수 있다.
❑ 품질관리부서 인원을 재배치해야 한다.
❑ 엔지니어들이 다른 공장에서 일하고 있다.

불렛 기호를 넣은 문장은 들여 쓰기를 해야 한다. 이들 문장이 다른 문장과 비슷한 위치에 있다면 독자가 쉽게 구분할 수 없기 때문이다.

중간 제목을 넣어주면 독자가 주요 내용을 쉽게 파악할 수 있고, 먼저 읽을 부분을 빨리 파악할 수도 있고, 문서에 적절한 여백을 주어 시각적으로 답답하지 않게 보인다. 문서가 읽기 쉬우면 독자가 관심을 가지고 보게 된다. 당장 읽지 못할 경우에는 나중에 읽을 문서로 분류해 둘 것이다. 〈그림 7-1〉의 두 예를 비교해 보면 그 결과를 알 수 있을 것이다.

그림 7-1 중간제목이 없는 메모와 중간제목이 있는 메모의 비교

중간 제목이 없는 메모

수신 : 전 구성원
발신 : 총무팀장 정00
날짜 : 201×년 10월 00일
제목 : 회람 작성 요령

이번에 새로 마련된 회사 내 회람 작성 요령입니다. 회람을 작성할 때 회람의 필요성 파악, 계획 작성, 적절한 형식 사용, 적절한 기법의 적용 등의 과정을 거칩니다.

회람을 작성하기 전에 먼저 회람의 필요성을 파악하기 위하여 다음과 같은 질문을 해보십시오. 이 문제에 대해 회람을 보낼 필요가 있는가? 회의를 실시하는 것이 더 좋지 않은가? 이 회람으로 무슨 목적을 이루려고 하는가? 어떤 사람이 이 회람을 읽을 것인가? 이 회람을 읽어볼 사람의 반응은 어떨 것인가?

회람의 계획을 작성하기 위하여 먼저 작성할 내용의 개요와 핵심요지를 정리합니다. 이어서 상세한 사항을 작성하되 간결하게 작성합니다. 형식을 적정하게 설정하여 내용을 명확하게 제시합니다. 문단을 자주 나누고 문장 앞에 불렛(bullet) 기호를 표시한 문장을 적절히 제시합니다.

회람의 내용과 형식에 작은 실수만 있어도 문서의 가치가 낮아집니다. 철자, 구두점, 문법 등에서 실수가 없도록 철저히 교정을 보아야 합니다.

중간 제목이 있는 메모

수신 : 전 구성원
발신 : 총무팀장 정00
날짜 : 201×년 10월 00일
제목 : 회람 작성 요령

이번에 새로 마련된 회사 내 회람 작성 요령입니다. 회람을 작성할 때는 회람의 필요성 파악, 계획 작성, 적절한 형식 사용, 적절한 기법의 적용 등의 과정을 거칩니다.

❑ 필요성 파악

회람을 작성하기 전에 먼저 회람의 필요성을 파악하기 위하여 다음과 같은 질문을 해보십시오.

- 이 문제에 대해 회람을 보낼 필요가 있는가?
- 회의를 실시하는 것이 더 좋지 않을까?
- 이 회람으로 무슨 목적을 이루려고 하는가?
- 어떤 사람이 이 회람을 읽게 되는가?
- 이 회람을 읽어볼 사람의 반응은 어떨 것인가?

❑ 계획 작성

먼저 작성할 내용의 개요와 핵심요지를 정리합니다. 이어서 상세한 사항을 작성하되 간결하게 작성합니다.

❑ 적절한 형식 사용

형식을 적정하게 설정하여 내용을 명확하게 제시합니다. 문단을 자주 나누고, 문장 앞에 불렛(bullet) 기호를 표시한 문장을 적절히 제시합니다.

❑ 철저한 교정

회람의 내용과 형식에 작은 실수만 있어도 문서의 가치가 낮아집니다. 철자, 구두점, 문법 등에서 실수가 없도록 철저히 교정을 보아야 합니다.

참고 자료 : D. B. Roebuck, *Improving Business Communication Skill*, 3rd ed.. Prentice Hall, Upper Saddle River New Jersey, 2001, p.118-119.

두 가지 예에서 보는 바와 같이 중간제목이 있고, 불렛(bullet, 점) 기호를 적절히 넣은 문장을 제시한 메모와 그렇지 않은 메모 사이에는 차이가 난다. 사람들은 중간제목과 같은 안내 표시를 해준 문서나 정보를 리스트 형태로 제시한 문서를 산문 형식으로 제시한 문서보다 더 쉽게 이해한다.

4 이메일 시스템 사용 요령

지금까지는 메모와 이메일의 공동적인 사항을 설명하였다. 여기서는 이메일 시스템을 사용하는 방법에 대해서 설명한다. 먼저, 이메일을 작성하기 전에 보내고자 하는 내용에 이메일이 적합한 매체인가를 판단해보아야 한다. 예를 들어 새로운 직장에 사람을 추천할 때 사전에 아무 연락 없이 이메일을 먼저 보내는 것은 적합하지 않다. 또 직접 도장을 찍거나 서명을 하여야 하는 경우에도 이메일은 적합하지 않다. 이메일은 단순하고 일상적인 정보를 교환하는데 효과적이다.

이메일을 작성할 때도 전통적인 문서를 작성할 때와 똑 같은 방법을 따른다. 내용을 계획하고, 초고를 작성하여, 수정을 해야 한다. 이와 같은 과정을 거치면서도 이메일 시스템을 효과적으로 사용하기 위한 다음과 같은 지침을 잘 따르는 것이 좋다.

◈ 이메일은 여러 사람이 볼 수도 있다는 것을 명심한다.

이메일을 일단 한번 보내고 나면 그 뒤에는 여러 사람에게 읽히게 될 가능성이 있다. 쉽게 복사되어 다른 사람에게 전해질 수 있기 때문이다. 따라서 여러 사람에게 알리고 싶지 않은 내용이나 비밀이나 매우 개인적인 내용은 이메일을 사용하지 않아야 한다. 또 이메일 내용이 곧 없어져 버릴 것 같지만 누군가의 문서시스템에 보관되는 경우도 있다. 다른 사람의 컴퓨터에 보낸 이메일 내용이 그곳에 보관되었다가 나중에 법률적인 문제가 될 수도 있다.

❖ 감정을 표현하는데 주의한다.

이메일은 작성하고 보내기가 쉽기 때문에 무의식중에 장난스럽게 쓰거나 감정을 넣어서 작성하게 되는 경우도 있다. 이메일에서 서로 웃는 얼굴을 못 보는 상태에서 농담이나 유머를 하게 되면 오해가 발생하기 쉽다. 화를 내거나 감정을 폭발시키면 부정적인 영향을 미친다. 이 경우 일이 잘 못되어 작성자의 이미지에 손상을 줄 수도 있다. 이메일에서 감정이 폭발하지 않도록 조정하는 방법에 대해서 다음과 같은 지침이 있다.[4)]

- ❑ 이메일 내용을 전송하기 전에 면대면 대화에서도 같은 말을 할 수 있는가를 스스로 질문해본다. 감정이 상할 수도 있는 말은 하지 않는 것이 좋다.
- ❑ 공격적인 내용의 글을 받았을 때는 마음이 안정되기를 기다렸다가 대응을 한다. 일단 이메일을 보내고 나면 그 내용에 대해서 책임을 져야 한다.
- ❑ 이메일 내용을 전송하기 전에 두 번 읽어보고 오해할만한 내용이 없는가를 점검한다.
- ❑ 비속어를 사용하지 않는다.
- ❑ 실제로 감정을 폭발시키기보다는 감정을 폭발하고 싶은 심정이라는 말을 전달한다.[5)]

❖ 내용의 길이를 적절하게 한다.

이메일의 내용이 한 화면 이상이 되지 않도록 하는 것이 좋다. 그 이상은 스크린에서 읽기가 쉽지 않다. 또 각 컴퓨터의 이메일시스템마다 표시할 수 있는 줄의 길이가 다르기 때문에 줄의 길이를 너무 길게 하지 않아야 한다. 글을 쓰는 중간에 리턴키를 사용하여 줄이 너무 길어지지 않도록 해야 한다.

❖ 이모티콘을 사용하지 않고, 약어나 두문자는 사용한다.

감정을 기호의 형태로 표시하는 이모티콘(예, :)은 웃는 얼굴 표시)은 사적인 편

지 외에는 사용하지 않는다. 대신 약어나 두문자는 그 뜻을 아는 사람에게는 사용하는 것은 무방하다.[6)]

❖ 이메일을 보내기 전에 주소를 확인한다.

이메일 주소가 복잡한 경우가 많다. 이메일은 조금만 실수해도 엉뚱한 사람에게 가거나 돌아온다. 글자가 하나 빠지거나 다른 글자를 쓰는 경우도 있다. 이를 피하기 위하여 메일을 자주 보내는 사람에 대해서는 이메일 시스템 내에 주소록을 만들어 두고 주소록을 처음 입력할 때 철저히 확인한다. 또 회답 메일을 보낼 때는 받을 사람이 누구로 표시되는가를 확인해보아야 한다. 어떤 경우에는 메일을 받는 사람 리스트가 여러 사람으로 확대되어 매우 곤란한 상황이 발생하기도 한다.

❖ 여러 사람에게 이메일을 보낼 때는 받는 사람이 한사람만 보이도록 한다.

여러 사람에게 이메일을 보낼 때 받는 사람 리스트 전체가 표시되지 않도록 하고, 한 사람씩만 표시되도록 해야 한다. 여러 사람이 표시되었을 때는 잘 못하면 이메일을 받은 사람의 회답이 다른 여러 사람에게도 갈 수가 있다. 또 사람들의 이메일 주소가 노출되지 않도록 보호해 주어야 한다. 이메일 시스템에 단체로 보내는 이메일이라도 수신자가 한 사람만 표시되도록 하는 장치가 있는가를 확인해보고, 이를 이용한다.

❖ 자신의 개인정보를 제시한다.

대부분의 이메일 시스템에는 끝부분에 자동적으로 몇 줄의 글을 첨가시킬 수 있는 장치들이 있다. 여기에 이름과 개인정보를 기재해두면 자신의 개인정보를 알리기에 편리하다. 그러나 개인적인 금언이나 그림 표시 등도 같이 넣어 개인정보 제시가 길어지지 않는 것이 좋다.

❖ 웹 주소를 쉬운 것으로 정하여 수신자가 쉽게 이용하도록 한다.

이메일 내에 웹 주소를 표시할 때는 http://를 먼저 표시하여 클릭으로 연결하기 쉽도록 한다.

❖ 첨부파일이 적절한가를 점검한다.

파일을 첨부할 때는 수신자의 컴퓨터에서 사용가능한 소프트웨어를 사용한 것인가를 확인해 본다. 또 파일의 용량이 너무 커서 수신자의 이메일 용량에 무리가 가지 않도록 한다. 한편 바이러스 걱정 때문에 수신자가 첨부된 파일을 열어보지 않을 수도 있다. 첨부 파일보다는 이메일 본문에 전하는 말을 제시하면 바이러스를 걱정하는 사람은 더 좋아한다.

❖ 점검하고, 교정하고 난 뒤에 이메일을 보낸다.

전하고 싶은 것을 정확하게 전달하기 위해서는 시간을 내어 다시 읽어보고 교정하여야 한다. 일단 이메일을 보내고 나면 없던 일로 만들 수는 없다. 교정을 위하여 출력해서 점검해 본다. 화면에서 볼 때보다는 종이에서 볼 때 문제점을 찾기 쉽다. 동료에게 보여서 점검도 받고, 글의 요점에 대한 조언도 얻는다. 점검한 동료가 요점을 제대로 알지 못한다면 다시 글을 작성하여야 한다. 이런 과정을 쉽게 하기 위하여 이메일 내용을 워드프로세서 프로그램에서 작성하여 이메일 프로그램으로 옮기는 것이 좋다. 워드프로세서 프로그램에서는 여러 가지 점검이 가능하고 이메일로 옮기는 과정에서 한 번 더 점검해 보기 때문에 신중하게 행동하게 된다.

❖ 이메일을 자주 체크한다.

이메일의 장점에는 다른 사람과 신속하게 접촉할 수 있다는 것이 있다. 이메일 도착을 매일 점검하지 않으면 이런 장점을 살릴 수 없다. 컴퓨터의 이메일 시스템 내에 날짜와 시간을 잘 조정해 두어야 한다. 정보의 중요성을 파악하는데 정보가 도착한 시간도 중요하다.

❖ 오래된 이메일은 지운다.

오래된 메일을 지우지 않으면 메일박스가 넘치게 된다. 평소에 자신이 지우거나 시간에 따라서 자동으로 지우는 방법이 있다.

5 다양한 정보기술 사용

이메일의 문제점을 예방하고 사용의 편리성을 높이기 위하여 인스턴트 메시징(IM)이나 블로그 등도 많이 사용하게 되었다. 이러한 IM과 블로그 등을 효과적으로 사용할 수 있는 능력도 비즈니스 커뮤니케이션에 중요하게 되었다.

1) IM과 소셜 네트워크 사용법

이메일이 비즈니스에서 사용하는 매체로 가장 많이 사용되지만 바이러스, 스팸, 정보 과중 등과 같은 문제 때문에 다른 매체가 개발되었다. 이런 매체로 가장 인기가 높은 것은 인스턴트 메시징(IM; Instant Messaging)이다. 이는 두 사람 이상이 참여하는 문자를 이용한 컴퓨터 회의라고 할 수 있다.[7] 예로는 MS메신저(Microsoft Windows Messenger), 소셜 네트워크 등이 있다.

일상적 커뮤니케이션과 온라인 회의의 의견 교환을 위하여 비즈니스에서 IM이 많이 이용되면서 이메일의 역할을 상당부분 대신하고 있다. 특히 기업 내부에서 이루어지는 커뮤니케이션에는 IM이 이메일을 대체하고 있다. IM에서 사용되는 편리한 기능이 이메일, 블로그 등과 같은 다른 커뮤니케이션 매체에도 구현되는 경우가 많아지고 있다.[8]

트위트와 같은 소셜 네트워크도 IM 프로그램의 일종으로 볼 수 있다. 소셜 네트워크는 게시된 짧은 글을 많은 사람이 볼 수 있도록 개발되었다. 상당히 많은 기업에서는 전통적 매체를 대신하여 소셜 네트워크 사이트를 개설하여 자기 회사 제품의 열혈 애호가가 개인적 이야기, 사용자를 위한 조언, 제품에 대한 제안, 회사의 뉴스 등을 간단한 내용으로 제시하도록 하고 있다.[9] 산업계의 지도자가 트위트를 이용하여 자기 기업의 종업원뿐만 아니라 소비자와도 의견을 나누는 사례도 많다.

❖ IM의 이점과 단점

IM은 이메일과는 달리 상대방이 온라인에 연결되어 있는가를 확인하고 실시간으로 문자 대화를 할 수 있기 때문에, 이를 이용하면 시간을 절약할 수 있고, 팀워크와 업무흐름을 개선할 수 있다는 이점이 있다.[10] 그 외에도 IM의 이점으로는 전화보다 비용이 저렴하고, 이메일보다는 편리하기 때문에 점점 사용자가 많아지고 있다.

그러나 IM에는 문제점도 있다. 이메일과 같이 IM도 사람을 직접 만나서 대화할 때보다는 풍부한 내용을 전달할 수 없다. 또 속어와 약어가 너무 많이 사용되기 때문에 새로운 참여자가 이해하기에 어려운 점도 있다. 또 여기에 올린 내용이 운영자의 서버에 보관되기 때문에 비밀을 요하는 사항에 대해서는 주의해야 한다. 그 외에도 IM의 문제점이 될 가능성이 있는 것으로는 보안 문제(예, 컴퓨터 바이러스, 네트워크 침투), 사용자 인증 문제(예, 참여자 ID 도용), IM 시스템 간의 호완 불가능, 스핌(spim, 상업적 메시지) 등이 있다. 사용자를 기업 내부 사람으로 한정한 기업IM(EIM)에서는 이런 문제점을 해결한 경우도 많다.

❖ IM 글쓰기의 과정

IM에 올리는 메시지는 짧게 작성하도록 시스템으로 설정되어 있다. 보통 한두 문장을 올리는 것이 좋다. 그 내용은 이메일이나 메모와 비슷한 방식으로 작성한다. 메시지 내용은 격식은 간단하게 하면서도 전문성이 보이도록 작성한다. 철자법을 잘 지키고 약어를 너무 많이 사용하지 않고 이모티콘을 사용하지 않는 것이 좋다.

IM에서 신중한 생각 없이 글을 쓰는 것은 비즈니스에서는 금기 사항이다. 다른 글쓰기를 할 때처럼 신중한 절차를 거치면서도 신속하게 글을 쓰는 것이 좋다. 다음은 그 과정을 설명한다.[11]

1. **메시지를 간단하게 계획한다.** IM에서 글을 쓸 때마다 시간을 가지면서 간단한 계획을 세우는 것이 좋다. 주도면밀한 계획은 아니지만 간단한 계획을 세워 추가적인 정보를 요구하는 사람이 없도록 꼭 필요한 정보를 제공하는 글을 작성한다.

2. **메시지를 비즈니스 스타일로 작성한다.** 이메일과 마찬가지로 IM 메시지를 작성할 때도 비즈니스에서는 개인적인 용도로 작성할 때보다 더 공식적인 스타일로 작성한다. 외부인과의 커뮤니케이션에서는 공식성을 더욱 강화해야 한다. 그러면서도 대화체를 유지한다. 친밀한 동료와의 의견 교환이 아닐 때는 약어 사용은 자제한다.

3. **메시지 수정과 교정을 실시하여 완성한다.** IM의 메시지 완성 절차는 매우 간단하다. 완료 버튼을 클릭하면 끝난다. 그래도 수정과 교정을 철저히 해서 글에서 실수를 방지해야 한다.

❖ IM 글쓰기의 유의사항

IM을 효과적으로 사용하기 위해서는 몇 가지 문제점을 염두에 두고 있어야 한다. 이러한 문제점을 고려하면서 IM을 효율적으로 이용하기 위해서 다음과 같은 사항에 유의한다.[12)]

- ❑ 업무 집중에 방해가 되지 않도록 IM 시스템 접속에 신중해야 한다. 업무 외의 개인적인 내용은 되도록 짧게 하거나 하지 않아야 한다.
- ❑ 특별한 보안 장치를 하지 않았으면 비밀정보를 보내지 않는다. 회사의 정보와 시스템을 보호하기 위한 보안 규정을 따른다.
- ❑ 개인적 메시지를 보낼 때는 극히 주의한다. 실수하여 다른 사람의 컴퓨터로 전달되는 일이 없어야 한다.
- ❑ 관련된 사람이 전부 연결되어 있는 것이 확인되지 않는다면, IM 시스템에서 중요한 문제를 즉석 회의로 진행하지 않는다.
- ❑ 시스템이 마련되어 있지 않는 한 IM으로 길고 복잡한 메시지를 보내지 않는다. 대신에 이 경우는 이메일을 사용한다.
- ❑ 여러 개 IM 집단의 대화에 동시에 관여하는 것을 피한다. 잘 못하면 다른 사람에게 메시지를 보낼 수도 있고, 다른 대화 때문에 사람들을 기다리게 할

수도 있다.

2) 비즈니스 블로그 사용법

근래에는 간편하게 사용하는 블로그를 비즈니스에 많이 사용한다. 블로그(blog)는 특정한 영역에 관한 글을 정기적으로 올리고 가장 최근에 올린 글이 가장 위에 게시되도록 해둔 웹사이트를 말한다. blog는 weblog 또는 web log의 줄임말이다. IM에 비하여 블로그에는 비교적 형식을 갖춘 정보를 올린다.

블로그에 올린 글은 다른 글과 하이퍼링크 되기도 하고, 글을 읽은 사람이 댓글을 올릴 수 있도록 해두기도 한다.[13] 많은 기업에서 공식적인 블로그나 구성원의 블로그를 통하여 기업의 소식을 알리고 있다. 블로그는 넓은 지역의 많은 사람에게 정보를 전달할 수 있다. 개념상으로 블로그는 지구 전체와 연결될 수 있고 이메일이나 IM에 버금가는 대화기능을 가질 수도 있다. 메시지를 보내는 속도도 빠르다.

이러한 블로그에 올린 글 중에서는 한 사람이 여러 사람에게 말하는 방식의 글보다는 사람들이 서로 대화하는 느낌을 주는 글이 더 많이 읽힌다. 전통적인 방식으로 "나는 말하고, 너는 듣는" 마음 자세로 작성한 글은 블로그에서 무시당하기 쉽다.

❖ 블로그 글쓰기의 과정

블로그에 효과적으로 글을 쓰는 과정은 다음 단계와 같이 진행한다.[14]

1. **메시지를 계획한다.** 블로그의 목적과 주요 독자를 결정한다. 이를 바탕으로 주요 독자에게 가장 관심을 받을 수 있는 주제를 선정하고, 적합한 어조와 어휘 등을 결정한다. 예를 들어, 자동차에 관심이 많고 자동차회사의 최신 정보를 얻고 싶은 자동차 마니아가 많다는 것을 한 자동차회사에서 발견한 경우를 생각해보자. 그 회사에서는 자기 회사에서 생산하는 자동차의 세부 사항을 소개하고 사람들이 질문하거나 비판을 가하면 대답을 해주는 블로그를 개설하면 그 사람들의 관심을 받을 수 있다.[15]

2. 메시지를 작성한다. 적절한 형식으로 글을 작성한다. 블로그에는 대화체의 글을 올린다. 믿을 수 있고 성실한 방식으로 에너지와 정열을 가지고 독자와 대화하도록 노력해야 한다. 꼭 필요한 단어가 아니면 생략하고 메시지의 뜻을 해치지 않도록 화면의 색상과 구성요소를 선택한다.

블로그의 주요 독자들은 읽을 자료를 찾기 위하여 많은 웹사이트를 방문하면서 시간을 소비하는 경향이 있다. 이런 시간의 낭비를 줄이기 위해서 그들은 블로그를 방문하여 처음 1분 정도에 자기가 원하는 것을 발견하지 못하면 블로그를 떠나서 다시는 돌아오지 않는다. 방문자가 빨리 원하는 것을 찾을 수 있도록 제목은 4-8 단어 정도로 짧고 특별한 것으로 작성하고, 내용의 구성은 15-20 단어 정도의 짧은 문장, 4-5줄 정도의 문단, 30-40 단어 정도의 요약 등으로 구성하는 것이 좋다.

다른 사이트를 링크할 때는 그 사이트를 충분히 평가해보아야 한다. 한 블로그를 방문한 사람은 그 사이트의 내용뿐만 아니라 연결해둔 사이트를 보고도 그 블로그의 이미지를 형성한다.

3. 메시지를 완성한다. 블로그에 게시된 메시지의 신뢰성을 높이도록 노력한다. 신뢰성을 높이기 위해서는 우선 메시지를 점검하여 근거가 명확한가를 다시 확인하고, 같은 근거에서 작성된 다른 블로그와 링크(link)하여 아이디어를 비교할 수 있도록 한다. 또 메시지의 가독성을 평가하고, 실수가 없는지를 살펴보는 교정을 한 후에, 블로그의 시스템을 이용하여 글을 올린다. 댓글로 들어오는 피드백 의견에 항상 적극적으로 반응해주는 것도 신뢰성을 높이는 방법이다. 또 블로그 사용자는 블로그를 운영하는 사람이나 조직의 실체를 알고 싶기 때문에 사이트의 각 페이지에 이름과 주소가 제시되어 있는지도 점검한다.

4. 한 번 올린 글은 계속 게시하고 업데이트 한다. 일단 글을 블로그에 올리고 다른 사람의 글을 링크하고 난 뒤에는 그 글을 온라인에서 계속 찾아볼 수 있도록 해야 한다. 영구히 찾아볼 수 있도록 영구링크(permalink, 또는 고유주소)를 설정해주는 방법을 사용하기도 한다. 관련된 사항은 지속적으로 업데이트하여 최신 정보가 게시되어 있도록 한다. 블로그의 내용에 따라서 얼마나

자주 업데이트하는 것이 좋은가를 결정하게 되겠지만 3개월이 넘지 않도록 해야 한다. 업데이트할 때 링크해둔 블로그가 계속 유효한가를 파악하고 사용하는 소프트웨어도 사용이 가능한가를 점검한다.

❖ 블로그 글쓰기의 유의사항

비즈니스에서 블로그를 효과적으로 사용하기 위하여 다음과 같은 요소에 주의해야 한다.[16)]

개인적 스타일이면서 진정성이 있는 어조로 말한다. 다수의 사람을 대상으로 하는 대부분의 비즈니스 메시지는 객관적이고 무미건조한 업무적 스타일로 작성된다. 반면에 잘 운영되는 비즈니스 블로그는 개인적 스타일로 작성되어 있다. 그 글을 읽는 사람은 블로그가 대표하는 기업에 대해서 감정적 유대를 가지게 된다.

새로운 정보를 빨리 올려준다. 최신 도구를 이용하면 새로운 자료나 영상을 올리는데 걸리는 시간이 몇 분 정도 밖에 되지 않는다. 이런 도구를 이용하면 기업 입장에서는 필요할 때 빠르게 대응할 수 있다. 오늘날의 온라인 환경에서는 새롭고 재미있는 내용을 지속적으로 제공하지 않는 블로그는 도태된다. 그 내용이 대단한 것이 아니어도 된다. 사람들이 관심을 가지는 내용이고 읽으면서 시간을 보낼만한 내용이면 된다. 예를 들어 의복회사에서 운영하는 블로그에 의복의 얼룩을 방지하는 방법과 제거하는 방법을 올리면 사람들이 관심을 가지고 읽어본다.

간결하고 명확하며 정보가 담긴 제목을 작성한다. 장난스러운 말로 제목을 쓰고 싶은 유혹에서 벗어나야 한다. 이 말은 모든 비즈니스 커뮤니케이션에 적용되는 말이지만 블로그에는 더욱 중요하다. 독자는 재치 넘치는 말로 작성한 제목의 의미를 정확하게 파악하기 위하여 시간과 에너지를 낭비하지 않는다. 검색 엔진은 재치 넘치는 말의 의미를 반영해 주지 못한다. 결과적으로 그 내용을 찾아보는 사람이 많지 않을 것이다.

사진이나 그림을 곁들인다. 블로그는 매체의 특성상 사진이나 음악, 동영상 등 시각 청각적인 재료가 호감을 얻는다. 글을 올릴 때는 가능하면 관련 사진이나 그림을 곁들이는 것이 좋다. 사진이나 동영상을 올릴 때는 적당한 제목과 설명을 달아 검색엔진에서 쉽게 찾을 수 있게 해야 한다. 사진에는 두세 줄 정도 설명하는 말을 해준다.[17)]

방문자가 대화에 참여하도록 장려한다. 대부분 블로그에서 방문자가 글을 올릴 수 있도록 허용한다. 방문자가 올린 글이 뉴스나 정보의 원천이 되기도 한다.

독자의 반응에 주의해야 한다. 블로그에는 자신이 올린 글에 대해서 다른 사람들이 의견을 말할 수 있기 때문에 항상 주의하여야 한다. 권위 있는 기업이나 높은 직위에 있는 사람도 블로그에서는 비판의 대상이 된다. 그러나 비판을 피하지 않아야 한다. 독자의 반응을 보고 자신의 글에 잘 못된 정보가 있으면 수정하고, 자신의 논리에 대해 이유를 설명할 필요가 있으면 그렇게 해야 한다.[18)]

뭔가에 대해서 선전해야 할 필요가 있을 때는 간접적으로 한다. 비공식 사회모임에서 회사의 제품선전을 너무 많이 하면 좋지 않은 것처럼 블로그에서도 너무 심한 선전을 하는 것은 좋지 않다. 제품을 직접 선전하는 글을 올리기보다는 제품이 어떤 사람의 생활을 어떻게 바꾸었는가를 보여 주는 이야기 글을 올리는 것이 더 좋다.

투명하고 정직해야 한다. 블로그에서도 정직이 항상 중요하다. 그러나 기업의 마케팅 전문가가 일반인으로 위장을 하여 글을 올리거나 기업과의 관계가 깊은 사람이 그러한 관계를 알리지 않은 채 글을 올리는 경우가 있다. 그 사람의 실체가 밝혀지는 경우에는 기업 전체의 성실성이 의심을 받게 된다.

❖ 비즈니스에 블로그를 이용하는 방법

블로그는 정보를 신속하게 대화 형태로 전달하는 능력이 있기 때문에 많은 기업에서 비즈니스에 사용하고 있다. 비즈니스에서 정보를 전달하고 반응을 얻어내기 위하여 블로그를 다음과 같이 이용할 수 있다.[19)]

프로젝트 관리와 팀 커뮤니케이션 블로그를 이용하면 프로젝트 팀의 관리에 편리하다. 특히 팀 구성원이 지리적으로 분산되어 있을 때 편리하다. 예를 들어 고객을 방문하거나 외부 회의에 참석한 뒤 작성한 보고서를 동영상과 같이 올리면 현장감을 살릴 수 있다. 이동 장비를 사용하여 회의에 참석하는 중간에도 동영상과 글을 올릴 수 있다. 반대로 외부에 나가서도 블로그에 게시된 정보를 읽을 수도 있다.

기업 뉴스 기업에서 종업원에게 새로운 설비 설치, 기간별 매출액 등과 같은 정보를 전하는데 블로그를 이용하면 편리하다. 또 블로그를 이용하여 기업 내에서 모든 구성원이 질문을 하기도 하고 의견을 개진할 수 있는 공개 토론의 장을 열 수도 있다.

고객 지원 인터넷의 개발 초기부터 온라인 고객지원의 전통이 자리 잡고 있다. 고객을 지원하는 블로그는 고객의 질문에 대한 응답, 제품 사용에 대한 조언, 신제품 정보 제공 등을 해준다.

홍보 기업의 종업원이 보는 블로그 뉴스를 외부의 지역민이나 언론사에도 제공하여 기업의 홍보에 활용할 수도 있다.

인력 채용 기업에 취업하려는 생각을 가진 사람들에게 블로그를 이용하여 기업에 관한 정보, 근무하는 사람에 대한 정보, 기업의 문화에 대한 정보 등을 제공할 수 있다.

시장 조사 블로그를 이용하면 시장에서 고객과 전문가로부터 피드백을 받아내기가 쉽다. 또 자기 기업과 경영자, 제품 등에 대해서 논의할 만한 다른 블로그를 방문해보기도 한다. 제품에 대한 부정적인 평가와 헛소문이 단 시간에 지구를 한 바퀴 도는 세상이기 때문에 경영자는 온라인 커뮤니티에서 떠도는 이야기를 파악해야 한다.

바이러스 마케팅 바이러스 마케팅은 바이러스가 사람 사이를 옮겨 다니는 것처럼 마케팅 메시지가 옮겨 다니게 하는 것을 말한다. 블로그는 서로 관심 있는 블로그나 사이트와 하이퍼링크로 연결되어 있기 때문에 기업 블로그의 정보가 다른 블로그에 쉽게 전파된다.

이메일 대체 스팸 메일과 메시지 과다의 문제 때문에 이메일의 유용성이 낮아지면서 블로그를 이용하여 고객과 일반 방문자에게 정보를 전달하는 기업도 있다.

제8장

보고서 작성의 준비

1. 보고서 작성의 계획
2. 보고서의 자료

제8장

보고서 작성의 준비

업무상의 보고서는 의사결정과 문제해결에 도움이 되는 정보를 체계적이고 객관적으로 제공하는 문서이다. 보고서는 피할 수 없는 경우에만 작성하는 필요악으로 생각하는 사람이 있다. 그러나 보고서를 쓸 때마다 자신이나 부서의 일을 다른 사람들에게 알리는 좋은 기회로 생각하는 것이 더 좋다.

보고서의 형식에는 너무 집착하지 않아야 한다. 보고서는 작성자 직급, 제출할 상대의 관심사항, 담당 부서, 제출 시기 등에 따라서 그 형식은 매우 다양하기 때문이다. 대신 보고하는 문제에 가장 적합한 방법을 독창적으로 찾아나가는 노력이 필요하다. 비즈니스에서 성공하려는 사람은 보고서의 형식보다는 보고서의 작성 절차와 요령을 잘 따라서 작성하여 보고서가 자신의 특성과 창의력을 보여 줄 수 있는 도구가 될 수 있도록 노력해야 한다.

1 보고서 작성의 계획

보고서 작성을 계획하는 과정에서는 먼저 목적을 분명히 설정하고, 독자를 분석하여, 보고서의 조직형태와 서술 스타일을 결정한다.

1) 보고서의 목적

보고서를 작성하는 과정에는 제일 먼저 보고서를 작성하는 목적을 결정한다. 업무에서 보고서를 작성하는 목적은 일반적으로 정보 제공, 분석, 권고 등이 있다.

(1) 정보제공

정보제공 목적의 보고서에서는 특정한 상황과 관련된 사실과 사건을 객관적으로 설명해준다. 자료를 분석하고 해석하지 않으며, 결론을 내리거나 권고사항을 제시하지도 않는다. 예를 들어 산업박람회에 다녀온 종업원이 작성한 출장 보고서에는 단순히 정보만을 나열한다. 그 외에도 기간별 보고서, 진척 보고서, 교육 보고서 등이 정보 제공 목적의 보고서이다. 보고서 중에서 정보제공 목적의 보고서는 작성하기에 가장 쉽다.

(2) 분석

정보 제공 목적의 보고서보다 한 단계 복잡한 것으로 분석 목적의 보고서가 있다. 분석 목적의 보고서에서는 정보를 제공하고 정보의 현실적 의미를 찾기 위하여 분석한 내용도 제시한다.

보고서에서 제공하는 정보가 정확하게 어떤 의미를 가진 것인가를 객관적으로 분석하고 해석하기는 어려운 일이다.[1] 보고서 작성자의 관점이나 자료 해석 능력에 따라 같은 자료를 다르게 해석할 수도 있기 때문이다. 보고서 작성자가 자신의 편견이나 선입견을 제거하려고 노력하여도 완벽하게 객관적인 분석이나 해석을 하기는 어렵다. 사람이 가진 한계 때문에 주관적인 평가가 섞인 결정을 할 수 밖에 없는 경우도 있다. 예를 들어 "2/4분기에 매출액이 10억 원이다."라는 정보는 좋은 것인가, 나쁜 것인가? 그 정보를 분석해보면 서로 다르게 해석할 수도 있다. 그 정보를 다음과 같이 두 가지로 해석할 수도 있다.

- ❑ "2/4분기 매출액은 30억 원으로 직전 분기보다 7% 상승한 액수이다. 산업전반의 불경기에도 불구하고 이렇게 강한 상승을 보인 것은 지난 3월부터 실시한 새로운 광고전략 때문인 것으로 보인다."
- ❑ "2/4분기 매출액은 30억 원으로 작년 같은 기간에 대비하여 1.5% 하락한 액수이다. 지역적으로 대도시와 중소도시에서는 각각 2%, 1% 상승하였지만, 청년 인구가 급격히 줄고 있는 농어촌 지역에서 5%가 감소하였다."

(3) 권고

권고 목적의 보고서는 특정한 행동을 추천한다. 보고서 작성자는 관련된 정보를 제공하고, 그것을 해석한 것을 바탕으로 바람직한 행동을 추천한다. 여기서 중요한 것은 자료를 분석한 결과를 바탕으로 권고를 제시하여야 한다는 것이다. 보고서를 작성하기 전에 미리 마음속에 결론을 정해두고 자료를 조작하는 일이 있어서는 안 된다.

이런 의미에서 보고서에 제시하는 최종 권고 사항은 빙산의 일각으로 보아야 한다. 그 결론에 도달하기 위하여 수많은 노력이 있은 뒤에야 논리적이고 명확하며 강력한 권고 사항을 도출할 수 있다.

2) 보고서 독자 분석

보고서를 읽는 사람은 대부분의 경우 한 개인이지만, 그 개인을 보좌하는 사람이 읽어보기도 한다. 이렇게 되면 한 개인을 위하여 작성한 보고서라도 다른 사람이 보게 된다. 한 개인에게는 온건한 내용이어도 다른 사람에게는 공격적인 내용이 되는 경우가 있다는 것을 고려하여야 한다. 보고서를 작성할 때는 보고서의 주요 보고 대상자도 고려해야 하지만 그 사람을 보좌하는 2차적인 보고 대상자도 고려해야 한다. 이렇게 주요 보고 대상자와 2차적 보고 대상자가 결정되면 그 사람들이 알고 싶어 하는 사항, 이미 알고 있는 사항, 제시할 정보에 대한 반응, 그 사람들에게 적합한 정보제시 방식 등에 대해서 조사해 보아야 한다. 이를 바탕으로 배경정보를 어느 정도 제공할 것인가, 내용 정보를 어느 정도 상세하게 제공할 것인가, 전문 용어를 사용할 것인가, 어떤 조직 방법과 어조를 사용할 것인가 등을 결정한다. 이렇게 독자를 분석할 때 다음과 같은 요소를 고려할 필요가 있다.

❖ 내부인 또는 외부인

내부인에 대한 보고서는 외부인에 대한 보고서에 비해서 공식성이 낮고, 배경지식을 적게 제시한다. 또 내부인에 대해서는 전문용어를 많이 사용하고, 두괄식으로 작성하는 경우가 상대적으로 많다.

❖ 요청받은 보고서 또는 자발적 보고서

요청받은 보고서는 상위자가 특별히 요청하여 이에 따라서 작성한 보고서를 말한다. 따라서 이런 보고서를 읽는 사람은 보고서의 내용에 대해서 관심이 많기 때문에 배경정보와 증거를 간단히 제시해도 된다. 반면에 자발적 보고서는 작성자가 스스로 준비한 것이다. 따라서 읽을 사람은 관심이 많지 않은 내용이기 때문에 배경정보와 설득할 수 있는 증거를 충분히 제공해야 한다.

❖ 태도와 지식수준

보고서를 읽을 사람이 가진 관심과 지식수준에 따라서 다른 방법으로 보고서를 조직한다. 독자가 보고서 내용에 대해서 관심이 많고 제시하는 의견에 동의할 가능성이 높을 때는 두괄식을 사용한다. 독자가 기본적인 논리만을 이해해도 보고서의 권고사항을 받아들일 가능성이 높기 때문이다. 독자가 예비지식이 없고 보고사항에 대해서 잘 모르고 있거나, 반대할 가능성이 높은 의견을 보고서에 제시할 때는 그 이유를 먼저 설명해주는 미괄식이 좋다.

3) 보고서 조직 형태

서신이나 메모처럼 보고서도 두괄식이나 미괄식으로 작성한다. 보고서를 읽을 사람의 생각과 보고서의 내용을 고려하여 조직 형태를 결정한다. 기업의 연간 정기 보고서와 같이 긴 보고서는 일부는 두괄식으로 작성하고 일부는 미괄식으로 작성한다. 두괄식과 미괄식의 자세한 사항은 앞의 여러 장에서 상세하게 설명하였기 때문에 여기서는 간단히 설명한다.

두괄식 형태 두괄식 보고서에서는 처음에 간단한 서론을 말하고, 바로 중요 사실과 요약된 내용을 제시한다. 독자가 사전 지식이 있는 내용이거나, 지지를 보이는 사항이거나, 결과를 빨리 알고 싶어 하는 내용인 경우에 이 방법을 사용한다.

미괄식 형태 미괄식 보고서에서는 결론과 추천 사항을 뒤에 제시한다. 이런 형태의 보고서는 먼저 서론으로 배경정보를 제시하고, 이어서 사실 자료나 문제에 대한 설명을 제시한다. 마지막에는 결론과 권고사항을 제시한다. 독자가 사전에 잘 알지 못하는 내용이거나, 독자를 설득해야 할 필요가 있거나, 독자가 실망할 가능성이 있을 경우는 이 방법을 사용한다. 이 경우에는 보고서 작성자는 우선 독자의 주의를 끌고, 설명을 하고, 분석한 내용을 보여준 뒤에 권고사항을 제시하는 것이 효과적이다.

4) 보고서 서술 스타일

다른 업무 문서처럼 보고서도 목적, 독자, 상황 등에 따라서 비공식적인 것과 공식적인 것이 있다. 컨설턴트가 고객에게 제시하는 연구 보고서는 공식적 보고서이다. 이런 공식 보고서는 객관성, 권위, 공정성 등과 같은 특성을 가지고 있다. 반면에 직속 부서장에게 프레젠테이션 예행연습에 관한 보고서를 쓸 경우에는 비공식적인 요소를 많이 가지게 될 것이다. 공식적 보고서와 비공식적 보고서는 글의 스타일에 차이가 있다. <표 8-1>에서 그 차이를 설명한다.

표 8-1 보고서 서술 스타일

구분	공식적 보고서의 서술 스타일	비공식적 보고서의 서술 스타일
형태	논문 연구보고서 복잡한 문제에 대한 보고서 (특히, 외부인용)	짧은 일상적인 보고서 잘 알고 있는 사람을 위한 보고서 단순한 문제에 대한 보고서 (특히, 내부인용)
효과	객관성, 정확성, 전문성, 공정성 등을 보여줌 작성자와 독자 사이에 거리가 있음	친근함, 개인적 친분, 우정 등을 보여줌 작성자와 독자 사이에 거리가 적음
특성	1인칭을 사용하지 않고 3인칭을 사용 (연구자, 저자 등을 사용) 줄임말을 사용하지 않음 수동태를 사용하기도 함 (예, 연구가 진행되었다.) 복잡한 문장과 단어 사용 유머와 비유법을 쓰지 않음 화려한 형용사와 부사 사용을 억제함 개인적 견해를 말하지 않음	1인칭도 사용 (나, 저, 우리 등도 사용) 줄임말을 사용함 능동태를 주로 사용함 (예, 연구를 수행하였다.) 단순한 문장과 친근한 단어 사용 유머와 비유법을 가끔 사용 화려한 말을 사용 작성자의 의견도 제시함

자료원 : M. E. Guffey, *Business Communication: Process and Product*, 4th ed.. Thomson South-Western, Mason Ohio, 2003, p.371.

2 보고서의 자료

보고서를 작성하기 위해서는 주장하는 바를 가설 형태로 설정하고 이를 객관적으로 검증하기 위한 자료가 필요하다. 보고서는 어떠한 자료를 사용하느냐에 따라서 그 우수성이 결정된다. 보고서에서 사용할 수 있는 자료로는 설문지와 인터뷰 자료, 실험과 관찰 자료, 통계, 배경자료나 역사 자료, 전문가 의견, 집단의 의견, 조직 내의 자료 등이 있다.

이런 자료는 크게 1차적 자료와 2차적 자료로 나눈다. 1차적 자료는 직접 조사하거나 관찰하여 얻은 자료이다. 1차적 자료를 얻기 위해서는 많은 사람을 대상으로 인터뷰나 설문지 조사를 하거나, 실험과 관찰을 하기도 한다. 2차적 자료는 다른 사람이 경험하거나 관찰하여 산출한 자료이다. 그 자료를 읽어서 자신이 작성하려는 보고서에 필요한 내용을 추출한다. 2차적 자료는 1차적 자료에 비해서 적은 비용으로 쉽게 취득할 수 있다.

1) 2차적 자료의 수집

대부분의 보고서를 위한 자료 조사에서는 먼저 2차적 자료를 조사한다. 자료를 조사하는 과정에 가끔 작성하고자 하는 보고서를 이미 다른 사람이 작성해 놓은 것을 발견하기도 한다. 2차적 자료를 조사하면 시간과 노력을 절약할 수 있고, 다른 사람이 이미 해 놓은 일을 다시 하는 것을 방지할 수 있다. 대부분의 2차적 자료는 종이 문서나 전자 문서로 작성되어 있다.

전통적으로는 종이 자료를 이용하였고, 근래에는 전자 데이터베이스와 인터넷을 통하여 전자문서를 점점 많이 사용하는 경향이 있다. 그러나 전자문서에는 없고 종이문서에서만 구할 수 있는 자료도 아직은 많이 있다.

책 역사적 자료나 심층적인 자료를 찾을 때는 오래 된 형태이기는 하지만 책이 좋다. 도서관에서 책은 카드 카탈로그나 온라인 카탈로그로 찾을 수 있다. 온라인 카탈로그가 더 편리하다. 근래에는 대부분의 도서관에서 컴퓨터의 온라인 카탈로그를 구비하고 있다. 도서관을 이용할 때는 우선 사서에게 물어보는 것이 여러 가지로 편리하다.

연속간행물 잡지와 학술지는 정기적으로 계속해서 간행되기 때문에 연속간행물이라고 한다. 이것을 찾을 때는 책으로 된 색인집을 이용하여 찾을 수도 있지만, 근래에는 CD-ROM이나 온라인으로도 찾을 수 있다.

전자 데이터베이스 근래에는 전자 데이터베이스에서 2차적 자료를 찾는 것이 신속하고 편리하다. 전자 데이터베이스는 컴퓨터를 이용하여 검색할 수 있도록 전자적인 방법으로 저장해 둔 정보의 집합을 말한다. 데이터베이스에서는 정보의 제목, 간단한 초록뿐만 아니라 원문(full-text)을 제공하기도 한다. 업무상의 보고서 작성에 이용할 수 있도록 개발된 데이터베이스는 다양한 신문, 잡지, 정부간행물, 학술지 등에 게재된 정보를 제공하고 있다. 네트워크로 연결하여 이용하면 세계 여러 곳의 자료를 체계적으로 수집한 대규모 데이터베이스를 자기 사무실이나 집에서도 이용할 수 있다. 이용에 유용성이 높기는 하지만 시스템 구입에 비용이 비싼 것이 단점이다.

인터넷 자료 책, 정기간행물, 전자 데이터베이스 외에도 근래에는 인터넷 자료를 사용하기도 한다. 그러나 인터넷 자료는 신뢰성이 의심스러운 경우가 많아서 신중하게 평가한 뒤에 사용하여야 한다.

2) 2차적 자료의 평가

2차적 자료는 원래 다른 목적으로 생성된 것이다. 그러므로 자료의 목적, 조사대상, 분석방법 등이 현재의 보고서에 적합한가를 평가해 보아야 한다. 이러한 평가를 바탕으로 2차적 자료를 보고서에서 사용할 것인가를 판단한다.

자료의 목적 수집한 2차적 자료가 특정 문제에 대한 해결책을 제시하는 보고서라면 정확성과 객관성을 확보하기 위해서 상당히 많은 노력을 했을 것이다. 정확한 해결책을 제시하기 위하여 조사 대상을 신중하게 선정하고, 명확하고 편견이 없는 설문지를 작성하고, 자료를 분석하기 위한 노력을 많이 했을 것이다. 그에 비해서 단순히 비공식적으로 정보를 제공하기 위하여 작성된 보고서라면 상대적으로 정확성과 객관성을 확보하기 위한 노력을 적게 했을 것이다.

보고서 작성자의 이해관계가 보고결과에 영향을 미칠만한 2차적 자료는 주의해서 해석해야 한다. 예를 들어 자동차의 성능에 대한 보고서를 해당 자동차 회사에서 작성한 것과 소비자보호기관에서 작성한 것은 신뢰성이 다를 것이다.

자료수집 방법 적절한 자료수집 방법을 사용하였는가를 파악해 보아야 한다. 예를 들어 회사의 종업원들이 임금제도에 대해서 어떻게 생각하는가를 조사하기 위해서 신입사원만을 대상으로 조사하였다면 적절한 조사를 했다고 볼 수 없다. 또 종업원 전체에게 설문지를 배포하였지만 10%만 회수할 수 있었다면 이 사람들의 응답이 전체 종업원의 의견을 대표한다고 볼 수 없을 것이다.

자료분석 방법 2차적 자료에서 사용한 분석방법이 적절한 것인가를 파악해 보아야 한다. 원인과 결과를 파악하려고 하면 회귀분석이나 분산분석과 같은 통계분석을 실시한 자료가 필요하다. 단순히 평균을 산출하는 통계분석을 실시한 2차적 자료는 원인과 결과를 파악하려는 보고서 작성에 큰 도움이 되지 않는다.

다른 연구 결과와의 일치 여러 가지의 자료에서 동일한 결론을 발견하였다면 자료에 대해서 신뢰하기 쉽다. 반면에 여러 가지 자료에서 제시하는 결론이 서로 다르면 그 결과를 해석하는데 신중을 기하여야 한다.

자료의 생성시기 변화가 빠른 오늘날에는 생성될 때는 진실인 자료라도 시간이 지나면 진실이 되지 않는 경우가 있다. 5년 전에 종업원들의 직무만족 정도는 그 자료를 생성할 때는 진실이었지만 지금도 진실이라는 것을 확신하기 어렵다. 반면에 10년 전에 조사한 한국노동운동의 기원은 지금도 진실일 가능성이 높다.

자료 생성 시기에 따른 자료의 진실성을 잘 판단하여야 한다.

3) 인터넷 자료의 평가

인터넷에 접속할 수 있는 사람은 모두 자료를 올릴 수 있다. 인터넷에 올린 자료가 진실하고 객관적이어야 한다는 법률이나 정책은 없다. 인터넷을 관리할 수 있는 중앙통제기관도 없다. 이렇게 인터넷에 실리는 정보는 유동적이고 검토의 과정이 없이 게재되는 경우가 많기 때문에 평가과정을 거치지 않은 인터넷 게시물에 대해서는 항상 신중하게 판단해야 한다.[2)]

인터넷에서 정보의 질은 매우 다양하다. 정부기관이나 교육기관에서 게재하는 정보는 대부분 포괄적이고 정확하며 최신의 내용이다. 공신력이 입증된 대규모 회사에서도 높은 질의 정보를 제공하는 경우가 많다. 개인이나 개별 영리를 위한 소규모 단체에서 제공하는 정보는 정확하게 평가한 뒤에 사용하여야 한다.

사람들은 자신이 작성한 보고서에 사용한 정보의 질에 대해서 스스로 책임을 져야 한다. 인터넷에 게시되었다고 하여 무조건 인용하는 것은 피하고, 자료를 철저히 평가한 뒤에 사용해야 한다. 〈그림 8-1〉은 인터넷 자료의 평가 기준을 보여준다.

그림 8-1 인터넷 자료의 평가 기준

기준 1 : 권위

- 해당 사이트를 개설한 주체가 분명하고, 개설한 이유가 분명한가?
- 자료를 작성한 사람이 분명하고, 그 사람이 그럴만한 자격을 가지고 있는가?
- 사이트 개설자의 신분을 증명할 수 있는가? 그들과 직접 접촉할 수 있는 전화번호와 주소를 명시하고 있는가? (이메일 주소만으로는 부족하다)
- 자료가 저작권으로 보호된다면, 저작권을 가진 사람의 이름이 제시되어 있는가?

기준 2 : 정확성

- 사실 정보에 대한 자료원이 명확하게 제시되어 그 정확성을 다른 자료에서도 확인할 수 있는가?
- 외부의 자료(예, 외부기관의 보고서)도 연결하여 개설자가 주장하는 내용을 증명하고 있는가?
- 정보 내용에서 문법이나 철자에 문제는 없는가?
- 그래프와 차트로 통계자료를 제시하면서 제목을 분명히 제시하고 읽기 쉽도록 하였는가?
- 다른 사람들이 해당 사이트의 자료에 대해서 평가한 자료가 있는가?

기준 3 : 객관성

- 개설자가 해당 정보를 제공하는 이유가 분명한가?
- 정보의 내용과 광고 내용은 분명히 구분이 되는가?
- 개설자가 제시하는 요점이 분명하고, 주장의 근거가 분명한가?

기준 4 : 업데이트

- 사이트에서 제시한 자료는 현재의 자료인가, 처음 개설될 때나 과거의 자료인가?
- 자료가 현재 시간에 적합하다는 것을 보여주는 표시가 있는가?
- 그래프나 차트로 자료가 제시될 경우에 자료가 수집된 시간을 제시하고 있는가?
- 사이트가 한번 완성되고 난 뒤에도 지속적으로 수정되고 있다는 것을 보여주는 자료가 있는가?

자료원 : S. Ober, *Contemporary Business Communication*, Houghton Mifflin Company, Boston, 2009, p.302.

4) 1차적 자료를 이용한 정보 수집

보고서를 작성하는 과정에 2차적 자료만으로 부족할 때는 1차적 자료를 조사하여야 한다. 특정한 현안 문제를 해결하기 위한 보고서를 작성하고자 하면 주어진 상황에 맞는 1차적 자료가 필요할 경우가 많다. 예를 들어 회사의 특정한 부서에서 종업원의 이직이 증가하는 원인을 파악하려면, 그 해당 부서의 최근 상황을 조사해 보아야 할 것이다. 조사한 결과는 구체적인 숫자와 통계로 작성하여야 한다. 1차적 자료의 수집방법으로는 설문조사, 인터뷰, 관찰과 실험 등이 있다.

(1) 설문조사

설문조사는 설문지를 이용하여 여러 사람으로부터 자료를 수집하는 방법이다. 예를 들어 기업에서 새로운 제품을 개발할 때 다수의 고객에게 직접 질문하여 욕구를 파악하는 방법을 많이 쓴다. 설문조사의 이점은 자료를 경제적이고 효율적으로 수집할 수 있다는 것이다. 우편이나 이메일을 이용하여 설문조사를 하면 거리에 관계없이 많은 수의 사람을 조사할 수 있다. 사람들은 우편이나 이메일로 받은 설문지에 대해서 개인적으로 시간을 가지면서 신중하게 응답을 하기 때문에 정확한 조사가 가능하다. 또 익명으로 조사하는 것이 가능하여 사람들의 솔직한 응답을 받을 수도 있다.

그러나 설문조사에는 단점도 있다. 사람들은 우편이나 이메일로 온 설문지를 쓰레기 메일로 취급하여 응답하지 않는 경향이 있다. 이렇게 하여 응답률이 낮으면 응답한 사람들이 모집단을 정확하게 대표하지 못하여 조사된 의견을 일반적인 의견으로 간주하기 어려워진다. 예를 들어 보험회사에서 개발한 새로운 상품에 대한 소비자들의 반응을 조사하였을 때 노인들만 대답하였다고 가정해보자. 그 보험회사에서는 이 조사 결과로는 다른 연령층 사람들의 의견을 알 수가 없게 된다. 설문조사의 또 다른 문제점으로는 응답자의 진실성과 관련이 있다. 응답자 중에는 자신에 관련된 정보를 과장하거나 왜곡하는 사람이 있어서 조사결과가 비현실적으로 되는 경우가 있다.

이러한 문제점에도 불구하고 설문조사는 보고서의 자료 수집에 많이 사용된다.

설문조사를 효과적으로 진행하기 위하여 다음 사항에 유의하여야 한다.[3)]

설문조사가 필요한 이유를 설명한다. 설문지의 표지나 처음에 설문조사의 필요성을 설명한다. 조사를 실시하여 얻을 수 있는 이점을 조사자뿐만 아니라 피조사자의 관점에서도 제시한다. 응답자가 원한다면 조사 보고서를 보내준다는 약속을 하기도 한다.

보상을 고려한다. 설문조사가 길고 어려울 경우에는 응답을 촉진하는 방법이 필요하다. 설문조사에 응답한 사람에게 소액의 보상금이나 선물을 제공하는 방법이 있다.

질문의 수를 제한한다. 질문이 너무 많아지면 사람들은 응답을 하지 않으려 하기 때문에 꼭 필요한 사항만 질문해야 한다. 예를 들어 수입, 성별, 나이, 가족 등과 같은 인구통계적인 사항 중에서 꼭 필요하지 않은 사항은 질문하지 않는 것이 좋다.

계량적 답변이 가능하도록 질문한다. 개방식(주관식) 질문을 하여 자유롭게 응답하도록 하면 의외의 좋은 응답을 얻을 수도 있지만, 사람들이 응답하기가 힘들고, 응답을 통계적으로 집계하기도 어렵다. 선택형 질문을 하면 그 결과를 쉽게 집계할 수 있다. 선택형 질문의 방법으로는 5점 척도, 선택형 척도, 예-아니요 척도 등으로 질문항목을 만들 수 있다. 그 중 5점 척도는 "강한 동의," "동의," "중립," "반대," "절대 반대"와 같은 연속적인 척도를 제시한다. 또 선택형 척도는 여러 개의 항목 중에서 가능한 답을 모두 선택할 수 있도록 한다. 필요하다면 "기타"나 "모름"을 제시할 수도 있다.

인적사항에 대해서는 신중하게 질문한다. 개인적인 민감한 문제(임금, 학력, 재산, 가족 등)에 대해서는 사람들이 대답하기를 꺼린다. 부정확하게 늘리거나 줄여서 대답할 때도 있다. 이런 문제를 조사해야할 때는 무기명 설문이며, 비밀을 보장한다는 것을 처음의 안내문에 분명히 밝힌다. 특히 이런 질문은 보기를 주고 답하게 하는 것이 좋다. 응답자는 범위를 설정한 보기에 응답하는 것을 더 선호한다. 다음의 두 가지 질문을 비교해 보자.

☒ "귀하의 1년 연봉은 얼마입니까? ________원"

➔ "귀하의 1년 연봉은 어느 정도입니까?
( ) 2000만원 이하, ( ) 2000만원 - 4000만원,
( ) 4000만원 - 6000만원, ( ) 6000만원 이상"

특정 응답을 유도하는 질문은 피한다. 질문 항목에 어떤 단어를 사용하는가에 따라서 그 영향이 달라진다. 사람마다 단어에 대해서 다른 의미를 부여하기 때문에, 되도록이면 객관적인 용어를 사용하고 예비조사를 실시해야 한다. 용어를 잘 못 사용하면 특정 응답을 유도하는 질문이 될 수도 있다. "이 회사 CEO의 급여가 비양심적으로 너무 많다고 생각하지 않으십니까?"와 같은 질문보다는 "이 회사 CEO의 급여는 어느 정도라고 생각하십니까? 너무 많다( ). 너무 적다( ). 적정하다( )."와 같은 질문이 좋다.

한 번에 두 가지 질문을 하지 않아야 한다. 한 문장에서 두 가지 질문을 하면 응답자는 어느 질문에 답하여야 할 것인가를 결정하기가 어렵다. 예를 들어 "CEO의 급여에 대해서 이사회의 규제와 정부의 입법에 의한 제재가 필요하다고 보십니까?"하는 질문보다는 "CEO의 급여에 대해서 이사회의 규제가 필요하다고 보십니까?" "CEO의 급여에 대해서 정부의 입법에 의한 제재가 필요하다고 보십니까?"와 같이 두 개로 나눈 질문을 하여야 한다.

조사 대상자를 신중하게 선정한다. 설문조사에서는 소수의 사람을 조사하여 전체 모집단의 의견으로 추정한다. 그러나 어떤 중학교의 한 학급 학생만을 조사하여 한 학교 전체 학생의 의견이라고 하거나 전국 학생의 의견이라고 할 수는 없다. 설문조사의 조사 인원과 분포를 적절히 하여야 결과를 일반화할 수 있다. 이를 위해서 표본 선정에 관한 전문서적을 참고하거나 전문가의 의견을

구해야 한다.

예비조사를 실시한다. 설문지를 개발하면 먼저 소수의 사람에게 적용해보고 잘못된 점을 고치는 절차를 거친다. 작성자가 예상하지 못한 여러 가지 문제가 있을 수 있다. 대표적으로 응답자들이 용어의 의미를 다르게 해석하는가를 살펴보아야 한다.

(2) 인터뷰

사전에 연구된 자료가 전혀 없는 문제에 대해서는 설문지 작성이 어렵다. 이 경우에는 설문지보다는 관계자와의 인터뷰에서 좋은 정보를 얻을 수 있다. 인터뷰에는 시간과 비용이 많이 소요되지만 심층적인 정보나 복잡한 문제에 대한 정보가 필요할 때 가장 적절한 방법이다.

인터뷰를 통하여 좋은 자료를 얻기 위해서 다음과 같은 방법을 사용한다.

전문가를 찾는다. 직장 상사나 경험이 많은 사람에게서 전문가를 추천 받는다. 또 전문가 단체의 명단이나 전문 학술지도 참고한다. 근래에는 인터넷의 검색엔진을 통해서도 찾을 수 있다.

준비를 철저히 한다. 해당 분야의 배경 지식과 용어를 알아두고 인터뷰할 사람의 인적 사항도 파악한다. 사전에 질문 리스트를 작성하기도 한다. 인터뷰할 사람의 동의를 얻어 녹음할 준비를 해두기도 한다.

객관적이면서도 친절하게 질문한다. 인터뷰 할 사람과 논쟁을 벌이지는 않아야 한다. 논쟁을 하기보다는 많이 들어야 한다. 예-아니요 식의 질문보다는 자유롭게 대답할 수 있는 개방적인 질문을 많이 하여야 한다.

주의 깊은 경청을 한다. 사람들이 편안한 기분을 가지고 대답할 수 있는 분위기를 조성한다. 인터뷰하면서 시간이 없어서 바쁘다는 기색을 보이지 않도록 한다. 말하는 내용을 받아 적기에 너무 열중하면 경청에 방해가 된다. 최소한의 내용만 받아 적고 인터뷰가 끝난 후에 좀 더 상세하게 적는 것이 좋다. 필요하다면 응답자의 허가를 얻어서 녹음을 해두기도 한다. 그러나 응답자가 녹음하는 것을 싫어할 수도 있다는 점을 염두에 두어야 한다.

시간을 잘 지킨다. 인터뷰에 쓸 시간을 사전에 약속하고 그 이상은 넘지 않도록 한다.

정중하게 끝낸다. 인터뷰를 끝낼 때는 "마지막으로 해주실 말씀을 해주십시오." 와 같은 일반적인 요청을 한다. 마지막으로 감사를 표시하고, 인터뷰 사항에 대해서 확인할 것이 있을 때는 전화를 해서 물어볼 수 있도록 허락을 받아둔다.[4]

(3) 관찰과 실험

관찰과 실험을 통해서 직접 구할 수밖에 없는 자료가 있다. 예를 들어 "고객 서비스 센터에 전화한 사람은 안내원이 직접 전화를 받을 때까지 몇 분 동안 기다릴 수 있는가?" "새로 개발한 부품이 잘 작동하는가?" 등과 같은 의문이 있을 때는 관찰이나 실험을 해보아야 한다.

그러나 관찰에는 주관성이 개입할 가능성이 많다. 사람에 따라서 관찰한 사항을 서로 다르게 해석할 수 있다. 관찰을 객관적으로 하기 위하여 관찰 설계를 객관화해야 한다. 예를 들어 고객이 서비스 센터 안내원을 기다리는 시간을 파악하려면, 하루만 관찰하기보다는 매 요일별 다른 시간에 60분씩 관찰해 본다. 또 새 부품과 옛 부품의 성능을 비교하려고 하면, 한 가지만 비교하지 말고 사용가능 시간과 비용 등 다양한 측면을 비교해 본다.

실험은 원인과 결과 관계에 관한 자료를 구하려고 할 때 실시한다. 과학자나 전문가가 실시하는 실험에서는 실험변수 외의 다른 변수를 통제한다. 다른 변수를 통제하는 방법으로 다음과 같은 예를 든다. 초콜릿을 먹으면 우울증 해소에 도움이 된다는 가설을 검정하는 실험을 실시할 때는, 우울증을 겪고 있는 사람들을 2개의 집단으로 분리한다. 한 집단(실험집단)은 초콜릿을 먹게 하고, 다른 한 집단(통제집단)은 초콜릿을 먹지 않게 한다. 이들 두 집단을 비교하여 초콜릿을 먹으면 어떤 효과가 있는가를 알 수 있다. 이런 실험을 제대로 하기 위해서는 정교하게 실험설계를 하고, 실험집단과 통제집단을 비교하기 위하여 많은 노력을 하여야 한다. 그러나 단순한 문제에 대해서는 간단하게 비공식 실험을 할 수도 있다.

5) 시각자료 작성

정보를 수집하고 해석하고 난 뒤에는 독자들에게 이를 잘 표현할 방법을 찾아야 한다. 시각자료를 적절히 제시하면 사람들이 이해하고 기억하기 쉽다. 근래에는 컴퓨터를 이용하면 시각자료를 쉽게 만들 수 있기 때문에 문서 보고서나 구두 보고에 많이 이용되고 있다.

특히 숫자 자료는 표나 차트와 같은 시각자료로 잘 표현하면, 복잡한 아이디어를 단순화하여 사람들의 이해를 도울 수 있고 의미를 부여하기도 쉽다.[5] 표나 차트의 특성을 잘 이해하고 있으면 제시하는 정보에 적당한 시각자료를 작성할 수 있다.

그런데 보고서에 시각자료가 너무 많으면 사람들에게 혼란을 준다.[6] 따라서 시각자료가 포함된 페이지가 최대 25% 이상이 되지 않도록 한다.

(1) 표 작성

표는 자료를 체계적으로 정리한 것으로 통계를 표현하는데 유용하다. 표를 이용하면 많은 양의 숫자를 좁은 지면에 집약적으로 보여줄 수 있다. 또 말로 설명을 할 때보다 효과적으로 숫자 자료를 제시할 수 있다. 자료를 그래프로 제시할 때에 비해서 시각적 효과는 적지만 더 많은 정보를 제공할 수 있다.

사람들이 추가적인 설명을 보지 않고도 표를 이해할 수 있도록 작성하여야 한다. 이를 위해 각 표에는 서술적이면서도 간략한 제목이 있어야 하고, 각 열과 줄에 대한 설명이 있어야 한다. 표의 개별 항목에 대한 설명이 필요할 때는 표 바로 밑에 주석을 넣는다. 그 외에 표를 작성할 때 다음과 같은 사항을 유의한다.[7]

- ❑ 표는 단순한 형태로 작성한다. 표가 너무 복잡해질 때는 2-3개로 나누어 준다.
- ❑ 아라비아 숫자는 큰 것을 위쪽에 배치한다.
- ❑ 시간 단위는 세로의 열보다는 가로의 줄에 배치한다.
- ❑ 논리적 순서에 따라서 자료를 제시한다.
- ❑ 여백, 굵은 글자체 등을 이용하여 적절히 디자인 한다.
- ❑ 자신이 개발한 자료가 아닐 경우에는 인용한 원천을 제시해준다.

(2) 차트 작성

차트와 그래프를 잘 이용하면 사람들이 통계자료의 핵심적인 부분을 빨리 파악할 수 있도록 해준다. 차트와 그래프를 이용하면 통계자료에서의 추세와 비교를 효과적으로 표현할 수 있고, 중요한 내용을 강조하고, 흥미를 유발하고, 시간과 지면을 절약하는 것 등이 가능하다. 기술적으로 그래프는 모눈종이(그래프용지)에 그린 그림을 말하지만, 차트와 비슷한 말로 사용한다.

시각적 효과가 크기 때문에 차트는 표나 설명하는 말보다 강조 효과가 높다. 그러나 보고서에 차트가 너무 많으면 각 개별 차트의 효과는 줄어든다는 것을 염두에 두어야 한다. 중요하거나 시각적으로 가장 잘 표현할 수 있는 정보에 한해서 차트를 사용해야 한다.

차트 디자인의 기본 원칙은 단순함이다. 하나의 차트에 너무 많은 정보를 넣으면 혼란스러울 뿐만 아니라 효과도 낮아진다. 하나의 차트에는 하나의 내용만을 담고, 그 내용을 곧 바로 파악할 수 있도록 해 주어야 한다.[8] 장시간 생각하거나 주변 상황을 깊이 고려해야만 차트의 의미를 파악할 수 있도록 해서는 안 된다.

❖ 차트의 제목

차트의 제목을 표시하는 방법은 두 가지가 있다. 주제형 제목과 메시지형 제목이 있다. 주제형 제목은 차트가 담고 있는 내용을 포괄적으로 나타내준다. 메시지형 제목은 차트가 전달하고자하는 메시지를 제목으로 표시해준다.[9] 전통적으로 주제형 제목을 많이 사용하지만 상황을 고려하면서 메시지형 제목을 시도해볼 필요가 있다. 다음은 두 가지 유형 제목의 예이다.

❑ 주제형 제목 : 2012년 지역별 수출 - 〈그림 8-2〉의 예

❑ 메시지형 제목 : 중국에 대한 수출이 가장 많음

❑ 주제형 제목 : 사업부별 매출액 추세 - 〈그림 8-3〉의 예

❑ 메시지형 제목 : 반도체사업부의 매출액이 더 많아짐

❖ 차트의 형태

차트의 형태로는 파이 차트, 선 차트, 막대 차트 등이 있다.

❑ **파이 차트**는 원형으로 표시하는데, 원의 면적을 각 요소별로 나누어 보여준다. 각 요소의 값을 합하면 항상 100%가 된다. 한 파이에 6개 이상의 요소가 들어가는 것은 피하는 것이 좋다. 12시 방향에서 시작하면서 비중이 가장 큰 요소를 배치하고, 시계방향으로 돌면서 점점 비중이 적은 요소를 배치하는 방법을 많이 사용한다. '기타' 영역은 그 크기에 관계없이 가장 마지막에 배치한다. 색깔을 넣을 때는 서로 확실히 구분이 되는 것을 사용한다. 파이 차트는 많이 사용되기는 하지만 비교할 수 있는 요소의 수가 제한되어 있고, 서로 다른 파이 차트에 포함되어 있는 개별 요소들을 비교하기 어렵다는 문제점이 있다.

❑ **선 차트**는 시간에 따른 추세의 변화를 보여줄 때 많이 사용한다. 실선과 점선 등을 같이 사용하여 여러 가지 추세를 표시할 수도 있다. 실선을 가장 중요한 자료에 사용하고, 이어서 대시(dash)선, 점선 등의 순서로 사용한다. 이와 같이 선의 모양뿐만 아니라 선의 색깔을 이용하여 여러 가지 추세를 표시할 수도 있다. 독자가 혼란스럽지 않도록 4개 이상의 선을 사용하지 않는 것이 좋다. X축과 Y축은 무엇을 나타내는가를 표시해준다. 추세선을 축보다 굵게 표

시한다. 사람들이 이해하기 쉽도록 범례를 제시한다.

❑ **막대 차트**는 여러 요소를 비교하여 보여주는데 사용된다. 세로막대 차트와 가로막대 차트가 있다. 시간적 추이 비교에는 세로막대 차트를 많이 사용하고, 각 항목의 이름이 길 경우에는 이름을 쓸 공간을 많이 확보할 수 있는 가로막대 차트를 사용하는 것이 편리하다. 막대의 넓이가 막대 사이의 빈 공간보다 넓게 하는 것이 좋다.[10] 막대는 12개가 넘지 않게 하고, 각 막대의 숫자를 읽기 쉽도록 선을 표시해주기도 한다.

그림 8-2 파이 차트의 예

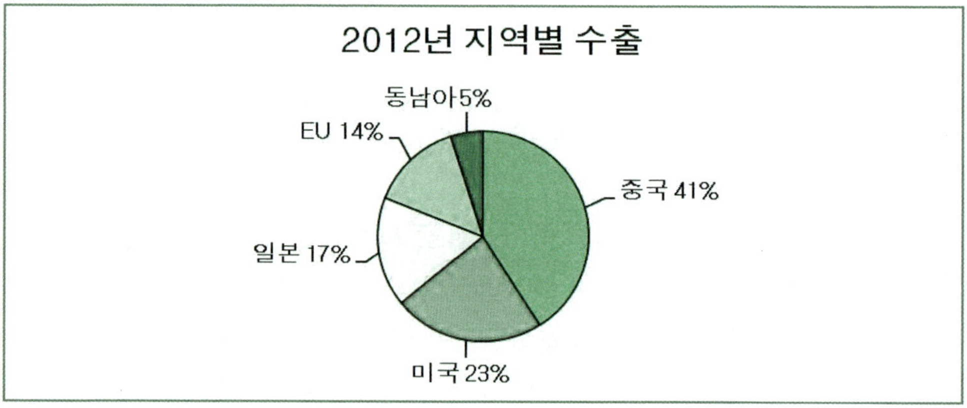

그림 8-3 선 차트의 예

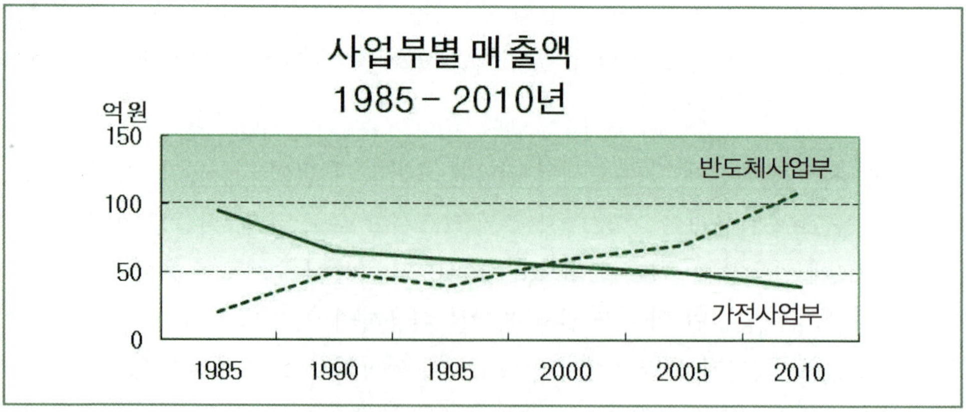

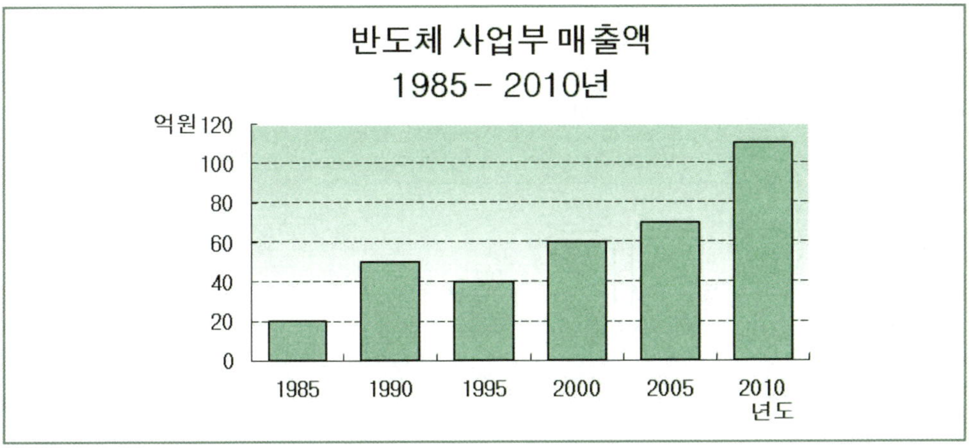

그림 8-4 세로막대 차트의 예

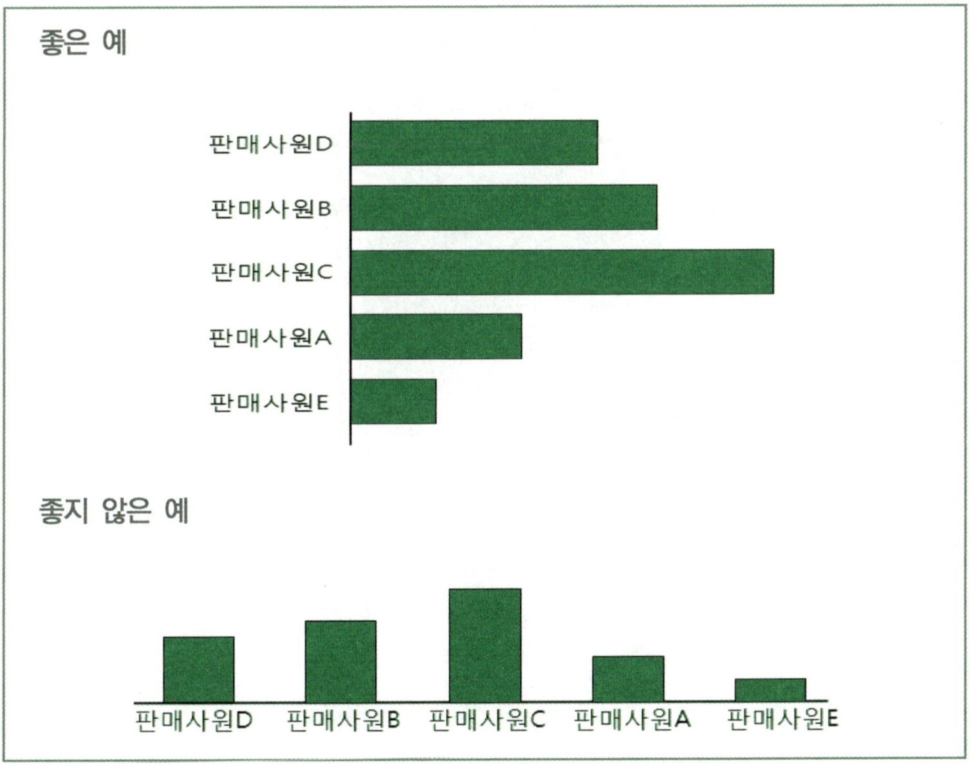

그림 8-5 가로막대 차트의 예

제9장

보고서 작성의 실제

1. 정보 보고서
2. 기획 보고서
3. 공식 보고서

제9장

보고서 작성의 실제

경영자는 의사결정이나 문제해결 과정을 여러 사람의 도움을 받아서 진행한다. 여러 사람이 조직 내부의 경영자에게 다양한 정보, 분석, 기획 · 제안 등을 보고서 형식으로 제공한다. 조직 외부의 사람들에게도 회계 보고서, 운영 보고서, 새로운 사업을 위한 제안서 등의 형식으로 정보를 제공하고 분석 · 권고하기도 한다. 보고서는 그 형식이 매우 다양하여 1장짜리 표준양식지에 작성하기도 하고, 간단한 메모를 하기도 하고, 여러 권의 책 분량으로 작성하기도 한다.

보고서의 형태는 정보 보고서, 기획 보고서, 공식 보고서 등으로 크게 나누어 볼 수 있다. 정보 보고서는 정보를 전달하려는 목적의 보고서이고, 기획 보고서는 분석하고 권고하기 위한 보고서이다. 공식 보고서는 기획 보고서의 발전된 형태로 공식적인 조사와 분석을 바탕으로 권고사항을 제시한다. 앞 장에서 설명한 보고서 작성의 기본적인 사항에 따라서 각종 보고서를 작성한다.

1 정보 보고서

정보 보고서는 크게 두 가지 유형으로 나누어진다. 반복적으로 발생하는 일에 대한 정기적 보고서(예, 월간 판매실적 보고서, 주간 활동 보고서, 진척 보고서 등)와 상황에 따라서 비정기적으로 발생하는 일에 대한 보고서(예, 출장 보고서, 교육 보고서 등)가 있다. 이들 보고서는 설득은 하지 않고 단지 정보만을 제공한다. 정보 보고서를 작성할 때는 읽을 사람이 보고서의 내용에 대해서 잘 이해하거나 최소한 중립적인 태도를 가지고 있다고 가정한다.

일반 종업원이나 중간관리자가 정보 보고서를 많이 작성한다. 정보 보고서에는 민감하지 않은 사항을 취급하여 독자의 마음에 동요를 일으킬 일이 많지 않기 때문에 두괄식으로 작성한다. 이하에서는 정보 보고서의 각 종류별로 설명한다.

1) 기간별 보고서

종업원은 주별, 월별 또는 일별 보고서를 작성한다. 경영자는 부하가 작성해준 기간별 보고서를 읽고 일상적인 정보를 파악하여 성과를 점검하고 필요한 조치를 취한다. 회계와 판매에 관한 보고서는 판매액, 출하량, 외상매입금, 외상매출금 등에 대해서 숫자 정보를 제공한다. 또 해당 기간 내 중요 업무 내용과 상황에 대해서 정보를 제공하는 보고서도 있다. 이 경우에는 정보를 두괄식으로 제시한다. 먼저 보고기간에 발생한 가장 중요한 정보를 요약하고, 이어서 이들 활동의 자세한 사항을 제시한다.

2) 진척 보고서

진척 보고서는 경영자나 고객에게 특정 업무의 진행 상황을 보고하는데 사용한다. 이 보고서를 통하여 경영자나 고객에게 프로젝트의 진척도와 완성시점에 대해서 알린다. 보고서의 내용 전개는 우선 프로젝트의 목적과 배경을 간단히 제시하고, 이어서 완료된 작업의 상세한 내용, 최근에 완료된 작업의 개요, 진척도 평가 등을 제시한다. 결론에서는 프로젝트 완성을 위하여 앞으로 해결해야 할 문제와 완성될 시간을 제시한다.

3) 출장 보고서와 교육 보고서

출장이나 교육을 다녀온 종업원은 보고서를 제출한다. 이 보고서에는 출장에서 알게 된 새로운 기술, 장비, 정보 등을 제시한다. 일반적으로 '아침에는 무엇하고, 오후에는 무엇하고, 저녁에는 무엇을 했다'와 같이 시간 순서에 따라서 서술하는 방식은 피한다. 대신에 보고받는 사람이 관심을 가질만한 사항을 3-5개 정도 선정해서 잘 설명한다. 이것을 보고서의 본론으로 하고 간단히 서론과 결론을 넣는다. 출장 또는 교육 보고서 내용을 다음과 같이 구성하는 것이 일반적이다.

❑ 출장 또는 교육 날짜와 장소, 목적을 말하고 언급할 주요 주제에 대해서 간단히 말한다.

❑ 보고받는 사람이 관심가질 만한 3-5개의 핵심 사항을 요약적으로 설명한다.

❑ 지출한 비용은 다른 종이에 내역을 밝혀서 보고한다.

❑ 감사를 표시하고 권고사항을 제시하면서 출장이 가치가 있었다는 것을 말한다.

그림 9-5 교육 보고서의 예

수신 : 박00 인사팀장
발신 : 인사팀 김00
일자 : 201×년 5월 22일
제목 : 입사면접방법 교육 보고서

교육일자: 201×년 5월 21일
교육내용: 『한국경영교육협회』에서 실시하는 「신입사원면접방법」 교육

이 교육은 면접 능력 향상에 큰 도움이 되는 교육이었다. 실제 교육에서는 세 가지 사항을 중점적으로 배웠다. 이 세 가지 사항은 면접의 구조, 면접에서 피해야할 사항, 불필요한 차별 등이다.

1. 면접의 구조

입사면접에는 보통 세 부분이 있다. 처음 도입부에서는 호의적인 질문을 해주고 면접의 목적을 설명하면서 입사 지원자와 공감대를 형성한다. 이어서 본격적인 면접을 실시한다. 이 과정에서 면접자는 (1) 입사 지원자에게 직무의 내용에 대해서 알리고, (2) 입사 지원자가 직무에 적합한 사람인가를 판단하고, (3) 회사에 대해서 호의를 가지도록 한다. 마지막 종결부에서는 지원자에게 질문할 기회를 주고 친절하게 응답해준 다음에 면접 뒤에 할 행동에 대해서 알려준다.

2. 면접에서 피해야 할 사항

교육에서는 면접에서 피해야 할 사항을 중점적으로 제시했으며, 참석자들도 여기에 가장 관심을 보였다. 교육에서 제시한 중요한 사항은 다음과 같다.

(1) 면접한 내용에 대해서 기록해 두지 않는다; 면접자의 중요 사항에 대해서 기록을 해두어야 모든 면접자에 대해서 기억을 할 수 있고, 서로 비교도 할 수 있다.

(2) 면접을 통제하지 못한다; 지원자가 질문에 대답한 내용에 대해서 심화 질문을 하여, 지원자가 깊이 있는 응답을 하도록 유도해야 한다. 지원자가 만족하는 답을 하도록 기다리고만 있는 것은 좋지 않다.

(3) 지원자의 커뮤니케이션 능력을 시험하지 않는다; 지원자가 자신의 아이디어를 설명하는 능력을 알아보기 위해서 여러 가지 방법을 사용하여야 한다. 자신의 전공분야에서 사용하는 전문용어에 대해서 설명해보도록 하는 것도 좋은 방법이다.

(4) 해당 직위를 떠나는 종업원에게 자신의 후임자 선발을 위한 면접을 시킨다; 떠나는 종업원은 자신보다 일을 잘하는 사람이 고용되는 것을 원하지 않을 수도 있기 때문에 면접을 시키는 것은 적당하지 않다.

(5) 진술한 내용의 진실성을 파악하지 않는다; 면접자 중에는 면접에서 거짓말을 하는 사람도 있다. 최종 합격자로 판정하기 전에 사회적 네트워크를 통하여 진술 내용의 진위를 파악한다.

3. 불필요한 차별

종업원 선발 면접에서 직무능력과 관계없이 남녀 차별을 하거나 장애인을 차별하면 남녀고용평등법이나 장애인고용촉진법을 위반하게 된다. 입사지원서나 면접에서 꼭 필요하지 않은 경우는 가족, 신체, 나이, 종교 등을 물어보지 않아야 하고, 성적 차별을 암시하는 말도 하지 않아야 한다.

4. 결론

이 교육에서 많은 것을 배웠다. 배운 내용에 대해서 앞으로 팀의 회의에서 발표할 기회가 있기를 바란다.

참고 자료 : M. E. Guffey, *Business Communication: Process and Product*, 4th ed.. Thomson South-Western, Mason Ohio, 2003, p.426.

2 기획 보고서

기획 보고서는 정보 보고서와 같이 자료를 수집하여 제시하며, 여기에 더하여 자료를 분석하고 그 결과를 받아들이도록 설득하고 권고안을 제시한다. 정보 보고서는 사실을 강조하는 반면에 기획 보고서는 논리와 결론을 강조한다. 기획 보고서에는 경영자용 메모 보고서, 기획서, 제안서가 있다.

1) 경영자용 요약 보고서

경영자는 시간은 없는데 비해서 읽어야 할 것은 많기 때문에 정보를 짧은 시간에 얻는 것을 좋아한다. 경영자가 짧은 시간에 읽어보도록 기업에서 조사한 사항에 대해서 공식 보고서와는 별도로 가장 중요한 정보를 축약하여 비공식 보고서를 작성하기도 한다. 이를 경영자용 요약 보고서라고 한다. 공식 보고서가 나오기 전에 축약된 간단한 보고서를 미리 작성하여 제출하는 경우도 있다. 보고서의 목적에 따라서 두괄식으로 작성하기도 하고 미괄식으로 작성하기도 한다.

그림 9-6 경영자용 조사 보고서의 예

날짜 : 201×년 7월 00일
수신 : 마케팅 담당 부사장
발신 : 강00 시장조사팀장
제목 : 6월 실시한 고객의견 조사 요약

이 보고서는 201×년 6월에 실시한 고객의견 조사에서 고객이 지각한 우리 회사의 제품, 서비스, 시스템 등에 대한 의견을 요약한 것임

현재 고객의 지각

1. 우리 회사의 제품은 높은 품질과 신뢰성이 있는 것으로 인지되지만, 1~2년 뒤에는 경쟁 제품보다 더 높은 수준으로 인지될 것인가는 의문을 표시함
2. 우리 회사는 고객의 욕구를 지속적으로 파악하고 있지만, 고객이 매장을 직접 방문하는 빈도를 높이지는 못함
3. 유통업자는 우리 기업의 제품과 가격에 대해서는 잘 알지만 전략을 잘 이해하지는 못함
4. 가격 우위를 잃어가고 있음

미래 고객의 요구

1. 차별화하여 경쟁기업이 생산할 수 없는 우수한 제품, 서비스, 정보 등을 제공해야 함
2. 고객의 욕구를 파악하여 제품 변화가 있어야 함
3. 유통업자와 잠재적 고객에게 지속적으로 상품과 기업에 대해 교육시켜야 함

결론 및 제안

우리의 전략은 잘 운영되고 있지만 미래를 위하여 다음과 같은 조치가 필요함

1. 회사의 방침 설정: 모든 구성원은 고객에게 최고의 제품과 서비스와 정보를 제공하기 위해 노력
2. 유통업자 홍보 및 교육: 유통업체 월 1회 이상 방문, 년 1주일 교육 실시 (교육 내용: 제품과 전략의 변화 설명, 최신 정보 제공)
3. 품질과 가격에 대한 대책: 품질관리 프로그램에 따른 기업 활동

참고 자료 : D. B. Roebuck, *Improving Business Communication Skill*, 3rd ed.. Prentice Hall, Upper Saddle River New Jersey, 2001.

2) 기획서

기획서는 작성자가 하려는 행동을 정당화하여 승인을 얻으려는 것이다. 조직 내부와 외부에서 사용할 수 있으나 기획서는 조직 내부에서 사용하는 경우가 많다. 예를 들어 기업 내부 작업절차를 변경하거나 새로운 장비를 구입하는 이유를 설명하고 승인 받고자할 경우에 기획서를 작성한다. 일반적으로 작성된 기획서 중에서 일부만 채택되어 실행된다. 기획서가 채택되기 위해서는 여러 가지 커뮤니케이션 원칙과 문서작성 방법을 잘 따라서 독자를 설득할 수 있어야 한다. 조직 외부에 대한 기획서는 제안서라고 부르는 경우가 많다. 제안서는 다음 절에 설명한다.

기본적으로 기획서는 두괄식과 미괄식으로 작성할 수 있다. 먼저 두괄식은 독자가 쉽게 동의할 수 있는 내용을 제시할 때 사용하는 방법이다. 먼저 간단하게 문제를 제시하고 주장하는 바를 명확하게 제시한 뒤에 보충설명을 제시한다. 문제의 해결 방법이 여러 가지인 경우는 보충설명에서 대체안을 비교해 보여준다. 마지막으로 필요한 행동을 제시한다. 〈그림 9-7〉은 비교적 단순한 문제이기 때문에 두괄식으로 작성한 예를 보여준다. 회사 내의 기획서일 경우에는 "~하였습니다." 또는 "~하였다."와 같은 문장보다는 명사로 끝나는 문장 형태를 사용하여 서술을 단순화하는 방법을 많이 사용한다.

미괄식은 독자가 반대할 내용을 주장하거나, 조심스러운 문제를 보고할 때 사용

하는 방법이다. 이 방법에서는 먼저 문제에 대해서 설명하고, 배경설명을 위하여 통계, 전문가의 의견, 예 등을 제시한다. 이어서 문제해결을 위한 대체안을 설명한 뒤에 자신이 주장하는 해결책에 대해서 논의하고, 이 해결책의 이점이 단점보다 많다는 것을 제시해준다. 마지막으로 최종 해결책을 요약하고 최종적으로 필요한 행동을 제시한다.[1)] 좀 더 자세한 작성방법은 다음 절에서 제시하는 제안서 작성방법을 참고할 수 있다.

그림 9-7 기획서 작성 예의 비교

1. 부적절한 예

날짜 : 201×년 8월 12일
수신 : 이사회
발신 : 홍보팀장 장00
제목 : 대회의실 이용

지난 수개월 간 지역사회 주민들로부터 전화나 문서로 여러 차례 대회의실 사용 요청이 있어서 검토해 본 결과, 이제 우리 회사의 회의실을 지역 주민이 사용할 수 있도록 개방하는 것이 좋은 것으로 생각됨. 지금까지 주민이 사용하던 문화관 회의실은 화재로 사용할 수 없고, 시립 도서관 회의실은 수리 중임. 이 문제를 우리 회사에서 해결해 줄 필요가 있음. 우리 회사의 대회의실을 사용할 수 있도록 해주면 우리 회사의 홍보에 큰 도움이 될 것임.

가급적 빠른 기간에 검토 결과를 통보해 주기 바람. 그 동안에 본 팀에서는 회의장 사용료 결정에 필요한 자료를 수집할 것임.

2. 적절한 예

날짜 : 201×년 8월 12일
수신 : 이사회
발신 : 홍보팀장 장00

제목 : 대회의실 일시 개방 제안

우리 회사의 대회의실을 회의실이 부족한 지역 주민에게 일시적으로 개방하여 지역주민과의 관계를 돈독하게 할 것을 제안합니다.

1. 배경

- 과거에는 지역주민의 우리 회사 대회의실 사용 신청이 3개월에 2~3번 있었음
- 회의실 사용규정 12조의 사용자 제한 규정에 따라 이들 신청을 수용하지 못했음

2. 문제점

- 근래에 지역 주민이 사용할 수 있는 회의 장소가 없음
  이유: 지역 문화관 회의실 2개월 전 화재
  시립도서관 회의실 3개월 전부터 수리
- 최근 3개월에는 우리 회사 대회의실 사용 신청이 27회 있었음
  그 중 13회는 우리 회사의 종업원이나 회사 관계자가 참여한 단체의 신청임

3. 대회의실 개방 제안

- 기간: 두 회의시설이 정상화될 때까지(앞으로 9개월 정도)
- 시간: 회사에서 사용하지 않을 때에 한해서 주중 저녁 6시~10시 사이
- 사용료: 1시간당 10,000원(총무팀 계산, 보험금과 유지비 고려)
- 효과: 지역사회에 중요한 서비스를 제공
  지역사회와의 관계를 강화
- 사후 조치: 규정을 개정하기 위한 절차 진행
  지역 신문에 안내
  대회의실 청소 및 보안대책 수립

자료원: K. Williams, A. G. "Buddy" Krizan, J. Logan, P. Merrier, *Communication in Business*, 8th ed., South-Western, Mason Ohio, 2008, p.340-341.

3) 제안서

제안서는 특정 과업 수행을 제안하여 승인을 받거나 프로젝트 수행에 필요한 자금을 요구하기 위하여 작성한다. 앞에서 언급한 기획서와 비슷하지만 더 공식화한 보고서이며, 기업 외부 조직에 제출하는 경우가 많다. 제안서에서는 작성자가 해당 조직의 문제를 해결해 줄 수 있다는 것을 보여주어야 한다. 이를 위해 제안서를 작성하기 전에 스스로에게 다음과 같은 세 가지 질문을 해보고 시작한다. 상대방이 나의 제안서를 채택할 이유는 무엇인가? 상대방에게 필요한 것은 무엇인가? 상대방의 욕구를 어떻게 만족시킬 것인가?[2)]

제안서를 제시하기 전에 해당 조직에서 먼저 제안 절차를 진행할 것을 요청하는 제안요청서(Request for Proposal, RFP)를 보내주는 경우가 많다. 이 경우에는 제안요청서에서 요구하는 절차와 양식을 잘 따라야 한다. 제안서의 내용이 좋아도 RFP에서 제시하는 절차와 양식을 따르지 않았다는 것을 이유로 채택되지 않는 일이 발생하기도 한다.

제안서에는 항상 법률적인 문제가 따른다. 제안서를 제출하는 기업이 상대방 기업에 어떤 책임을 진다는 것을 계약 형태로 제시해야 하기 때문이다. 해당 조직에 무엇을, 언제, 어떤 조건으로, 얼마의 가격에 제공할 것인가를 정확하게 제시해야 한다.

제안서도 설득적 서류에 해당하기 때문에 설득을 위하여 사용하는 기법을 모두 사용해야 한다. 좋은 아이디어를 갖고 있다는 것만으로는 부족하다. 좋은 아이디어를 명료하고 확실하게 제시하여 제안을 받아들이도록 설득해야 한다. 특히 다음 사항을 유의한다.

- ❑ 모든 설명과 주장에 충분하고 믿을 수 있는 근거를 제시한다.
- ❑ 과장하지 않는다.
- ❑ 설명과 주장에 도움이 되는 사례, 전문가 의견, 통계, 그림 등을 제시한다.
- ❑ 간결한 단어를 사용하고, 단문과 능동태 문장을 많이 사용한다.

❑ 상대방이 얻을 수 있는 이익을 강조한다. 돈을 지불하고 서비스를 받으면 상대방은 어떤 이익이 있는가를 알려주어야 한다.

일반적으로 제안서는 다음과 같은 내용을 담고 있다.

서론 대부분의 제안서에서는 처음에 제안의 이유를 간단히 설명하고 제안자의 능력을 보여주는 말로 제안서를 시작한다. 서론부분에서 설득력을 높이려고 상대방의 주의를 끌만한 사항(낚싯바늘, hook)을 제시하기도 한다. 상대방의 관심을 끌 수 있는 내용으로는 다음과 같은 것이 있다.[3)]

❑ 예상되는 결과 중에서 특별한 것을 간단하면서도 주의를 끌 수 있는 말로 제시한다.

❑ 제안사항 수행에 따른 핵심적인 이점을 제시한다.

❑ 낮은 비용이나 신속한 처리를 약속한다.

❑ 자신만이 가지고 있는 장점(예, 풍부한 실적, 새로운 컴퓨터 프로그램, 유능한 인력 등)을 말한다.

❑ 심각한 문제를 제시하고 제안서의 뒷부분에서 해결책을 제시한다고 약속한다.

〈그림 9-8〉의 사례에서는 서론에 핵심적인 이점을 제시하였다. 즉, 고객의 만족도 조사를 통하여 해당 기업의 성과를 개선할 수 있다는 것을 설명하였다.

서론은 문서작성 과정에서는 본론의 초고를 완성한 뒤에 작성하는 것이 좋다. 서론을 먼저 작성해두고 본론을 작성하면, 여러 번 수정하는 과정에 혼선이 와서 서론과 본론이 일치하지 않게 되기 때문이다. 제안서가 길 경우에는 제안서의 서술 범위, 한계, 내용 구성 등을 구분하여 제시하기도 한다.

배경과 목적 문제를 제기하고, 제안하는 프로젝트의 목적을 제시한다. 우선 문제가 존재한다는 것을 분명히 보여준다. 그러한 문제에 따른 결과를 재무적인 손실, 정부의 법률 위반, 소비자의 불만 등과 같이 구체적으로 제시하고, 이를 제거하는 것이 프로젝트의 목적이라고 설명한다. 한편, 제안요청서(RFP)에 따라서 제안을 하는 경우에는 제안요청자가 지목하는 문제를 분명히 이해하고 있다는 것을 보여주어야 한다. 제안요청서에서 언급한 말을 그대로 따라 주는 것이 좋다. 예를 들어 제안요청서에서 「무선통신장비 보수 프로그램 설계」라는 말을 사용했으면 제안서에서도 제안의 목적을 똑 같은 말로 설명하는 것이 좋다.

계획과 절차 목적을 달성하기 위하여 무엇을 할 것인가를 상세하고 정확하게 계획 형태로 설명한다. 이 부분에서는 어느 정도 요령이 필요하다. 계획을 너무 상세하게 제시하면, 상대방이 계획에 따라서 스스로 일을 진행할 수 있기 때문에 제안 사항을 계약할 필요가 없어질 수도 있다. 반면에 상세하게 설명하지 않으면 제안서가 채택되지 못하게 된다. 따라서 실시할 계획을 적절한 정도에서 상세하게 제시해야 한다.

또 제안서에는 서비스나 제품을 생산하기 위하여 프로젝트를 어떻게 관리하고 진척상황을 어떻게 점검할 것인가를 제시해주어야 한다. 언제, 무엇을 할 것인가를 단계별로 절차를 설명하고 완성하는 날짜를 제시해 준다.

자격과 능력 이 부분에서는 프로젝트를 수행하는 회사와 사람이 프로젝트를 수행할 만한 자격과 능력을 가졌음을 보여주는 근거를 제시한다. 또 사용할 수 있는 장비와 컴퓨터 프로그램 등도 설명한다. 이 단계에서 중요 인물에 대해서는 이력사항을 제시하기도 하지만 너무 상세하고 개인적인 사항까지는 기재하지는 않고 일반적인 특징을 기재해준다. 개인의 프라이버시를 보호해주고 담당자가 바뀔 경우도 대비해야 하기 때문이다.

비용 이 부분에서는 제안서의 중요 사항 중의 하나로 프로젝트와 관련된 비용을 제시한다. 제안서는 계약의 의미를 가지기 때문에 한 번 비용을 제시하고 나면 수정하기가 어렵다. 신중하게 작성하여야 한다. 시간과 비용을 세목별로 제시할 수도 있고 전체 합계를 제시할 수도 한다.

승인 요청 다시 한 번 상대방이 제안을 받아들이면 얻을 수 있는 이익을 제시하고 설득한 후, 제안을 받아들이기 쉽도록 상대방이 취할 구체적인 행동을 제시한다.

제안서는 자신의 서비스나 제품을 고객에게 판매하려고 시도하면서 작성하는 서류이다. 최대한 신중하게 작성하여야 한다. 제안서를 완성한 뒤에는 제안서를 다시 검토하면서 다음과 같은 질문을 해보는 것이 좋다.

1. 부록에 추가적인 정보를 제공할 필요는 없는가?
2. 여백을 적절히 배치하였는가? (다른 사람을 설득하는 서류를 작성한다는 것을 명심해야 한다. 레이아웃을 호감이 가게 하여야 독자가 서류를 계속 읽고 좋은 반응을 보일 가능성이 높다.)
3. 생각을 좀 더 명확하고 주의를 끌도록 나타내기 위하여 그림을 더 넣을 필요가 있는가? (시각자료는 정보를 명확화 하는데 도움이 된다. 다양한 색깔의 차트와 그래프는 독자의 주의를 끌 수 있다.)
4. 제안서의 모든 논리에 대하여 근거를 제시하였는가? (별다른 근거를 제시하지 않으면서 무언가를 주장한다는 것은 자신이 해야 하는 숙제를 상대방에게 넘기는 행위이다.)[4]
5. 제안요청서 사본, 제출문, 표지, 경영자용 요약, 목차, 그림 목차 등을 제시할 필요는 없는가? (제안서의 길이가 길거나 형식을 요구할 경우에는 이와 같은 내용을 제시해야 하기도 한다.)

그림 9-8 제안서 예시

상 화 경 영 연 구 원

서울특별시 강남구 00동 00번지 00빌딩 전화 02) 000-9999

TQM 실시를 위한 고객 욕구조사 제안서

(주)성원기업 강병규 사장 귀하

고객이 (주)성원기업에 대해서 어떻게 생각하고 있는가를 조사 분석하여야 고객의 욕구를 충족시킬 수 있는 방법을 모색할 수 있습니다. (주)성원기업이 고객의 욕구를 충족시켜 최고의 기업으로 발전하도록, 소비자 조사 분야에 국내에서 가장 경험이 많은 저희 연구원이 도와드릴 수 있습니다.

배경 및 목적

(주)성원기업에서 하반기에는 전사적품질경영(Total Quality Management: TQM)을 실시할 계획이라고 알려져 있습니다. TQM을 실시하려면 고객이 귀사에 대해서 만족하는 정도를 파악해야 합니다. 귀사의 고객이 귀사의 제품과 서비스 품질에 대해서 만족하는 부분과 만족하지 못하는 부분에 대해서 상세한 정보를 파악해야 TQM 계획을 작성할 수 있습니다. 구체적으로는 (1) 고객의 (주)성원기업과 제품에 대한 만족도, (2) 고객이 원하는 개선 사항, (3) 고객이 (주)성원기업과 제품에 대해서 알게 된 계기, (4) (주)성원기업의 단골 고객과 일반 고객의 의견 차이 등을 파악하여야 합니다. 이를 위해서는 체계적인 조사가 필요합니다.

1

진행계획

다양한 기업에서 고객만족도 조사 분석을 수행한 경험을 바탕으로 저희 연구원에서는 다음과 같은 계획으로 (주)성원기업의 고객만족도 조사를 실시하고자 합니다.

설문조사 저희는 (주)성원기업에서 원하는 자료를 조사하기 위하여 설문지를 작성할 것입니다. 설문지는 서술식 문항과 객관식 문항으로 작성하지만 주로 객관식으로 작성하고자 합니다. 객관식으로 설문하면 응답자가 답하기가 수월하고 응답한 내용을 분석하기 쉽습니다. 설문지에서는 제품의 품질, 디자인, 가격, 아프트서비스, 판매원의 친절도 등에 대한 고객의 의견을 조사할 것입니다. 설문지의 내용을 구성하기 위하여 사전에 중요 고객과 인터뷰를 실시하고, 최종 내용에 대해서는 귀사와 협의를 하겠습니다. 설문지 내용에 대해서 귀사의 동의를 얻으면 500명 정도의 고객에게 설문지를 발송하여 조사하려고 합니다. 조사 대상이 되는 사람들은 귀사의 단골 고객과 일반 고객이 같이 포함되도록 하겠습니다.

분석 설문조사에서 수집한 자료를 나이, 성별, 소득 등과 같은 인구통계학적 변수에 따라서 분석합니다. 저희 연구원의 경험 많은 전문가는 최신 통계분석 프로그램을 이용하여 고급 분석 자료를 산출합니다. 산출되는 분석 사항은 (1) 고객만족 수준, (2) 만족이나 불만족의 이유, (3) 단골 고객과 일반 고객의 응답 비교 등이 있습니다. 또 이와 같은 분석 결과를 바탕으로 고객만족도를 높이기 위한 대책도 마련해 드립니다.

보고서 작성 분석한 사항을 상세하게 설명하는 보고서를 작성해 드립니다. 보고서의 상세한 내용 중에서 핵심적인 사항을 간추린 경영자용 요약도 같이 제출합니다.

일정 귀사와 협의를 거쳐서 일정을 확정하겠지만 기본적으로 다음과 같은 일정으로 조사연구를 진행하고자 합니다.

2

첫째 월			둘째 월
← 1~10일 설문지 작성 →	← 10~24일 설문지 발송및 회수 →	← 25~30일 자료 분석 →	7일 최종 보고서 완성

참여인력

상화경영연구원은 국내 최고이며 국제적으로 알려진 경영 조사부문의 전문 연구원입니다. 귀사의 고객 만족도 조사에는 정00박사가 책임자로 참가할 예정입니다. 정00박사는 00대학교에서 마케팅조사로 박사학위를 취득하고, 저희 연구원에서 9년 동안 00전자 고객만족도 조사, 00시 행정 만족도 조사를 비롯한 여러 가지 중요 프로젝트를 실시한 경험이 있습니다. 정00박사의 조사를 도울 전문가로 강00연구원이 참여합니다. 강00연구원은 00대학교에서 경영정보를 공부하고 석사과정은 마케팅을 공부하였습니다. 작년에는 인터넷을 이용한 시장조사도구를 개발한 공로로 「정보문화진흥회」에서 최우수 연구원으로 선정되어 표창을 받았습니다.

예산

활 동	소요 시간	시간당 비용(만원)	합계(만원)
설문지 개발	16	15	240
설문지 발송	4	4	16
자료처리	12	4	48
자료 분석 및 해석	15	15	225
보고서 작성	5	15	75
설문지 비용			
설문지 500매 제작			12
우편 비용			27
전체 비용			643

3

계약 요청

위와 같은 개요로 진행되는 고객만족도 조사를 실시하면 (주)성원기업이 고객의 니즈를 반영한 경영을 실시하는데 중요한 계기가 될 것입니다. 귀사에서 위와 같은 조사 연구를 저희 연구원에 의뢰하시려면 착수금 230만원과 함께 계약서에 서명하여 보내주십시오. 본 제안서에서 제시한 조사비용은 7월 1일까지 유효합니다.

감사합니다.

4

참고 자료 : M. E. Guffey, *Business Communication: Process and Product, 4th ed.,* Thomson South-Western, Mason Ohio, 2003, p.455-456.

3 공식 보고서

공식 보고서는 제안서와 비슷한 점이 많다. 공식 보고서에서는 제안을 하는 대신에 의사결정자에게 필요한 정보를 조사하고 분석한 결과를 보고한다. 이러한 공식 보고서의 요소, 스타일과 형식 등은 다음과 같다.

1) 공식 보고서의 요소

공식 보고서에는 일반적인 보고서에 비해서 다양한 요소가 포함되어 있다. 보고하는 상황에 따라서 한두 가지를 생략할 수도 있다.

(1) 표지

표지는 보고서의 제목을 표시하고 내용을 보호한다. 표지의 디자인은 보고서의 첫인상에 영향을 주어 사람들이 보고서를 읽을 것인가의 여부를 결정하는데 영향을 준다.

(2) 제목 페이지

제목 페이지는 보고서의 제목을 제일 위에 제시한다. 이어서 보고서를 받을 사람의 이름과 직책, 소속을 쓴다. 그 아래에 작성자의 이름과 직책, 제출 일자 등을 명시한다. 제목 페이지의 제일 아래 줄에는 제출 날짜를 표시한다.

(3) 제출문

제출문은 공식적으로 제출한다는 것을 표시한다. 여기에는 보고서의 제목, 보고서 수령자, 작성자, 개요, 주요 발견 사항, 제안 사항 등을 제시한다. 내용의 조직 방식은 두괄식을 따르며 긍정적인 어조로 끝을 낸다. 제출문을 간단하게 작성할 경우에는 개요, 주요 발견 사항, 제안 사항 등을 생략하는 경우도 있다.

(4) 목차

본문 내용에 있는 중간 제목의 리스트를 제시한다. 각 중간 제목이 있는 페이지도 제시한다. 보고서를 읽는 사람은 목차를 보고 전체 내용을 개관할 수 있고, 중요 내용이 실린 위치도 알 수 있다. 목차의 상세한 사항은 보고서를 완성한 뒤에 작성한다.

(5) 그림 목차

보고서에 그림이나 표를 사용하였다면 그림과 표 제목의 리스트와 페이지를 제시한다. 이 부분도 보고서를 완성한 뒤에 작성한다.

(6) 경영자용 요약

경영자용 요약(보고서에 따라서는 요약, 초록, 개요라고도 함)은 보고서의 주요 발견사항을 보여준다. 시간이 부족한 사람은 이 부분을 읽어서 보고서의 전반을 파악할 수 있도록 작성한다. 여기에는 목적, 배경, 자료수집과 연구방법, 결론, 제안사항 등을 제시한다.

경영자용 요약은 중요 의사결정자인 경영자가 주의 깊게 보기 때문에 특별히 주의하여야 한다.[5] 경영자용 요약을 작성하기 위하여 다음과 같이 준비하는 것이 좋다.

중요한 단어나 문장을 찾는다. 완성된 본문 내용을 주의 깊게 읽어나간다. 특히 문단의 첫 번째와 마지막 문장에 중요한 말이 많기 때문에 유심히 읽는다. 순서를 나타내는 단어(예, 첫째, 둘째, 셋째 등), 원인과 결과를 나타내는 단어(예, 왜냐 하면, 그러므로, 결과적으로 등), 핵심적임을 나타내는 단어(예, 기본적, 중심적, 중요한 등), 대비하는 단어(그러나, 반하여) 등에 주의해서 읽는다.

문장을 새로 작성한다. 보고서의 중요부분을 워드프로세서 프로그램의 복사하기와 붙이기를 이용하여 편집하고 축약하는 사람도 있다. 그러나 그 방법보다는 새로운 문장으로 경영자용 요약을 작성하는 것이 더 좋다.

본문의 순서에 따른다. 내용을 구성할 때는 대체로 본문의 순서에 따른다.

길이가 길어지지 않게 한다. 경영자용 요약은 본문의 10% 이하의 길이가 되도록 한다. 만약 본문이 100페이지이면 경영자용 요약은 10페이지 이하로 한다. 10페이지 보고서에는 1페이지 이하의 경영자용 요약을 작성한다. 핵심 사항을 보여주기 위하여 그림이나 중간 제목을 넣기도 한다.

(7) 서론

서론 부분에서는 보고서의 개요와 함께 배경과 문제, 범위, 한계, 자료수집과 방법론, 보고서의 구성 등에 대해서 설명한다. 서론에 제시되는 내용이 앞의 제출문, 경영자용 요약 등에도 제시되어 있기 때문에 읽는 사람이 너무 중복된다고 생각할 수도 있다. 중복된다는 느낌을 주지 않기 위하여 조금씩 다른 자료를 제시하는 것이 좋다. 서론에 제시되는 내용을 다른 곳에서 제시했다고 해서 서론을 빼버려서는 안 된다. 독자가 앞의 제출문이나 경영자용 요약을 반드시 읽었다고 확신할 수는 없기 때문이다. 서론에 포함되는 내용을 좀 더 상세하게 설명하면 다음과 같다.

배경과 문제 이 부분에서는 독자가 문제를 이해하는데 필요한 일반적인 정보를 제시한다. 이를 바탕으로 보고서의 주제를 설명하고 해결하고자 하는 문제도 제시한다. 주제와 문제해결의 중요성을 설명해주기도 한다.

보고서의 범위 보고서 내용의 깊이와 넓이에 대해서 설명한다. 어떤 내용이 포함되고, 포함되지 않았는가를 제시하여 보고서의 경계를 명확하게 한다.

보고서의 한계 한계는 보고서를 완성하는 과정에 발생한 장애와 문제를 말한다. 이러한 장애와 문제는 보고서에서 제시하는 제안사항의 타당성에 한계를 주게 된다. 시간이나 비용이 한계사항이 되는 경우가 많다.

자료 수집 원천과 방법 연구에 사용된 자료의 수집 방법에 대해서 간략하게 설명한다. 예를 들어 사용한 설문지의 수, 조사하거나 면접한 기업이나 사람들 등에 대해서 설명한다. 한두 가지 2차 자료를 집중적으로 인용하였으면 그것을 여기에서 말해준다. 이러한 과정을 보고 독자는 조사연구의 질을 판단하고 비슷한 자료를 수집하기도 한다.

보고서의 구성 보고서의 전체 구성과 주요 부분을 먼저 설명하고 그 내용에 대해서 간략하게 설명한다. 독자가 이를 보고 전체 내용을 쉽게 파악할 수 있다.

(8) 본론

본론은 조사연구에서 발견한 사항을 제시하며, 보고서의 중심적인 내용이 담긴 부분이다. 연구에서 수집한 정보를 분석 · 해석 · 평가한 것을 설명하고, 연구의 진행 과정에 대해서 설명하기도 한다. 이러한 본론은 뒤에 제시하는 결론과 제안사항의 기초가 된다. 객관적이고 구체적이며 흥미 있는 방법으로 내용을 잘 구성하여 정보를 제시하면 결론과 제안사항의 신뢰성을 높일 수 있다.

서론이나 결론과는 달리 본론은 제목을 본론이라고 하지 않고, 각 부분을 설명해주는 말로 제목을 정한다. 제목은 기능적 제목과 내용적 제목이 있다. 기능적 제목(예, 조사 결과, 결과의 분석, 의미 해석 등)을 쓰면 독자가 해당 부분의 목적을 쉽게 알 수 있지만 내용은 알 수가 없다. 이런 제목은 일상적인 보고서나 독자가 기피할 만한 내용이 포함되어 있을 때 사용한다. 내용적 제목(예, 00기업의 자원 재활용 수준, 00기업의 소비자 만족 수준 등)을 쓰면 더 많은 정보를 주고 관심을 유발하지만 보고서의 구성에 관한 정보를 주지 못한다.

(9) 결론 및 제안

본론에서 설명한 발견사항을 기반으로 결론과 제안 사항을 작성한다. 이 부분에는 새로운 자료를 제시하지는 않는다. 보고서의 길이가 긴 경우는 먼저 내용 요약을 제시한다. 이러한 요약을 기반으로 추론을 실시하여 결론을 도출한다. 요약보다는 추론하여 결론을 도출하는 것이 더 중요한 의미를 가진다. 요약은 앞의 경영자용 요약에서도 이미 제시하였기 때문에 중요성이 낮다. 결론으로부터 제안 사항을 도출한다. 제안 사항은 어떤 행동을 해야 하는가를 제시한다. 제안사항에서 제시하는 행동은 현실적이고 합리적인 내용을 담고 있을 때 가장 설득력이 높다. 경우에 따라서는 제안 사항을 구체화하여 누가, 언제, 어떻게, 어디서, 무슨 행동을 취해야 하는가를 명확하게 제시해 주기도 한다.[6)] 결론이나 제안 사항을 명확하고 이해하기 쉽도록 하기 위하여 각 사안별로 번호를 부여하거나 불렛(bullet, 점) 기호를 넣어서 리스트 형식으로 제시하기도 한다.

(10) 부록

보고서의 중요 정보이기는 하지만 본론 속에 있으면 읽는 속도를 늦출 가능성이 있는 정보는 부록에서 제시한다. 설문지, 자료의 표, 상세한 통계 분석 자료 등을 부록에 제시하는 경우가 많다.

(11) 참고문헌

참고문헌에는 보고서를 작성할 때 참고한 문헌의 리스트를 가나다, 알파벳 순서로 제시한다. 먼저 한글자료를 제시하고 이어서 외국의 자료를 제시한다. 첫 행이 3-4 칸 앞으로 나오는 방식으로 작성한다. 이렇게 하면 첫 단어를 강조하게 되고, 독자가 찾아보기 쉽다.

2) 스타일과 형식

공식 보고서에는 다음과 같은 스타일과 형식을 사용한다. 일반적인 보고서에 비해서 신중하게 작성하였음을 보여주기 위하여 개발한 스타일과 형식이다.

(1) 중간 제목

보고서를 작성할 경우에는 각 부분에 중간 제목을 넣어서 독자가 읽기에 쉽도록 해준다. 각 제목 다음에는 적어도 한 문장 이상을 기재한다. 서로 수준이 다른 두 개의 제목을 중간에 내용 없이 이어서 기재하는 것은 좋지 않다.

(2) 문단

문단의 길이를 다양하게 하여 독자의 관심을 유발하도록 한다. 문단을 적절하게 나누면 문서에 간간히 여백을 주게 되어 읽기에 부담이 없어 보인다. 문단의 초반이나 마지막에 중요한 내용을 기술한다. 통일성을 주어 전체 내용이 일치되도록 하고, 연관성을 주어 아이디어가 유연하게 연결되도록 한다.

(3) 비인칭 스타일

보고서는 사실을 객관적으로 제시해야 하기 때문에 비인칭 스타일을 사용한다. 본론의 내용에서 '나, 너, 당신, 우리' 등과 같은 단어의 사용은 피한다.

부적절: 나는 00기업이 작년에 순이익을 보였다는 것을 발견했다.
적 절: 00기업은 작년에 순이익을 기록하였다.
00기업에 대한 분석에 의하면.......

(4) 전환부

본론의 중요 부분 사이에 전환부(transition)를 넣어서 아이디어가 부드럽게 연결되어 독자가 이해하기 쉽게 한다. 중요 부분을 시작하는 곳에 소규모의 서문을 넣고 앞으로 어떤 내용이 논의되는가를 설명해준다. 앞부분에서 제시된 아이디어를 요약하여 전환부를 작성하기도 한다.

(5) 시제

보고서를 작성할 때 각 부분에서 적절한 시제를 사용하도록 주의한다. 스스로 분석한 내용을 제시할 때는, 보고서를 쓰기 전에 연구조사를 마쳤기 때문에 과거시제를 사용한다. 예를 들어 "손익계산서를 분석해본 결과, ..."와 같이 사용한다.

역사적인 자료나 다른 연구에서 발견한 사항을 논의할 때도 과거시제를 사용한다. 예를 들어 "00기업은 1980년대에 최대의 매출액을 올렸는데 이는 1970년대의 2배에 해당하는 것이었다."와 같이 사용한다. 자기 연구의 다른 부분이나 결론에 대해서 말할 때는 현재시제를 사용한다. 예를 들어 "다음 장에는 통계자료를 이용하여 설명한다."와 같이 사용한다.

(6) 인용

보고서를 작성할 때 문제를 해결하기 위하여 여러 곳으로부터 정보를 수집하여 인용한다. 이렇게 인용을 적절하게 하면 보고서의 신뢰성을 높일 수 있고, 독자는 보고서가 여러 사람의 연구에 기초를 두고 있다는 것을 알게 된다.

인용하거나 참고한 정보의 원천을 보고서에 제시해 주어야 한다. 예를 들어 모든 종류의 통계 정보는 그 원천을 밝혀 주어야 한다. 다른 사람의 말을 인용할 때는 따옴표로 표시해주기도 한다. 직접 인용하는 과정에 생략되는 부분에는 생략부호로 나타낸다.

인용원천을 밝히는 방법은 3가지 형태가 있다. 각 페이지의 밑에 표시하는 각주(footnote), 페이지를 달리하여 보고서의 마지막에 표시하는 미주(endnote), 본론 내용에서 저자와 연도 등을 밝히는 내부주석(internal attribution) 등의 방법이 있다.

내부주석이 점점 많이 사용되고 있는데 대부분의 논문집에서는 이 방법을 사용한다. 괄호 속에 자료의 원천을 간단히 제시하고 참고문헌에 대한 상세한 정보는 보고서의 마지막 부분에서 찾도록 한다. 내부주석은 다음과 같은 두 가지 방법으로 제시한다.

MLA 방식 MLA(Modern Language Association)는 본문 내에서 참고문헌을 (김영수 234)와 같이 간단하게 표시하도록 권고한다. 괄호 속에 저자의 이름(외국인의 경우는 성)을 적고 페이지 번호를 표시하며, 중간에 쉼표를 표시하지 않는다.

APA 방식 APA(American Psychological Association)는 자신의 참고문헌 시스템을 개발하였다. APA 스타일로 표시할 때는 저자의 이름, 출판연도를 표시하고, 필요하면 페이지 번호를 (김영수, 2012, p.45)와 같이 표시한다. 이메일을 인용하려고 할 때는, 보고서 작성자는 개인적 이메일 커뮤니케이션의 내용의 정확성을 먼저 확인하여야 한다. APA 기준에서는 개인적 커뮤니케이션도 참고문헌 리스트에 포함시킨다. 개인으로부터 받은 이메일 내용은 개인적 서신으로 인용하여 '(김영수, 개인적 서신, 2012년 10월 3일)' 또는 '(김영수, 개인적 이메일 서신, 2012년 10월 3일)'과 같이 표시한다.

웹사이트 전체를 인용할 때는 사이트의 주소를 표시한다. 예를 들어 "Joblook은 직장을 구하려는 사람에게 유용한 웹사이트이다(http://www.joblook.net)." 와 같이 표시한다.

그림 9-9 공식 보고서의 예

인트라넷의 안전성을 확보하기 위한 방안 수령자 미래기업주식회사 강영호 사장 제출자 마케팅팀장 강상수 전산실팀원 김인호 연구소 연구원 장명식 201×년 7월 3일

참고사항

- 제목 페이지를 나타내고 있다.
- 제목은 보고서의 전체 내용을 나타낼 수 있도록 선정한다.
- 페이지 표시는 하지 않지만 첫 페이지로 계산은 한다.
- 제목은 굵고 큰 글씨로 표시한다.
- 다른 내용은 좀 작은 글씨로 표시한다.

제출문

미 래 기 업 주 식 회 사

서울특별시 강남구 00동 00번지 00빌딩 전화 123-1234, Fax123-1235

수신 : 강영호 사장
발신 : 마케팅팀장 강상수
전산실팀원 김인호
연구소 연구원 장명식
날짜 : 201×년 7월 3일
제목 : 인트라넷의 안전성을 확보하기 위한 방안

지난 6월 12일의 사장님의 지시에 따라서 인트라넷의 안전성을 확보하기 위한 방안에 관한 보고서를 제출합니다. 문헌연구와 국내 유수 기관의 컴퓨터 전문가 20명과의 면담을 실시하여 본 보고서를 작성하였습니다.

본 보고서에서는 인트라넷을 현재와 같이 많은 기업에서 사용하게 된 이유에 대해서 먼저 논의하였습니다. 물론 한계점에 대해서도 논의하였고, 그 과정에 안전성 문제를 중점적으로 논의하였습니다. 또 국내 유수의 다양한 조직의 인트라넷 안정성 확보에 관한 사례를 소개하였습니다. 이러한 과정을 통하여 미래기업주식회사에 적합한 인트라넷 안전성 확보 방안을 도출하였습니다.

저희가 이런 중요한 연구에 참여할 수 있는 기회를 주셔서 감사드립니다. 저희는 이 보고서가 안전한 인트라넷 도입방안 결정에 중요한 참고자료가 될 것이라고 생각합니다. 이후 우리 회사의 인트라넷 도입이 잘 진행되기를 기원합니다.

첨부: 보고서

ii

참고사항

- 제출문은 보고서 본론보다는 좀 더 비공식적인 어조를 사용한다. "저희"와 같은 말을 사용하기도 한다.
- 기업 내의 보고서에서는 제출문을 메모 형식으로 작성한다.
- 보고서를 첨부하였다는 것을 제시한다.
- 로마숫자 소문자로 페이지 아래의 중간에 페이지 번호를 표시한다. 번호를 표시하지 않을 수도 있지만 두 번째 페이지로 계산은 한다.

경영자용 요약

지난 10년간 지속적으로 발전해온 미래기업주식회사는 이제 중소기업에서 중견 기계부품회사로 발전하기 위한 발판을 마련하고 있다. 이와 같은 시점에 내부 커뮤니케이션을 활성화하기 위하여 인트라넷 설치가 필요하다. 그러나 인트라넷을 설치하면 보안의 위험이 발생하게 된다. 사장님의 지시에 따라 보안 수준을 유지하면서 회사에 적합한 인트라넷을 설치할 수 있는 방안을 연구하기 위하여 태스크포스 팀을 구성하였다.

연구는 (1) 경영정보 분야의 문헌 연구와 (2) 인트라넷을 설치한 기업의 전문가들을 면담하여 그들의 경험을 조사하는 두 가지 방법으로 진행하였다.

본 보고서에서 중요하게 연구한 주제는 (1) 인트라넷의 배경과 보급, (2) 인트라넷의 이점과 한계, (3) 인트라넷 안정성 확보 방안, (4) 조직 내 인트라넷 이용 방법 등이었다. 연구의 결과, 인트라넷은 이점이 많기 때문에 아주 빠른 속도로 보급되고 있다는 것을 알 수 있었다. 보안문제를 비롯한 몇 가지 한계가 있기는 하지만 적절한 계획을 세워서 극복할 수 있다는 것을 파악하였다. 미래기업주식회사에서 앞으로 보안 문제를 해결하면서 인트라넷을 운영하기 위해서는 (1) 전문가에 의한 설계와 교육, (2) 적합한 보안 장비 선정, (3) 유지보수 요원의 배정 등과 같은 조치가 필요하다.

iii

참고사항

- 업무상의 보고서에서는 '초록' 이나 '요약' 이라는 말보다 '경영자용 요약' 이라는 말을 사용한다.
- '경영자용 요약' 이라는 제목은 굵고 큰 글씨로 가운데 정렬 방식으로 제시한다.
- 중요 연구 결과를 요약한 것을 바탕으로 결론과 권고사항을 제시한다.

목 차

그림 목차

iv

참고사항

- 목차의 내용이 많지 않을 때는 전체 목차와 그림 목차를 같은 페이지에 제시한다.
- 각 제목과 페이지 숫자 사이를 점선으로 연결하여 쉽게 찾아볼 수 있도록 한다.
- 워드프로세서 프로그램의 목차 만들기 기능을 이용하면 편리하다.

* 본 목차에서 제시하는 페이지 수와 뒤의 예에서 보는 실제 페이지 수는 차이가 있다. 서술의 편리를 위하여 중간부분을 생략했기 때문이다.

인트라넷의 안전성을 확보하기 위한 방안

1. 서 론

지난 10년 동안에 미래기업주식회사는 종업원 5명에서 217명의 기업으로 발전하였다. 이제 구성원 간의 커뮤니케이션을 위하여 인트라넷 설치를 고려하고 있다. 인트라넷을 설치하면 컴퓨터 해킹과 바이러스의 피해가 우려되기 때문에 이런 보안 문제를 해결할 수 있는 방안을 강구하여야 한다.

(1) 연구의 목적

본 보고서를 위한 연구의 목적은 미래기업주식회사에서 보안을 유지하면서 인트라넷을 실시할 수 있는 방안을 마련하고자 하는 것이다. 이를 위하여 다음과 같은 세부적인 목적을 설정하였다.

1. 인트라넷의 작동 방법 파악
2. 인트라넷의 장점과 단점 파악
3. 인트라넷의 보안 방법 파악
4. 미래기업주식회사의 인트라넷 도입 방안 제안

(2) 연구의 범위

본 연구는 한 달이라는 제한된 시간 안에 완성해야 했고, 연구를 위하여 따로 배정된 예산이 없었다. 이러한 한계 때문에 본 연구에서는 시중에서 비교적 쉽게 구할 수 있는 자료로 문헌연구를 실시하였고, 면접조사 대상 전문가를 20명으로 한정할 수밖에 없었다.

(3) 연구 방법과 절차

2차적 자료 조사를 위하여 정기간행물, 서적, 정부문서 등을 온라인과 오프라인으로 검색하였다. 전문가 20명을 연구팀의 편의에 따라서 임의로 선정하여 면접을 실시하였다. 면접 대상인 전문가들은 되도록이면 다양한 산업에서 추출하려고 노력하였다(명단은 부록 1을 참고). 면접 대상자에게는 각자 자신의 조직에서 사용되는 인트라넷 보안 방법에 대해서 질문을 하였다(질문의 내용은 부록 2를 참고).

1

참고사항

- 중간 제목의 글자 크기와 들여 쓰는 위치를 잘 설정하고 일관성을 유지한다.
- 페이지 번호를 1부터 다시 시작하며 아라비아 숫자로 종이의 아래쪽에 표시한다.

3. 조사 결과

인터넷의 이용이 증가하면서 인트라넷도 많이 사용하게 되었다. 인트라넷 사용에 따른 이점이 많기는 하지만 문제점도 나타났다. 보안이 인트라넷 사용의 가장 큰 문제점이다. 이 문제점을 해결하기 위하여 다양한 방법이 마련되어 있다.

(1) 인트라넷의 배경

인터넷은 세계 각처의 컴퓨터를 하나로 연결해주는 컴퓨터 네트워크이다. 세계 여러 곳에 있는 사람이 이 네트워크를 통하여 서로 커뮤니케이션을 할 수 있다. LAN(local area network)은 한정된 지역의 여러 컴퓨터를 연결하여 상호교류가 가능하도록 하는 것이다. 인터넷과 LAN은 각각 컴퓨터 사용자들이 커뮤니케이션을 활성화하고 정보를 공유하기 위하여 사용되어왔다. 그런데 LAN과 인터넷을 결합하여 인트라넷으로 개발하게 되었다......... (이하 생략)

(2) 인트라넷의 이점과 한계

인트라넷을 사용하는 대기업뿐만 아니라 중소기업에서도 많은 이점을 누리고 있다(Abernathy, 2011). 신중하게 인트라넷을 설치하고 적절하게 통제하면 이용이나 안전 문제와 같은 인트라넷의 한계를 극복할 수 있을 것이다.

1) 이점

조직 내에서 커뮤니케이션에 인트라넷을 이용하면 비용이 저렴하고, 사용이 편리하며, 생산성을 향상시킬 수 있다는 이점을 누릴 수 있다(Pagan & Fuller, 2010)....... (이하 생략)

2) 한계

인트라넷 사용에 있어서 한계점으로는 보안과 유지비용이 있다(Curtin & Canterucci, 2010)...... (이하 생략)

2

참고사항

* 내용의 일부는 생략하였다.

(3) 보안 방법

인트라넷은 외부의 침입에 취약하기는 하지만 다음과 같은 여러 가지 방법으로 보안 문제를 해결할 수 있다....... (이하 생략)

(4) 인트라넷의 이용 방법

.... (내용 생략)

3. 결론 및 제안

본 연구의 인트라넷에 관한 1차 자료와 2차 자료를 통하여 다음과 같은 분석을 실시하여 결론을 얻을 수 있었다.

(1) 요 약

.... (내용 생략)

(2) 결 론

지금까지 설명한 연구 결과에 따라서 다음과 같은 결론을 내릴 수 있다.

- 인트라넷을 사용하면 생산성과 효율이 향상되기 때문에 많은 기업에서 사용하고 있다.
- 인트라넷에는 여러 가지 한계점과 위험이 있기는 하지만, 적절하게 계획하고 사용하면 한계점과 위험을 극복할 수 있다.
- 많은 기업에서 다양한 방법으로 인트라넷을 사용한다.

(3) 제 안

미래기업주식회사에서 인트라넷을 안전하게 사용하려면 다음과 같은 지침을 따를 필요가 있다.

- 인트라넷에 필요한 기능을 결정하기 위하여 광범위하게 의견을 조사하고 분석한다.

3

참고사항

- 결론에는 본론에서 언급한 사실을 반복하지 않고, 연구에서 도출된 일반화한 사실을 제시한다. 불렛(bullet) 기호를 넣어서 리스트 형식으로 제시하면 강조도 되고 뜻이 명확해지기도 한다.

▪ 인트라넷의 설계와 운영요원 교육은 경험이 많고 좋은 자격을 갖춘 전문가에게 의뢰한다.
▪ 미래기업주식회사의 필요성에 적합한 보안 장비를 신중히 선정하여 운영한다.
▪ 인트라넷을 유지보수하기 위하여 현직 종업원들을 교육시키거나 경험이 있는 사람을 새로 고용한다.

인트라넷의 설치가 주의 깊게 이루어지면 정보 보안에 따른 문제를 최소화할 수 있다. 인트라넷 설치에 따른 문제점이 발생할 가능성이 있지만 커뮤니케이션 개선, 생산성 향상 등과 같은 효과가 더 높기 때문에 도입할 필요가 있다.

참 고 문 헌

Abernathy, D. J.(2011, November), "Intranet: Are we there yet?" *Training & Development,* 78–79.

(이하 생략)

부 록

(내용 생략)

4

참고사항

▪ 제안에는 연구에서 도출한 구체적인 행동을 제시한다. 여기에서도 불렛 기호를 넣어서 리스트 형식으로 제시하면 강조도 되고 뜻이 명확해지기도 한다.
▪ 보고서가 적절한 절차를 거쳐서 완성이 되었다는 것을 보여주는 맺음말로 끝을 낸다.

참고 자료 : C. M. Lehman, D. D. Dufrene(2002), *Business Communication(13th ed.)*, South–Western, Cincinnati, Ohio

제10장

경청과 대화, 비언어적 커뮤니케이션

1. 커뮤니케이션의 경청
2. 대 화
3. 비언어적 커뮤니케이션

제10장

경청과 대화, 비언어적 커뮤니케이션

지금까지 논의한 바와 같이 비즈니스에서 중요한 업무는 문서작업으로 이루어진다. 그러나 일상적인 커뮤니케이션은 경청과 대화로 시작된다. 비즈니스에서 경청은 상대방의 관점을 이해하고 상대방이 하는 말의 진실한 내용을 듣고 이해하려고 노력하는 활동이다. 상대방의 입장을 중요하게 생각해야 하는 비즈니스에서는 경청은 모든 커뮤니케이션이 시작되는 활동이다. 또 비즈니스에서 대화는 가능한 한 모든 참여자의 욕구를 충족시켜주려고 노력하고, 상대방의 권리와 감정을 존중해 주면서 실시해야 한다. 이런 경청과 대화의 과정에는 비언어적인 커뮤니케이션에 대해서도 주의하여야 한다. 만약 언어로 전달되는 것과 비언어로 전달되는 것이 서로 일치하지 않을 때는 비언어적인 것을 믿는 것이 좋다. 비언어적 메시지는 자신도 모르는 사이에 무의식적으로 나타나는 경우가 많기 때문이다.

1 커뮤니케이션의 경청

비즈니스 커뮤니케이션은 제일 먼저 경청에서부터 시작된다. 비즈니스 관계에서는 먼저 상대방의 말을 듣고 이해하고 상대방 입장에서 커뮤니케이션 하여야 하기 때문이다. 경청(listening)은 다른 사람으로부터 메시지를 듣고 해석을 하는 과정이다. 경청은 단순한 듣기와는 다른 의미를 가지고 있다. 듣기(hearing)는 생리적 과정이지만, 경청은 정신적(mental) 과정이다. 만약 학교에서 수업시간에 선생님이 숙제를 내주는 것을 들었지만 집에 돌아와서 그 숙제의 상세한 내용을 회상해내지 못한다면 듣기는 하였지

만 경청은 하지 않은 것이다.[1]

모든 인간관계에서 상대방이 하는 말을 경청하면, 그 사람의 관심사와 좋아하는 일을 파악하여 친분을 맺기 쉬울 것이다. 조직 내에서도 구성원 사이에서 주의 깊게 경청을 하면 구성원 각자의 의견과 태도를 파악하여 상대방 입장에서 커뮤니케이션 할 수 있다. 결과적으로 조직 내 구성원간 유대를 강화하고, 새로운 아이디어를 받아들여 혁신을 할 수 있는 기회를 늘리고, 다른 사람이 느끼는 문제점을 잘 해결해주어 신뢰를 형성할 수 있게 된다.[2] 또 고객의 말에 주의 깊게 경청을 하면 고객의 진정한 관심사와 의견을 파악할 수 있다. 그 결과 고객에 맞추어 대화를 나누고 고객의 문제를 해결해줄 수 있다.

이렇게 효과적으로 경청할 수 있는 능력을 가진 사람은 업무를 효과적으로 진행하여 경쟁력을 가지며, 기업 내에서 또는 산업 내에서 높은 영향력을 가질 수 있을 것이다.[3] 반면에 경청의 기술이 부족한 사람은 상대방의 입장을 무시하고 자신의 입장만을 강조하여 중요한 사업기회를 놓치거나 법적인 문제에 실수를 하여 금전적인 손실을 입는 경우도 많다.

한 조사에서는 80%의 CEO가 업무 현장에서 경청이 가장 중요한 능력이라고 말하였다.[4] 그러나 우리 대부분은 경청 능력이 낮다. 예를 들어 10분간 말로 하는 프레젠테이션을 들은 사람들이 그 내용을 얼마나 기억하는가를 조사한 연구가 있었다. 그 연구에서 사람들은 프레젠테이션 직후에 들은 내용의 50% 정도만 기억하고, 48시간 뒤에는 25%만 기억할 수 있었다[5]. 우리 대부분은 다른 사람의 말을 경청할 시간이 없다고 생각하고 대화 중에 자신이 말을 많이 하려고 하거나, 상대방의 말을 듣기보다는 자신이 다음에 할 말을 생각하는 경우가 많다.[6]

이와 같이 사람들의 경청 능력이 낮지만, 학교에서는 쓰고, 읽고, 말하는 교육을 많이 실시하고 경청에 대한 교육은 적었다. 이런 점을 고려하여 미국의 경우에는 다수의 유명한 경영대학원에서 경청과 같은 소프트 기술을 커리큘럼에 반영하고 있다.[7] 경청을 잘하기 위하여 다음과 같은 사항을 염두에 두면 좋다.

1) 경청 능력이 부족한 이유

앞에서 설명한 바와 같이 우리 대부분은 경청 능력이 낮다. 사람들은 여러 가지 이유로 자기가 들은 것 중의 일부만 경청하고 기억한다. 대화 중 다른 생각을 하거나 과도한 확신을 하거나 여러 가지 사전 가정을 가지고 있을 때 그와 같은 현상이 발생한다.

복잡한 마음 내부의 경쟁 일반적으로 사람은 1분에 125~150단어를 말하지만, 들을 때는 400~500단어를 들을 수 있다.[8] 그 차이 나는 시간에 말을 듣는 사람이 잠깐씩 다른 생각을 하게 되면 듣고 있는 내용에 집중하지 못하고 산만해지기 때문에 경청이 되지 않는다. 더구나 비즈니스를 하는 사람의 머릿속은 다양한 아이디어와 걱정거리 등으로 가득 차 있는 경우가 많다. 대화를 하는 중에도 머릿속에서는 새로운 정보를 받아들일 겨를이 없는 경우도 많다. 대화 상대방보다는 머릿속의 생각에 더 주의를 기울이기도 한다.

과도한 확신 조직에서 경영자 중에는 과도한 확신을 가지고 행동하는 사람이 있다. 이렇게 확신을 가진 사람은 남보다 말을 많이 하고, 자신의 의견을 남에게 강요하는 식으로 말을 하는 경우가 많다. 이런 사람은 비즈니스를 신속하게 처리하는 것에 관심을 가지고, 경청을 위한 시간을 갖지 않으려는 경향이 있다. 이런 성격을 가진 사람은 다른 사람의 말을 듣는 것이 매우 어렵다. 그들은 자신은 생각을 하고 표현을 하는 것이 빠른 반면에 다른 사람은 느리고 조직적이지 못하고 의견이 불분명하다고 생각한다. 이런 경영자는 다른 사람의 의견은 건성으로 듣고 자신의 생각을 밀어붙이면서 "예, 당신이 말하는 것을 이해는 하겠습니다만 내가 생각하기에는 이렇게 하는 것이 좋습니다." 하고 말하고 만다.

말하는 사람에 대한 가정 상대방이 말하려는 내용을 사전에 짐작을 하고 있으면 그 사람의 말을 주의해서 듣지 않게 되기 쉽다. 항상 비슷한 말을 하는 사람에 대해서는 이번에도 그런 이야기를 할 것이라고 생각해서 열심히 듣지 않게 되기 쉽다.

상황에 대한 가정 또 말하는 상황에 대해서 사전에 가정을 가지고 있다면 경청을 하지 않게 되기도 한다. 예를 들어 매우 바쁜 생산 일정을 운영해야 하는 상황이라고 생각하는 관리자를 가정해 보자. 그가 일정을 운영하기 위한 계획을 빨리 작성해야 한다고 상황을 판단하고 여기에 모든 정신을 집중하고 있다면, 다른 사람이 그 계획에 반대하는 말을 해도 흘려듣기 쉽다.[9)]

비언어적 행동 말을 듣는 사람이 비언어적 행동으로 부정적 피드백을 줄 수 있다. 눈을 찡그리거나 하품을 하거나 눈 접촉을 피하거나 팔짱을 끼고 있으면 말을 듣기가 싫다는 신호를 주는 것으로 보이게 된다. 시계를 자꾸 보는 것은 말을 그쳐 달라는 신호가 되기도 한다.[10)] 이와 같이 상대방의 말이 듣고 싶지 않다는 신호를 주면서 상대방의 말을 경청하기는 어렵다.

2) 경청의 종류

경청을 효과적으로 할 수 있는 사람은 다양한 형태의 경청이 있다는 것을 알고 상황에 따라서 가장 적절한 형태를 선정한다.

먼저 **내용 경청**(content listening)이 있다. 내용경청은 상대방의 메시지를 이해하고 머리 속에 기억해두는 것을 목표로 하는 경청이다. 이러한 경청을 할 때는 동의나 승인 여부보다는 이해하는 것이 중요하다. 이 경우에는 말하는 사람의 말하는 방식이나 행동을 보고 미리 판단하기보다는 그 사람이 전하는 정보의 내용에 중점을 두고 경청하는 것이 좋다.[11)]

비판적 경청(critical listening)은 상대방의 메시지를 여러 가지 관점에서 이해하고 평가하려는 목적을 가진다. 구체적으로는 논쟁의 논리, 증거의 능력, 결론의 타당성, 메시지의 시사점, 말하는 사람의 의도와 동기, 중요한 논점의 누락 등을 살펴보는 경청을 말한다. 비판적 경청을 할 때는 상대방의 말에 회의가 들면 그 사람의 관점과 논리에 대해서 질문을 해보기도 한다. 또 편견 때문에 논리나 정보를 잘못 제시하지는 않았는지를 살펴보고, 의견과 사실을 구분하도록 노력해야 한다.[12)]

공감 경청(empathic listening)은 자신의 관점을 잃지 않으면서도 상대방의 관점을 이해하며 감정과 욕구를 이해하는 경청이다. 상대방의 관점을 찬성하지 않아도 공감 경청은 가능하다. 상대방의 관점을 이해하면서 들어주면 상대방은 자신의 감성을 표출하면서 자신이 가진 견해를 명백하게 이야기 할 수 있다. 그러나 이런 경우에도 상대방이 요청하지 않았으면 조언은 하지 않는 것이 좋다. 또 상대방의 감정을 먼저 판단하고 그런 감정을 느끼지 말라고 충고하는 것도 좋지 않다. 다만, 상대방의 감정을 살펴보고 있으며 그 상황을 이해하려고 노력한다는 것을 보여준다. 상대방과의 사이에 이런 관계가 충분히 형성되고 난 뒤에 상대방이 요청하면 해결책을 찾을 수 있도록 도우는 것이 좋다.[13)]

앞에서 말한 세 가지 경청방식을 효과적으로 실시하는 사람은 **적극적 경청**(active listening)을 하려고 노력한다. 적극적 경청은 여과하거나 왜곡하지 않고 상대방이 하는 말의 진실한 내용을 듣고 이해하려고 노력하는 것이다. 적극적 경청을 잘하는 사람은 핵심 사항을 찾아내려고 노력한다.[14)] 단순히 듣는 것이 아니라 마음속에서 듣고 있는 말을 자기 나름대로 정리하고, 그 말의 동기와 의도에 대해서도 생각한다. 말하는 사람의 감정도 파악하기 위하여 목소리의 음색, 얼굴 표정, 제스처 등에도 주의한다. 또 지속적으로 자신의 경청 능력을 향상시키기 위하여 노력한다.

3) 경청능력의 향상

사람들은 경청능력을 향상시키기 위해서 스스로 몰입하고, 열린 마음을 가지고, 말의 내용에 집중하고, 말을 가로채지 않고, 사실과 의견을 분리하는 등의 행동을 해야 한다.[15)]

스스로 몰입한다. 듣는 사람 자신이 정신적으로 산만한 것은 해결하기가 어렵다. 스스로 훈련과 노력을 하여야 한다. 피곤함을 잊고 집중하여 말을 들으면서 스스로 새로운 아이디어도 만들어 보려고 노력한다. 말하는 연사가 전체 청중과 눈을 맞추려고 노력하는 것과 같이 말을 듣는 사람도 눈을 맞추도록 노력한다.

단순히 듣기만 할 것이 아니라 적극적인 경청을 한다. 상대방이 말하고 있을 때 듣는 사람은 마음속에서 무언가를 해야 한다. 사람은 말하는 속도보다 듣고 이해하는 속도가 더 빠르기 때문에 남는 시간을 적극적 · 공감적 경청에 사용해야 한다.

말을 들으면서 지속적으로 그 내용이 자기에게 어떤 영향을 미치는가, 자신의 문제를 해결하는데 얼마나 유용한가에 대해서 생각한다. 이렇게 하면 더욱 집중할 수 있고, 제시된 근거를 더욱 객관적으로 평가할 수 있다.

요점이나 자신의 생각을 글로 적어두는 것도 좋다. 이 경우에 요점만을 간단히 적어둔다. 너무 많은 것을 적으면 상대방의 말을 충분히 듣지 못하는 경우도 발생한다. 기본적 내용을 적어두면 세부적인 사항은 나중에 쉽게 생각해 낼 수 있다. 상세한 사항보다는 핵심 사항을 지속적으로 파악하고 평가하도록 노력하여야 한다.

열린 마음으로 듣는다. 사람들 중에는 전쟁하는 기분으로 대화하면서 자신만이 옳다고 생각하고 상대방을 공격하기 위하여 열심히 듣는 사람도 있다. 그러나 좋은 경청자는 상대방이 대단한 사람이 아니라도 들어볼만한 사항이 있다고 생각하고, 자신이 좋아하지 않는 사람에게서도 배울 것이 있다고 생각한다. 현재 자신이 갖고 있는 신념과 다른 말이라도 새로운 정보와 새로운 관점을 받아들일 마음을 가진다.

또 좋은 경청자는 상황을 이기고 지는 관계로 생각하지 않는다. 즉, 말하는 사람의 주장을 인정해주면 자신은 지고 말하는 사람은 이기는 것으로 생각하지 않는다. 대신에 양자가 모두 이기는 상황으로 생각한다. 즉, 말한 사람은 자신의 입장을 잘 설명하였기 때문에 이기고, 말을 듣는 사람은 새로운 정보와 사고방법을 배웠기 때문에 이기는 것으로 생각한다.

이를 위해서는 가급적 중립적인 자세를 오랫동안 유지하고 결론에 너무 빨리 도달하지 않도록 한다.[16] 대신에 말하는 사람이 그러한 주장을 하는 이유와 근거를 이해하려고 노력한다. 상대방 입장에서 생각해보면, 완전히 반대하거나 완전히 찬성할 수 있는 의견은 없다는 것을 알게 된다.

말의 내용에 집중한다. 듣는 사람은 말이 전달되는 방법보다 말의 내용에 집중하여야 한다. 말하는 방법보다 말의 내용이 훨씬 중요하다. 재미가 없는 방법으로 말한다고 하여 무시해서는 안 된다. 말하는 사람이 입은 옷, 말의 속도, 불안한 행동보다는 말의 내용에 주의를 기울인다.

말 가로채기를 하지 않는다. 시간이 급박할 경우에 사람들은 참을성이 없어지기도 한다. 상대방이 말하려는 것의 윤곽이 잡히면 중간에 말을 끊어버리기도 한다. 대응 논리가 생각나면 상대방의 말이 끝난 것인가를 확인하지 않고 바로 달려들기도 한다. 특히 천천히 말하는 사람과 대화할 때 이런 경향이 더 많이 발생한다.

이렇게 방해하면 여러 가지 부정적인 결과가 발생한다. 첫째, 예절이 없다는 것을 보여준다. 둘째, 시간을 아끼기보다는 더 많은 시간을 소비한다. 중간에 말이 끊긴 사람이 다시 처음부터 말을 해야 하기 때문이다. 셋째, 가장 심각한 것으로 "나는 당신보다 더 중요한 말을 하기 때문에 당신을 방해할 수 있다."는 신호를 주게 되어 상대방의 말을 억제한다.

상대방에게 신호를 준다. 상대방의 말에 흥미를 느끼고 있으며 중요하게 생각하고 있다는 것을 알리도록 "예", "음", "그래요?" 등과 같은 추임새를 넣어주거나 고개 끄떡이기, 미소, 얼굴 찡그리기 등을 한다. 특히 서로 갈등을 겪거나 의견의 차이가 있는 상황일 때는 상대방의 의견을 주의 깊게 듣고 있으며 존중해 주고 있다는 것을 보여 주기 위한 노력을 해야 한다.17)

경청하는 사람의 이런 호응은 경청하는 사람에게나 말하는 사람에게 도움이 된다. 첫째, 이렇게 함으로써 경청하는 사람은 상대방이 말하는 내용을 좀 더 적극적으로 들을 수 있다. 둘째, 듣는 사람이 열심히 들어주면 말하는 사람도 더 열심히 말을 하게 된다. 사람들이 더 잘 알아들을 수 있는 말을 택하고 자신의 최선을 다하여 전달한다. 셋째, 서로의 감정이 통하여 친숙한 관계를 형성하고, 감정이 악화되는 것을 방지한다.

이해하기 힘든 말이 나올 때는 조금 기다려보았다가 논의의 핵심적인 사항이라고 판단되면 공격적이지 않은 방법으로 질문을 한다. "조금 전에 한 말은 이해하기 힘들군요."라는 말보다는 "조금 전에 한 말을 좀 더 이해하기 쉽게 해주세요."라는 말을 하면 감정이 상하지 않고 질문을 할 수 있다. 예, 아니요 식으로 답이 정해지지 않은 개방형 질문을 한다.

사실과 의견을 구분한다. 사실(fact)은 사람들에게 알려진 진실을 말한다(예, 한국의 수도는 서울이다.). 의견은 개인적 판단이나 원하는 사항을 서술한 것이다(예,

서울은 수도로 하기에는 너무 혼잡스럽다.). 의견을 말할 때 "내 생각으로는 ....", "...... 라고 생각한다."라는 말을 넣어주면 의견이라는 것을 쉽게 알 수 있다.

경청을 잘하는 사람은 상대방이 주장을 모두 사실이라고 받아들이지 않는다. 경청을 할 때는 사실인지, 의견인지를 판단하기 위하여 상당한 주의를 기울여야 한다. 상대방이 신뢰할 수 있는가, 자신이 잘 아는 분야에 대해서 말하는가 하는 것을 먼저 평가한 뒤에 사실인가 또는 의견인가를 판단한다.

경청할 수 있는 환경을 조성한다. 경청하는 사람의 주의를 산만하게 하는 물리적 요인이 있을 때는 우선 이것을 제거해야 한다. 회의를 할 때는 문을 닫고 휴대전화를 모두 끄도록 한다. 회의 장소가 시끄럽거나, 의자가 불편하거나, 온도가 너무 높거나 낮을 경우는 이것을 먼저 해결한다. 그러나 해결할 수 없는 사항이 있을 경우에는 그냥 참으면서 말하는 사람과 그 사람의 말에 집중한다.

4) 비즈니스에서 경청의 방법

앞에서 설명한 바와 같이 비즈니스 상황에서 경청을 잘하는 것이 중요하다. 각 비즈니스 상황에서 경청을 잘하는 방법은 다음과 같다.[18)]

❖ 회의에서의 경청

회의에서는 다양한 경청 기술이 필요하다. 회의에서의 경청 방법은 다음과 같다.

- ❏ 회의가 시작되기 전에 중요사항을 미리 파악한다. 파악한 것을 바탕으로 마음속에 또는 종이에 알아야 할 내용의 리스트를 작성하고, 회의가 실시되면 알고 싶은 사항이 언급되는가를 파악한다.
- ❏ 모범을 보인다. 회의장이나 강연장에서 속삭이는 소리를 내고 움직이는 것은 좋은 일이 아니다. 조용히 앉아서 경청을 하고 메모를 한다.
- ❏ 말하는 방법을 보고 판단하지 않는다. 비즈니스에서는 두서없이 말하는 사람을 많이 만나기도 하지만 그 사람들의 말에도 업무에 중요한 내용이 포함되어

있기 때문에 경청해야 한다. 말하는 형식에 구애되지 말고 말 속의 정보를 경청한다.

❑ 메모를 잘 해둔다. 사람들이 말하는 내용을 목적, 주제, 주요 사항, 찬성자, 결론 등을 메모해 둔다.

❑ 회의가 끝난 뒤에 다른 사람과 이야기를 나누어 보고 자신이 제대로 이해했는가를 파악한다. 특히 중요한 일을 누가 담당하고 다음에 할 일은 무엇인가를 잘 파악한다.

❑ 의견을 좀 더 명확하게 하거나 행동이 필요한 일이 있는가를 추가적으로 검토한다.

❖ 갈등 상황에서의 경청

갈등이 발생하는 원인은 상대방의 인격이 아니라 상황인 경우가 많다. 따라서 사람들은 상황을 해결하면서 감정이 나빠지지 않도록 주의할 필요가 있다. 이를 위해서 갈등이 발생한 상황에서는 인내심을 가지고 고급 경청기술을 발휘하여야 한다. 이런 점을 고려하여 갈등 상황에서는 다음과 같이 경청한다.

❑ 갈등을 인정한다. 갈등은 가만 두면 더 커진다는 것을 생각하고 상대방과 대화를 시작한다. 다음과 같은 말이 적당하다. "우리는 견해가 서로 다르지요? 서로 의견이 어떻게 다른지 알아보고 싶습니다. 우선 저의 의견을 먼저 말해 보겠습니다."

❑ 타협을 이루기 위한 경청을 한다. 완전한 합의를 하는 것은 어렵다. 대부분의 갈등은 합의가 아니라 타협으로 해결된다.

❑ 상대방 말의 요점을 들은 사람이 다시 말해 준다. 이렇게 하면 상대방의 말에 주의해서 듣고 있다는 것을 보여주게 된다. 요점을 반복한 후 타협이 가능한 영역에 대해서 언급한다.

❑ 상대방이 불평하고 화내고 독한 말을 할 때 가만히 마음으로 들어봐야 한

다.[19] 말로는 표현하지 않지만 갈등을 일으키는 원인이 되는 상대방의 마음 속의 원인을 파악하기 위하여 노력한다. 이를 통해 상대가 진정으로 원하는 것을 발견해야 한다.

- ❑ 갈등이 더 높아지는 것을 주의한다. 이런 일이 발생하면 다음과 같이 말한다. "우리가 너무 감정적으로 대처하는 것 같습니다. 다음에 다시 만나서 논의를 하는 것이 좋겠습니다."

❖ 불평에 대한 경청

조직에서는 정당한 이유가 있어서 불평하는 사람과 무슨 일에나 고질적으로 불평하는 사람이 있다. 이들의 불평에 대해서 각각 다르게 행동해야 한다.

정당한 불평 조직 내 중요한 문제가 발생했을 때 고객이나 내부 구성원이 말하는 불평은 정당한 불평인 경우가 많다. 조직의 리더는 이런 불평을 잘 듣기 위해 노력해야 한다. 이런 불평은 다음과 같은 방법으로 주의해서 신속하게 효과적으로 처리해야 한다.

1. 주의해서 경청한다. 상대방이 충분히 말하도록 한다.
2. 중립을 유지한다. 불평을 들을 때는 그 불평이 공격이 아니라 의견을 들어주기를 바라는 것이라는 것을 명심한다.
3. 공감 경청을 한다. 상황이나 문제가 상대방에게 어떤 영향을 미쳤는가를 생각해 본다.
4. 들은 문제를 다시 한 번 더 말하여 상대방의 입장에서 그 문제를 이해하고 있다는 것을 보여 준다.
5. 상대방은 어떻게 해결되기를 원하는가를 물어본다.
6. 자신이 생각하는 해결 방안을 말한다.
7. 상대방이 만족할 때까지 합리적인 방법을 계속 찾는다.

만성적 불평 실제 행동은 취하지 않으면서 불평하는데 많은 시간을 소비하는 사람들이 있다. 이런 사람들에게 대응하는 것은 매우 힘들고 시간 낭비인 경우가 많다. 이들에게는 다음과 같은 방법으로 대응한다.

1. 해당 상황에서 그 사람의 불평사항과 감정을 인정해준다.
2. 그 상황의 문제점을 인정하지만 그 문제를 논의할 시간이 없다는 것을 설명한다.
3. 그 사람이 그 문제를 해결하기 위하여 할 수 있는 적극적인 실제 행동을 말해준다.
4. 다시 또 그 사람의 불평을 듣게 되면, 일이 바빠서 그 이야기를 들을 시간이 없다고 말한다. 그렇게 몇 번 불평을 듣는 것을 거부하면 그 사람은 불평을 들어줄 다른 사람을 찾을 것이다.

❖ 도움 요청에 대한 경청

직장에서는 동료나 부하로부터 도움이나 조언을 요청받는 경우가 있다. 이런 때는 먼저 그 사람의 말을 경청하여 그 사람의 문제, 원하는 것, 감정 등을 잘 이해해야 올바른 도움을 줄 수 있다. 사람들이 도움을 요청하면 다음과 같은 절차를 따르는 것이 좋다.

1. 그 사람이 충분히 말하도록 하고 해결책을 급하게 제시하지 않는다. 해결책보다는 우선 충분히 들어주고 위로하며 공감해주는 것이 필요하다.
2. 그 사람이 어떤 도움을 원하는지를 물어본다. 조언, 도움, 분석, 해결책 제시 등이 있을 것이다.
3. 그 사람이 원하는 것을 해줄 수 있으면 그 도움을 줄 수 있다고 말한다.
4. 비밀을 유지한다. 그 사람이 도움을 요청한 것은 당신을 믿기 때문이다. 개인적인 비밀을 다른 사람에게 말하지 않아야 한다.
5. 대화가 끝난 뒤에도 도움을 준다. 그 사람이 하는 행동을 보고 필요하면 조언을 해준다.

2 대 화

사람들이 나누는 대화는 중요한 비즈니스 수단이다. 대화는 고객과의 관계에도 중요하고 직장 내의 인간관계 형성에도 중요하다. 그러나 대화를 통하여 사람들 간의 긍정적인 인간관계를 형성하고 업무를 진행하는 것은 쉬운 일이 아니다. 비즈니스에서 사람들 간의 대화를 할 때 처음에는 조심스럽게 시작한다. 대화가 계속되면 사람들은 자신의 성격을 보여주기도 하고 서로 신뢰와 안락함이 생겨서 사생활에 대한 이야기도 나누게 된다. 결국 비즈니스를 하면서 사람들은 업무뿐만 아니라 가족과 친구, 희망과 공포 등에 대해서 서로 이야기하게 된다.

대화에서 사람들은 열심히 들은 후에 말해야 하고, 말을 듣는 사람의 반응을 지속적으로 분석해야 하고, 듣는 사람의 피드백에 따라서 말의 내용을 수정하기도 해야 한다. 또 세심한 주의를 하여 커뮤니케이션의 장애 요인이 발생하지 않도록 노력해야 한다. 이러한 노력을 바탕으로 해서 다음과 같은 대화의 과정을 거치는 것이 좋다.

1) 대화의 과정

보통 대화는 인사, 소개, 의사의 교환, 요약, 종료의 다섯 단계를 거친다.

인사 인사를 하면 대화의 통로가 열린다. "안녕하십니까?" "강00씨, 저는 정00입니다."와 같은 말로 하는 인사도 있고, 친한 사람 사이에는 고개를 끄떡이거나 미소를 짓는 비언어적 인사도 있다. 각 상황과 상대방과의 관계에 적합한 제스처, 음색, 단어 등으로 인사를 한다. 이 단계에서 상대방에 관련된 사항이나 근황을 물어보거나 날씨와 같은 가벼운 화제로 대화를 시도하여 친근감을 높이는 것이 좋다.

도입 이 단계에서 대화를 주도하는 사람은 대화의 시초를 열어간다. 도입 단계는 간단하면서도 중요한 정보를 담고 있어야 한다. 우선 다음과 같은 방식으로 말을 한다. "최00씨, 여러 부서에서 차출된 사람들로 구성된 제품 디자인 팀을 리드해 본 경험이 많지요? 이런 팀의 회의에 화상회의를 하는 것이 가장 좋은 회의 방법이겠죠?" 이런 말을 들으면 앞으로 나눌 대화의 주제와 대화에서 자신의 역할을 이해할 수 있다.

이렇게 도입하는 말은 좋은 소식을 전할 때와 나쁜 소식을 전할 때 각각 다른 방법으로 한다. 예를 들어 전년의 매출액을 분석해본 결과 업계 최고 수준의 매출증가가 있었다는 것이 명백하여 좋은 소식을 전할 수 있을 때는 "우리 부서의 전년도 매출 증가가 업계 최고 수준입니다. 그 문제에 대해서 좀 더 자세하게 보고를 하겠습니다." 하고 결론을 먼저 말한다. 반면에 한 부서의 예산을 삭감하는 것과 같이 나쁜 일이 있을 때는 "요청하신 예산에 관한 문제를 이야기 해볼까요?"와 같이 말하면서 결론은 뒤에 말한다. 이렇게 말하면 대화의 주제는 명백하게 하고, 부정적인 소식을 전하는데 완충장치를 두게 되며, 다음 단계로 자연스럽게 넘어갈 수 있게 된다.

의사 교환 교환이라는 말이 의미하는 바와 같이 대화는 주고받기(give-and-take) 형식으로 진행된다. 이 단계에서 대화의 목적을 직접적으로 달성하게 된다. 의견을 주고받는 과정에 상대방의 반론이 발생하는 것을 당연하게 생각해야 한다. 사전에 예상되는 모든 반론을 생각해보고 반론을 뛰어넘을 수 있는 논리를 준비해 두고, 반론이 제기될 경우는 단순히 자기주장만을 펼치지 말고 유연하게 대응하여야 한다. 이 외에도 의사 교환 단계를 진행할 때 유념해야 하는 사항은 다음의 "대화의 성공요인" 부분에서 설명한다.

요약 이 단계에서는 의사 교환한 내용을 다시 생각해보고 요점을 정리하고 대화를 끝낼 준비를 한다. 대화에 참여한 사람 중 한 사람이 대화의 내용을 요약한다. 여기서 대화의 요점과 관련된 의미 있는 이야기를 해주면 상대방의 마음에 오래 기억된다.

종료 대화를 순조롭게 끝내는 단계이다. 상황에 따라서 종료는 언어적으로 하거나 비언어적으로 하기도 하며, 두 가지를 같이 사용하기도 한다. 예를 들어 판매원이 고객에게 자동차를 판매하는 것을 마지막으로 정리할 때, "박00 고객님과 이렇게 비즈니스를 하게 되어 기쁩니다. 오늘 본사에 주문을 넣겠습니다. 1주일 정도 후에 자동차를 고객님의 댁으로 배달할 수 있을 것입니다. 배달하기 전에 전화를 드리겠습니다."와 같은 말로 대화를 종료한다. 말을 통해서 대화가 완료되었다는 것을 보여준다. 상대방과 악수를 나눈다면 비언어적인 종료 표시가 될 것이다. 요약과 종료 단계를 진행하여 대화에서 결론이 난 것을 분명히 하여야 한다.

2) 대화의 스타일

비즈니스 상황에서 대화는 소극적 스타일, 공격적 스타일, 확신적 스타일 등 세 가지가 있다. 비즈니스에서는 확신적 스타일의 대화를 많이 한다.

소극적 스타일 소극적으로 대화할 때는 상대방에게 우선권을 준다. 이 스타일에서는 상대방이 선택하게 하고, 자신의 감정은 크게 반영시키지 않는다. 소극적 스타일은 망설이고 사과하는 것 같은 목소리를 내고, 눈길도 피하며, 어깨를 늘어뜨리는 자세를 취한다. 이런 대화방식은 다른 사람에게 전염되기도 한다. 이런 소극적인 대화를 하는 예로는 "저는 상관이 없습니다. 강00씨가 결정하시죠." "제가 드린 말씀은 잊어버리세요." "이00씨의 말대로 합시다. 저의 아이디어는 별것이 아닙니다." 등이 있다.

공격적 스타일 소극적 스타일과 반대되는 스타일이다. 이 스타일은 다른 사람의 권리나 감정에 대해서 배려하지 않는다. 공격적 대화는 적대적이거나 위협적이거나 비난하는 대화 방식이다. 이런 대화를 할 때는 "당신(너)"을 주어로 하는 부정적인 평가가 담긴 문장을 큰 소리로 말하고, 성난 얼굴과 위협적인 자세를 같이 하기도 한다. 이런 대화의 예로는 "당신은 능력이 모자라는 군요. 정상적인 사고를 하는 사람이 어떻게 이런 보고서를 만들 수 있죠?" 또는 "이런 보고서는 바람에 날려 버리는 것이 좋겠네요." "지금까지 들은 것 중에서 가장 웃기는 이야기이군요." 등이 있다.

확신적 스타일 앞에서 언급한 소극적 스타일이나 공격적 스타일의 대화로는 비즈니스의 목적을 달성하기가 쉽지 않다. 비즈니스에서 목표를 달성하기 위해서는 확신적 스타일(assertive style)로 대화하여야 한다. 확신적 대화를 하는 사람은 자신의 아이디어를 주장하면서도 다른 사람의 아이디어와 감정을 존중해준다. 이렇게 모든 참여자의 욕구를 충족시켜주려고 노력하면 비즈니스의 목표달성이 쉬워지기도 한다. 상대방이 다른 의견을 말하는 경우에는 긍정적 관점에서 주의 깊게 경청을 하고 협상을 하며, 서로 솔직한 대화를 하고 결론을 도출하기 위하여 협력을 한다. 다른 사람에게 말할 때 먼저 자료와 정보를 충분히 조사하여 개인적 판단보다는 사실적 정보를 바탕으로 말하고, 과장하는 말을 하지 않는다. 스스로 책임을 질 수 있는 단어를 선택하고, 6하 원칙에 따라 믿음직한 목소리로 또박또박 말한다.[20] 또한 상대에게 말할 때 끝맺음을 명확하게 하여 "~했습니다.", "~라고 판단합니다.", "~라고 분석할 수 있습니다."와 같이 간단명료하면서도 전하는 바를 확실하게 전달한다.

3) 대화의 성공요인

대화에 성공하기 위해서는 우선 대화의 목표를 명확하게 하여 이 목표를 달성하기 위한 논리적 근거가 되는 자료를 상대방의 관점을 고려하여 충분히 확보하여야 한다. 대화를 시작하면 우선 상대방의 말을 경청하고 상대방의 입장을 이해한 바탕에서 말을 하는 것이 가장 중요하다. 그 외에도 면대면 대화를 효과적으로 진행하기 위해 다음과 같은 기법이 필요하다.

짧고 단순하게 말한다. 말을 많이 하면 핵심사항을 상대방에게 전달하지 못하는 경우가 많다. 강력하고 효과적인 말은 짧고 단순하다. 말하기 전에 먼저 신중하게 생각을 해보고 상대방이 관심을 가지고 있는 사항을 이해하기 쉬운 단어와 문장으로 짧게 말한다. 비즈니스에서 말을 짧게 하기 위하여 핵심 요지를 30초 정도로 미리 요약해보는 것이 좋다.[21] 이러한 메시지는 다음과 같은 순서로 미리 작성하고 말하는 연습을 해보는 것이 좋다. 글을 쓸 때와 같이 비즈니스에서는 대화를 할 때도 계획하고 연습하도록 해야 한다.

① 말의 목적과 듣는 사람을 고려하여 여러 가지 아이디어를 만든다.

② 가장 강력한 기본 아이디어 하나를 선택한다.

③ 기본 아이디어를 효과적으로 설명하는 핵심적 논거와 이유를 한 두 문장으로 만든다.

④ 위의 논거와 이유를 보조적으로 설명해 줄 사례나 통계 자료 중 가장 적절한 것을 선택하여 단순한 문장으로 만든다.

⑤ 처음에 선택하지 않은 기본 아이디어 중 다른 2가지 정도에 대해서도 위의 절차를 진행한다.

⑥ 지금까지 마련한 아이디어들에 대한 말들을 비교 평가해 본다. 비교 평가에서 가장 적절한 것을 선택하여 연습을 해둔다.

이렇게 충분히 준비한 뒤에 대화를 하여 실수하지 않도록 해야 한다. 짧게 말을 하지만 충분히 연습을 해둔 상태에서 여유를 가지고 상대방의 반응을 보면서 핵심사항을 서두르지 않고 말한다. 그러나 이 책의 문서 작성에서 지적한 바와 같이 설득하거나 부정적인 소식을 전할 때는 결론을 먼저 말하지 않고 이유를 먼저 충분히 설명해야 한다.

적절한 어조를 사용한다. 말하는 목적, 상황, 말을 듣는 사람에 대한 분석 등을 고려해보면 적절한 단어를 선택할 수 있고 어느 정도 확신을 보일 것인가도 결정할 수 있다. 그러나 확신을 보인다는 것이 공격적으로 행동하거나 다른 사람을 고립시키는 것이 아니라는 것을 명심해야 한다. 확신적인 말은 상대방의 아이디어와 감정을 존중해주면서 자신의 아이디어와 감정도 존중할 수 있도록 분명하고 직접적이며 성실한 방식으로 말하는 것이다.

비즈니스에서는 사람들이 침착하고 조심스러울 것으로 기대하기 때문에 항상 자신의 감성을 억제하기 위하여 노력해야 한다. 불쾌한 반응을 보이지 않고도 반대를 할 수 있다. 비즈니스에 성공하는 사람들은 논쟁을 하지 않고 의논을 한다. 의논하는 과정에 위압적으로 보이려고 하지 않는다. 또 상대방 의견에 반대하는 경우에도 빈정거리거나 비속어를 말하거나 부적절하게 웃음을 보여 그 사람이 당황하게 하지 않는다. 예를 들어 직장에서는 상사가 틀린 말을 할 때도 바로 틀렸다는 말을 하기보다는, 조금 시간을 준 뒤에 "그런데, 조금 보충할 것이 있습니다."하는 식을 말을 하면서 우회적으로 말을 해나가는 것이 좋다.[22]

분명하고 적절한 비언어적 표시를 한다. 일반적으로 많은 사람들 앞에서 연설하거나 발표 할 때보다는 소수의 사람들과 대화할 때는 제스처나 몸동작을 적게 한다. 대신 대화에서는 얼굴 표정이 중요한 역할을 한다. 상황이 적합할 때는 미소를 보인다. 진실한 미소를 보이면, 상대방을 수용하고 신뢰하며 공감대를 형성한다는 것을 보여준다. 이렇게 할 때 상대방은 안전하다고 느끼고 자유롭게 말한다. 반면에 눈 접촉을 잘하지 않으면 불성실하거나 두려워하거나 흥미가 없다는 것을 보여서 효과적인 커뮤니케이션에 방해가 된다. 그러나 너무 오랫동안 상대의 눈을 들여다보면 공적적인 행동을 하는 것으로 보이기도 한다.

질문을 한다. 적절한 질문을 해주면 상대방에게 관심과 애정이 있다는 것을 보여주게 되어 상대방이 더욱 열심히 말을 한다. 질문을 통하여 상대방의 욕구를 파악할 수도 있고 정보를 수집하고 대화를 활성화할 수도 있다.

질문은 토론에서 상대와 의견 차이가 날 때 특히 중요하게 사용할 수 있다. 우선 어떤 부분에서 의견 차이가 나는지를 확인한 후 핵심 부분을 2~3 차례 질문한다. 이런 질문을 통하여 핵심적인 차이와 서로의 요구 사항을 확인하고, 서로 받아들일 수 있는 방법을 모색해본다. 이런 과정을 통하면 상대방을 배려하면서 문제를 해결할 수 있다.[23]

귀와 눈으로 들어야 한다. 말하는 상대방에게 충분히 주의를 기우려 상대방의 언어적 표현뿐만 아니라 비언어적 표현을 같이 받아들인다. 말하는 사람이 이상한 방식으로 말을 하거나 행동을 하는 경우에는 상황에 비추어 그것을 해석해보아야 한다. 즉, 말하는 사람이 부정적인 단어를 사용하거나 화난 목소리를 보일 때는 그 사람이 반대하거나 두려움을 느낀다는 것을 짐작으로 파악한다. 눈의 동작, 몸의 동작, 자세 등에 대해서도 관심 있게 보아야 한다.

칭찬은 많은 사람이 알 수 있게 하고, 질책은 다른 사람이 듣지 않도록 한다. 이렇게 해야 칭찬을 받은 사람은 자긍심을 가지고 일할 수 있을 것이고, 질책을 받은 사람은 자신의 잘 못을 스스로 수정할 기회를 가지게 될 것이다. 또 칭찬하거나 질책을 할 때는 그 사람의 인격을 평가하지 말고 구체적 행동에 대해서 말해야 한다. 예를 들어 "김00씨의 훌륭한 실력으로 이번 기획을 아주 잘했습니다."라는 말보다는 "이번 기획은 조사 방법을 참신하게 바꾸었다는 점에서 아주 신선했습니다."와 같은 구체적인 말을 해주어야 다음 작업에도 정확하게 참고할 수 있다. 또 "이제는 제법 건방져졌군."이라는 말보다는 "1시간 전에 복도에서 나를 보고도 그냥 지나가더군."과 같은 말을 해야 문제의 원인을 파악하고 고칠 수 있다.

질책을 할 때는 감정을 배제하고 핵심내용으로 준엄하게 해야 한다. 감정적인 질책을 하는 상사에 대해서는 부하들은 겉으로 말을 듣는 척할 뿐이고 안으로는 절대 새겨듣지 않는다. 당연히 상사의 영향력은 점점 약해지고 커뮤니케이션은 줄어든다.[24] 감정을 배제하기 위하여 시간이 조금 지난 뒤에 남들이 보지 않는 곳에서 조용히 질책하는 것이 좋다.

한편 질책은 이렇게 조심해서 해야 하기 때문에 질책보다는 스스로 잘 못을 깨달을 수 있는 중립적인 질문을 하는 방법을 사용하기도 한다.[25] 중립적인 질문의 예로는 "그렇다면, 그 해결책을 위해 어떤 것이 가장 우선이 되어야 합니까?" "송00씨가 이 프로젝트를 제안했을 때 목적이 무엇이었지요?" "그것을 위해서 무엇이 필요할까요?" 등과 같은 질문을 적절히 해주면 두 사람 사이에서 자연스럽게 해결책이 제시될 수도 있다. 하나의 질문으로 해결이 되지 않으면 3~5개의 질문을 하기도 해본다.

3 비언어적 커뮤니케이션

모든 커뮤니케이션이 언어를 통해서 이루어지는 것은 아니다. 말이나 글로 나타내는 것 외에도 비언어적 커뮤니케이션이 있다. 비언어적 커뮤니케이션은 언어적 커뮤니케이션과 함께 하는 경우(예, 인사말을 하면서 미소를 짓는다.)도 있고 독자적으로 이루어지는 경우(예, 회의에서 제일 뒷자리에 앉는다.)도 있다. 비언어적 커뮤니케이션은 무의식적으로 일어나는 경향이 많지만 중요성이 낮은 것은 아니다. 〈표 10-1〉에서 보는 바와 같이 한 연구의 결과에 의하면 커뮤니케이션에서 메시지의 영향력이 말은 7%정도이고, 말이 아닌 것의 영향력이 나머지 93%라고 한다.[26] 경영학자인 피터 드럭커(Peter Drucker)는 "커뮤니케이션 과정에서 가장 중요한 것은 언어로 전달되지 않는 것을 파악하는 것이다."[27]라고 하였다.

그림 10-1 커뮤니케이션의 영향력 비율

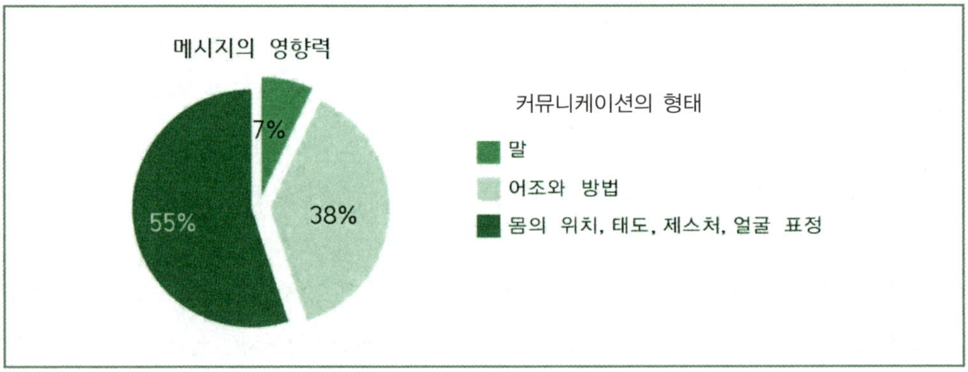

자료원 : A. Mehrabian, "Communication without Words," *Psychology Today*, Sep., 1968, pp.53-55.

만약 언어로 전달되는 것과 비언어로 전달되는 것이 서로 일치하지 않을 때는 비언어적인 것을 믿는 것이 좋다. 비언어적 메시지는 자신도 모르는 사이에 무의식적으로 나타나는 경우가 많기 때문이다. 비언어적 행동이 사람의 진실한 감정과 태도를 알려주는 열쇠가 되는 경우가 많다.

커뮤니케이션 송신자는 비언어적 메시지를 통하여 언어적 메시지의 내용을 알기 쉽도록 보완하고 설명해줄 수 있다. 목소리를 크게 하거나 얼굴 표정을 바꾸어서 말하는 내용을 강조할 수도 있다. 말을 하는 대신에 간단한 제스처로 대답을 하기도 한다. 일부러 눈길을 피하거나 고개를 끄덕이는 방법으로 말을 막기도 하고 촉진하기도 한다.

비언어적 커뮤니케이션 중에서 중요하게 고려해야 할 형태로는 얼굴, 제스처와 자세, 신체의 외양, 음성, 시간, 공간 등 여섯 가지가 있다. 실제 커뮤니케이션에서는 한 가지 형태의 수단에 너무 과도하게 중요성을 부여하지 말고 복합적으로 고려하여야 한다.

1) 얼굴

우리의 신체 중에서 표현력이 가장 왕성한 부분은 얼굴이다. 얼굴 중에서도 눈이 가장 많은 표현을 한다. 대화 중에는 상대방과 적절하게 눈을 맞추어 주는 것이 좋다. 대화하는 도중에 먼 곳을 보고 있으면 대화의 내용을 중요하게 생각하지 않는다는 것을 보여 준다. 그러나 우리나라와 같은 동양 사회에서는 지위가 높거나 나이가 많은 사람의 눈을 너무 바라보는 것은 예의 없는 행동으로 간주되기도 한다. 그 때는 상대방의 이마나 코를 바라보면서 간간히 눈을 맞추어 주는 것이 좋다.

대화 중의 얼굴표정은 감정 상태를 보여준다. 자신의 감정을 숨기고 다른 표정을 지을 수 있는 사람도 있지만, 대부분의 사람은 표정에 감정이 나타난다. 눈썹을 치켜뜨거나 내리는 표정, 웃는 표정 등을 통하여 말의 내용을 보완하기도 하고, 때로는 말은 없이 표정으로만 메시지를 보내기도 한다. 업무 중에는 일상적으로 즐거운 표정과 미소를 보여서 부드러운 분위기를 만들기 위하여 노력해야 한다.

2) 제스처와 자세

제스처는 대화나 프레젠테이션에서 중요한 정보를 전달할 때 사용하는 손과 신체의 동작이다. 말은 하지 않고 사용하는 경우도 있지만 대부분의 경우는 말을 보완하고 이해하기 쉽도록 하기 위하여 제스처를 사용한다.

몸의 자세(예, 팔과 다리의 위치, 상체의 자세 등)도 비언어적 커뮤니케이션 중의 하나이다. 다른 사람과 대화를 하면서 그 사람 쪽으로 상체를 약간 기울인다면 그 대화에 흥미를 가지고 집중한다는 것을 보여준다. 반면에 팔짱을 끼고 대화하거나 반대편으로 상체를 기울이고 있으면 지루하거나 무시하고 있다는 것을 보여준다. 코를 자주 만지거나 손등을 만진다면 거짓말을 하거나 자신감이 없는 것을 보여주는 경우가 많다. 고개를 15도 정도 숙이고 바라본다면 듣는 말에 동의하지 않거나 감정을 누르고 있는 것을 보여주는 경우가 많다.[28)]

3) 신체의 외양

신체의 외양은 많은 사람의 관심거리이다. 텔레비전이나 신문의 광고에서는 사람의 관심을 끌기 위하여 신체 외양이 아름다운 사람이 많이 등장한다. 외양의 모습이 매력적인 사람은 더 지성적이고 호감이 가고 설득력이 있는 것으로 보이고, 첫 인상도 긍정적일 가능성이 높다.[29)] 따라서 비즈니스를 하는 사람은 몸가짐과 신체 모습을 단정하게 보이도록 노력하는 것이 좋다. 또 옷차림, 액세서리 등을 적정하게 마련하여 자신의 가치관과 성격이 긍정적으로 보이도록 노력하여야 한다.

반면에 대화의 상대방에 대해서 신체의 외양이나 말하는 모습을 보고 모든 것을 판단해버리지는 않아야 한다. 다만, 상대방을 유심히 관찰하여 그 사람의 관심사항이나 원하는 바를 정확하게 파악하기 위하여 노력할 필요가 있다.

4) 음성

음성의 크기, 속도, 고저, 음조, 악센트 등은 의도적이거나 비의도적인 신호를 담고 있다. 예를 들어 흥분하거나 불안할 경우에 사람들은 말을 빨리하고 높은 음으로 말한다. 너무 부드럽게 말하는 사람들은 중간에 방해 받거나 무시 받을 수 있는 반면에 너무 큰 소리로 말하는 사람들은 억지를 부리거나 불안정한 것으로 보인다.

5) 시간

약속 시간이나 회의 시간에 늦게 나타나는 사람은 그 약속이나 회의에 대해서 중요하게 생각하지 않는다는 것을 보여준다. 대부분의 경우에 지위가 높은 사람에게는 약속 시간에 기다리게 하지 않아야 한다. 회의에서 중요한 역할을 맡은 사람은 좀 더 일찍 와야 한다.

6) 공간

대부분의 사람은 좁은 공간에서 다른 사람과 가까이 있으면 불안함을 느낀다. 심리학자들은 다음과 같이 공간을 구분한다.[30)]

1. **친밀 영역** 사람들은 약 50cm 범위 안에서 대부분의 개인적인 신체 행위를 한다. 이 공간은 자신이 사용하는 공간이기 때문에 아주 가깝거나 친밀한 관계에 있는 사람들만 들어오는 것을 허용한다. 업무 중에는 악수를 하거나 등을 두드려 줄 때 정도만 짧은 시간 동안 다른 사람이 이 영역으로 들어온다.

2. **개인 영역** 이 영역은 자신으로부터 약 50 – 120cm 사이의 공간인데, 가까운 친구나 동료들과 대화하는 영역이다. 많지는 않지만 이 영역에서 업무를 하기도 한다. 예를 들어 업무의 연장으로 이루어지는 점심식사는 이 영역에서 이루어진다.

3. **사회 영역** 자신으로부터 약 120 – 360cm의 공간은 대부분 업무가 일어나는 공간이다. 비공식 업무회의나 내부 구성원의 회의는 이 영역에서 실시되는 경우가 많다.

4. **공공 영역** 이 영역은 자신으로부터 약 360cm에서부터 눈과 귀가 닿는 곳까지가 해당된다. 이 영역은 가장 공식적인 영역이다. 이 영역에서는 공식적 회의 및 프레젠테이션이 실시된다. 간혹 중요성이 낮은 비공식 회의가 이 영

역에서 열리기도 한다. 이 영역에서 커뮤니케이션은 거리가 멀기 때문에 강사나 연사가 주도하여 일방적으로만 일어나기 쉽다. 쌍방적 커뮤니케이션이 되도록 노력해야 한다.

효과적으로 커뮤니케이션하기 위해서는 자신과 상대방에 적합한 공간을 파악하여야 한다. 다른 공간에서 대화하기를 원하는 사람에게는 적절히 공간을 조절하여 효과적인 커뮤니케이션이 이루어지도록 한다.

제11장

프레젠테이션의 준비와 실시

1. 프레젠테이션의 특성
2. 프레젠테이션 실시 과정
3. 연 습
4. 발표 실시

제11장

프레젠테이션의 준비와 실시

다른 사람과 어울려 일을 하는 사람은 여러 사람 앞에서 말을 해야 할 때가 많다. 예를 들어 은행에서 대출을 받기 위하여 은행원들에게 사업계획을 말하기도 하고, 회사의 새로운 마케팅 전략을 이사회에서 승인을 받기 위하여 발표하기도 하고, 제품을 판매하기 위하여 고객들을 설득하기도 하고, 전문가 모임에서 연설을 하기도 한다. 사람들이 사업에서 성공하기 위해서는 이런 경우에 능숙하게 말할 수 있어야 한다.[1] 그러나 대부분의 사람들은 다른 사람 앞에서 발표하는 것을 두려워한다. 여러 사람 앞에서 말을 잘하기 위해서는 선천적인 소질이 있어야 하는 것처럼 보이기도 한다.

그러나 여러 사람 앞에서 말하는 것을 체계적으로 연습해두면 두려움을 극복할 수 있다. 프레젠테이션의 기회가 오면 두려워하기보다는 자신의 업무를 다른 사람에게 알릴 기회가 온 것으로 보고 충분히 연습하여 적극적으로 발표하는 태도를 가져야 한다.

1 프레젠테이션의 특성

업무상의 프레젠테이션은 사람들 앞에서 말을 한다는 점에서는 전통적인 연설과 비슷하다. 그러나 업무상 프레젠테이션은 연설과 몇 가지 점에서 차이가 있다. 연설에 비하여 업무상 프레젠테이션의 청중은 수가 적고, 발표자와 비슷한 업무 지식을 갖추고 있는 경우가 많다. 일반적으로 프레젠테이션에서는 말하는 시간도 짧다. 이러한 업무상의 프레젠테이션을 하는 사람은 청중이 흥미를 가지도록 하면서도 꼭 필요한 정보를 간결하게 말해주면 된다.

그러나 이렇게 사람들 앞에서 말하는 것은 두려운 일이다. 사람들은 가능하다면 프레젠테이션을 피하려고 한다. 그럼에도 불구하고 프레젠테이션이 실시되는 것은 나름대로의 장점이 있기 때문일 것이다. 반면에 이에 따른 단점도 있다. 비즈니스에서 보고서를 사용할 것인가, 또는 프레젠테이션을 할 것인가를 결정할 때는 이와 같은 장단점을 고려하여 결정한다. 문서로 작성된 보고서에 비해서 말로 설명하는 프레젠테이션이 가지는 장단점은 다음과 같다.

❖ 프레젠테이션의 장점

말로 직접 프레젠테이션 할 때 가지는 첫 번째 장점은 청중으로부터 즉각적으로 피드백을 받을 수 있다는 것이다. 프레젠테이션 현장에서 청중이 얼마나 잘 이해하고 찬성하는가를 보면서 말하는 내용을 조절할 수도 있으며, 질문을 받고 응답할 수가 있다.

두 번째 장점은 말하는 사람이 청중을 통제할 수 있다는 것이다. 문서로 작성된 보고서는 사람들이 읽어볼 것이라는 보장이 없다. 그에 비해서 프레젠테이션에서는 발표자가 청중과 마주 대하며 말의 속도도 조절하고 질문을 하기도 하여 청중이 계속 집중하면서 이해하도록 한다. 발표 중 잠시 멈춤, 제스처, 목소리, 말의 속도 변화 등과 같은 비언어적 수단으로 사람의 주의를 집중시킬 수도 있다. 또 프레젠테이션에서 사용하는 시각자료는 보고서에서 사용할 때보다 효과가 높다.

세 번째 장점은 듣는 사람에 관련된 것이다. 프레젠테이션의 청중은 별다른 노력을 하지 않아도 된다. 글을 읽는 것에 비하면 듣는 것은 노력이 적게 들고 즐거울 때도 있다. 또 언어적인 것과 비언어적인 것을 같이 제공받기 때문에 이해가 쉽고 재미있다.

❖ 프레젠테이션의 단점

프레젠테이션이 매우 큰 장점을 가지고 있음에도 불구하고 몇 가지 단점도 있다. 가장 큰 단점은 영속성이 없다는 것이다. 한번 발표하면 지나가 버리고, 한두 시간

지나면 발표한 정보는 잊히기 쉽다. 사람들이 들은 내용을 이해할 수 있는 기회도 한번뿐이다. 반면에 문서로 작성된 보고서는 여러 번 읽어보고 이해할 기회를 가질 수 있다. 이러한 문제점을 해결하기 위하여 이 장의 마지막 부분에서 설명하는 비디오 프레젠테이션을 실시할 수도 있다.

또 말로 하는 프레젠테이션은 매우 많은 비용이 든다. 물론 프레젠테이션을 실시하기 위한 준비와 장소 사용에도 상당한 비용이 들지만, 더 큰 비용이 드는 것은 청중들을 모아야 한다는 것이다. 만약 전국에 산재해 있는 관리자를 한 자리에 모아서 프레젠테이션 한다면, 관리자들의 그 시간 임금과 교통비용이 많이 소요될 것이다.

2 프레젠테이션 실시 과정

사람들이 별다른 노력 없이 프레젠테이션을 잘할 수는 없다. 프레젠테이션을 잘하기 위해서는 사전에 준비를 하여야 한다. 이 준비를 위하여 목적 결정, 청중 분석, 발표 내용의 조직, 연습, 발표 실시 등과 같은 절차를 진행해야 한다. 프레젠테이션의 공식성 정도에 따라서 준비해야 하는 내용에 차이가 있다. 일반적으로 복잡한 문제나 중요한 결정을 하여야 하는 경우는 좀 더 공식적인 프레젠테이션을 한다. 공식성이 높은 프레젠테이션을 위해서는 주의 깊게 계획하고, 많은 연구를 하고, 시각자료를 잘 만드는 등 더 많은 준비를 하여야 한다. 또 청중이 많고 반대가 심할 것이 예상될 때도 좀 더 많은 준비를 하여야 한다.

그림 11-1 프레젠테이션 실시 과정

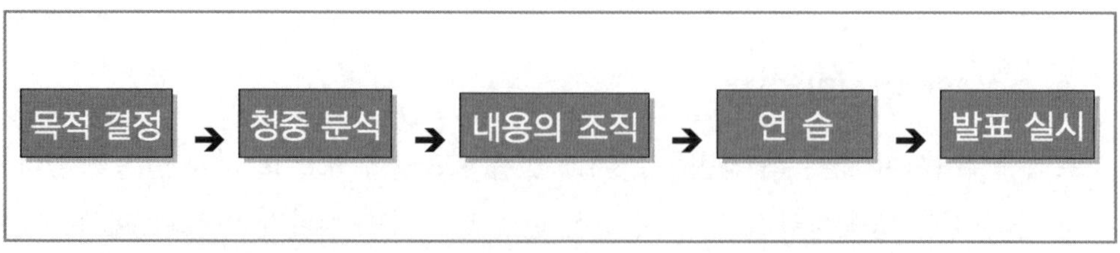

1) 목적 결정

프레젠테이션 준비에서는 먼저 상당한 시간을 들여 목적을 분명히 설정해야 한다.[2] 목적을 확고하게 결정해두면 프레젠테이션을 효과적으로 준비하고 진행할 수 있다.

(1) 일반적 목적 결정

연설이나 프레젠테이션의 목적 결정에는 두 단계를 거치게 된다. 첫째는 일반적 목적을 결정하고, 그 후에 상세한 목적을 결정한다. 일반적 목적으로 가장 많이 지목되는 것으로는 정보 제공, 설득, 오락 등이 있다. 세 가지 목적 중에서 한 가지나 두 가지 목적을 추구하는 경우가 많다.[3]

정보 제공 청중에게 무언가를 교육시키고 설명하려면 정보를 제공한다. 청중에게 새로운 사실을 알려주고 이해시키려고 노력한다. 단순한 사실의 나열보다는 시각자료를 활용하여 간결하게 설명하여야 정보 제공이 효과적으로 된다.

설득 이 목적은 청중의 이해를 구하는 것에서부터 신념이나 태도를 변화시켜 특정한 행동을 하도록 하는 것까지를 말한다. 설득을 효과적으로 진행하기 위해서는 정보와 논리적 근거를 제시하고, 신뢰성을 줄 수 있어야 한다. 또 설득에는 논리적 설명도 중요하지만 청중의 감정을 잘 이해하고 긍정적 감정이 형성되도록 하는 것도 중요하다.

오락 이 목적은 청중에게 즐거움을 주고자하는 것이다. 청중은 발표자의 극적이고 생생한 말에서 즐거움을 느낀다. 대부분의 프레젠테이션에는 청중의 상황을 고려하여 재미있는 유머와 즐겁고 정감이 있는 인간적인 느낌이 나는 말들을 곁들여 주는 것이 좋다.

(2) 상세 목적 결정

프레젠테이션의 상세 목적은 주제와 청중을 어떻게 파악하는가에 따라서 다양하게 설정할 수 있다. 일반적 목적은 동일하여도 상세 목적은 청중에 따라서 다르게 설정될 수 있다.

예를 들어, 은행에서 대출업무를 담당하는 박00씨가 옛 은사의 요청으로 대학의 「소규모 창업」 강좌에서 1시간 동안 강연하려고 계획을 하는 경우를 가정해본다. 우선 일반적인 목적은 "대학생들에게 소규모 창업에 필요한 금융 정보 제공"으로 결정하였다. 박00씨가 제공해 줄 수 있는 정보가 아주 많기 때문에 상세한 목적을 선정하는 것이 어려웠다. 여러 가지로 궁리한 끝에 "소규모 사업을 신규로 시작하는 사람들이 대출하려고 할 때 은행에서 평가하는 요소 세 가지를 창업 강좌의 학생들에게 알려준다."는 것으로 상세 목적을 선정하였다. 이렇게 목적을 결정한 뒤에는 청중을 분석하여야 한다.

2) 청중 분석

프레젠테이션의 청중분석은 글쓰기의 독자분석과 비슷한 원칙으로 실시한다. 청중 분석의 핵심은 청중이 가장 알고 싶어 하는 내용을 파악하는 것이다. 이러한 청중 분석을 하면 청중이 그 프레젠테이션을 주의해서 들어야 하는 이유를 설명해 줄 수 있다.

청중이 자기 조직 내부인 또는 외부인인가에 따라서 청중분석이 다르다. 자기 조직 내부에서 발표할 경우에는 비교적 간단하게 청중의 구성 정도를 파악한다. 즉, "어느 부서, 어느 직위의 종업원과 관리자가 참석하는가?" 하는 것을 파악한다. 그 정도를 파악하면 나머지는 쉽게 알 수 있다. 그러나 외부 조직에서 발표할 경우는 훨씬 다양한 사항을 파악해야 한다. 청중의 인적 구성, 태도, 편견, 공감대, 사고방식 등 다양한 사항을 파악하고, 청중 내의 파벌, 구성원 간의 의견 일치 정도 등에 대해서도 알아둘 필요가 있다. 가능하다면 청중의 평균 나이, 나이의 범위, 남여 비율, 직업, 종교, 정치적 견해, 사회 경제적 구성 등도 파악하면 좋다.

청중이 이미 알고 있는 지식도 파악해야 한다. 청중이 이미 알고 있는 내용이나 너무 어려운 내용을 이야기 하지 않아야 하기 때문이다. 청중에 대해서 파악하기 위하여 가능할 경우에는 전화, 이메일, 면접 등을 이용하여 청중과 미리 접촉하여 조사하는 것이 좋다. 발표하는 주제에 대해서 청중이 친숙하지 않다면 명확하고 쉬운 말을 사용하고 시각자료와 사례를 많이 사용한다. 청중이 발표 내용에 대해 사전 지식이 많다면 프레젠테이션을 빠른 속도로 진행한다. 그러나 초보자와 전문가가 섞인 청중일 경우에는 두 집단을 분리하여 수준에 맞추어 두 번의 프레젠테이션을 실시하기도 한다.

청중 중에서 핵심 의사결정자를 파악하고, 그 사람에게 적합한 수준의 정보를 제공하도록 준비해야 한다. 보통은 직위가 높은 사람이 핵심 의사결정자인 경우가 많다. 핵심 의사결정자를 미리 접촉해보면 도움이 된다. 그 사람을 접촉하기 힘들면 그 사람의 비서나 부하를 접촉하여 필요한 사항을 알아본다. 특히 핵심 의사결정자가 발표하는 주제와 관련해서 과거에 내린 의사결정, 앞으로의 목적, 관심사, 욕구 등을 잘 파악해 두어야 한다. 발표하는 내용이 그 핵심 의사결정자가 과거에 내린 의사결정과 상반되는 경우는 특히 조심해서 발표하여야 한다.

청중의 심리 상태도 프레젠테이션에 영향을 미친다. 청중의 심리 상태에 따라서 다음과 같이 프레젠테이션의 방법을 다르게 한다.[4)]

- ❑ 청중이 친근할 때는 유머를 많이 사용하고, 개인적 경험을 말하기도 한다. 사람들과 화기애애한 분위기를 유지하고 새로운 프레젠테이션 방법을 시도하기도 한다.
- ❑ 청중이 중립적일 때는 차분하면서도 잘 정돈된 방식으로 진행한다. 통계 자료, 사실 자료, 전문가 의견 등을 많이 제공하면서 논리적으로 진행한다.
- ❑ 청중이 무관심할 때는 쉬운 내용과 방법으로 진행한다. 만화, 시각자료, 흥미있는 통계, 유머 등을 제시하면 효과가 좋다. 이런 청중에게 피해야 할 것은 발표회 장소를 장시간 동안 어둡게 하거나, 한 자리에만 고정하여 발표하거나, 청중이 적극적으로 참여하게 하는 것 등이 있다.
- ❑ 청중이 적대적일 때는 설명을 많이 하여야 한다. 객관적 자료, 전문가 의견 등을 제시하면서 가급적 객관적으로 설명한다. 유머를 사용하거나 부적절한

예를 들지 않아야 한다. 질의응답 시간은 가급적 피하고, 그렇지 못하면 사전에 문서로 질의하도록 한다.

또 청중의 수가 많을 경우에는 더 공식적인 프레젠테이션을 실시하면서, 더 큰 소리로, 더 천천히, 더 큰 제스처를 쓰면서 발표해야 하고, 질문은 발표가 끝난 뒤에 하도록 한다. 청중의 수가 많지 않을 경우에는 자유롭게 질문을 할 수 있게 하고 일상적인 대화와 비슷한 어조와 제스처를 사용한다.

다른 사람이나 기업과 경쟁하면서 아이디어를 제안하는 프레젠테이션을 하는 경우에는 경쟁자에 대해서도 분석해야 한다. 경쟁자가 제안할만한 내용을 판단해보고 자신은 차별화된 아이디어를 제안하도록 노력해야 한다.

3) 내용의 조직

프레젠테이션에는 시간 제약이 있기 때문에 너무 많은 사항을 말하려고 준비하지 않아야 한다. 일반적인 규칙은 한 프레젠테이션에서는 세 가지 정도의 요점을 말하는 것이다. 좀 더 깊은 논의가 필요하면 각 요점별로 세 개의 하위 요점을 설정한다.

(1) 주요 내용 설정

주요 내용은 3가지로 분류하여 설정하는 것이 효과적이고, 내용이 너무 적거나 많을 경우는 2-5가지 정도로 설정하기도 한다. 각 내용은 중요성이 크게 차이 나지 않도록 하고, 서로 관련을 가지고, 논리적 순서를 가지도록 한다. 이들을 조직하는 방법은 우선순위별 방법, 공간별 방법, 시간별 방법, 원인과 결과 방법 등이 있다. 내용을 배열하는 순서에 관해서는 제2장 문서작성에서 좀 더 상세하게 설명하고 있다. 여기서는 기본적 내용만 소개한다.

첫째, 우선순위별 방법은 논제의 중요성이나 판단기준에 따라서 조직하는 방법이다. 두괄식과 미괄식이 있으며 가장 많이 사용하는 방법이다.

둘째, 발생순서별 방법은 사건 발생에 따라 한 시점에서 다음 시점으로 진행해가는 방법이다. 발생순서의 단계별로 진행해 나가는 방법을 사용하기도 하고, 발생순서의 반대로 나가는 방법을 사용하기도 한다.

셋째, 공간별 방법은 주요 내용을 물리적 장소에 따라서 분류하고 이들 간의 관계를 보여 주는 방법이다. 전통적으로 서쪽에서 동쪽으로, 위에서 아래로 순서를 정하는 방법을 많이 사용한다.

(2) 소재의 선정

소재를 적절히 사용하여 주요 내용을 명확하고 이해하기 쉽게 제시하면, 청중은 프레젠테이션에 흥미를 느끼고 주요 내용을 쉽게 기억한다. 가장 대표적인 소재로는 다른 사람의 명언을 인용하는 것이 있다. 명언은 말하려는 주제와 관련이 있는 것으로 선정한다. 명언을 이용하여 주제에 대한 자신의 새로운 해석을 소개하거나 주제의 중요성을 강조할 수 있다.

그 외에도 통계자료, 삽화, 전문가 의견 등과 같은 여러 가지 소재를 사용할 수 있다. 이 중 통계자료는 출판이 된 것을 정확하게 인용하고 자료의 원천을 같이 제시해 준다. 또 삽화는 사실에 기반을 두고 작성한 것이나, 가상의 상황을 상정하고 작성한 것을 제시해준다. 전문가 의견은 해당 분야의 잘 알려진 전문가의 생각이나 아이디어를 말한다. 전문가 의견의 신뢰성을 높이려면 전문가의 이름, 자격, 의견을 제시한 시간과 장소를 같이 제시한다. 실제 프레젠테이션에서는 이와 같은 여러 가지 소재를 같이 사용하면서 의견을 제시하는 것이 좋다.[5)]

(3) 시간 한계 추정

프레젠테이션 시긴이 얼마나 되고, 그 시간동안 얼마나 낳은 것을 말할 수 있는가를 사전에 생각해보아야 한다. 사용할 수 있는 시간을 알 수 있으면 말할 수 있는 분량도 알 수 있다. 보통 대화에서는 1분에 300글자 정도를 말한다. 프레젠테이션을 준비하는 과정에 이러한 시간과 단어의 구성에 관한 사항을 염두에 두는 것이 좋다. 청중은 예정된 시간을 넘어서면 듣지 않으려 한다.

업무 현장에서는 바쁜 일이 매우 많다. 대부분의 프레젠테이션은 예정된 시간보다 짧은 시간에 마쳐야 하는 경우가 많다. 짧은 시간이 주어질 때 말할 핵심 내용을 미리 계획해둘 필요가 있다. 반대로 예상보다 긴 시간을 발표하게 된 경우에는 발표하는 문제와 관련된 사례를 준비해 두었다가 말하거나, 질의응답 시간을 길게 하는 방법을 사용한다.

지금까지 진행해온 사항은 프레젠테이션의 준비에 해당한다. 본격적으로 발표 내용을 작성하기 전에 최종적인 점검을 하여 발표 내용을 정확하게 설정하도록 준비하는 것이 좋다. 이러한 준비의 점검을 위하여 〈그림 11-2〉와 같은 점검표를 작성해보면 도움이 된다. 이러한 표를 이용하여 점검해가면서 여러 가지 사항들을 종합적으로 다시 판단해본다.

그림 11-2 프레젠테이션 준비 점검표

제 목		
목적설정	일반적 목적	
	상세 목적	
청중분석	청중의 구성	
	청중이 원하는 내용	
내용결정	발표 시간	
	주요 내용	
	소재	

4) 발표 내용의 작성

발표 내용을 작성할 때는 먼저 발표 개요를 작성하고, 이 발표 개요를 바탕으로 서론, 본론, 결론의 순서로 작성한다. 이러한 내용을 효과적으로 발표하기 위하여 시각자료도 같이 작성한다. 앞의 문서 작성에서 설명한 바와 같이 이러한 개요와 발표 내용은 한 번에 작성하기보다는 초고를 작성한 뒤에 여러 번의 수정을 거쳐서 완성하게 된다. 프레젠테이션의 상황과 발표자의 성향에 따라서 발표 개요만을 작성하기도 하고 발표 내용 전체를 원고로 작성하기도 한다.

(1) 발표의 개요 작성

발표 내용을 본격적으로 작성하기 전에 전체 프레젠테이션의 구체적 내용을 어떻게 구성할 것인가를 계획하는 '발표의 개요'를 먼저 작성한다. 발표의 개요를 작성하면서 프레젠테이션의 여러 요소를 종합적으로 고려한다. 개요에서는 핵심 사항을 제시하고, 소재의 내용을 조정하고, 서론과 결론에서 말할 내용을 제시해 준다. 이렇게 작성한 개요는 청사진과 같은 역할을 해준다. 이 발표 개요만을 작성하여 발표를 실시하는 경우도 있다.

발표의 개요를 작성하는 중간에 새로운 관점이나 새로운 정보를 발견하면 여러 번이라도 계속 수정한다. 정확하게 제시하여야 하는 통계 자료나 인용문과 같은 소재는 내용을 기록한다. 서론과 결론을 비교적 상세하게 기록해두어 프레젠테이션의 처음과 끝에 의미 있는 말을 정확하게 할 수 있도록 한다.[6)]

한 장의 종이에 개요를 작성하기도 하고, 핵심 사항별로 각각의 종이에 큰 글자로 작성하여 빠르고 쉽게 파악할 수 있도록 하기도 한다. 이러한 개요를 잘 이용하면 실제 프레젠테이션을 효과적으로 진행할 수 있다.

발표의 개요를 작성한 뒤에는 전체 발표를 1~2분 정도에 발표할 수 있는 내용으로 요약해보는 것이 좋다. 발표장에서 예상하지 못한 상황이 발생하여 압축해서 발표해야할 경우에 대비해 두기 위한 것이다. 이러한 요약을 해보면 발표할 내용의 가장 기본적인 논리와 핵심사항을 점검해 볼 수 있는 기회를 가질 수도 있다.

그림 11-3 '면접 요령 교육' 을 위한 발표 개요의 예

면접 요령 교육 개요

I. 서론

a. 주의 끌기: 기업이 직면하고 있는 문제 중에서 가장 위험하고 비용이 많이 지출되는 것은 직무에 적합한 인재를 채용하지 못하는 것임

b. 연사의 신뢰성: 본 연사는 12년 동안 여러 대기업에서 면접시험 전문가로 참여했고, 6년 동안 면접 진행 교육의 강사로 활약했음

c. 청중이 프레젠테이션을 들어야 하는 이유: 청중은 조만간 신입직원 입사 시험 면접을 하여야 하는데, 어떻게 하면 가장 능력 있는 사람을 선발할 수 있는가를 알아야 함
(근래에 앞선 기업은 훌륭한 인재 채용을 기업 전략의 핵심으로 삼음. "한 명의 천재가 천 명, 만 명을 먹여 살린다" 는 말도 있음)

d. 목적: 효과적인 면접의 방법을 설명
 - 면접에서 정확한 정보를 파악하는 방법 설명
 - 획득한 정보를 공정하게 평가하는 방법 설명
 - 종업원의 성공적인 경력관리 방법 설명

e. 주요 포인트: 면접 준비 단계, 면접 단계, 면접 후속 단계

II. 본론 : 면접 준비 단계

a. 해당직무의 주요업무 파악

b. 직무수행 요건 파악
 - 교육 정도
 - 직무 경험
 - 성격

c. 질문 준비
 - 직업 경력, 현재의 업무
 - 구체적인 행동의 예

1

- 강점과 약점
- 장 · 단기 목표

III. 본론 : 면접 진행

a. 이력서 검토 및 질문

b. 관찰
- 사무실과 먼 곳에서 면접 진행
- 신체 언어의 관찰
- 말로는 할 수 없는 것을 관찰

c. 성실한 면접
- 직무수행에 필요한 사항을 상세하게 질문
- 지원자의 질문에 성실하게 대답
- 선발 가능성이 없는 지원자에 대한 적절한 대응

IV. 본론 : 면접 후속 조치

a. 기록의 재검토

b. 2-3명이 평가

V. 결론

a. 목적과 주요 포인트의 재검토

b. 마지막 종결하는 의미 있는 말을 남김:
우수한 사원을 선발하는 것은 회사의 미래를 결정하는 것임
선발된 신입직원을 팀의 정예요원으로 만들도록 노력해야 함

2

참고 자료 : D. B. Roebuck, *Improving Business Communication Skill*, 3rd ed.. Prentice Hall, Upper Saddle River New Jersey, 2001, p.178.

(2) 서론 작성

발표 개요를 작성한 것에 기반을 두고 서론을 작성한다. 서론의 구성에 대해서는 텔레비전 프로그램 제작자에게서 배울 필요가 있다. 텔레비전 프로그램 제작자는 시청자가 채널을 옮기지 않도록 처음 1~2분에 주의를 끌어야 한다. 또 영업을 전문으로 하는 사람은 고객과의 최초 접점에서 15초가 넘기 전에 고객의 관심을 끌기에 성공하여야 본격적인 설명을 해볼 수 있다고 한다.[7] 프레젠테이션 하는 사람도 처음에 주의를 끌기 위해 이와 같은 노력을 하여야 한다. 주의를 끄는 요소로는 청중 자신에 관한 이야기나, 청중의 업무에 관한 이야기, 시사적인 이야기, 명언, 재미있는 사건, 재미있는 농담, 자신의 독특한 견해, 시각자료 등이 있다.

주제와 청중에 따라서는 주의 끌기가 필요 없는 경우도 있다. 예를 들어 이미 예전에 보고한 바가 있는 사항에 대해서 추가로 현재 상태를 다시 보고할 경우에는, 바로 핵심 사항을 설명하고 본론으로 들어가도 된다. 그러나 상위자에게 새로운 제안을 할 경우나 청중이 발표자를 잘 모를 경우에는 먼저 주의를 끌 수 있는 서론을 말해야 한다.

프레젠테이션을 시작하기 전에 사회자가 발표자를 소개해주는 것이 가장 좋지만 그렇지 않았을 때는 주의 끌기 다음에 강사 자신에 대해 간략하게 소개한다. 자신이 이러한 프레젠테이션에 적합한 사람임을 보일 수 있도록 적절한 말을 한다. 이때 자신이 해당분야의 전문가임을 보여야 하지만 자기 자랑이 되지는 않도록 객관적인 사실을 담담하게 말해야 한다. 그러나 이 단계에서 사과하는 말을 하지 않아야 한다. (예, 오늘 발표 준비를 별로 하지 못하였습니다. 저는 적절한 발표자가 아닙니다.) 청중이 그 말에 동의하게 되면 발표자에 대한 관심이 적어지고 신뢰성도 줄어든다. 실제 자신이 전문가가 아닌 경우에는 프레젠테이션을 위하여 얼마나 준비하였는가를 설명해주는 정도가 좋다.

주의 끌기와 강사 소개 후에는 청중이 프레젠테이션을 들어야 하는 이유를 핵심적인 말로 설명해준다. 이 단계에서는 발표하려는 사항의 역사적 · 사회적 · 경제적 의미를 핵심적인 짧은 말로 설명해줄 필요가 있다. 예를 들어 애플컴퓨터의 신제품 프레젠테이션에서 스티브 잡스는 "우리는 세상에서 가장 얇은 노트북을 만들기로 결정하였습니다." "애플이 휴대전화를 재발명합니다." "아이팟은 1,000곡의 노래를 호주머니에 넣어준다.” 등과 같은 말로 그 날 발표할 내용의 핵심을 표현하였다.[8] 스타벅스 CEO 하워드 슐츠는 “스타벅스는 집과 직장 사이에 존재하는 제3의 공간을 창조합니다.”와 같은 말로 사업아이디어를 설명하였다. 이러한 말은 프레젠테이션의 핵심사항을 청중의 관점에서 표현한 것이다.

이어서 핵심사항을 구성하는 세부적 내용에 대해서 간단히 언급해준다. “오늘 제가 말씀드릴 내용은 세 가지입니다. 그 중에서 첫째는 ......”과 같이 말한다. 또 프레젠테이션 내용의 범위도 말하여 청중의 관심이 흩어지지 않도록 한다. 또 청중에게 무엇을 기대하는가도 설명해준다. 즉, 제공해주는 정보를 잘 이해하기 바란다거나 특정한 행동을 기대한다는 말을 한다.

서론 부분이 매우 중요하기 때문에 전체 서론 내용을 글로 써두고, 한자 한자씩 완전히 익숙해질 때까지 연습을 하는 전문가도 있다. 서론에 사용하는 시간은 전체 시간의 15~25%정도가 적합하다.

(3) 본론 작성

본론에서 실제 내용을 발표한다. 서론에서 소개한 내용을 본격적으로 설명하면서 배경정보, 근거, 예시, 시사점, 결과 등을 제시한다. 프레젠테이션에서는 한정된 시간에 여러 가지 문제를 다루게 되면 실패하기 쉽다. 보통은 3가지 정도의 핵심사항에만 한정하여 발표하는 것이 좋다. 각 핵심 사항에 대해서 적절하게 상세한 설명을 해준다. 과도하게 상세한 설명을 하면 주요 요지가 흐려지기 때문에 상세함의 정도를 적절하게 선택하여야 한다. 중간 중간에 발표한 내용을 요약해주어 청중이 전체 흐름을 놓치지 않도록 해 주는 것이 좋다.

본론 작성 과정에서 기본적으로 고려하여야 할 사항으로 다음과 같은 두 가지가 있다.

첫째, 신뢰성을 높인다. 발표자가 스스로 자료 수집과 분석의 전 과정을 수행했으며, 발표하는 내용은 합리적이라는 것을 청중이 확신하도록 한다. 주장하는 내용에 대해서 믿을 수 있는 근거를 제시하면서 객관적인 말로 설득하고, 과장하지 않는다. 그러나 너무 많은 자료나 그림을 제시하여 청중이 이해하기에 부담스럽게 하지는 않아야 한다. 상세한 통계자료는 발표가 끝난 뒤에 참고할 수 있도록 유인물로 별도로 배포하는 방법도 있다.

둘째, 부정적인 정보를 잘 다룬다. 수집하고 분석한 정보가 발표자가 말하려는 내용과 모두 일치하는 경우는 별로 없다. 모두가 일치한다면 설득이나 발표가 필요 없을 것이다.

발표에서 부정적인 정보를 감추어서는 안 된다. 그렇게 하면 발표자를 곤란하게 하는 질문이 나오고, 발표자의 입장은 약화된다. 자신이 제시하는 의견이 믿을 만 함에도 불구하고 부정적인 정보가 있으면 그것에 대해 언급해 준다. 모든 중요한 정보를 제시하고 분석을 해보이면서 발표자가 제시하는 권고안이 일부 부정적인 면에도 불구하고 믿을 만 하다는 것을 보여준다. 이렇게 부정적인 정보를 제시하지만 중요하지 않은 정보로 취급한다. 그러나 이 정보에 대해서 질문이 나오면 토론할 수 있는 준비를 하고 프레젠테이션을 시작하여야 한다.

(4) 결론 작성

결론에서는 주제와 핵심 내용을 요약하고 재음미하며 마지막으로 권고사항을 제안한다. 주제와 주요 핵심 내용을 재음미 할 때는 지금까지와는 다른 말로 다시 정리해보고 내용을 보완해준다. 권고사항 제안에서는 청중이 기억하거나 행동해야 할 사항을 제시해준다. 이런 권고사항을 따를 때 청중이 얻게 되는 이익을 중요하게 설명한다. 결론은 전체 프레젠테이션 시간의 5~10%를 사용한다. 연설을 마치면서 마지막으로 주목할 만한 말을 하여 청중이 오랫동안 그 프레젠테이션을 기억하도록 한다.

프레젠테이션을 효과적으로 끝내는 말을 고안해 내는 방법은 서론 부분에서 주의를 끄는 말을 고안해 내는 것과 비슷하다. 결론에서는 다른 사람의 말을 인용하는 것은 일반적으로 하지 않는다. 결론에서는 청중이 발표자 자신의 말을 기억하도록 해주어야 한다. 다만, 인용하는 내용이 지금까지 말한 내용의 핵심을 잘 나타낼 경우에 한해서 사용할 수도 있다.

반면에 특별한 결론 없이 "이 정도로 제가 말씀드릴 내용을 마치겠습니다."나

"이제 마칠 시간이 되었습니다."와 같은 말로 끝내지 않아야 한다. 또 "결론을 말씀드립니다."고 한 뒤에 길게 말하지 않아야 한다. 결론을 말한다고 한 뒤에 프레젠테이션 시간의 10% 이상을 끌면 청중이 불편하게 생각한다.

(5) 시각자료 작성

위와 같이 발표할 내용을 결정한 뒤에는 시각자료를 작성한다. 시각자료를 이용하여 발표하면 발표자는 준비를 철저히 한 것으로 보이며, 청중은 발표 내용에 흥미를 더 많이 느끼게 된다. 한 연구의 결과에 의하면 시각자료를 사용하면 그렇지 않을 때보다 발표자의 목적 달성 비율이 34%이상 더 높았다고 한다. 또 시각자료를 사용했을 때 집단에서 합의가 일어날 가능성이 21%가 더 높았고, 사람들이 어떤 개념을 이해하는데 40% 정도 시간이 적게 소요되었다.[9] 또 프레젠테이션에서 시각자료를 사용하면 청중의 기억에 오래 남는다고 한다. 〈표 11-1〉의 통계자료를 보면 시각자료의 중요성을 알 수 있다.

표 11-1 발표 방법별 정보의 기억 정도

구 분	정보 기억 비율	
	3시간 후	3일 후
듣기만 한 경우	70%	10%
보기만 한 경우	72%	20%
듣고 본 경우	85%	65%

자료원 : C. Hamilton, *Communicating for Results*, 9th ed. Wadsworth, Belmont, CA, 2010, p.341.

그러나 시각자료를 너무 많이 사용하지는 않아야 한다. 가끔 초보자 중에는 시각자료에 전적으로 의지해서 발표하기도 한다. 이렇게 하면 발표자보다는 시각자료가 중요한 역할을 해버린다. 시각자료는 청중이 핵심 사항을 파악하도록 하기 위해서 보조적으로만 사용하고, 더 이상 필요하지 않을 때는 사용하지 않아야 한다. 꼭 필요할 경우에만 사용하는 것이 발표 전체 시간에 사용하는 것보다 더 효과적이다.

시각자료를 제작하고 사용하기 전에 "시각자료가 논점을 명확하게 설명해 주는가?"하는 것을 최종 점검해 본다. 이 물음에 긍정적인 답이 있을 경우에만 사용해

야 한다. 그냥 보기에 좋게만 하는 경우에는 사용하지 않는 것이 좋다.[10)]

❖ 시각자료의 매체

시각자료가 목적과 조화가 되도록 매체를 선정하여야 한다. 시각자료를 제시하는 매체로는 OHP, 컴퓨터 슬라이드, 플립차트(한 장씩 넘길 수 있는 큰 그림카드), 슬라이드, 화이트보드, 샘플, 지도, 비디오 등이 있다. 한 프레젠테이션에서는 2~3가지의 시각자료를 사용하여 발표중간에 적당한 변화를 주는 것이 좋다. 이들 중에서 많이 사용하는 것은 화이트보드와 컴퓨터 슬라이드이다.

화이트보드를 사용하면 청중에게 설명을 하면서 이야기 속도에 맞추어 필기를 하고 그림을 그리기 쉽고, 현장의 질문에도 바로 대응할 수 있다. 그러나 청중 앞에서 필기하는데 시간이 걸려 청중의 관심이 분산될 염려가 있어서 너무 많이 사용하지 않아야 한다. 화이트보드는 컴퓨터 슬라이드의 보조 도구로 사용되는 경우가 많다.

컴퓨터 슬라이드는 파워포인트 같은 소프트웨어 프로그램을 이용한 시각자료 매체이다. 동적이고 화려한 색상을 이용한 발표를 할 수 있다는 장점이 있다. 그러나 잘못하면 발표자보다는 시각자료가 더 주목을 받을 수 있고, 실내조명을 어둡게 해야 하기 때문에 발표자와 청중이 서로 보기가 어렵다는 단점이 있다.

플립차트는 컴퓨터 슬라이드 화면을 A3 또는 그 이상 크기의 종이에 프린트하여 단단한 패널에 붙인 것이다. 발표자가 들고 보여주면서 발표하기에 편리하다. 플립차트를 발표자가 들고 발표 내용에 맞추어 보여주면 청중이 발표자에게 집중할 수 있고, 발표자는 현장에서 사용하기도 간편하다. 발표에 포함된 여러 가지 표나 그림을 비교하기에도 편리하다.

시각자료는 가능하면 미리 준비하는 것이 좋다. 예를 들어 화이트보드보다는 컴퓨터 슬라이드를 사용하면 미리 준비해 둘 수 있다. 미리 제작해놓지 않고 모든 내용을 현장에서 화이트보드에 쓸 때에는 청중에게 발표자가 등을 보여야 하고, 발표자가 화이트보드에 내용을 쓴 뒤 청중과 눈을 맞출 수 있을 때까지는 말하기가 곤란하다는 문제점이 있다. 따라서 주요 내용은 컴퓨터 슬라이드로 미리 제작해두고 발표를 진행하면서, 보충하는 내용은 가끔 화이트보드에 쓰면서 발표하면 시각자료 사용에 적절한 변화를 주게 된다.

❖ 시각자료 제작 원칙

컴퓨터 슬라이드를 비롯한 시각자료를 준비할 때는 다음과 같은 원칙을 지킨다. 한 화면에는 하나의 주제만을 담고, 글은 6줄 이하로 하고 각 줄에는 6단어(20글자 정도) 이하만 넣는 6×6 방식이 적합하다[11]. 시각자료에 글을 넣을 때는 완전한 문장보다는 간단한 절과 구를 넣는다. 시각자료에 포함된 글은 프레젠테이션의 내용 자체가 되기보다는 내용의 안내가 되도록 너무 자세한 사항은 생략하고 핵심적인 내용을 절과 구로 작성한다.[12] 통계자료는 3열 정도만 제시한다. 각 줄을 잘 정리하기 위하여 줄 앞에 불렛(bullet, 점) 기호를 넣는다. 시각자료 전체에 일관된 글씨체를 사용하고, 한 자료 내에서 글자 크기는 3종류 이하만을 사용한다. 각 자료의 위쪽 여백은 동일하게 하여 일관성을 유지한다.

전통적으로 시각자료는 OHP나 컴퓨터 슬라이드에 텍스트 형태로 작성한 것이 많았다. 이제 점점 그림으로 된 자료를 만들어 내는 경향이 있다. 자신이 생각하는 개념이나 아이디어를 차트와 그림으로 보여주는 노력을 하여야 한다. 차트와 그림으로 된 시각자료를 보면 청중은 쉽게 정보를 이해하고 오래 기억하게 된다. 청중이 말로만 들은 내용은 30분이 지나면 대부분을 잊어버리지만 그림은 1주일이 지나도 기억하는 것이 많다.

❖ 시각자료의 색

색을 사용하여 청중이 이해하고 기억하기 쉽도록 할 수 있다. 색은 단순히 화면 장식의 의미를 넘어 디자인의 핵심요소이다. 색을 이용해서 청중의 관심을 끌고, 중요한 아이디어를 강조하고, 비교해 보여줄 수 있다.

표 11-2 색과 감성

색	연관된 감성	사용방법
푸른색	평화, 부드러움, 평온, 냉정, 신뢰	화면의 배경색으로 사용 ; 안정과 신중
흰 색	중립, 순진, 순수, 현명	어두운 배경색의 슬라이드에 글자의 색으로 사용
노란색	따뜻함, 밝음, 즐거움, 열정	어두운 배경색 위에 불렛 기호나 소제목 표시
붉은색	열정, 위험, 능동, 고통	활동을 촉진하고 청중을 흥분시키기 위해 사용
초록색	확신, 번영, 질투, 휴식	중요성이나 강조를 나타내는 경우 사용

자료원 : C. L. Bovee & J. V. Thill, *Business Communication Today*, 10th ed., McGraw Hill, NY, 2010, p.540.

시각자료에 사용한 색은 〈표 11-2〉에서 보는 바와 같은 다양한 감성을 유발할 수 있다. 예를 들어 청중이 흥분하도록 하려면 붉은색이나 오렌지색과 같은 따뜻한 색을 많이 사용한다. 평안하고 수용적인 분위기를 만들려고 하면 청색을 선택한다. 또 색이 각 문화마다 다르게 해석되는 경우가 많다는 것도 고려하여 다른 나라 사람도 배려해야 한다. 다음은 색을 사용할 경우에 적용하는 지침이다.[13]

1. 전체적으로 일정한 색을 사용한다. 배경색을 먼저 선정한 후에 글자나 자료의 색을 결정한다. 글자와 자료의 색은 배경색과 대조가 되어야 읽기가 쉽다.
2. 색은 서로 충돌하지 않고 잘 조화되도록 해야 한다. 무지개 효과를 피하도록 한 화면에 3-4가지 이상의 색을 사용하지 않아야 한다.
3. 가장 주의를 많이 끌어야 하는 부분에는 밝은 색을 넣는다.
4. 기본적으로 컴퓨터 슬라이드는 청색과 같은 어두운 배경색을 사용하지만, 장소에 따라 다르게 사용하기도 한다. 어두운 방에서 프레젠테이션을 할 때는 슬라이드의 배경색은 어두운 색으로 하고, 그림은 중간 정도 밝은 색으로 하며, 글자는 밝은 색으로 한다. 반면에 밝은 방에서 프레젠테이션을 할 때는 배경색을 밝은 색으로 하고 글자를 어두운 색으로 한다.

3 연 습

대부분의 사람은 대중 앞에 나서서 말하는 것을 두려워한다. 그 두려움을 극복하려면 실제 프레젠테이션에 앞서 많은 연습을 하여야 한다. 사람은 남 앞에 서서 발표하기 전에 어느 정도는 두려움을 느끼는 것이 도움이 되는 경우도 있다. 사람들이 두려움을 느끼면 각성수준을 높이고 에너지를 모아서 발표를 잘하기 위해서 노력하게 되기 때문이다.[14)]

경험이 적은 사람은 연습을 하면 자신감이 생기고 말을 부드럽고 쉽게 할 수 있다. 청중이 바로 앞에 있다고 생각하고 실제 말할 것을 모두 연습해 본다. 또 사람들 앞에서 복장에 대해서도 점검해본다. 실제로 발표에서 입을 옷을 입고 행동해본다. 사람들 앞에서 연습할 수 없을 때는 녹음하거나 녹화해서 점검해볼 수도 있다.

1) 원고 준비

실제 연설할 때 준비한 원고를 읽거나, 내용 전체를 외우려고 하지 않아야 한다. 그보다는 발표할 내용을 메모하여 발표하는 것이 좋다. 읽기, 외우기, 메모 이용의 장단점은 다음과 같다.

읽기 매우 복잡한 기술적 문제를 설명하거나, 찬반이 엇갈리는 문제를 설명하거나, 짧은 시간에 많은 정보를 말해야할 때는 준비한 원고를 읽기도 한다. 그러나 비즈니스 상황에서는 이 방법은 피해야 한다. 발표자의 눈이 원고에 머무르고 있으면 청중을 살펴보고 청중의 피드백을 받아가면서 현장감 있는 발표를 할 수 없기 때문이다.

외우기 프레젠테이션 내용이 짧은 경우는 전체 내용을 외워서 말하기도 한다. 그러나 대부분의 경우 원고를 외우는 것은 위험하고 시간이 너무 많이 걸리는 일이다. 제일 큰 위험은 프레젠테이션 중간에 외운 내용이 기억나지 않는 것이다. 이를 방지하기 위하여 말하는 것보다 잊어버리지 않는 것에 더 주의하게 된다.

또 외운 것을 기계적으로 이야기하게 되어 청중의 요구에 따라 내용을 적당히 조절하지 못한다. 비즈니스 상황에서는 이 방법도 피해야 한다. 다만 서론과 결론의 말, 중요한 인용의 말, 유머 등은 외워 두었다가 사용하는 것이 효과적이다.

메모 이용 비즈니스에서 가장 많이 쓰이는 방법은 기본적인 내용을 메모하고, 이 메모에 따라서 프레젠테이션을 진행하는 것이다. 메모에는 완벽한 문장보다는 주요 문구를 적어 둔다. 내용을 충분히 숙지하고 메모해둔 주요 문구에 따라서 발표한다. 이렇게 하면 대화체로 발표하면서 청중과 공감대를 형성할 수 있고, 주요 사항을 빠짐없이 논리적 순서에 따라 설명하면서도 청중의 반응에 따라서 유연하게 대처할 수 있다는 장점이 있다. 그러나 발표 중에 가끔 단어 선택에 어려움을 겪을 수가 있다는 단점이 있다. 한편 메모를 카드에 작성할 때는 페이지 번호를 매겨서 순서에 혼동이 오는 일이 없도록 해야 한다. 글자 크기는 되도록이면 크게 하여 보기 쉽게 한다.

2) 발표 문장과 말의 준비

프레젠테이션에서는 보고서와는 달리 사람들이 발표하는 정보를 이해할 수 있는 기회는 한번 뿐이다. 프레젠테이션 할 때는 문서로 된 보고서를 작성할 때보다 더 짧은 문장과 더 쉬운 단어를 사용해야 한다. 발표자도 복잡한 단어로 이루어진 긴 문장을 말하기가 어렵고, 듣는 사람도 이런 말을 이해하기 어렵다. 또 종이 위에서는 쉽게 읽히는 긴 문장도 큰 소리로 말할 때는 숨이 차다는 것을 고려하여 짧고 단순한 문장의 대화체로 말하는 것이 좋다.

청중 앞에서 말할 때 추상적이거나 일반적인 말, 통계자료와 같은 무미건조한 말만 한다면 청중은 귀를 기울이지 않을 것이다. 프레젠테이션이 활기차고 이해하기 쉽도록 하기 위해서는 비유법을 적절히 사용하는 것이 좋다. "우리 회사가 이번에 인도네시아에서 확보한 산림의 면적은 7백만m^2 입니다."라는 말보다는 "우리 회사가 이번에 인도네시아에서 확보한 산림의 면적은 7백만m^2이며 여의도 면적의 3배입니다."와 같은 비유가 있으면 실감을 줄 수 있다. 또 은유법, 직유법 등과 같은 비유법을 사용하면 사람들이 귀를 기울이게 될 가능성이 높아진다. 은유법을 사용한 말의 예로는 "사람이 장사할 때는 여우가 됩니다." "나의 책상은 쓰레기장 입니다."와 같은 것이 있다. 직유법을 사용한 말의 예로는 "사람이 장사할 때는 여우 같이 행동합니다." "나의 책상은 쓰레기통 같이 지저분합니다."와 같은 것이 있다.

발표를 진행하면서 앞으로 말할 내용을 미리 예고해주고, 지나간 내용을 요약하고, 필요한 부분은 반복해서 말하여 청중이 이해하고 기억하기 쉽도록 준비한다. 같은 말이라도 여러 가지 방법으로 말해보고 가장 적당한 것을 택한다.

프레젠테이션 하는 과정에는 "음-," "에-," 등과 같은 말이 자연스럽게 나오게 된다. 그러나 이런 말 대신에 말하는 사이에 잠깐 멈추는 시간을 넣는 방법을 익혀두면 좀 더 노련한 발표자로 보이기도 한다. 멈추는 시간을 넣을 때 얻을 수 있는 이점은 다음과 같다.

- ❑ 짧은 침묵 시간동안 청중은 조금 전에 말한 내용에 대해서 생각할 수 있기 때문에, 말하는 내용을 이해하기 쉬워진다.
- ❑ 잠시 멈추는 사이에 호흡을 가다듬을 수 있다. 호흡을 가다듬어 여유 있는 목소리를 낼 수 있다.
- ❑ 잠시 침묵하면서 말할 내용을 가다듬는다.

잠시 침묵하면서 사이를 두는 방법을 연습하기 위해서는 우선 자신이 말하면서 "음-," "에-," 등과 같은 말을 쓰는 것을 관찰한다. 그리고 그런 말이 들어가는 자리에 잠시 침묵하는 것을 연습한다.

3) 발표 연습의 과정

중요한 프레젠테이션을 위해서는 세 차례 정도 처음부터 끝까지 발표해보는 연습을 한다. 연습 때 발견할 문제점을 수정할 시간이 충분하도록 연습일정을 정한다. 처음 연습할 때는 혼자서 하거나 친근한 동료 한 사람 정도와 같이 한다. 이 단계에서 만족하면 다음으로 좀 더 많은 사람 앞에서 연습해본다. 발표할 내용에 충분히 친밀감을 가질 때까지 연습을 한다. 가장 중요한 부분인 서론, 핵심사항 요약, 결론

등은 훨씬 더 많이 연습한다.

연습에서는 모든 요소가 계획대로 진행되는가를 파악하고 소요시간을 파악한다. 프레젠테이션을 여러 부분으로 구분하고, 각 부분별로 소요되는 시간을 기록해둔다. 이 기록을 참고하여 소요 시간이 너무 긴 경우에는 핵심부분이 아닌 부분은 잘라내어 실제 발표에서 당황하는 일이 없도록 한다. 또 실제 발표에서 배정된 시간이 줄어드는 경우도 있다. 이 경우에는 각 부분의 시간을 잘 파악해두고 중요성이 약한 부분은 뺄 수 있어야 한다.

말의 속도는 기본적으로 보통 대화보다는 조금 천천히 대화체로 말하도록 연습한다. 흥미와 상황에 따라서 속도를 다양하게 조절한다. 중요하거나 복잡한 것을 말할 때는 천천히, 요약할 때는 빨리 말한다. 핵심 사항을 말하기 직전에는 약간 말을 멈춘다. 정확한 발음을 하고 말끝을 흐리거나 자르지 않는다.

사람들에게 성가시고 신경 쓰이게 하는 행동은 하지 않도록 연습한다. 그 예로 헛기침을 자주 하는 행동, 손을 너무 크게 흔드는 행동, 탁자를 너무 세게 붙잡는 행동, 신경질적으로 몸을 흔들거나 걷는 행동, 호주머니 속의 동전이나 열쇠를 흔들어서 소리가 나게 하는 행동, 연필로 손장난하는 행동 등은 삼가야 한다.

자신이 서는 위치를 확고하게 잡도록 연습한다. 컴퓨터 슬라이드를 사용할 때는 보통 청중을 기준으로 스크린의 왼편에 서는 경우가 많다. 스크린의 글이 왼편에서부터 시작되기 때문이다. 이 상태에서 청중은 발표자를 보기 위해서 왼편을 보고 있다가 스크린의 시각자료를 볼 때는 약간 오른 쪽으로 눈을 움직여서 본다. 그것이 끝나면 다시 왼쪽의 발표자를 본다.

무대 위의 행동에 대해서 연습을 해 둔다. 미소를 짓고, 당당하고 자연스럽게 서고, 양쪽 발에 균형을 맞추어 동일한 힘이 가도록 서는 연습을 한다. 손은 몸의 옆에 있도록 하며, 목소리와 태도는 전문가답고, 열정적이고, 확신을 줄 수 있도록 연습해야 한다. 청중이 발표자의 신뢰성을 판단하는데 영향을 미치는 요소로는 몸동작이 55%, 목소리가 38%, 말의 내용이 7% 정도 영향을 미친다는 것을 잘 기억해두고 몸동작과 목소리를 좋게 하기 위해 노력한다.[15)]

발표 연습하는 과정을 비디오로 녹화하면 목소리, 제스처, 말의 내용 등을 점검하고 수정하는데 도움이 된다. 비디오 녹화가 불가능할 때 사용할 수 있는 도구로는 거울과 녹음기가 있다. 거울을 이용하면 몸의 자세, 얼굴 표정, 제스처를 점검할 수 있다. 녹음기를 이용하여 말한 것을 여러 번 들어보고 목소리와 프레젠테이션 내용을 수정한다.

4) 복장과 발표 준비

복장도 전달하는 내용의 일부이기 때문에 주의하여 편안하면서도 예절에 맞는 옷을 준비한다. 사람들은 자기 스스로도 다른 옷을 입으면 다른 에너지를 느낀다. 본인이 그 정도이면 청중도 그럴 것이다. 복장에 관해서는 다음과 같은 지침이 있다.

- ❑ 청중보다 한 단계 더 좋은 복장을 한다. 청중이 발표자에 대해서 자기와 다른 준비를 한 사람으로 인정할 수 있도록 한다.
- ❑ 구두는 바지나 치마와 비슷하거나 더 어두운 색깔로 한다.
- ❑ 프레젠테이션에서는 항상 긴 소매를 입는다. 긴 소매를 입을 때 권위가 있고 전문성이 있는 것으로 보이고, 짧은 소매 옷을 입으면 성의가 없어 보인다.
- ❑ 남자의 넥타이 끝은 허리띠의 버클에 닿는 정도로 한다.
- ❑ 무대가 높으면 여성 치마의 길이가 짧아 보인다. 키가 중간이나 중간 이하인 여성은 무릎 중간정도에, 키가 큰 여성은 무릎 조금 아래에 오는 치마 길이가 적당하다.

식사 뒤에 발표하기로 예정이 되어 있으면 식사를 가볍게 하고, 강한 양념, 디저트, 알코올음료 등을 피한다. 발표 때문에 불안감이 높을 때는 카페인이 든 음식도 피해야 한다. 불안감이 더 높아질 수도 있다.

4 발표 실시

프레젠테이션이 시작되면 사람들은 남 앞에 서는 것에 대해서 공포를 느끼게 된다. 이런 공포를 진정시키면서 발표를 어느 정도 진행하면 점점 안정을 찾게 되고, 질의응답도 하게 된다.

1) 무대 공포

모든 사람은 무대 공포를 느낀다. 무대 위에서 연설하는 것은 사람들이 가장 하기 싫은 일 중의 하나이다.[16] 그러나 이러한 공포는 여러 가지 준비 과정을 통해서 해소할 수도 있다. 불안을 이기는 가장 좋은 방법은 과도할 정도로 연습하는 것이다. 연습을 많이 해서 발표할 내용에 친근해지면 실제 발표 현장에서 정신을 집중해서 발표할 수 있다. 연습을 하면서 자신이 성공하는 장면을 마음으로 여러 번 상상해보면 자신감 형성에 도움이 되기도 한다. 실제 발표에서는 완벽하게 하기보다는 연습한 내용을 자연스럽게 보여준다는 마음 자세일 때 집중하기가 쉽다.

발표장에 미리 도착하여 장비나 조명 밝기를 점검해보고 발표장에 익숙해지도록 한다. 먼 곳에서 와야 하는 경우는 30분~1시간 전에 도착하여 준비하는 것이 좋다. 발표장에서 일찍 와 있는 청중이 보이면 인사를 나누고, 한 두 사람과 말을 해본다. 이를 통하여 불안감도 어느 정도 줄이고 청중의 분위기도 익힐 수 있다. 불안감이 클 때는 복식호흡을 하면 마음이 안정되고 발표 때 음성도 안정된다. 불안 에너지가 줄지 않을 때는 발표하기 전에 간단한 운동을 하면 좋다. 주먹을 10초 정도 꽉 쥐었다가 편다. 이 운동을 4-5회 반복한다. 또 다른 운동으로 의자의 팔걸이를 몇 초 동안 내리 누르고 풀고 하는 것을 4-5회 반복한다. 이렇게 근육을 죄었다 풀었다 하는 것을 반복하면 몸의 근육을 이완시킬 수 있다.[17]

사람에게 불안은 오히려 성공에 도움이 되기도 한다. 발표를 하는 동안 발표자에게는 정신적 · 신체적 변화가 일어난다. 불안 때문에 혈압과 심장 박동이 증가하고, 소화기능이 저하되고, 땀이 나며, 호흡이 가빠진다. 몸에서 이런 현상이 일어나면 몸의 다른 활동은 억제하고 자신의 모든 에너지를 프레젠테이션 하는데 모을 수

있게 된다. 이렇게 불안에서 발생하는 에너지를 잘 활용하면 이점으로 작용하기도 한다.[18]

2) 서론 설명시의 행동

발표의 처음이 가장 결정적인 시간이지만, 이 때 불안을 가장 많이 느낀다.[19] 처음 몇 문장은 외우고 있으면 이 시간을 확신을 가지고 맞이할 수 있다. 의식적으로 고개와 어깨를 펴고 두 발에 같은 힘을 주고 서서, 여유를 가지고 뱃속에서 나오는 목소리로 분명한 발음으로 말을 시작한다. 이런 방식으로 처음을 무사히 넘기면 이어지는 시간에는 비교적 안정적인 마음을 가질 수 있다.

발표를 할 때는 미소를 짓고 청중과 눈을 맞춘다. 미소를 지으면 근육이 이완되고 음조도 부드럽게 할 수 있다. 청중 중에서 분산하여 3-4명 정도와 눈을 맞추면 불안을 완화하고 다른 사람으로부터 고립되어 있다는 생각을 없앨 수 있다. 한 사람에게 눈을 맞추는 시간은 1-3초 정도이다.[20] 청중 중에서 의사결정권을 가진 사람이 있다면 그 사람에게 특별히 자주 시선을 준다.

프레젠테이션 중에 조금씩 움직이는 것도 좋다. 청중에게로 두 발자국 이상 앞으로 가까이 간다. 두 발자국보다도 더 적게 움직이면 자신이 없고 불안해 보인다. 또 상체를 약간 앞으로 기울이는 것이 좋다. 운동선수들이 무릎을 약간 굽히고 앞쪽으로 약간 기울어지는 것을 본받는 것이 좋다. 이렇게 하면 청중에게 적극적으로 다가가는 것으로 보인다.

연단 위에 서서 발표할 경우에는 청중과의 사이에 장애물이 없도록 하며 청중에게 가까이 가도록 노력해야 한다. 특히 연단 위의 탁자를 중요한 도구로 생각하여 크게 의지하지 않고 청중에 가까이 서서 활기찬 발표를 하는 것이 좋다.

3) 나머지 부분 설명시의 행동

대부분의 사람은 발표를 시작하고 시간이 조금 지나면 안정감을 느끼게 된다. 발표를 진행하면서 청중이 집중하도록 여러 가지 노력을 계속하여야 한다. 우선 모든 사람에게 목소리가 전달될 수 있도록 충분히 큰 목소리로 말해야 한다. 그러나 목소리가 너무 커서 가까이 있는 사람에게 부담을 주지 않아야 한다.[21] 또 발음을 또렷하게 하면서 설교 방식보다는 대화조로 이야기를 해야 한다. 청중이 흥미를 유지하도록 하고 말하는 속도를 적절하게 유지하는 것이 중요하다.

청중의 눈과 자세, 얼굴표정 등을 보고 말하는 내용을 잘 이해하고 있는가를 파악한다. 필요할 경우는 청중에게 대답하기 쉽도록 간단한 질문을 수시로 하여 청중과 발표자 사이의 공감대 형성과 활발한 분위기 형성에도 도움이 된다. 그러나 직위가 높거나 나이가 많은 사람 중에는 질문을 받는 것을 싫어하는 사람도 있다. 이런 경우는 질문을 하지 않는 것이 좋다.

이렇게 파악한 청중의 이해 정도를 고려하여 다시 설명하거나 계속 진도를 나간다. 청중이 잘 못 이해하는 것을 파악하고, 반복해서 설명하는 것을 나쁘게 생각할 필요가 없다. 그러나 미리 준비해 둔 본래의 내용을 벗어나서 다른 말을 하지는 않아야 한다. 이런 말을 하면서 시간을 보내면 나중에 시간을 지키지 못한다.

자연스러운 제스처를 하면서 중요 사항을 강조한다. 너무 과도한 제스처를 사용해서 청중이 발표 내용보다는 움직임에 주목하지 않도록 한다. 제스처를 많이 쓰면 청중은 발표하는 내용보다는 제스처에 신경을 쓰기 때문에 집중력이 흩어진다. 손을 호주머니에 넣거나, 뒷짐을 지거나, 팔짱을 끼거나, 급격하게 흔들지 않아야 한다. 손에 신경을 많이 쓰기보다는 청중에 관심을 집중해야 한다. 청중과 내용에 관심을 집중하면 손은 자연스럽게 해결된다.

청중의 비언어적 커뮤니케이션을 관찰한다. 사람들이 하품을 하면 휴식시간, 화제변경, 발표시간 축소 등이 필요하다고 파악한다. 청중이 졸거나 떠들 때는 어느 정도는 무시하는 것도 좋다.

프레젠테이션에서 처음과 끝에 하는 말이 중요한 영향을 미친다. 처음에는 청중의 관심을 끌기 위하여 재미있는 말을 하고, 마지막에 끝맺는 말은 청중에게 오랫동안 기억될 만한 말을 한다. 단순히 "감사합니다."와 같은 약한 말로 발표를 끝내지 않는다. "........의 방법으로 우리의 비전인 세계 제일의 기업으로 발전합시다. 감사합니다."하는 식으로 강력한 의미가 있는 말로 끝내는 것이 좋다.

4) 질의응답 시간의 대처 방법

문서로 된 보고서와 비교해서 구두 프레젠테이션이 가지는 이점 중의 하나는 쌍방향 커뮤니케이션이 가능하다는 것이다. 노련한 발표자는 프레젠테이션 시간 전부를 쌍방향으로 진행할 수 있다. 발표자가 청중에게 자주 질문하고, 청중의 답을 받아서 진행하고, 청중도 수시로 질문하는 형태로 진행하면 쌍방향 커뮤니케이션의 이점을 살릴 수 있다. 그러나 이런 프레젠테이션을 진행할 수 있는 노련한 발표자는 많지 않다. 대부분의 발표자는 발표 중에는 청중의 표정이나 행동을 보고 발표에 대한 피드백을 받는 방식으로 쌍방향 커뮤니케이션을 실시하고, 발표 마지막의 질의응답 시간에 쌍방향 커뮤니케이션을 집중적으로 진행한다. 따라서 질의응답 시간은 쌍방향 커뮤니케이션을 위한 핵심적인 시간이다. 이 시간을 잘 계획해야 한다.

프레젠테이션 전에 질문을 예상하고 어떻게 대답할 것인가를 미리 생각해둔다. 미리 예상되는 질문의 리스트를 만들어 본다. 예상 질문 리스트가 너무 길어질 때는 질문이 많이 나오지 않도록 프레젠테이션의 내용을 수정하여야 한다. 대답을 연습해보고 필요할 경우에는 시각자료도 준비한다. 질문에 답하면서 프레젠테이션에서 발표한 내용을 더욱 강하게 설명해준다.

프레젠테이션의 처음에 발표가 끝난 뒤에 질의응답을 할 수 있다는 것을 알려준다. 마지막에 질문을 하도록 하면 발표자가 자신의 생각을 계획에 따라 풀어나가고, 시간을 지키고, 준비한 말을 다 하기 쉽기 때문이다. 또 처음에 청중이 품은 의문이 프레젠테이션이 진행되면 해결되는 경우도 많기 때문이다. 그러나 문제가 너무 복잡해서 앞에서 생긴 의문이 도무지 풀리지 않아서 다음으로 진행하기 어려운 경우는 중간에 질문을 하도록 한다.

발표를 마친 뒤에는 적절한 몸짓 언어를 사용하여 청중이 쉽게 질문을 하는 분위기를 만든다. 청중 앞으로 나가서 손을 들고 “저에게 질문을 해주세요.” 또는 “의문사항이 없으세요.”와 같은 말을 하면 질문을 할 수 있는 분위기가 조성된다. 발표자 스스로 손을 들어 보이면 청중도 쉽게 손을 들고 질문한다. 어떤 경우에는 발표자가 “제가 자주 받는 질문은 .... 과 같은 것이 있습니다.”라는 말을 해주어도 청중의 질문을 촉진할 수 있다. 그러나 청중으로부터 멀어지도록 뒷걸음을 하고, 팔짱을 끼며, 질문자에게 공격적 행동을 하면 사람들은 질문을 하지 않을 것이다.

청중들이 질문을 하지 않는다고 하여도 의문이 없고 전부 찬성하는 것은 아니다. 특히 경쟁적인 제안을 하여 채택이 되어야 하는 프레젠테이션의 경우에는 이런 일이 더 많다. 질문을 받아서 의문을 해결해주는 것이 좋다.[22]

질문자가 질문을 하는 동안 발표자는 자신의 몸짓 언어에도 주의하여 팔은 중립적인 위치인 몸 옆에 두고 상체는 앞쪽으로 약간 기울인다. 질문에 대응할 때, "좋은 질문입니다."라는 말은 하지 않는 것이 좋다고 주장하는 사람도 있다. 모든 사람의 질문에 대해서 이와 같이 대응하지 못할 때 문제가 발생한다. 그런 말을 듣지 못한 질문자 중에는 왜 자신은 좋은 질문이라는 말을 듣지 못하는가하고 유쾌하지 않게 생각하는 사람도 있다.[23] 따라서 그런 말 대신에 청중을 존중하는 친절한 태도를 질문자에게 보여주면 된다.

질문자의 질문이 이해하기 어려울 때는 요지를 다시 말해 줄 것을 요청한다. 질문자의 질문이 끝나면 다른 청중도 명확하게 들을 수 있도록 들은 내용을 반복해준다. 반복을 하면 다른 청중도 질문 내용을 명확하게 알 수 있다. 반복하는 동안에 대답할 말을 생각해 볼 수도 있다. 반복한 뒤에는 바로 결론부터 대답을 해주고 이어서 보충하는 말을 해준다. 질문에 답할 때 나머지 청중에 대해서도 관심을 가져야 한다. 발표자가 질문하는 사람에게만 주목하기보다는 25대75의 원칙을 지키는 것이 좋다. 발표자는 눈으로 25%정도는 질문자를, 75%정도는 나머지 청중을 주시한다.

청중 중에서는 발표자에게 어려운 질문을 하는 경우도 있다. 이 경우에는 발표자는 먼저 안정을 잃지 말고 집중력을 유지하면서 예절을 잃지 않는다. 질문의 요지를 확인해보고, 유머를 사용하여 분위기를 부드럽게 한다. 이런 질문에 대해서 당장 답을 하기 곤란할 경우에는 간단히 "지금은 모르겠습니다만 자료를 찾아보겠습니다." "그 문제에 대해서는 제가 생각을 해보아야 하겠습니다. 생각을 정리하여 다시 말씀드리겠습니다."와 같이 말하고 그 사람의 전화번호나 명함을 받아 둔다. 발표자는 다음에 답을 찾아서 그 사람에게 알려주어 신뢰성을 유지하는 것이 좋다.

적대적인 질문을 받은 경우에는 처음에는 질문자를 바라보지만 답을 끝낼 때는 질문자가 아닌 다른 사람을 바라본다. 이렇게 하면 그 질문자와의 교류가 억제되어 더 이상의 질문이 나오지 않게 된다.

질의응답 시간이 끝나면 강력한 의미가 있는 말을 하면서 프레젠테이션을 끝낸다. 주요 핵심사항을 한두 마디로 요약하여 말하고, 청중이 해주어야 할 행동을 강조하고, 그러한 행동의 이점을 설명한다.

5) 비디오 프레젠테이션

근래에 여러 조직에서는 VCR, CD-ROM, 인터넷 등에서 이용할 수 있도록 프레젠테이션을 비디오로 제공하는 일이 많다. 신입사원 오리엔테이션, 회사의 복지제도 소개, 신제품 소개 등과 같이 여러 번 반복해야 하는 프레젠테이션을 비디오로 만들어 사용하면 편리하다. 일반 프레젠테이션에 적용된 원칙이 여기에도 적용된다. 다만 카메라에 익숙해지는 방법은 연습해 두어야 한다.

비디오 프레젠테이션에 가장 적합한 의복 색깔은 짙은 청색이다. 구체적으로는 짙은 청색의 정장에 연한 청색 셔츠나 블라우스를 입는다. 상하의가 대조되는 색깔이나 줄무늬의 옷은 피한다. 땀이나 피부가 그대로 들어나는 것을 피하기 위하여 여자뿐만 아니라 남자도 메이크업을 한다.

녹화를 할 때는 똑 바른 자세로 서거나 앉아서 가능한 오랜 시간 카메라를 응시하면서 말한다. 카메라와 준비한 노트 두 군데 외의 다른 곳에는 눈길을 두지 않는다. 텔레비전 화면에서는 작은 행동도 크게 보이기 때문에 가능한 한자리에 계속 서있고 제스처는 최소한으로 한다. 촬영 작업을 담당할 사람과 움직일 장소를 사전에 정해두고 그 범위 내에서만 움직인다.

화면에 시각자료를 보일 때는 OHP나 프로젝터를 사용하지 않고 종이에 프린트한 것을 카메라에 담는다. 글자는 2-3cm 정도 크기를 사용하고, 종이의 바탕은 흰색보다는 연한 푸른색이나 파스텔 계통을 사용한다. 시각자료를 한 곳으로 모아서 카메라가 왔다 갔다 하지 않아도 되도록 한다.

비디오카메라를 직접 조작해야 하는 일도 점점 늘어나고 있다. 이때는 카메라 조작자의 입장보다는 보는 사람의 입장에서 다음과 같은 방식으로 조작한다.[24)]

❑ 방안에서 소음이 나지 않도록 한다. 특히, 에어컨 소리가 너무 크게 들리지 않도록 한다.

- ❑ 반드시 특별한 조명을 할 필요는 없지만 방 전체는 밝게 한다.
- ❑ 카메라 받침대를 이용한다. 받침대가 없을 때는 몸을 잘 이용하여 카메라를 고정시킨다.
- ❑ 말하는 때를 잘 맞추어 시각자료를 확대하여 비춘다.
- ❑ 카메라의 움직임을 최소화해야 하지만 움직임을 두려워할 필요는 없다. 빠르게 갑자기 움직이지 말고 천천히 부드럽게 움직이면 된다.
- ❑ 화면에 사람이 적절한 크기로 나오도록 한다. 대체로 가슴 위 정도로 나오게 한다. 너무 넓게 많은 것을 담지 않아야 한다.

6) 기타 주의 사항

발표에서 주의해야 할 사항으로는 지시봉 사용, 유인물 배포, 유머의 사용 등도 있다.

(1) 지시봉 사용

발표 중 지시봉을 사용할 경우에는 시각자료를 지시할 때만 사용해야 한다. 지시봉을 사용할 때는 다음 사항에 주의한다.[25)]

1. 지시봉으로 장난하지 않는다. 지시봉이 필요가 없을 때는 접어두거나 내려둔다.
2. 스크린에서 가까운 손으로 지시봉을 잡는다. 스크린에 있는 것을 가리키기 위하여 팔을 겹쳐서 등을 보이지 않아야 한다.
3. 발표에 사용하는 컴퓨터 슬라이드나 OHP 안에서 지시하지 않고 스크린에 지시한다. 청중이 컴퓨터 슬라이드나 OHP 안의 내용이 아니라 발표자에게 집중하도록 해야 한다.
4. 레이저 포인터를 이용할 경우에는 정확한 한 점을 지적하기보다는 그림의 면적을 원을 그리면서 지시한다. 한 점을 정확하게 표시하려고 하면 손의 흔들림이

보이게 된다.

(2) 유인물 배포

유인물을 나누어주면 청중이 프레젠테이션을 듣고 이해하기가 수월해진다. 청중에게 나누어준 유인물은 말로 제공하는 정보를 보충하고, 메모해 둘 공간을 제공하기도 하고, 프레젠테이션 내용을 장기간 보존할 기록이 되기도 한다. 특히 프레젠테이션에서 연단의 화면에 비추어 주기에는 복잡하고 상세한 통계자료가 있을 때는 유인물로 제공하는 것이 좋다.

유인물 내용의 순서는 프레젠테이션 내용의 순서와 같게 한다. 중간제목이나 페이지의 번호를 넣어서 청중에게 말하는 내용의 위치를 쉽게 알려줄 수 있도록 한다. 가급적 여백을 많이 두어서 가독성을 높이고 메모할 공간도 제공한다.

유인물을 나누어 주기에 적절한 시간도 결정해 두어야 한다. 복잡한 자료나 광범위한 정보를 설명한 유인물일 경우에는 프레젠테이션 전에 배포하여 사람들이 미리 상당 수준 이해하도록 한다. 사전에 청중으로 참석할 사람들에게 유인물을 보내고, 유인물의 표지에 목적을 설명하고 사전에 읽어오라고 부탁한다. 이 경우에 실제 프레젠테이션에서는 유인물의 내용을 단순히 반복 설명해서는 안 된다.

말하는 내용대로 유인물을 작성했을 때는 프레젠테이션 직전에 배포한다. 청중이 발표 직전에 한번 정도 읽어보아서 발표할 때 쉽게 이해하도록 한다. 발표 중에는 유인물 안에 적절한 메모를 하도록 유도한다. 말하는 내용을 단순히 요약한 유인물일 경우에는 프레젠테이션이 끝난 뒤에 배포하여, 프레젠테이션 중간에는 청중이 유인물보다는 발표에만 집중하도록 하는 방법도 있다.

(3) 유머의 사용

유머를 섞어서 말하면 사람들은 그 내용을 오랫동안 기억하고 필요할 경우에 상세한 사항을 잘 떠올린다.[26] 청중이 프레젠테이션의 내용에 부정적인 생각을 가진 상황이 아니라면 일반적으로 30분 동안 실시하는 프레젠테이션에는 두 개 정도의 유머를, 50분 동안 실시하는 프레젠테이션에는 네 개 정도의 유머를 넣어주는 것이 좋다고 한다.[27] 그래도 우리 모두가 코미디언이 될 수는 없다. 유머를 잘하지 못하는 사람은 청중 앞에서 웃기려고 노력하지 말아야 한다. 말하는 사람이나 듣는 사람이 서로 괴롭다. 유머를 잘 할 수 있는 발표자는 이를 적절히 사용하여 프레젠테이션의 효과를 높일 수 있다. 반면에 주제가 심각한 것이거나 청중의 부정적인 반응이 예상될 때는 유머를 사용하지 않아야 한다.

유머는 상황에 적합하고 건전한 것이어야 한다. 남녀 차별하는 말이나, 외국인을 비하하는 말, 공격적인 말, 종교와 관련된 말, 특정 지방을 비하하는 말 등을 유머로 만들지 말아야 한다. 이들 말에 불쾌하게 생각하거나 피해를 보는 사람이 있기 때문이다. 가장 좋은 방법은 자신과 관련된 재미있는 말을 하는 것이다. 이를 통해 자신의 인간적인 면과 재미있는 면을 보여 줄 수 있다.

유머를 말하기 전에 그 내용을 완벽하게 이해하고 시작하여야 한다. 이야기 내용을 상황과 자신의 말하는 스타일에 맞추어 사전에 구성을 해 두어야 한다. 이야기를 구성할 때 "며칠 전에 재미있는 이야기를 들었는데......"와 같은 말로 시작하는 것은 피한다. 유머의 제1원칙은 갑자기 제시하는 것이다. 우스운 이야기를 한다는 것을 미리 말하면 우습지 않게 될 때도 많다. 사람들이 우스운 이야기를 기다리다가 별로 우습지 않다고 생각하기 쉽다. 반대로 우스운 이야기라는 것을 청중이 모르고 있는 가운데 갑자기 우스운 말이 나오면 유머가 성공하기 쉽다.

자신의 이야기에 자신이 많이 웃으면 안 된다. 조금 미소를 짓는 정도가 좋다. 사람들의 웃음이 가라앉도록 기다렸다가 그 유머를 프레젠테이션 내용과 연관시키면서 계속 말한다. 아무리 농담을 잘 사용하는 사람이라도 유머를 너무 자주 사용하지는 않아야 한다. 유머는 수단이지 목적은 아니다. 프레젠테이션을 끝냈을 때 발표자가 재미있는 사람이라는 것만 기억하면 곤란하다. 발표한 내용을 기억하고 중요하게 다룰 수 있도록 해야 한다.

제12장

팀과 커뮤니케이션

1. 팀의 특성
2. 팀의 발전단계와 커뮤니케이션
3. 가상 팀과 커뮤니케이션
4. 팀을 이용한 커뮤니케이션

제12장

팀과 커뮤니케이션

팀은 현대 조직의 특징 중 하나가 되었다. 세계적인 경쟁에서 고객의 요구에 신속하게 반응하고 비용을 절감하기 위하여 기업은 조직 계층을 단순화하고 팀 조직을 채택하고 있다.

팀은 공동의 목적을 공동의 책임 하에서 달성하기 위해서 노력하는 상호보완적인 능력을 가진 소수의 사람으로 구성된 집단이라고 정의할 수 있다.[1] 팀으로 효과적으로 일하면 구성원의 조화된 노력을 통하여 개인으로 일할 때보다 더 많은 일을 하고, 더 창의적이며, 더 많은 정보를 얻을 수 있다. 이러한 효과를 시너지 효과라고 한다. 그러나 팀이 효과적으로 작동하지 못하면 일하면서 서로의 의견을 조정하는데 시간을 낭비하거나, 사람 사이에 갈등이 발생하는 경우도 있다. 또 팀으로 일하면서 개인적 책임을 회피하고 다른 사람에게 미루는 일이 발생하기도 한다. 팀의 이러한 문제점을 해결하고 시너지 효과를 극대화 하기위한 노력의 일환으로 적절한 커뮤니케이션이 필요하다. 이 장에서는 팀으로 일할 때 효과적으로 커뮤니케이션 하는 방법을 논의한다.

1 팀의 특성

팀과 집단은 비슷한 말이기는 하지만 똑 같은 말은 아니다. 집단은 2명이나 그 이상의 사람들이 모인 단체이지만 그 구성원은 각자가 자신의 목적을 달성하기 위하여 개별적으로 일하는 경우가 많다. 예를 들어 전통적인 회사의 경리부처럼 각 구성원이 자신의 업무를 개별적으로 수행하면 이를 집단이라고 할 수 있다.

반면에 팀은 목적을 달성하기 위하여 상호작용하면서 일하는 집단을 말한다.[2)] 팀의 구성원은 목적을 달성하기 위하여 다양한 전문적 능력을 가진 사람들로 이루어지며 서로 도와 가면서 일한다. 예를 들어 신제품을 개발하기 위하여 여러 부서의 전문가가 모여서 서로 협동하면서 일할 경우에 이를 팀이라고 말할 수 있다. 팀에서는 작업의 최종 결과에 대하여 구성원이 공통의 책임을 가진다. 각 구성원은 공동으로 책임지는 일에 대해 자신의 견해를 표명하여 의사결정에 참여할 권리를 가지며, 다른 사람의 일에 관한 의사결정에 참여할 권리를 가지기도 한다.

이렇게 공동책임으로 업무를 수행하기 위하여 팀 구성원에게는 다양한 능력이 필요하다. 팀 구성원에게는 보통 다음과 같은 세 가지 능력이 필요하다. 첫째로 팀 구성원에게는 업무를 수행할 기술적 능력(technical skill)이 필요하다. 공학, 과학, 기술, 법률, 경영 등과 관련된 능력이 여기에 해당한다. 둘째로 팀 구성원에게는 문제 파악, 우선순위 설정, 대체안 평가, 팀의 방향 설정 등에 필요한 문제해결 능력(problem-solving skill)과 의사결정 능력(decision making skill)이 필요하다. 셋째로 팀 구성원에게는 협동 작업, 갈등 해소, 구성원의 의견 제시, 구성원에 대한 후원 등을 위한 커뮤니케이션 능력(communication skill)이 필요하다. 팀의 형성 초기에는 모든 구성원이 필요한 능력을 모두 가지고 있지는 못하지만 팀이 성장하여 성숙기에 이르면 각자에게 필요한 능력을 가지게 된다.

2 팀의 발전단계와 커뮤니케이션

대부분의 팀이 효과적으로 과업을 수행할 수 있도록 발전하기까지는 상당한 노력이 필요하다. 팀이 발전하는 과정에 구성원이 갈등을 겪으면서 목적과 규범을 정립한 후에 서로 건설적인 피드백을 하면서 과업을 수행할 수 있게 된다.

1) 팀의 발전단계

팀의 발전 단계는 다음과 같이 형성기, 격동기, 규범형성기, 과업수행기, 해체기 등 5단계를 거친다.[3] 각각의 단계에서 커뮤니케이션이 잘 이루어질 때 팀의 발전이 촉진된다.

1. **형성기(forming)** 이 단계에서는 아직 서로에 대한 기대가 불분명하기 때문에 불확실성이 높다. 구성원은 팀에서 인정이 되는 행동과 그렇지 않은 행동에 대해서 알고 싶어 한다. 이 단계에서 리더는 구성원이 편안한 마음을 가질 수 있도록 해주고 팀의 구성원으로 인정되는 행동에 대해서 합의가 될 수 있도록 구성원 간의 커뮤니케이션과 상호작용을 촉진해야 한다.

2. **격동기(storming)** 구성원 사이에 갈등과 불화가 발생한다. 구성원은 자기 나름대로의 역할을 주장하고, 각자의 개성이 점점 명확해진다. 각자 자기가 바라는 직책을 차지하려고 하고 소규모 파벌을 형성하여 팀 내에 갈등이 발생한다. 이 단계에서는 구성원 간의 커뮤니케이션을 통한 건설적 갈등해결 노력이 필요하다. 리더는 일방적 명령보다는 커뮤니케이션을 통한 코치 역할을 하고, 구성원이 서로의 원하는 바에 대해서 커뮤니케이션을 하도록 하여 갈등을 자연스럽게 해소할 수 있도록 해야 한다.

3. **규범형성기(norming)** 앞 단계의 갈등이 해결되면서 팀 구성원 사이에 비전이나 각자의 역할에 대한 합의가 이루어지게 된다. 구성원 사이에 합의가 이루어지면 팀에서 바람직한 행동이 정착되고 규범이 형성된다. 이 단계에서는 팀의 리더는 구성원 간의 커뮤니케이션을 권장하여 역할, 가치, 규범 등을 합의를 통하여 계속 발전시켜 나가도록 도와야 한다.

4. **과업수행기(performing)** 팀이 성숙한 단계이다. 이미 구성원은 팀에서 인정되는 행동을 규범으로 확립하였고, 각자의 역할을 정립하게 되었고, 서로의 의견불일치를 해소하는 방법을 알게 되었고, 커뮤니케이션도 원활하게 할 수 있게 되었다. 이제 이 단계에서의 핵심은 과업수행에 있다. 구성원은 새로운 일에 도전하고, 서로 협조하고, 비전을 달성하기 위하여 노력한다. 이 단계에서도 갈등이 발생하기는 하지만 커뮤니케이션과 규범에 따라서 쉽게 해결할 수 있게 된다. 따라서 팀이 이 단계에 있을 때는 일에 집중하게 된다. 리더는 성숙한 구성원이 스스로 업무를 처리할 수 있도록 권한을 위양해준다.

5. **해체기(adjourning)** 이 단계에서 팀은 해체된다. 목적을 달성했기 때문에 스스로 해체하기도 하고, 새로운 일을 하기 위하여 발전적으로 해체하기도 하고, 팀 외부의 힘에 의해서 팀이 해체당하기도 한다. 이 단계에서도 각 구성원의 원하는 바를 커뮤니케이션을 통하여 조정하도록 도와야 한다.

2) 팀 내의 갈등과 합의

팀이 효과적으로 활동하고 그 구성원이 즐겁게 일 하면서 과업을 수행할 수 있는 단계까지 발전하면서 갈등, 합의, 순응 등이 발생한다. 팀 내 갈등 속에서도 합의와 순응을 이끌어 내는 커뮤니케이션 방법으로 건설적 피드백이 있다.

(1) 갈등

팀의 발전 단계에서 격동기에 갈등이 많이 발생하지만 다른 모든 단계에도 갈등이 발생한다. 팀 구성원이 공동으로 업무를 진행하면서 다양한 관점의 서로 다른 아이디어를 말하게 되면, 서로 다른 아이디어 간의 충돌 때문에 갈등이 발생한다. 이러한 갈등을 해소해 가면서 팀은 여러 구성원의 관점을 종합적으로 고려한 의사결정을 하게 된다.

갈등에 대해서는 오해가 많다. 팀의 리더 중에는 갈등이 목적 달성에 방해가 된다고 생각하여 모든 갈등을 회피하기 위하여 노력하는 사람도 있다. 그들은 팀에 갈등이 있으면 원활하게 활동하지 못하고 실패할 것이라고 생각하고 모든 갈등을 회피하기 위하여 노력한다. 그러나 갈등을 없애기 위하여 팀 내에 한 구성원의 의견에 대해 다른 구성원이 아무런 의문을 제기하지 않는다면, 팀의 의사결정은 여러 사람의 다양한 의견을 수렴하기 보다는 한 사람의 의견으로 이루어지게 된다.

사실 여러 사람의 아이디어를 활용해야 하는 팀에서 갈등은 일상적으로 발생한다. 효과적인 팀에서는 갈등이 표출되면 구성원이 문제에 대해서 적극적으로 토론한다. 토론을 통하여 구성원이 다양한 관점과 아이디어를 제시하고, 이를 공동으로 발전시켜서 가장 적절한 방법을 선택한다. 결국 효과적인 팀에서는 어떤 아이디어와 해결책이 적절한 것인가를 결정하는 과정에 갈등이 많이 발생하는 것을 피하지 않는다.[4] 그러한 갈등이 커뮤니케이션을 통하여 해소되면서 팀 작업의 장점을 살릴 수 있다.

여기서 말하는 갈등은 업무 아이디어의 갈등이다. 그러나 구성원 사이의 감정적인 갈등이 있으면 매우 부정적인 결과가 나타나기 때문에 발생하지 않도록 하여야 한다. 특히 업무 아이디어의 차이로 갈등이 있는 사람에 대해서 상대방의 입장에서 한 번 더 생각해보는 배려를 하여 감정적 갈등으로 발전되지 않도록 해야 한다.

감정적 갈등을 예방하기 위해서는 커뮤니케이션 과정에 인격을 평가하는 말을 하지 않아야 한다. 말하는 과정에는 상대방을 평가하는 말을 하기보다는 상대방의 행동을 객관적으로 묘사하는 것이 좋다. 커뮤니케이션 과정에 정보를 의도적으로 왜곡하거나 거짓말을 하는 경우도 감정적 갈등이 발생하는 원인이 된다는 점을 고려하여 그런 일이 발생하지 않도록 해야 한다.

그러나 감정적 갈등이 발생한 경우에는 우선 서로 인내하는 과정이 필요하다. 인내하면서 인간적인 접근으로 자신을 이해시키고, 또 상대방을 이해하기 위한 공감적 경청을 하면서 갈등을 해결하는 방법을 모색해야 한다. 그렇지 않고 직장에서 큰 소리로 싸우는 사람은 원인을 따지지 않고 문제가 있는 사람으로 취급받기 쉽다.[5]

(2) 합의

합의는 모든 팀 구성원의 생각을 반영하여 의사결정하게 되는 것을 말한다. 그러나 합의를 한다는 것이 다수결에 따르는 것이 아니다. 다수결에 따르게 되면 찬성하는 다수의 사람은 그 결과에 만족하지만, 반대한 소수의 사람은 자기가 싫어하는 것을 받아들여야 하기 때문이다. 팀에서 모든 구성원이 받아들일 수 있고 적극적으로 반대하는 사람이 없는 결정을 하였을 때 합의가 되었다고 할 수 있다.[6]

그러나 모든 사안에 대해서 모든 구성원이 합의를 하여야 하는 것은 아니다. 모든 사안에 대해 합의에 이르고자 하면 너무 많은 시간과 에너지가 소요된다. 팀의 기본 방향 설정과 같이 아주 중요한 영향을 주는 사안에 대해서는 많은 시간이 소요되어도 합의에 이르기 위한 커뮤니케이션을 하여야 한다.

(3) 순응

순응은 구성원이 아이디어, 규칙, 원칙 등에 따르는 것을 말한다. 팀의 구성원은 팀 내의 부분적인 문제에 대한 인식이나 해결책에 대해서는 반대의견을 가질 수 있지만, 팀의 사명, 목적, 규범 등과 같은 기본적인 문제에 대해서는 동의하고 따라야 한다.[7] 이렇게 순응하도록 하기 위하여 구성원은 기본적인 문제를 결정하는 과정에 참여하고 합의할 기회를 충분히 주어야 한다.

참여하고 합의할 기회는 주지 않고 순응만 강조할 경우에는 문제가 발생한다. 팀에서 순응이 너무 강조되면 집단사고(group think)가 발생하여 팀에 방해가 되기도 한다. 집단사고는 팀 내의 순응을 너무 강조되어 구성원이 반대의견을 말하지 못하는 현상을 말한다.[8] 순응해야 한다는 압력이 너무 커지면 팀 내에서 반대하는 의견이나 정보를 공개적으로 커뮤니케이션하지 못하게 된다. 결국, 팀은 다양한 의견을 의사결정에 반영할 수 없게 된다. 효과적인 팀에서는 집단사고를 방지하기 위하여 갈등, 의문 제기, 다양한 의견 등을 커뮤니케이션의 필수적 요소로 고려한다.

(4) 건설적인 피드백

팀 내에서 갈등 속에서도 합의와 순응을 이끌어 낼 수 있는 커뮤니케이션의 방법으로 건설적 피드백이 있다. 건설적 피드백은 비판을 주고받으면서도 칭찬을 주고받는 것과 같은 효과를 낼 수 있는 방법이다. 피드백은 팀의 업무 진행 결과가 잘못되었을 경우에 그 원인이 되는 사람에게 알려서 수정하도록 하는 것을 말한다. 팀 구성원 사이에 건설적 피드백이 일어나도록 하기 위하여 우선 적극적 경청이 필요하다. 갈등이 발생하였을 때 경청하는 방법은 앞의 장에서 설명하였다. 경청을 한 후 건설적 피드백이 일어나도록 하기 위해서는 다음과 같은 활동이 필요하다.[9)]

- ❑ **피드백의 필요성을 알린다.** 팀에서 무엇이 잘 못되고 있는가, 또 어떻게 개선하여야 하는가를 결정하기 위해서는 문제의 원인을 파악하여야 한다. 그러나 사람은 자신이 수행하는 업무에서 잘 못을 스스로 발견하고 그 원인을 파악하는 것은 어렵다. 대신에 다른 구성원이 객관적으로 문제를 발견하고, 원인도 지적해 주는 피드백이 있으면 큰 도움이 된다. 더구나 문제의 원인이 발생한 시점에 피드백해주면 더 효과적으로 문제를 해결할 수 있다. 이와 같이 피드백을 주고받는 것은 팀의 업무를 개선할 수 있는 방법이라는 것에 모든 구성원이 동의하도록 한다. 이렇게 하여야 모든 구성원이 피드백을 받았을 때 놀라지 않고 경청하게 된다.
- ❑ **긍정적인 피드백과 부정적인 피드백을 같이 사용한다.** 피드백의 내용이 부정적인 것이 많을 수밖에 없지만, 문제점에 대해서만 피드백 하는 것은 효과적이지 않다. 대신에 사람들은 피드백에서 문제점과 함께 칭찬도 들었을 때, 피드백에 대해서 많은 관심을 보인다.
- ❑ **감정적 갈등을 일으키지 않게 피드백을 주는 방법을 배운다.** 피드백을 잘 못하면 감정적 갈등을 일으키게 된다. 감정적 갈등을 일으키지 않고 건설적으로 문제를 해결하기 위하여 문제점을 제시할 때나 칭찬할 때 다음과 같은 방법을 사용한다.

1. 행동을 설명한다. 그 사람의 행동에 대해서 객관적으로 설명해준다. 설명하면서 그 사람의 실제 행동으로 예를 들어준다. 예는 되도록이면 최근의 것을 든다.
2. 이름표를 붙이지 않는다. '믿을 수가 없는', '전문가답지 못한', '무책임한', '게

으른' 등과 같은 평가를 나타내는 명칭을 행동에 부여하지 않는다. 명칭을 부여하는 대신에 행동을 설명한다.

3. 과장하지 않는다. 정확하게 말한다. "김00씨는 항상 지각합니다."라는 식의 말은 사실이 아닌 경우가 많다.
4. 자신의 말을 한다. 불특정한 사람들의 말을 인용하지 않는다. 예를 들어 "많은 사람이 당신을 싫어한다고 말했다."와 같은 말은 사용하지 않는다.
5. "나"를 주어로 이야기 한다. 이것이 가장 중요한 방법이다. 예를 들어 "김00씨는 지각이 너무 많습니다."라는 말 대신에 "나는 김00씨가 지각할 때는 신경이 많이 쓰입니다."와 같은 말을 한다. '나'를 주어로 하면 상대방의 행동이 나에게 어떤 영향을 주는가를 분명히 말해주어서 상대방의 책임 있는 행동을 유도한다.

3) 팀 내의 기본적 합의 사항

팀은 갈등 속에서도 팀을 효과적으로 운영하기 위하여 기본적인 사항에 대해 명확하고 상세하게 합의를 하게 된다. 팀 구성원 간의 기본적 합의가 필요한 것으로는 팀의 사명, 목적, 규범 등이 있다. 이들에 대한 합의는 문서로 남겨둘 필요가 있다. 일단 기본적인 사항에 대해 명확한 합의가 이루어지면 구성원은 서로를 오해하지 않고 공동의 업무를 개발하게 된다. 그리고 기본적인 합의를 바탕으로 실무에서 사용할 절차나 기준을 마련할 수 있다.

사명 효과적인 팀에서는 구성원이 합의하여 사명을 명확하게 확정하고 이를 문서로 작성해 모든 구성원이 잊지 않도록 한다. 사명은 팀이 조직에서 어떤 역할을 할 것인가, 또 팀의 존재 이유는 무엇인가를 간단히 요약된 말로 설명한 것이다. 명확하고 간결하게 문서로 작성된 사명서가 있으면 팀이 어떤 일을 할 것인가가 분명해진다. "우리 회사에 필요한 핵심인재를 양성한다." "스마트 폰의 OS를 개발한다." 등과 같은 예가 있다.

목적 사명을 달성하기 위해서 필요한 구체적 행동과 활동을 목적으로 설정한다.

목적은 구체적으로 측정하고 관찰할 수 있는 형태로 설정한다. 일반적인 용어로 "효과적으로 커뮤니케이션 한다."와 같은 목적은 설정하지 않는다. 대신에 팀이 어떻게 커뮤니케이션 할 것인가를 상세하게 설정해준다. 예를 들어 "팀 구성원은 1주일에 두 번 이상 자기 업무 진행을 설명하는 이메일을 전 구성원에게 보내고 피드백을 받아야 한다."와 같이 상세하게 목적을 설정해 준다. 이렇게 목적은 상세하고, 현실적이고, 측정 가능하고, 기한을 설정한 행동으로 표현해 준다.

규범 팀 규범은 팀 구성원의 바람직한 행동을 명확하게 제시해 주어 행동의 적절성을 판단하는 기준이 된다.[10] 이러한 규범에 대해서도 구성원 간의 합의가 필요하다. 규범이 합의되면 팀은 구성원이 규범에 순응하도록 압력을 행사한다. 규범을 위반하는 구성원에게는 이를 정정하도록 요구하고 벌을 주기까지도 한다. 규범은 통상적으로 팀 구성원의 사고나 감정보다 행동을 규제한다. 팀 규범은 구성원의 의사결정 참여, 커뮤니케이션, 갈등관리, 회의관리, 문제해결 등에 지침을 제공한다.

4) 협동작업 소프트웨어의 역할

협동작업 소프트웨어를 사용하면 팀 구성원이 커뮤니케이션을 통하여 협동적으로 일하는데 도움이 된다. 이 소프트웨어를 이용하여 팀이 네트워크로 연결되면 팀의 일정관리, 문서 작성 및 관리, 자료 공유 등을 한 소프트웨어 안에서 실시할 수 있다. 또 구성원 사이의 의사결정을 위한 투표를 쉽게 처리할 수도 있고, 의사결정에 필요한 문서작업을 협동적으로 수행할 수도 있기 때문에 팀 의사결정, 팀 작업, 브레인스토밍 등을 쉽게 실시할 수 있다. 브레인스토밍을 할 때는 전체 구성원이 익명성을 유지하면서 회의를 진행할 수도 있다.

협동작업 소프트웨어 중에는 프로젝트 관리용, 제품 디자인용, 문서 작성용, 정보 분석용 등으로 개발된 것이 있다. 이를 통해 비동시적인(asynchronous) 팀워크도 구사할 수 있다.[11] 비동시적이라는 것은 팀 구성원이 서로 다른 시간에 접속하여 정보를 공유하고 커뮤니케이션을 하면서 독자적으로 일을 하는 것을 말한다.

3 가상 팀과 커뮤니케이션

인터넷, 화상통신 등을 쉽게 사용할 수 있게 되면서 기업에서는 가상 팀을 도입하고 있다. 가상 팀은 여러 지역에 분산되어 있으면서 특정 과업을 수행하기 위하여 온라인을 통하여 임시적으로 하나의 팀으로 결합하여 협동작업을 하는 사람들의 집단이다.[12] 가상 팀에서는 서로 얼굴을 맞대고 만나는 경우는 적다. 상당히 장기간 동안 팀으로 업무를 수행하는 경우도 있는데, 그 때는 중간에 업무 내용에 따라서 구성원이 교체되기도 한다.[13]

커뮤니케이션 문제가 가상 팀 구성원이 겪는 가장 큰 불편이다. 서로 가까이 있지 않고 멀리 떨어져 있기 때문에 겪는 문제이다. 거리가 있으면 구성원 간의 커뮤니케이션 방법은 달라진다. 사람들은 사이버 상에서 충분히 정보교환을 할 수가 없고, 점심식사를 같이 하거나 휴식시간을 같이하는 비공식 모임도 같이 할 수 없다. 가까운 위치에서 분위기를 공유할 수 없기 때문에 가상 팀 구성원에게는 가벼운 비판이나 건설적인 비판이 심각한 비판으로 받아들여지기도 한다. 오해가 점점 커지다가 예상 못한 시간에 폭발하여 사람들이 당황하기도 한다.

가상 팀이 가상공간에서 커뮤니케이션 할 때는 그 한계를 충분히 인식하고 이를 극복하기 위한 지침을 마련하여 운영하는 것이 좋다. 가상 팀에서 원격화상회의를 할 경우에 필요한 지침의 예로는 다음과 같은 것이 있다.[14]

- ❑ 회의 전에 반드시 의제와 자료를 충분히 보내어 준비할 시간을 준다. 참석자 간의 사전 개인적 대화가 필요하면 전화를 하거나 개인적 화상회의를 하도록 한다.
- ❑ 회의에서 말하기 전에 먼저 자기 이름을 말한다.
- ❑ 정기적으로 질문하는 시간을 준다.
- ❑ 말을 잘하지 않는 사람에게는 의장이 발언할 것을 요청한다.
- ❑ 반대가 있는 경우는 반대가 있다는 것을 의장이 말해준다.
- ❑ 회의록을 작성하고 배포한다. 대면 회합 때보다 오해할 가능성이 많기 때문에

회의록으로 회의의 결과를 한 번 더 확인 하도록 해야 한다.

- ❑ 가상 팀에는 여러 나라 사람이 소속되어 있는 경우도 많다. 외국어를 말하는 사람에게는 천천히 말할 수 있도록 시간을 더 많이 준다.
- ❑ 여러 나라 사람들로 이루어진 팀의 경우에 시간대를 옮겨 가면서 회의한다. 각자에게 편리한 시간을 한 번씩 배려해준다.
- ❑ 회의 다음 날 참석자끼리 개인적인 전화를 하여 토론도 하고 감정적 교류도 일어나도록 한다.

4 팀을 이용한 커뮤니케이션

커뮤니케이션해야 할 내용이 중요할 때는 팀을 이루어 작업하기도 한다. 팀을 이루어 커뮤니케이션 하는 예로는 팀의 협동적 글쓰기와 팀 프레젠테이션이 있다. 이 경우 팀의 장점을 충분히 살리는 방법이 필요하다.

1) 팀의 협동적 글쓰기

팀에서 보고서를 공동으로 작성하는 경우가 많다.[15] 이 경우 항상 공동으로 작업할 필요는 없다. 보통 글쓰기의 초기단계에 모여서 브레인스토밍을 통하여 목적 결정, 청중 분석, 내용 결정, 아이디어 조직화 등을 실시한다. 이것이 결정된 후에는 각 개인의 임무를 할당하고 각자 개인적으로 따로 일한다. 각자가 초고를 작성한 뒤에는 수정하고 편집하기 위하여 모여서 작업한다. 최종문서를 작성하고 마지막 교정은 한 사람이 주관하도록 한다.[16]

이렇게 작업을 진행하면서 팀 공동 작업의 장점을 최대한 살리기 위해서는 다음과 같은 다양한 노력이 필요하다.

❖ 익숙해지기 위한 시간을 허용한다.

다른 사람과 같이 일할 때는 익숙해지는데 시간이 필요하다. 공동으로 어떤 프로젝트를 수행할 때 구성원이 서로에 대해서 알기 전에는 본격적으로 협동하기가 어렵다. 구성원이 서로의 능력에 대해서 잘 알게 되면 그 능력을 충분히 활용하여 공동 작업을 할 수 있다.

❖ 작업 계획을 작성한다.

협동적 글쓰기를 할 때도 목표를 달성하기 위한 계획을 작성한다. 작업 계획은 리더 혼자서 작성하지 말고 구성원이 모여서 회의를 하여 작성하는 것이 좋다. 이 때 글의 기본적인 스타일, 세부 작업별 마감시한 등에 대해서 합의해 둔다.

❖ 반대를 허용하고 장려한다.

팀 구성원은 서로 반대해서는 안 된다고 생각하는 사람들이 있다. 그러나 팀에서는 개인들이 서로 다른 의견을 표명하고, 의견 차이를 조정하기 위한 노력을 하여야 한다. 그렇지 않으면 다양한 의견과 아이디어를 활용하여 최선의 해결책을 만들어 낼 수 없다. 사람들이 반대하는 것을 피하면 집단사고라는 중대한 실수를 범할 가능성이 높다.

❖ 합의에 이르기 위해 같이 노력한다.

팀에서는 구성원 각자가 제안하는 여러 가지 대체안에 대해서 논의하여 팀의 상황에서 가장 적합한 해결책을 선택한다. 논의를 거쳐 가장 적합한 해결책을 공동의 노력으로 찾아가면 팀에서 합의를 이루게 된다.

❖ 빠르고 쉬운 대답에만 의지하는 것을 피한다.

팀에서는 시간 제약 하에서 일하는 경우가 많다. 이 시간 제약 때문에 모든 가능한 대체안을 개발하고 분석하지 못하면 최선의 의사결정을 할 수가 없다. 시간 제약에도 불구하고 모든 대체안을 분석해 최선의 선택이 되도록 노력해야 한다.

❖ 침묵하는 사람의 아이디어도 활용한다.

사람에 따라서는 쉽게 공동 작업을 하지 못하는 경우도 있다. 쉽게 공동 작업을 하지 못하는 구성원의 아이디어와 생각도 활용하는 방안을 마련하여야 한다.[17] 그런 사람이 발언할 기회를 따로 주거나 자신의 생각을 글로 발표할 기회를 주기도 한다.

❖ 개인적으로 뒤처지는 사람을 파악하고 독려한다.

팀장은 수시로 각 구성원의 진척도를 파악하여 개인별 작업이나 공동 작업에 뒤처지는 사람에게 상담과 조언을 해주고 문제를 해결해주어야 한다. 한 사람이 작업에 늦어서 모든 구성원이 기다려야 하는 일이 발생하지 않도록 한다. 구성원 간의 갈등 발생 가능성도 파악하여 미리 비공식적으로 조정하고 예방하는 작업도 필요하다.

2) 팀 프레젠테이션

복잡한 문제는 팀을 이루어 프레젠테이션 하기도 한다. 프레젠테이션에는 다양한 능력이 필요하기 때문에 다양한 특기를 가진 사람들로 팀을 구성하면 시너지 효과를 얻을 수 있다. 구성원 각자의 특기에 따라서 정보 수집과 분석을 잘하는 사람, 시각자료를 잘 만드는 사람, 직접 발표를 잘하는 사람 등으로 나누어 구성원 간의 역할을 주의 깊게 조정하면 팀의 장점을 살릴 수 있다.[18] 팀에서 이러한 조정이 쉽게 이루어지려면 구성원이 성숙하고 서로 호의를 가지고 있어야 한다. 그러나 구성원이 모든 일을 똑 같은 분량으로 맡는 것은 좋은 방법이 아니다.

프레젠테이션을 준비할 때 항상 공동으로 작업할 필요는 없다. 보통 초기단계에 구성원이 모여서 공동으로 목적 결정, 청중 분석, 내용 결정, 아이디어 조직화 등을 실시하여 많은 사람의 아이디어를 모은다. 구성원은 이러한 작업을 공동으로 진행하면서 프레젠테이션의 기본적인 내용을 모두 파악할 수 있다. 이러한 작업 후에 각 개인별 과업을 나누어 준다. 개인별 과업을 너무 일찍 나누어 주면 구성원이 전체 내용을 모르고 부분적인 작업을 기계적으로 처리하게 되어 시너지 효과를 거둘 수 없다.

팀 리더가 과업을 할당할 때는 각 구성원이 책임 맡은 작업 내용, 시각자료, 청중 유인물, 완료 기한, 연습 날짜 등을 문서로 작성하여 서로 혼란이 없도록 한다. 완료 기한은 시작하는 시간에서 앞으로 나가면서 계산하지 말고 프레젠테이션 하는 날로부터 역순으로 계산하고 표시한다. 예를 들어 D-10일 과 같이 표시한다.[19)]

팀 프레젠테이션을 실시할 때는 다음과 같은 방법으로 진행한다.

첫째, 팀의 첫 번째 발표자가 청중의 주의를 끌도록 서론을 말하면서 프레젠테이션의 목표를 설명하고 발표할 내용 중 중요사항 세 가지 정도에 대해서 간단히 언급한다. 팀의 구성원이 각 분야의 전문가임을 설명하여 팀에 대한 신뢰성을 높인다.

둘째, 청중이 계속 주목하도록 하기 위하여 각 발표자는 앞 발표자가 발표한 내용과 잘 조화가 되도록 한다. 팀은 협동 작업을 하였고, 각 발표자는 다른 사람의 발표에 대해서도 잘 알고 있다는 것을 보여주도록 노력한다. 이렇게 개별 발표자의 내용을 잘 연관시키면 전체 내용이 통일성을 가질 수 있다.

셋째, 팀 발표를 위해서 공동으로 연습한다. 연습을 통해 서로의 발표가 부드럽게 연결되어 통일성을 가질 수 있도록 한다. 실제 발표할 장소에서 실제 사용할 시각자료와 장비를 이용하여 연습한다. 팀의 연습과정에는 비디오로 녹화하여 공동으로 분석하는 방법도 사용한다. 연습 과정에 다른 동료의 발표를 비판할 때는 요령을 발휘하여 호의적이고 공감하는 입장에서 말한다. 연습 일정은 문제점을 찾아서 고칠 수 있는 시간 여유가 있도록 설정한다.

제13장

조직 내의 커뮤니케이션 행동

1. 회의 진행과 기록
2. 전화 커뮤니케이션
3. 업무상의 예절
4. 커뮤니케이션의 법적 규범

제13장

조직 내의 커뮤니케이션 행동

조직 내에서 커뮤니케이션과 관련된 다양한 활동이 있다. 이 장에서는 조직 내의 대표적인 커뮤니케이션 활동으로 회의의 진행과 기록, 전화 커뮤니케이션을 설명하고, 업무상의 커뮤니케이션에서 지켜야 할 예절, 법적 규범 등을 논의한다.

먼저, 회의를 통하여 사람들은 정보를 수집하고 자신의 의견을 제시한다. 그러나 이를 잘 못 운영하면 시간 낭비가 많고, 일부 구성원의 의견이 과도하게 반영될 수 있다는 문제점도 있다. 이런 문제점을 해결하면서 회의를 잘 진행하기 위한 능력과 노력이 필요하다. 한편, 직장에서 일을 하는 사람들은 업무의 상당 부분을 전화로 진행한다. 그러나 전화를 제대로 사용하지 못해서 회사전체의 인상을 나쁘게 하거나 업무의 정체가 생기기도 한다. 따라서 전화를 효과적으로 사용할 수 있는 능력이 필요하다.

업무상의 예절도 상대방에 대한 커뮤니케이션 역할을 한다. 예절을 잘 지키는 사람은 성숙해보이고 업무 수행 능력이 높은 것으로 인식된다. 커뮤니케이션에는 법적인 책임이 발생하기도 한다. 다른 사람의 명예를 훼손하거나 사생활을 침해하지 않도록 하여야 한다.

1 회의 진행과 기록

회의는 공동의 목적을 가진 세 사람 이상이 모여서 커뮤니케이션을 실시하는 것이다.[1] 회의는 업무에서 중요한 부분을 차지한다. 사람들은 회의에서 중요한 정보를 얻고, 유포하며, 의사결정에 참여도 한다. 그러나 회의에는 시간과 비용이 많이 소요된다. 리더가 회의를 잘못 운영하거나 적절하지 못한 사람을 참석시켰을 때 회의는 비효율적이 되기 쉽다. 이 때문에 회의를 시간 낭비라고 싫어하는 사람도 많다.[2)]

반면에 회의가 잘 진행되면, 참석한 개인은 자신의 커뮤니케이션 능력과 문제해결 능력 등을 여러 사람에게 보여줄 수 있는 기회를 갖기도 한다. 이렇게 회의를 잘 진행하고 또 적절한 발언이 이루어지도록 하기 위해서는 상당한 노력이 필요하다.

1) 회의 계획 작성

회의에 참석하는 사람들은 회사에서 임금을 받는 사람들이다. 그 사람들이 회의에 참석하게 되면 그 시간동안의 임금과 제반 부대비용이 회의의 비용이 된다. 이렇게 회의에는 비용이 소요된다는 것을 감안하여 사전에 계획을 철저히 세워서 진행해야 한다. 계획단계에서는 우선 목적을 결정하고, 이 목적을 달성하기 위하여 회의가 꼭 필요한가를 파악하고, 회의가 필요할 경우에는 의제 설정, 참석자 결정, 시간과 장소 결정, 리더의 안내 연설 준비 등을 실시한다.

(1) 회의 목적 결정과 필요성 파악

회의의 목적을 구체적으로 결정하면 그 결과는 더 좋다. "우리 회사 판매원의 능률을 향상시키는 방법을 논의한다."와 같은 넓은 범위의 추상적인 목적보다는 "우리 회사 판매원의 능률을 높이기 위해 휴대용 컴퓨터를 지급할 것인가에 대해서 논의한다."와 같은 구체적인 목적이 더 좋다. 목적을 구체적으로 설정하면 그 목적을 달성하기 위한 방법을 결정하기가 쉽다. 처음에 넓은 범위의 목적을 설정하고 이를 이용하여 구체적인 목적을 설정한다.

목적을 달성하기 위하여 회의가 가장 효율적인 방법이 아닐 수도 있다. 회의에 상당한 시간과 비용이 소요된다는 것을 고려하여 회의를 소집하기 전에 회의가 꼭 필요한가를 생각해보아야 한다. 회의보다는 개인적 교류나 적절한 메모를 사용하여 업무를 처리하거나 의사결정을 할 수도 있다. 예를 들어 일상적인 정보를 전달하기에는 회의보다는 간단한 메모나 이메일이 더 적당한 수단이 된다. 또 주간 정기회의에 10명이 참석하여 오직 2명만 관련된 문제에 대해서 1시간 이상 논의하는 것은 적절하지 않다. 이런 문제는 관련자 2명만 모여서 논의하고, 그 결과를 다른 사람에게 통보해주는 것이 적절할 것이다.

회의가 아닌 다른 방법으로 정보를 전달하면 문제가 생길 때도 있다. 문서로 전달된 것을 제대로 읽어보지 않는 사람도 있고, 사람마다 같은 내용을 다르게 해석할 수도 있다. 문서를 전달하고 반응을 하는 과정에 시간이 너무 많이 걸리는 경우도 있다. 여러 사람을 거쳐서 정보가 전달되는 과정에 왜곡이 발생하기도 한다. 이런 경우에는 회의를 개최하여야 한다.

(2) 의제 설정

모든 회의에는 의제가 있어야 한다. 의제는 회의시간에 수행해야하는 활동을 공식적으로 정한 것이다. 의제를 미리 설정해 두면 두 가지 긍정적인 효과가 나타난다. 첫째는 참석자들이 회의에 필요한 배경지식을 사전에 파악하여 준비할 수 있다. 둘째는 회의의 초점을 유지할 수 있다.

회의에 참석할 사람에게 사전에 의제가 완전히 공개되어야 한다. 의제가 참석자에게 알려지면 회의의 방향을 사전에 알 수 있게 된다. 가능하다면 회의가 시작되기 1-2일전에 의제를 알려주어 참석자가 준비할 수 있는 충분한 시간을 주어야 한다. 가능하다면 각 부분별로 책임을 맡은 사람의 이름과 주책임자를 정하여 같이 통보한다. 이렇게 의제가 미리 알려지면 회의 전에 참석자들이 각자 담당한 분야와 관련된 정보를 검토해보고, 정보를 교환하여 충분히 회의 준비를 할 수 있다.

회의는 2시간을 초과하지 않아야 한다. 그 이상의 시간이 지나면 사람들의 집중력도 낮아지고, 일상 업무에 방해도 된다. 시간이 늦어지는 것을 방지하기 위하여 의제별로 시작 시간과 끝나는 시간을 정해두고 전체 의제에 쓸 수 있는 시간을 정해두는 것이 좋다.

근래에 일부 회사에서는 초기 단계의 아이디어를 검토하는 회의는 시간을 20분으로 한정하여 서서하는 회의를 실시하기도 한다. 회의 참가자가 장시간의 회의를 원하지 않을 경우에는 이렇게 서서하는 회의도 고려해 볼만하다.

그림 13-1 의제 통보의 예

수신 : 김00, 강00, 고00, 이00, 송00
발신 : 인사팀장 정00
일자 : 201×. 5. 15.
주제 : 교육훈련부서 설립 건의를 위한 회의

회의 시간 : 201×. 5. 17 오후 2: 00 – 3: 00
회의 장소 : 2층 소회의실
참석자 : 인사팀(팀장 정00 및 김00, 강00), 생산 1팀(고00), 생산 2팀(이00), 기획팀(송00)

의제

토론 내용

2:00-2:05	1. 교육훈련부서 설립 논의의 배경	팀장 정00
2:05-2:15	2. 교육훈련부서 설립의 장점	김00
2:15-2:25	3. 교육훈련부서 설립의 단점	강00
2:25-2:35	4. 교육훈련부서의 인력과 비용	송00

결정 사항

2:35-2:50	1. 교육훈련부서 설립 건의 여부 결정	팀장 정00
2:50-2:55	2. 다음 회의 시간과 장소 결정	김00

알림

2:55-3:00 회의 준비 최우수자 선정

* 회의가 있기 전에 교육훈련부서 설립에 관한 자료를 읽어 보십시오. 오실 때는 토론 준비를 해오시기 바랍니다.

참고 자료 : D. B. Roebuck, *Improving Business Communication Skill*, 3rd ed.. Prentice Hall, Upper Saddle River New Jersey, 2001, p.229.

(3) 참석자 선정

회의에 참석할 사람을 결정하는 것도 중요하다. 회의에 너무 많은 사람이 참석하면 혼란과 불만이 생기기 쉽다. 꼭 참석해야할 필요가 있는 사람만을 초청하여 시간과 비용을 절약하고 혼동을 줄여야 한다.

아이디어를 개발하기 위한 회의일 때는 아이디어의 실현 가능성을 알려 줄 수 있는 기술적 지식을 가진 사람이 참석하도록 한다. 다른 부서의 사람이라도 아이디어에 대해서 판단해 줄 수 있는 사람을 초청한다. 정보를 획득하려 할 때는 먼저 관계 전문가에게 정보를 제공해 주도록 요청한다. 그 관계자에게 정보제공 방법으로 사람의 직접설명이나 이메일, 문서 중에서 어떤 것이 좋은가를 물어본다. 사람이 직접 설명하는 것이 좋다고 할 경우에는 회의를 하도록 한다. 또 어떤 일의 계획을 작성하기 위한 회의일 때는 계획을 수행할 사람을 반드시 참석하도록 한다. 해당 부문의 관리자나 고참 종업원이 참석하면 계획을 실행할 때 발생할 수 있는 문제점을 제시해 줄 수 있다. 의사결정을 위한 회의에서는 실제 결정권은 소수의 사람에게 있다는 것을 고려한다. 실제로 의사결정 권한을 가진 사람이 회의에 참석하도록 한다.

누구를 참석시킬 것인가를 결정하기 어려울 경우에는 사장이나 중역에게 물어보는 것이 좋다. 회사의 사장은 한 부서의 문제에 직접 참석하기를 사양하겠지만 어떤 사람이 참석하는 것이 좋은가는 잘 알 수 있다.

(4) 회의 장소와 시간 선정

회의의 시간과 장소를 결정할 때는 다음과 같은 사항을 고려한다.

장소 선정과 좌석 배치 회의 장소나 설비가 적절히 선정되었을 때는 사람이 의식하지 못하고 지나간다. 그러나 적절히 선정되지 않았을 때는 회의에 문제가 발생하여 사람이 의식하게 된다.

공간은 참석할 사람보다 좀 더 여유 있게 확보한다. 몇 사람이 더 참석하는 경우도 있을 수 있고, 사람들이 편안하도록 하기 위해 그렇게 한다. 업무 현장에서 가까운 회의실이 좋기는 하지만 다른 사람의 방해를 받는 경우가 많다. 다른 사람의 방해가 있으면 안 될 때는 업무 현장에서 먼 곳으로 한다. 가능하다면 회의실에 전화기를 치우고 이동전화를 끄도록 한다. 시각자료를 사용해야 할 경우에는 회의실의 장비와 조명 밝기의 조절장치를 확인한다.

회의실의 좌석은 대화를 나누는 사람들이 서로 눈길을 마주칠 수 있도록 배치해야 한다. 따라서 개인들이 서로 함께 의견을 나누어야 하는 회의에는 서로 마주 볼 수 있도록 한다. 반면에 공식적인 프레젠테이션을 실시할 경우에는 참석자가 회의실의 앞쪽을 볼 수 있도록 한다.

좌석 배치에 따라서 시각, 접촉, 상호작용, 네트워크, 유대관계, 안정감 등이 차이가 난다. 특히 리더가 한 쪽 끝에 앉는 경우는 리더에 반대하거나 리더와 다른 제안을 하는 사람들은 리더의 반대편 먼 곳에 앉는 경우가 많지만, 리더가 이들을 적으로 간주해서는 안 된다. 바로 옆자리에 앉는 사람들은 의식적 또는 무의식적으로 서로 같은 편인 경우가 많다. 의도적으로 서로 친한 사람들을 먼 자리에 앉도록 배정하기도 한다. 회의 테이블의 모서리에 앉는 사람들은 회의 주제에 대한 생각이나 집단 내의 위치가 주변적인 경우가 많다.[3)]

날짜와 시간 선정 회의 날짜를 정할 때는 발표해야 하는 사람에게 준비할 시간을 주도록 배려한다. 그들과 함께 일정을 검토하여 발표를 준비하기에 적절한 시간을 준다.

회의를 피해야 하는 시간이 있다. 출근시간 한 시간 안에는 피한다. 처음 한 시간은 각자 그날의 업무를 준비해야 하기 때문이다. 퇴근 30분전에도 회의를 하지 않는다. 그 시간에 사람들은 업무보다는 퇴근 후에 무엇을 할 것인가에 관심이 많기 때문이다. 점심시간 직후에는 사람들이 위장에 부담을 많이 느껴서 집중적인 회의를 하기 어렵다.

휴가와 휴일도 중요한 시간 요소로 고려해야 한다. 꼭 발표해야 하는 사람이 휴가 기간일 때는 회의를 피한다. 국경일이나 주말 전날 오후에도 회의를 피한다. 아침 출근 시간 전이나 점심 때 회의를 하면 식사를 제공하는 것이 좋다.

(5) 리더의 안내 연설 준비

리더는 회의가 시작될 때 회의의 목적과 기본적 정보에 대해서 참석자들에게 설명해 주어야 한다. 이를 리더의 안내 연설이라고 한다. 이 연설을 준비할 때 다음과 같은 문장을 표본으로 이용하면 유용하다.[4)]

1. 먼저, 회의에서 다룰 문제, 목적, 절차 등을 정확하게 말하면서 회의의 필요성을 알 수 있도록 한다. 참석자들에게 왜 이 회의가 필요한가를 설명할 때 다음과 같은 방식으로 말을 한다.

   - 오늘 다루어야 할 기본적인 문제는_________입니다.
   - 오늘 회의의 전반적인 목적은 __________ 입니다.
   - 우리가 진행할 절차는 ___________ 입니다.

2. 토론을 촉진할 수 있도록 기본적인 정보를 제공한다. 참석자들에게 회의의 의제와 관련하여 가장 핵심적인 사항, 토론 범위 등에 대해서 설명할 때 다음과 같은 말을 한다.

   - 지금 현재 이 문제의 핵심은 ________ 입니다.
   - 이 문제의 원인으로 ____ , ____ , ____ 와 같은 몇 가지가 있을 것입니다.
   - 토론의 범위에 대해서 고려해야 합니다. 이 토론에서는 ________ 문제에 집중하도록 합시다. _____ 문제에 대해서는 _____ 하기 때문에 언급하지 않는 것이 좋겠습니다.
   - 또 우리의 문제에서 해결책의 효과성을 판단할 수 있는 기준을 설정할 필요가 있습니다. 이 문제와 관련해서 효과적인 해결책은 _____ , _____ , _____ 등의 요건을 갖추어야 합니다.
   - 참석자의 임무를 정하려고 합니다. 회의의 기술적인 부분을 담당하기에는 어떤 분이 가장 적당하겠습니까? ____가 이 일을 맡아 주십시오. 회의의 서기는 _____ 가 맡아 주십시오.
   - 의제를 검토하고 수정이 필요한가를 살펴봅시다.
   - 이제 본격적으로 회의를 시작합시다.

2) 회의 진행

회의에서 리더는 구성원이 핵심사항을 집중적으로 토의하도록 유도한다. 우선 시간 낭비 때문에 회의를 싫어하는 사람이 많다는 것을 고려해서 회의 시간을 지켜서 정확하게 시작하고 끝낸다. 회의를 진행할 때는 미리 설정된 의제에 따라서 진행한다. 공식회의일 경우에는 의제에 따르고 의제에 없는 사항은 논의에서 제외한다. 비공식회의에서는 어느 정도 융통성을 발휘하여 새로운 주제를 제기할 수도 있다. 다만, 공식적인 회의에서도 새로운 정보와 문제가 알려지고 그것이 중요성이 높을 경우에는 새로운 의제를 설정하기도 한다. 이 경우에도 새로이 채택된 의제가 기존의 의제와 관련성이 높은 것이어야 한다.

(1) 참석자 격려

리더는 참석자를 격려하고 지원하며 참석자의 말을 열심히 들어 주어야 한다. 그러나 명심해야 하는 것은 사람들에게 말할 기회를 충분히 주어야 하지만 그 의견에 바로 찬성한다는 것을 보여주지는 않아야 한다는 것이다. 대신에 사람들을 존중하고 인정해 주면서 의견을 말할 수 있는 기회를 주며, 상호작용을 촉진하여야 한다. 예를 들어 "그 아이디어에는 생각해볼 것이 많습니다. 다른 사람은 이 아이디어에 대해 어떻게 생각하십니까?" "금방 이00씨가 말한 내용에 대해서 고려해 봅시다." 등과 같은 말을 할 수 있다. "그렇다." "아니다."로 대답해야 하는 질문을 피하고 개방형 질문을 많이 한다. 모든 사람이 의견을 제시하여 회의의 효과가 높아지도록 한다.[5)]

리더가 회의를 지배하지 않아야 한다. 다른 사람의 말을 가로채지 않고, 2-3분 이상 말하지 않고, 다른 사람이 말할 수 있는 기회를 많이 주고, 배경 정보를 다른 사람이 제시하도록 하고, 자신의 의견은 마지막에 말한다. 리더가 장황한 연설조로 너무 많은 말을 하여 회의가 길어지지 않도록 주의해야 한다.

(2) 방해자에 대한 대응

회의에서 지위가 높거나 권한이 많은 사람이 너무 말을 많이 하고 다른 사람의 말을 방해할 경우 비언어적 표시를 해준다. 예를 들어 다른 사람이 말을 하도록 관심을 보이고 제스처로 신호를 보낸다. 그래도 안 될 경우에는 신중하면서도 확고한 개입을 한다. 예를 들어 "정00씨, 실례합니다만 우리 각자가 자신의 의견을 간단하게 말하여 전체 참석자가 말할 수 있는 기회를 가지는 것이 좋겠습니다."와 같은 말을 한다.

(3) 감정적 갈등 대응

개인들이 아이디어에 대해서 적절한 수준의 갈등을 일으킬 때 '집단사고'가 발생하는 것을 방지할 수 있다. 그러나 감정적 갈등은 집단에 부정적인 영향을 준다. 감정적 갈등이 발생하면 서로 관점의 차이를 분명히 하면서도 서로 일치되는 부분을 강조할 필요가 있다. 서로의 토론은 업무적 아이디어에 한정하고 인간적인 사항에 대해서는 공격하지 않는다. 한 쪽이 승리하기보다는 양쪽이 모두 승리하고 자부심을 유지할 수 있도록 하는 해결책을 모색한다. 집단 내에서 두 사람이 갈등을 일으킬 때는 다른 구성원들이 관심을 보이는 가운데 두 사람에게 충분히 말할 기회를 준다. 그 다음 두 사람이 각자 상대방에게 질문을 하도록 하고 리더는 그 질문을 요약하고 전체 구성원은 그에 대해서 조언을 한다. 이런 과정을 통하여 집단은 합의에 이를 수 있도록 의견을 조정해 간다.

(4) 회의 마무리

회의가 의제에 따라서 진행되어 거의 끝나갈 무렵에는 리더는 회의를 마무리 할 시간이 되었음을 알린다. 마무리에서는 논의한 문제를 간단히 검토하고, 주요 합의사항과 진전 사항을 요약하고, 사람들이 회의에 참석한 것에 감사한다는 말을 한다. 회의가 끝난 후에는 회의 내용과 앞으로 해야 할 일을 간단히 설명한 회의록을 참석자들에게 보낸다. 또 회의의 리더는 자신이 회의를 어떻게 진행했는가에 대해서 검토해보고, 다음 회의가 더 잘 진행되도록 해야 한다.

3) 회의록 작성

회의록은 회의 진행 사항을 문서로 기록한 것이다. 회의록에는 참석자, 중요 토의 사항, 결정 사항, 지난 회의에 대한 피드백 등을 기록한다. 회의록은 모든 참석자들에게 배포한다.

회의록은 공식화 정도에 따라서 다양하게 작성한다. 비공식 회의에서는 단순하게 작성하고, 공식 회의에서는 상세하고 정확하게 작성한다. 일반적으로 회의의 진행과 발언 내용보다는 결정사항에 중점을 두고 서술한다. 회의에서 제기된 주요 관점별 발언내용을 무기명으로 적절하게 요약한 다음에 결정사항을 서술한다. 내용을 너무 요약하여 회의의 분위기를 전달하지 못하거나 너무 많은 내용을 서술하여 지루하게 하지 않아야 한다. 발생한 사실을 설명할 때는 완벽한 문장을 과거형으로 서술한다.

좀 더 상세한 사항을 기록해둘 필요가 있을 경우는 각 주제별로 한 문단씩 작성한다. 제기된 의안의 정확한 내용을 설명하고 발의자를 명시한 다음 투표가 이루어진 상황에 대해서 서술한다. 회의록을 작성하는 임무를 맡은 사람은 회의 전에 의제에 대해서 익숙해지도록 공부를 하고, 이전 회의의 회의록도 읽어둔다. 모든 상세한 사항을 정확하게 기록하고자 할 경우에는 회의 내용을 녹음해 두기도 한다.[6] 조직마다 다른 형식을 사용하기는 하지만 대체적 형식은 〈그림 13-2〉와 같다.

그림 13-2 회의록의 예

컴퓨터 운영위원회 월례 회의록

장소 및 시간 : 본관 소회의실, 201×. 5. 18.
참석자 : 위원장 정00 및 위원 김00, 강00, 고00, 이00, 송00(서기), 장00
(미참석자 : 위원 최00, 임00)

본 회의 시간은 오전 10:30으로 위원장이 결정하였음. 전기 회의 회의록은 참석자에 강00위원이 누락된 것을 수정하도록 하고 승인이 되었음.

예산 배정 사항 보고

위원장이 이사회 예산위원회에서 하반기 하드웨어 구입자금으로 5억 원이 배정되어 10월 말까지 집행될 것임을 보고함. 이번 달 말까지 각 부서에 제안요청서를 발송하기 위해 4월 회의에서 결의된 비율에 따라서 하드웨어 예산을 배정하였다고 보고함. 위원장은 회사의 하드웨어 및 소프트웨어 배정자료를 제출하였고, 각 위원은 배정 내용이 4월 회의의 결과와 일치한다는 것을 확인함. 그 자료는 부록으로 첨부함.

제안 1: 웹페이지 개발 소프트웨어 표준화.

김00 위원이 "하반기부터 웹페이지 개발에 마이크로소프트 오피스 201×만을 사용하도록 하자"는 의견을 제안함. 그는 회사 내의 웹페이지가 여러 가지 소프트웨어로 개발되어 혼란이 많다고 하였음. 이에 대해 강00위원이 "마이크로소프트 오피스 201x 이상으로 하자"고 수정 제안 함. 수정 제안이 토론을 거쳐 만장일치로 채택됨.

제안 2: 음성 인식 소프트웨어 탐색.

정00 위원장이 회사 내에서 음성 인식 소프트웨어를 설치하자는 의견이 많이 제기되기 때문에 이에 대한 준비가 필요하다고 말함. 위원들이 도입 비용, 사용을 위한 교육, 인식의 정확성 등에 대해서 토의하였음. 이00 위원이 "이 문제를 연구하기 위한 태스크포스를 위원장이 임명하여 운영하고 그 결과를 다음 회의에 보고하자"는 의견을 제안하여 모든 위원이 동의함.

1

기타 논의 사항

- 의장은 3월에 발표한 유지보수 정책에 대해서 회사 내에서 반대하는 의견이 없었다고 보고함.
- 6월 5일에 개최되는 회사 전략회의에 위원장이 참여한다고 보고함.

다음회의는 6월 15일 화요일에 개최하기로 함.
본 회의는 11:25에 종결함.

작성자: 서기 송 00(서명)

부록: 하드웨어 및 소프트웨어 배정자료

2

4) 정보기술을 이용한 회의

정보기술을 이용하면 과거에 비해서 편리한 방식으로 회의를 진행할 수 있다. 이러한 회의는 편리할 뿐만 아니라 과거에는 생각 못한 좋은 장점을 가지고 있기도 하다. 정보기술을 이용한 회의로 대표적인 것으로는 화상회의와 컴퓨터 매개 회의가 있다.

(1) 화상회의

근래에는 개인용 컴퓨터에 음향장치와 카메라를 달면 화상회의가 가능하게 되었다. 장비 가격이 낮아지면서 한 자리에 모여서 회의를 하기보다는 화상회의를 하는 기업이 늘어나고 있다. 그러나 화면이 작고 화질이 낮으며 속도가 느리다는 단점이 있다.

개인용 컴퓨터의 화상회의 시스템을 이용하면 시스템 내에서 문서작업과 자료분석, 화이트보드를 이용한 아이디어 설명 등이 가능하게 되었다. 실제로 모여서 하는 회의보다 참석자들이 서로 협동 작업을 하기에 용이한 측면도 있다.

(2) 컴퓨터 매개 회의

전통적인 면대면 회의에서는 참석자 중 일부만 발언을 하는 경향이 있다. 보통 집단에서 지배력을 발휘하는 사람들이 발언을 많이 한다. 그러나 이들의 아이디어가 최고의 아이디어가 아닌 경우도 많다. 이러한 문제점을 해결할 수 있는 회의 방식으로 컴퓨터 매개 회의가 있다.

이 방식의 회의에서는 여러 사람이 동시에 무기명으로 자신의 의견을 서버에 올린다. 이렇게 제시된 의견은 서버를 통하여 모든 참석자의 컴퓨터 대화창에 무기명으로 전달된다. 여기에서는 무기명으로 의견을 제시하기 때문에 사람들이 솔직한 의견을 올리고, 부정적 피드백도 자유롭게 자주 올린다. 따라서 개인들이 정치적 행동이나 인기를 노리는 행동을 적게 한다.

컴퓨터 매개 회의의 또 다른 장점으로는 사람들이 모이는데 따른 번거로움도 없다는 것이다. 또 회의록을 쉽게 작성할 수 있고, 회의록을 배포하기도 쉽다. 조직

내의 다른 사람도 그 결과를 쉽게 볼 수 있어서 조직학습에도 도움이 된다.[7)]

2 전화 커뮤니케이션

전화는 오늘날 사무 장비 중에서 가장 많이 쓰인다.[8)] 근래에는 이동 전화를 많이 이용하게 되어 사무실을 떠나서도 전화를 사용할 수 있게 되었다. 업무에서 전화를 통한 커뮤니케이션은 자주 일어나기 때문에 면대면 커뮤니케이션만큼 중요하다. 따라서 전화를 적절하게 사용하는 방법을 잘 알고 있어야 업무를 효과적으로 수행할 수 있고 조직의 이미지도 개선할 수 있다. 그러나 이 커뮤니케이션 매체로는 시각적 요소를 사용할 수 없기 때문에 상대방이 생각하고 느끼는 것을 포착하기 어렵다는 단점이 있다. 이러한 제한점에도 불구하고 사람들은 편리성 때문에 전화통화로 비즈니스 커뮤니케이션을 많이 진행한다.[9)]

한편 전화 때문에 업무에 방해가 되기도 한다. 다른 사람의 전화를 대신 받아주기도 하고, 전화를 걸어 상대방이 받기를 기다리는데 시간이 소요되기도 하고, 상대방이 통화 중이어서 기다리기도 하고, 전화를 걸어 통화하고자 하는 사람을 바꾸는데 상당한 시간이 소요되기도 한다. 한 연구에 의하면 전화를 걸어서 처음에 통화에 성공하는 비율은 25% 정도라고 한다. 그 결과 사람들은 상대방을 기다리거나, 상대방이 통화 중이어서 기다리거나, 전화를 받지 않거나, 전화를 대신 받아주는데 하루에 30분 정도, 1년에 13일 정도를 허비한다.[10)] 이렇게 전화의 사용은 기업의 생산성, 또 상대방의 업무 효율과 관련이 있다. 따라서 전화를 걸고 받는 행위를 신중하게 할 필요가 있다.

전화를 걸기 전에 전화를 꼭 사용하여야 하는 상황인가를 판단해본다. 자기 스스로 정보를 찾을 수 있거나, 조금만 지나면 쉽게 정보를 얻을 수 있을 때는 전화를 자제해야 한다. 또 전화를 걸기 전에 전화보다는 다른 매체가 해당 업무에 더 적합한가를 고려해 보아야 한다. 예를 들어 전달해야 할 정보의 양이 많을 경우는 문서로 의견을 제시하면 이해하기 쉽고 다음에 다시 볼 수도 있어서 좋다. 아주 간단한 정보를 보내고자 할 때는 이동전화 문자메시지가 더 적합 할 수도 있다. 또 부정적 소식을 전달할 경우에 직접 만나서 전달하면 받는 사람의 타격을 줄일 수 있고, 문서로 전달하면 전달자의 의지가 확고하다는 것을 보여줄 수 있다.

전화가 가장 적절한 커뮤니케이션 수단이라고 판단되면 다음에 설명하는 전화사용 방법을 지키면서 전화를 하는 것이 좋다. 이들 원칙은 앞에서 이미 배운 커뮤니케이션 방법을 활용하여 전화를 효과적으로 사용하는 방법이다.

1) 전화사용의 기본 방법

면대면 회합에서 사람들의 첫인상의 38%는 목소리에 따라서 결정된다고 한다. 겉모습이 55%, 말하는 내용이 7% 정도 영향을 미친다고 한다. 외양을 볼 수 없는 전화의 경우는 목소리의 중요성은 80-90%로 늘어난다.[11]

먼저, 전화에서 좋은 목소리가 나도록 노력해야 한다. 미소를 머금을 때 즐거운 목소리가 난다고 한다. 전화에서 말할 때는 항상 미소를 담은 목소리를 내어야 한다. 전화에서 "여보세요"라는 말을 할 때는 상대방과 악수하는 이미지를 떠올리고 미소를 짓는다. 첫 인사에서 열정과 따뜻함을 보인다. 특히 처음 4-10초 만에 전화 상대방의 첫인상이 결정된다는 것을 명심하여 좋은 목소리를 내도록 노력한다. 퉁명스럽거나 급한 것을 보이는 목소리를 내면 상대방이 부정적으로 받아들이기 쉽다.[12]

전화로 다른 사람의 말을 들을 때는 사람을 직접 볼 수 없기 때문에 훨씬 주의해서 들어야 한다. 효과적인 경청능력이 있어야 전화대화를 잘 진행할 수 있다. 말속에 들어있는 실마리를 열심히 찾아내어, 수시로 질문을 하고 "예." "그렇군요." 등과 같은 말로 추임새를 넣어준다. 들은 말을 간단하게 요약해서 말해주어 제대로 들었다는 것을 확인시켜주기도 한다. 받은 전화에 집중하고 다른 일을 동시에 하지 않아야 한다. 두 가지 일을 동시에 하면 효과적으로 들을 수 없다.

통화는 가급적 짧게 한다. 핵심을 먼저 말하고, 간단하고 쉬운 단어를 사용하며, 사실에 입각해서 말하고, 긍정적인 단어를 사용한다. 예를 들어 "잘 모릅니다."라는 말보다는 "제가 알아보고 다시 연락을 드리겠습니다."와 같이 말한다.

2) 전화 받기

전화를 건 사람은 전화 받는 사람의 행동을 조직 전체의 태도로 간주한다. 매시간 걸려오는 전화에서 조직의 미래가 결정된다. 전화를 받을 때는 다음과 같은 원칙을 지킨다.[13)]

❖ 적시에 받고 자신의 신원을 밝힌다.

전화벨이 두 번 또는 세 번 울리는 사이에 전화를 받는 것이 상대에 대한 배려이다. 전화를 받은 사람이 먼저 자신의 회사명, 직함, 이름 등을 명확하게 천천히 말한다. 전화를 받는 사람이 생소한 어조로 빠르게 신분을 밝혀서 전화를 건 사람이 잘 알아듣지 못하는 일이 많다는 것을 염두에 두고 명확하게 천천히 말해야 한다. 받는 사람이 신원을 먼저 밝히면 잘못 걸려온 전화에 답하는 시간을 줄일 수 있고, 전화건 사람은 잘못된 번호로 전화한 것은 아닌가 하는 의심이 없어진다.

❖ 전화를 건 사람의 이름을 즉시 확인한다.

전화건 사람의 목소리로 누구인지를 알 수 있는 경우도 있지만 그렇지 않을 경우는 전화를 건 사람이 자신의 신원을 밝혀야 한다. 전화를 건 사람이 신원을 밝히지 않을 경우에는 간단하게 다음과 같이 물어본다. "실례지만 누구이십니까?"

❖ 전화 건 사람이 기다리지 않도록 한다.

일 없이 기다리는 것을 좋아하는 사람은 없다. 전화를 건 사람이 30초 이상 기다리지 않도록 해야 한다. 많은 시간을 기다리기보다는 다시 전화를 거는 것을 더 좋아할 것이다. 전화를 건 사람을 너무 오래 기다리게 했다면 사과해야 한다. 전해주어야 할 정보를 찾는데 시간이 많이 걸린다면 기다리게 하는 것보다는 정보를 찾은 뒤에 다시 전화를 해주어야 한다.

❖ 다른 사람을 대신 해서 전화를 받을 때는 조심해서 말한다.

상대방이 통화하기를 원하는 사람이 없을 때는 상대방에게 예절을 다하여 도와주어야 하지만 너무 상세한 내용을 말하지는 않아야 한다. 예를 들어 그 사람이 어디에 갔는지를 정확하게 말하기보다는 "그 사람은 지금 자리에 없습니다." 또는 "그 사람은 사무실 바깥에 일이 있습니다." 등과 같은 말을 해준다.

❖ 전달할 내용을 정확하게 기록한다.

다른 사람의 전화를 받아서 말을 전해주어야 할 경우에는 정확하게 기록한다. 이를 위해 전화 내용을 기록하는 용지를 항상 준비해둔다. 그 용지에는 전화 건 사람의 이름, 전화번호, 날짜, 시간, 전달하는 말, 전달자의 이름 등을 기록하도록 한다. 되도록이면 그 내용을 한번 반복해서 말하면서 상대방의 확인을 받는다.

❖ 전화를 다른 사람에게 순조롭게 넘긴다.

전화를 여러 사람에게 계속 넘기는 경우에 전화 건 사람은 짜증이 나는 경우도 있다. 이를 방지하기 위하여 전화를 넘겨받을 사람이 꼭 필요한 정보를 가지고 있다는 것을 친절하게 설명해준다. 전화를 넘길 때는 넘겨받는 사람이 전화를 받는 것을 확인한다. 가능하다면 전화를 넘겨받은 사람에게 간단한 설명을 해주어 전화한 사람이 전체 이야기를 두 번 하는 일이 없도록 한다.

❖ 신속하게 응답 전화를 해주어야 한다.

자리를 비운 사이 걸려온 전화에는 응답을 해주어야 한다. 응답 전화가 늦을 경우에는 그 사람에게 간접적으로라도 말을 전한다. 응답 전화를 제 때에 하지 않아서 전화를 요청하는 메모가 여러 번 남겨져 있지 않도록 한다. 응답 전화를 했을 때 상대방이 받지 않으면 전화를 하였다는 말을 남기고 전화를 받을 수 있는 시간을 말해준다.[14)]

3) 전화 걸기

전화를 훌륭하게 거는 비법은 계획이다. 전화를 걸기 전에 무엇을 할 것인가를 계획을 하여야 한다. 전화를 건 사람이 목적을 달성하기 위하여 대화를 주도해 간다. 전화를 걸어 대화를 효과적으로 진행하기 위한 원칙은 다음과 같다.

❖ 전화를 걸기 전에 말할 요지를 적는다.

문서를 작성할 때와 같이 전화를 걸기 전에 미리 계획한다. 말할 내용과 요점을 정하고 그것을 어떤 방법으로 말할 것인가도 미리 생각하고 적어둔다. 이렇게 하면 필요한 말을 빠짐없이 할 수 있고, 전화에 집중하여 원하는 목표를 달성할 수 있다.

❖ 처음에 소개를 위하여 세 가지 사항을 말한다.

전화를 시작하면서 자신의 이름과 전화를 건 이유를 말하고 통화하기를 원하는 상대방 이름을 말한다. 예절 바르게 말하고 신뢰감이 형성되도록 한다. 처음에 원하는 사람이 없어서 통화를 할 수 없을 경우는 언제 전화를 하는 것이 좋은가를 알아보고 그 시간에 전화를 한다는 것을 약속해둔다. 만약 전화를 걸어줄 것을 요청하는 메모를 남기려면 이름과 전화번호, 전화 받기에 좋은 시간을 남기고 전화를 걸어줄 것을 요청한다. 상대방이 전화하기 쉽도록 반드시 이름과 함께 전화번호와 시간도 남긴다.

❖ 전화 대화 중에 메모를 한다.

전화 대화 중에 중요 사항은 메모를 해둔다. 이렇게 메모를 해두면 통화한 사항을 바탕으로 업무를 진행하기도 쉽고, 다음 통화에서도 대화를 계속하기가 쉽다.

❖ 긍정적인 입장에서 전화를 끊는다.

전화를 끊기 전에 작별 인사를 나눌 시간을 가져야 하고, 급작스럽게 전화를 끝내지 않는다. 전화를 건 쪽에서 먼저 끊는 것이 원칙이지만, 우리나라와 같은 동양 문화에서는 상대방이 연장자나 상위자일 경우는 상대방이 전화를 끊을 때까지 기다리는 것이 좋은 경우도 많다. 상대방이 전화를 끝낼 생각을 하지 않고 한담을 계속할 때는 종료를 암시하는 말을 해줄 필요가 있다. 예로 "오늘 대화가 즐거웠습니다." "저에게 꼭 필요한 정보를 주셔서 감사합니다. 주신 정보를 바탕으로 열심히 일해 보겠습니다." 등과 같은 말을 한다.

4) 이동전화

이동전화는 이제 직장 생활이나 개인 생활의 일부분이 되었다. 이제 전통적인 유선전화보다 이동전화가 더 많이 보급되었다. 이동전화는 점점 가벼워지고 기능은 좋아져서 사람들이 어느 곳에서나 전화를 받을 수 있게 되었다.

이동전화를 사용할 때 지켜야 할 원칙은 다음과 같다.[15)]

- ❑ **자동차 운전 중에 전화를 받거나 걸지 않는다.** 전화 내용보다 안전이 더 중요하다.
- ❑ **본론에 빨리 들어간다.** 전화하는 양쪽이 시간과 비용을 아끼도록 한다.
- ❑ **중요한 사람과 만나고 있거나 극장과 같은 사람이 많은 장소에서는 전화를 끈다.** 중요한 전화가 올 것이 예상될 때는 진동모드로 해둔다. 이 경우 전화가 왔을 때는 사람이 적은 곳으로 가서 받는다.
- ❑ **전화가 중간에 끊어졌을 경우에는 먼저 전화를 건 쪽에서 다시 전화를 건다.** 원래 전화를 받은 사람은 전화가 다시 걸려오도록 기다린다. 우리나라와 같은 동양 문화에서는 전화를 건 사람이 연장자일 경우는 받은 사람이 다시 전화를 걸기도 한다.
- ❑ **여러 사람이 있는 장소에서 다른 사람이 전화하는 내용을 엿듣지 않는다.** 그러나 자신이 전화하는 내용을 다른 사람이 의도적으로 또는 비의도적으로 듣게 될 수 있다는 것을 염두에 두어야 한다. 이동전화는 안전하지 않기 때문에 비밀정보를 주고받기에는 적합하지 않다.

5) 팩스

전화로 문서를 보내고 받을 수 있는 팩스는 점점 발전하고 있다. 팩스를 이용하여 문서를 보내면 신속하고 저렴하고 편리하다. 또 한 번에 여러 사람에게 팩스를 보낼 수 있는 방법도 개발되어 있다.

팩스를 사용할 때는 다음과 같은 지침을 따르면 좋다.[16)]

- ❑ **팩스를 보낼 때 표지를 넣는다.** 표지에는 보내는 사람과 받는 사람의 성명, 회사 주소, 전화번호, 팩스번호 등을 기재한다. 또 날짜, 전체 페이지 수, 팩스 전송의 이유 등도 간단히 기재한다. 팩스를 회사 외부로 보낼 때는 전문가로 보일 수 있도록 깨끗하게 프린트를 한 표지를 작성한다.
- ❑ **팩스로 받아본 문서가 읽기 쉽도록 배려한다.** 팩스에 사용한 종이에는 얼룩이나 주름이 생기지 않도록 하고 글자체는 검정색으로 읽기에 쉬운 것을 택한다.
- ❑ **팩스 비용을 고려한다.** 아주 긴 내용이나 복잡한 그림을 보내면 비용지출이 많아지고, 팩스 사용에 정체가 생겨 다른 사람이 오래 기다리게 된다. 이 경우는 이메일이나 우편, 택배 등으로 보내도록 한다.
- ❑ **예절을 지킨다.** 여러 장의 팩스를 보내려고 하는데 뒤에 기다리는 사람이 한 장을 보내기 위하여 기다리고 있다면 그 사람이 먼저 보내도록 해주는 것이 좋다. 앞 사람이 부주의로 문서를 남겨 두었을 때는 그 내용을 읽어보지 않고 그 사람에게 돌려주는 것이 좋다.

3 업무상의 예절

업무상의 예절은 업무 상황에 맞는 적절한 행동을 실천하는 것을 말한다. 예절을 잘 갖추는 것은 업무에서 매우 중요한 커뮤니케이션 역할을 한다. 예절을 갖춘 사람은 긍정적으로 평가받는다. 즉, 업무상의 예절을 잘 지키는 사람은 자신감이 있어 보이고, 더 많은 책임을 맡을 수 있는 것으로 보인다. 특히 지위가 높은 사람일 경우는 다른 사람의 주목을 많이 받기 때문에 예절을 잘 지키도록 노력해야 한다. 따라서 예절 바르게 행동하면 다른 사람들을 즐겁게 하면서 자신은 목표를 달성할 수 있다.

각 조직에는 나름대로 적합한 의복, 지위가 높은 사람에게 말하는 방법, 시간 엄수의 중요성 등과 같은 것들이 있다. 일반적으로 이런 규칙은 명시적으로 성문화되어 있지는 않고 비공식적으로 형성되기 때문에 신입 구성원들은 관찰을 통하여 배우게 된다.

업무상의 예절은 일반 사회의 예절과는 여러 가지 측면에서 차이가 있다. 기업에서 인사고과를 받는 기간에 사람들은 자신의 업적을 자신의 상위자에게 일일이 이야기하는 것은 당연하다. 그러나 이 사람이 일반 사회 활동을 하면서 이러한 행동을 하면 이상한 사람으로 보인다. 또 직장에는 상하관계가 분명한 경우가 많다. 따라서 모든 사람이 평등하기보다는 상황에 따라서 상위직의 사람이 예우를 받는 경우가 많다.

직장에서 갖추어야 할 예절로는 다음과 같은 다양한 영역이 있다.[17)]

1) 소개와 인사

사람을 소개하는데 있어서 중요한 것은 소개하는 것을 싫어하는 것처럼 보이지 않도록 하여야 한다는 것이다. 즐거운 마음으로 소개한다는 것을 보여 주는 것이 형식보다 중요하다. 사람을 소개할 때는 먼저 지위가 낮은 사람을 지위가 높은 사람에게 소개한다. 이 경우에 나이나 성별보다는 지위를 우선적으로 고려한다. "김이사님, 이00씨를 소개하겠습니다. 이00씨는 이번에 저희 팀에서 일하게 되었습니다. ……. 이00씨, 이 분은 김00 이사님이십니다."와 같이 소개한다. 소개하는 사람들이 서로 비슷한 지위에 있으면 나이가 적은 사람, 내부인, 남자 등에 대해서 먼저 말한다.

이렇게 소개가 끝난 뒤에는 소개받은 사람은 "반갑습니다." 또는 "안녕하십니까?"와 같은 말을 한다. 반갑다는 표시로 악수를 한다. 직장 내에서는 남녀 구분 없이 악수를 청할 수 있다. 소개받은 사람의 이름을 기억하기 위하여 악수할 때 이름을 한두 번 불러 준다. 그 후 대화중에도 그 사람의 이름을 한 번 이상 불러서 확실히 기억하도록 노력한다. 과거에 만났지만 이름을 기억하지 못하는 사람을 만나게 되면 악수를 하면서 자신의 이름을 말한다. 그 상대방도 자신의 이름을 말할 것이다.

과거에 한번 만났지만 자신을 기억하지 못하는 사람을 만나면 그 사람이 기억을 되살리기 쉽도록 정보를 주는 것이 좋다. 예를 들어 "김00씨, 저는 박00입니다. 두 달 전쯤에 신제품설명회에서 만난 적이 있지요?"하고 말해 준다. 이 과정에서 계속 만나기를 원한다는 표시로 명함을 교환하는 것도 좋은 방법이다.

2) 식사

업무 과정에 필요하여 선정한 식당은 상대방에 대한 마음을 반영한다. 음식이 훌륭하고 서비스가 믿을 수 있는 식당을 선정해야 한다. 일반적으로 손님이 중요할수록 더 좋은 식당을 선정한다. 웨이터가 자리를 마련해줄 때는 손님이 먼저 앉도록 한다. 웨이터의 도움 없이 자리를 정할 때는 손님이 좋은 자리에 앉도록 배려한다. 창문에서 풍경이 보이는 자리나 식당 전체를 보기에 좋은 자리에 손님을 권한다.

지금까지 말한 것 외에도 업무상의 식사에서 지켜야 할 예절로 다음과 같은 것이 있다.

❑ 주문할 준비가 되었으면 메뉴를 식탁 위에 올려두어 웨이터에게 신호를 보낸다. 웨이터가 가까이 있을 때는 "실례합니다."하고 부르거나 눈을 마주치고 조용히 신호를 보내어 부른다. 주최자는 가장 마지막에 주문을 하는 것이 일반적이다.

❑ 주최자(host)가 냅킨을 펴서 자기의 무릎에 올리고 난 뒤에 손님이 자신의 냅킨을 무릎에 편다. 초청자가 먼저 한입을 먹고 난 뒤에 손님이 먹기 시작한다.

❑ 식사 중에 식탁을 떠나는 경우에는 냅킨을 의자에 놓아둔다. 식사가 끝난 뒤에는 냅킨을 접지 않고 식탁위에 올려둔다.

❑ 포크나 스푼이 여러 개 놓여 있을 때는 바깥에서부터 시작한다. 유리잔은 오른 쪽에 놓인 것을 사용한다.

❑ 음식이나 조미료를 넘길 때는 오른 쪽으로 넘긴다. 다른 사람에게 이러한 물품이 제대로 전달된 것을 확인한 후에 자기 것을 받는다.

❑ 식사 중에는 팔꿈치를 식탁에 올리지 않는다. 식사 중 음식이 제공되지 않는 시간에는 올릴 수 있다.

❑ 나이프는 사용하지 않을 경우에는 칼날이 자기 쪽으로 향하게 하여 접시의 위쪽에 양쪽으로 걸쳐둔다. 접시 사용이 끝났다는 신호를 웨이터에게 주려면 접시의 중간에 포크와 나이프를 비스듬히 놓아둔다.

❑ 스푼으로 수프를 뜰 때는 자기로부터 바깥쪽으로 향하도록 사용한다. 맛을 보기 전에 소금을 넣지 않는다. 소금이나 후추를 넘겨달라는 요청을 받으면 두 가지를 같이 넘겨준다.

❑ 초청한 사람이 음식 값을 내는 것이 일반적이다. 음식 값과 술집에 대해서는 15-20%, 포도주에 대해서는 10% 정도가 표준적인 서비스에 대한 보통의 팁이다. 외투 보관에 대해서는 1000원 정도의 팁을 준다. 주차를 시켰을 경우에는 1000-2000원 정도의 팁을 준다.

❑ 식사 대접을 받은 사람은 식사 후에 바로 감사하다는 메일이나 전화를 한다. 형식적인 감사가 아니고 실내장식, 음식, 서비스, 식사를 같이 한 사람 등에 대해서 상세하게 묘사하면서 감사하다는 뜻을 전한다. 대화를 나눈 내용에 대해서도 만족스럽다는 감사를 표시하기도 한다.

3) 선물 제공

연말이나 특별한 날에 기업에서는 납품회사, 고객, 종업원 등에게 선물을 제공하기도 한다. 사람들이 이런 선물에 대해서 감사하게 생각하도록, 또 더 좋은 선물이 될 수 있도록 선물 받는 사람과 선물의 종류에 대해서 항상 주의해야 한다. 적절하게 선물하고자 할 경우에는 다음과 같은 기준을 고려하는 것이 좋다.

- ❑ 공적으로 사용할 수 있는 것을 선물한다. 사무실에서 사용할 수 있거나 업무 중에 사용할 수 있는 것이 좋다.
- ❑ 과거의 좋은 업무나 성과에 대해서 감사를 표시하는 선물을 제공한다. 미래에 새로운 책임을 지우는 선물은 하지 않도록 한다. 이 경우에는 뇌물로 인식될 수도 있다.
- ❑ 비슷한 상황에 있는 사람 모두에게 같은 선물을 준다. 한 사람에게만 선물을 주고 비슷한 상황의 다른 사람에게는 주지 않는다면, 받은 사람은 당황스럽고 받지 못한 사람은 감정이 상한다.
- ❑ 너무 비싼 것을 선물하지 않는다. 너무 비싼 선물을 받은 사람은 불편하게 느끼며 뭔가 의무감을 느껴서 선물을 한 이유를 의심하게 된다.

상위자가 부하에게 선물을 하는 경우는 자연스럽지만 부하가 상위자에게 선물을 하는 것은 부자연스러운 경우가 많다. 여러 사람이 돈을 모아서 상위자에게 선물을 드리는 경우도 있다. 이 경우에도 너무 비싼 것은 피하고, 공적으로 사용할 수 있는 것을 선정한다.

4) 적절한 복장

나라별, 회사별, 직위별로 각각 다른 복장 규정이 있다. 명확하게 성문화된 규칙으로 있는 경우도 있고, 조직문화 속에 비공식적으로 포함되어 있는 경우도 있다.

비공식적으로 형성된 복장규범이 어떤 것인지를 파악하여 지키도록 노력해야 한다. 직장에서는 깨끗하고 점잖은 복장을 잘 갖추어 입는 것이 좋다.

5) 사무실 행동

사무실에서 많은 상황이 발생하지만 모두 예절을 지키려고 노력하는 것이 좋다. 이 경우에 항상 생각해야 하는 규칙은 "당신이 대접받기 원하는 방식으로 다른 사람을 대접하라"는 것이다.

커피와 음식 사무실에 커피를 만들 수 있는 시설이 있을 경우에 이를 이용할 수 있다. 다른 사람에게도 마시라고 권하기는 하지만 강요하지는 않아야 한다. 커피 컵과 포트를 씻는 당번이 되면 이를 잘 처리한다. 사무실에 따라서는 나이나 경력이 적은 사람이 전적으로 당번을 맡는 경우도 있다. 대부분의 사무실에서는 커피나 음료수를 마시는 것을 허용하고 있지만 일부 사무실에서는 과자 같은 음식을 먹는 것은 금지하는 불문율이 있기도 하다. 어떠한 경우에도 대화 중이나 전화 중에는 음식을 먹지 않아야 한다.

흡연 근래에 대부분 사무실은 금연구역으로 지정한다. 많은 경우는 건물 전체를 금연구역으로 지정하기도 한다. 이런 규칙을 잘 따라야 한다. 많은 사람이 있는 곳에서 담배를 피우는 것은 점점 예절 없는 일이 되고 있다. 물론 건강에도 해롭다.

복사기와 팩스 사용 만약 당신이 많은 양을 복사하고 있을 때, 적은 분량을 복사하려는 사람이 오면 그 사람이 먼저 할 수 있도록 양보해준다. 사용이 끝난 뒤에는 종이를 보충해주고 기계 설정도 원래대로 해두어, 다음 사람이 사용하는데 혼란을 겪지 않도록 한다.

4 커뮤니케이션의 법적 규범

커뮤니케이션에서 해야 할 행동과 하지 않아야 할 행동을 결정하기 위하여 신중하게 규범에 따라야 한다. 전하는 정보에는 어떤 용어를 사용하고, 강조하여야 할 점은 무엇이고, 내용을 어떻게 조직할 것인가를 법적 규범에 따라서 의식적으로 결정하여야 한다. 커뮤니케이션에서 특히 주의하여야 할 법적 규범으로 명예훼손, 사생활 침해, 사기 등이 있다.[18)]

1) 명예훼손

다른 사람의 명성이나 평판에 해를 끼치는 악의적인 정보를 여러 사람에게 전달하는 행위를 명예훼손(defamation)이라고 한다. 이러한 명예훼손의 요건은 정보가 상대방의 명성이나 평판에 해를 끼친다는 것과 여러 사람에게 정보가 전달된다는 두 가지이다. 따라서 아무리 나쁜 말이라도 전달되지 않았다면 명예훼손이 되지 않는다. 또 허위사실뿐만 아니라 진실이라도 여러 사람에게 전달되어 명성에 해를 끼친다면 명예훼손이 된다. 이에는 공공적인 목적 등 일부 예외가 인정된다. 커뮤니케이션의 내용을 작성할 때는 항상 다른 사람에게 해가 되는 말이 아닌가를 주의 깊게 고려해야 한다.

2) 사생활 침해

다른 사람의 사생활에 관한 권리나, 혼자 있고자 하는 권리를 부당하게 침해하면 사생활 침해(invasion of privacy)가 된다.

사생활에 관한 권리 중 가장 대표적인 것은 자신에 관한 정보의 수집, 사용, 공개 등에 관해 결정할 수 있는 권리를 말한다. 따라서 자신에 관한 정보를 특별한 이유나 권한을 가지지 않은 사람이 열람하게 되면 사생활에 관한 권리를 침해 받은 것이다.[19)] 특히 문제가 되는 것은 기업의 컴퓨터 데이터베이스에 종업원과 고객에 관한 정보가 대량으로 보관되어 있는 것이다. 이 데이터베이스가 해킹 당하거나 실수를 하여 정보가 일반에게 공개되면 사생활 침해가 된다. 다른 사람에 관한 정보를 안전하게 보관하기 위하여 노력하고, 법률적으로 적절할 경우에만 개인에 관한 정보를 열람하고 사용해야 한다.

또, 판매촉진을 위해서 어떤 사람의 이름이나 사진을 허가 없이 사용하게 되면 사생활 침해가 된다. 판매촉진을 위하여 혼자 있고자 하는 사람의 집을 억지로 방문하는 것도 혼자 있고자 하는 권리인 사생활 권리의 침해가 된다.

3) 사기

나쁜 꾀로 남을 속이는 허위진술을 하여 재산상 이득을 취하는 행위를 사기라고 한다. 사기에는 계획적으로 거짓말을 하는 적극적 사기와 계획적으로 정보를 숨기는 수동적 사기가 있다.

신의와 성실을 무시하는 구체적인 정보가 포함되어 있을 경우에 사기가 된다. 예를 들어 "이 자동차는 국내산 자동차 최초로 자동차 시트에 자연산 가죽을 기본으로 장착하였다."라는 말이 거짓일 경우에는 사기이다. 그러나 "이 자동차는 국내산 자동차 중에서 고급품에 속한다."라는 말은 다른 사람이 동의하지 않아도 사기는 아니다. 여기에는 구체적인 사실이 아닌 제품에 대한 의견만 있다. 사기가 밝혀질 경우에는 계약이나 합의는 취소될 뿐만 아니라 손해배상을 하여야 한다.

제14장

직장 탐색과 문서 작성

1. 직장 탐색
2. 이력서
3. 자기소개서
4. 구직 지원서 작성
5. 제출 문서의 매력을 높이는 방법

제14장

직장 탐색과 문서 작성

직업을 구하는 것은 사람들에게 최대 관심사 중의 하나이면서 최고로 어려운 일 중의 하나이다. 과거와 달리 평생직장의 개념이 사라진 현실에서는 정규직 일자리가 적어지고, 직장을 계속 바꾸어야 하는 경우도 많아지고 있다.[1]

직장을 구하려는 사람은 우선 자신에게 적합한 직장을 찾아서 그 직장에서 요구하는 요건을 갖추기 위하여 노력해야 한다.[2] 그리고 그 직장에서 요구하는 조건을 충분히 갖추었다는 것을 보여줄 수 있도록 이력서와 자기소개서를 작성하여 제출해야 한다. 이력서와 자기소개서는 지금까지 배운 커뮤니케이션 능력을 충분히 발휘하여 작성하여야 한다.

1 직장 탐색

자신에게 적합한 직업을 탐색하기 위해서는 우선 자기 자신에 대해서 잘 알고, 자신이 어떤 직업에 잘 어울리는가를 생각해 보아야 한다. 또 외부에서 직업에 관한 정보를 충분히 수집해야 한다.

1) 자신의 파악

즐겁게 일할 수 있는 직장을 가진 사람은 성공할 가능성이 높다. 이상적인 직장을 가지기 위해서는 먼저 자신이 어떤 일을 가장 즐겁게 할 수 있는가를 파악해야 한다. 자신을 파악해두면 지원하는 직장에 적합한 이력서나 지원서를 작성할 수 있다. 이를 위해서는 다음에 제시되는 절차를 거친다.

이 절차는 처음에는 일반적인 사항에서 시작하여 점점 상세한 사항을 파악하는 방향으로 진행한다. 이러한 사항을 이력서나 면접에서 구체적으로 제시하면 유리하게 작용할 수 있다. 취업 이력서를 심사하거나 면접 심사를 하는 사람은 "나는 열심히 일하고 인간관계를 잘합니다."와 같은 일반적인 대답보다는 구체적인 능력에 관한 정보를 담은 대답에 관심을 보이게 된다.[3)]

❖ 제 1단계: 일반적으로 자신이 좋아하는 것과 싫어하는 것을 파악한다.

포괄적인 관심사의 리스트를 작성한다. 이를 위해 자신이 즐기는 일상적인 활동이나 특별한 경험이나 프로젝트를 파악하고 리스트를 작성한다. 이런 활동을 왜 자신이 즐기는가 하는 이유도 찾아서 기록한다. 특별히 싫어하는 활동의 리스트도 작성하고 그 이유도 간단히 밝힌다.

❖ 제 2단계: 자신의 과거 업적을 수집하여 기록한다.

이 단계에서는 자신이 지금까지 살아오면서 이룬 학습이나 활동을 미래의 직업과 관련하여 파악해본다. 여기에는 돈을 벌기위한 활동이 아닌 것도 포함한다. 이런 활동을 간단하면서도 생생하게 기술한다. 예를 들어 자신이 특정 조직에 도움을 주어 그 조직이 특별한 성과를 달성하였다면 그 내용을 기술한다. 가능하면 그 결과를 숫자로 나타내어 준다. 학교에 관련되거나 업무에 관련되는 것으로 적어도 5가지 정도는 기술한다.

❖ 제 3단계: 자신의 인간관계 능력을 파악하여 리스트를 작성한다.

직무경험이 적은 직장생활의 초기에는 인간관계 능력이 중요한 직무관련 능력이 될 것이다. 대부분의 기업에서는 종업원을 선발할 때 커뮤니케이션 능력, 다른 사람과 더불어 일할 수 있는 능력 등을 중요한 요소로 간주한다. 이런 능력을 보일 수 있도록 다른 사람을 위해서 자신이 잘 할 수 있는 일의 리스트를 작성한다. 또 앞으로 발전시키려는 능력의 리스트도 작성한다.

❖ 제 4단계: 자신의 기술적 능력을 파악하여 리스트를 작성한다.

고도로 숙련된 기술을 가지고 있다면 직장을 구하는데 매우 유리하다. 전공 학문, 컴퓨터, 외국어, 외국경험 등과 관련된 능력은 직장을 구하는데 도움이 된다. 자신이 지금 현재 가지고 있는 능력과 앞으로 좀 더 발전시켜야 할 능력의 리스트를 작성한다.

❖ 제 5단계: 자신의 직업에 대한 가치관을 파악한다.

직장 생활에서 자신에게 중요하다고 생각하는 요소를 파악한다. 여기에는 임금, 복지후생, 발전 기회, 기업 형태, 근무 조건 등이 포함된다. 또 자신이 사람과 함께 일하는 것을 좋아하는가, 또는 사물과 함께 일하는 것을 좋아하는가를 생각해 본다. 사람과 사물 중 어느 쪽과 함께 일하기를 좋아하는 이유를 알기 위하여 적성검사를 해볼 수도 있다. 학교 내에서 이런 검사를 해주는 부서를 찾아가면 도움을 받을 수 있다.

❖ 제 6단계: 자신의 특성에 어울리는 직업을 찾는다.

자신의 태도, 선호, 적성 등을 고려하여 가장 적합한 직업을 선정한다. 앞의 여러 가지 요소 중에서 공통적인 사항을 찾아서 적절한 직업을 선택한다. 적어도 다섯 가지 정도의 직업을 선택하고, 그 중의 한 가지에 대해서는 구체적인 직업 정보를 탐색해보고 이력서나 지원서 작성을 연습해 둔다.

이런 단계를 거치면서 목표로 하는 직업을 선택하게 된다. 이와 같은 과정에서 적성과 특기를 평가하는 과정을 도와주는 컴퓨터 프로그램이나 웹사이트도 있다.

2) 직업 정보의 탐색

직업 탐색과 관련된 책과 웹 사이트, 직업상담 기관 등에서 정보를 얻어 자신에게 적합한 직업을 파악할 수 있다. 더 많은 정보를 얻기 위해서 신문의 경제면이나 경제신문을 읽기도 한다. 이러한 정보를 바탕으로 특정 기업을 선정하여 집중적으로 정보를 수집한다.4)

(1) 지원하는 기업에 대해 정보 수집

취업에 관한 정보를 얻기에 가장 편리한 곳은 인터넷이다. 우선 취업 포털사이트나 채용지원 전문 사이트가 가장 포괄적인 정보를 제공하고 있다. 정부에서 운영하는 고용노동부의 워크넷(www.work.go.kr)과 잡영(jobyoung.work.go.kr) 등도 유용한 정보를 제공한다. 각 대학교의 취업지원센터에서도 직업과 관련된 다양한 정보를 보유하고 있다. 학교의 도서관을 통해서도 정보를 수집할 수 있다.

또 대부분의 기업은 회사 웹 사이트에 취업과 관련된 정보를 제공한다. 관심을 가진 기업의 웹 사이트를 방문하여 그 기업의 가치관이나 비전, 생산하는 제품이나 서비스, 역사, 최고경영자 등에 관한 정보를 살펴보고, 그 기업의 성과나 최근의 중요한 정책 등에 관한 정보도 얻을 수 있다. 또 기업의 매년 회계보고서도 온라인으로 얻을 수 있는 경우가 많다. 이 보고서를 잘 읽어보면 그 기업의 강점과 약점 및 미래를 파악할 수 있다. 상장기업인 경우에는 해당 회사뿐만 아니라 증권거래소나 금융감독원의 웹 페이지에서도 회계보고서를 구할 수 있다.

여러 출판물에서 제3자가 객관적 관점에서 분석한 정보도 수집할 수 있다. 신문사에서 운영하는 웹 사이트에는 귀중한 정보가 담긴 기사가 많이 있다. 관심을 가진 회사가 대기업일 경우는 일반 신문의 웹 사이트에서 정보를 얻을 수 있다. 중소기업일 경우는 관련된 산업의 전문잡지나 협회보, 지역신문 등을 통해서 정보를 수집할 수 있다.5)

(2) 개인적 네트워크와 정보수집

개인적 네트워크를 통해서도 직업에 관한 정보를 수집할 수 있다. 우선에 친구, 선배, 친척, 가족의 친구 등의 리스트를 작성한다. 이 사람들과 가급적 많은 시간을 가지면서 그들의 직업과 회사에 대해서 많은 것을 관찰하고 배운다. 또 그와 같은 도움을 줄 수 있는 다른 사람도 추천을 받아둔다.

네트워크를 넓히기 위하여 인터넷을 이용할 수도 있다. 여러 협회의 사이트를 방문하여 자신과 가까운 지역에서 펼치는 세미나나 이벤트 같은 활동을 파악한다. 여기에 참가하여 자신이 원하는 직업분야의 현안에 대해서도 알게 되고 중요한 사람도 파악할 수 있다.

정보를 얻기 위하여 정보를 가진 사람을 직접 만나서 면담을 해보는 방법도 있다. 이러한 활동에 시간이 많이 들지만 그 시간이 아깝지 않을 정도로 보상을 받을 수 있다. 사람들은 일반적으로 자신의 분야에서 지금까지 걸어온 길에 대해서 말하는 것을 즐기고, 또 열심히 노력하는 젊은 사람을 도우고 싶어서 좋은 정보를 주는 경우가 많다.

이러한 면담을 하기 전에 스스로 먼저 노력하여야 한다. 도서관이나 인터넷에서 관련된 자료를 찾아 읽고 난 뒤에 관련자와 면담을 하여야 한다. 면담할 사람을 구체적으로 선정할 때는 가까운 친척이나 이웃 사람에게 물어보고, 소개를 받는 것이 가장 좋다.

면담할 사람을 선정하고 나면 면담을 준비하기 위해서 그 사람과 접촉한다. 먼저 전화를 하여 누구의 소개로 알게 되었는가를 말하고, 자기 이름과 전화를 한 이유를 말한다. 이때는 지금 이 시점에서는 직장을 구하는 것이 아니라 정보만을 구한다는 것을 분명히 말하여야 한다. 일단 약속이 되면 질문할 사항의 리스트 작성을 비롯한 면담 준비를 한다. 다음과 같은 계획으로 진행하는 것이 좋다.

❏ 먼저, 면담에 응해준 것에 감사를 표시하고 방문의 목적을 설명한다.

❏ 그 사람이 면담 대상으로 선정된 이유를 설명하고 면담의 내용에 대해서 설명한다.

❏ 다음과 같은 질문을 한다.

학교를 졸업하고 처음에 어떻게 하여 이 직업을 가지게 되었습니까?
제가 이 직업을 가지려면 무엇을 준비하여야 합니까?
이 직업에서는 성공하기 위해서는 어떻게 행동해야 합니까?
이 직업을 수행하면서 가장 좋은 점과 가장 나쁜 점으로는 어떤 것이 있습니까?

면담을 약속한 시간보다 10~15분 정도 일찍 면담장소에 도착하고 의복은 정장을 한다. 약속한 시간보다 더 오래 있지 말고 상대방의 시간을 존중해 주어야 한다. 면담을 마치고 돌아와서는 감사의 편지나 이메일을 보낸다. 예절을 다하는 것의 연습이 될 뿐만 아니라 업무상의 문서작성 연습도 된다. 편지에서는 면담 시간을 내어 주고 귀중한 정보를 준 것에 대한 감사를 간단하게 표시한다. 면담이 끝난 뒤에 바로 편지를 작성하여 보낸다. 면담을 실시한 기록을 남겨 둔다. 졸업이 가까워질 때 다시 연락할 일이 있을지도 모른다.

2 이력서

직업을 구하는 과정에서 좋은 능력을 가진 것으로 보일 수 있는 수단은 1차로 이력서와 자기소개서 같은 문서이고, 2차로는 면접이다. 이 장에서 먼저 이력서와 자기소개서의 작성에 대해서 논의하고 다음 장에서 면접에 대해서 논의한다.

대부분의 기업에서는 직장을 구하려는 사람에게 이력서와 자기소개서를 쓰도록 한다. 현대적인 이력서와 자기소개서에는 자신의 과거 기록을 단순히 나열하는 것으로는 부족하다. 과거와 달리 근래에는 실제로 자기가 해본 일과 그 일에서 거둔 성과를 강조한다. 기업에서는 지원자가 실제로 거둔 성과를 구체적으로 알기를 원한다.

전통적으로는 이력서를 작성하려고 할 때, 문방구점에서 이력서 용지를 구입해서 어린 시절부터 현재까지의 일을 전기형식으로 기입하는 사람이 많다. 그러나 이러한 방법으로는 자신을 다른 사람들과 비슷하게 보이게 할 뿐이고 자신의 장점을 명확하게 보여줄 수 없다.

1) 이력서의 독창성

남들과 비슷한 이력서를 작성한다면 다음 심사 단계인 면접으로 넘어가기 힘들다. 기업의 인사 담당자는 너무나 많은 이력서와 지원서를 받기 때문에 하나의 이력서를 읽는데 보통 30초~1분 정도 동안만 검토해보게 된다. 그 시간 안에 자신의 경력, 사회 활동, 자질과 강점 등이 읽혀질 수 있도록 이력서를 작성하여야 한다. 이를 위해 이력서는 자기를 보여주는 마케팅 문서의 역할을 할 수 있도록 독창적 방식으로 작성하여야 한다.

독창적인 이력서와 자기소개서를 쓰려면 상당한 시간이 소요된다. 적은 시간을 들여서 남들과 비슷하게 작성하여 달리 읽어볼 내용이 없는 이력서는 빨리 넘겨지고 더 이상의 심사는 중단된다. 이렇게 이력서 작성에 실패한다면 직업을 구하기 어렵게 된다.

2) 이력서 작성의 원칙

이력서를 작성하기 전에 표본이나 다른 사람이 작성한 것을 보고 참고할 수는 있지만, 실제 작성에서는 자신만의 특이성을 나타낼 수 있도록 작성하여야 한다. 이를 위해서는 먼저 앞에서 언급한 것처럼 자기 자신에 대한 파악과 직장 정보 탐색을 철저하게 하고, 그 내용을 바탕으로 이력서를 작성하여야 한다.

이력서에서는 자신의 경험 중에서 지원하는 업무와 관련된 사항을 구체적인 행동이나 업적으로 설명해주어, 해당 기업에서 일하게 되면 어떤 행동을 할 것이고 어떤 업적을 보일 것인가를 짐작할 수 있게 하는 내용을 제시해야 한다. 즉, 이력서는 해당 기업의 업무를 훌륭하게 수행할 수 있는 자신의 능력을 증명하여 기업이 자신을 면접에서 만나보기를 원하도록 만들어야 하는 것이다. 이력서를 읽고 난 뒤에 "우리가 원하는 바로 그 사람이구나."하는 생각이 들도록 해야 한다. 이를 위해 응시한 기업이 중요하다고 생각할 만한 정보에 우선순위를 두고, 기업이 관심을 가지지 않을 정보는 간단하게 소개하거나 생략하여야 한다.[6)]

그러나 이력서를 작성하면서 자신이 수행한 일이나 업적을 너무 요약하거나 생략해서 중요한 정보마저 간단하게 소개하는 것은 좋지 않다. 이런 이력서를 읽은 인사 담당자는 "이 사람은 게으르거나 노력을 하지 않는 사람이다."라고 생각하기 쉽다. 그렇다고 해서 많은 글을 빽빽하게 넣어서 읽고 싶은 마음이 나지 않도록 작성해도 안 된다. 내용은 충분히 제시하면서도 형식은 읽기에 쉽도록 작성하여 인사 담당자가 30초 만에 전체 내용을 읽을 수 있도록 해야 한다.

당연히 철자가 틀리고, 문법에 오류가 있고, 형식에 일관성이 없는 이력서를 제출하지 않아야 한다. 인사 담당자는 이런 이력서를 보고 "이렇게 자신을 표현하는데 어설픈 사람은 회사에서도 어설픈 행동을 할 것이다."라고 생각할 것이다.

직장을 구할 시기가 아직 많이 남은 사람도 미리 가상의 이력서를 작성해보는 것이 취업 준비와 커뮤니케이션 능력 향상에 도움이 된다. 이력서를 미리 작성해보면 장래에 자기가 원하는 직업을 가지기 위하여 모자라는 부분을 미리 알아서 준비할 수가 있다.

3) 이력서의 내용

이력서에 일반적으로 포함되는 내용은 서두, 경력, 교육 세 부분이 있다. 실제 작성할 때는 전략적으로 결정하여 해당 기업의 직무에 적합한 능력과 업적을 중점적으로 제시하여야 한다.[7] 그 중에서도 가장 중요한 능력을 먼저 제시하고 약점이 될 만한 정보는 뒤쪽에 제시한다. 중간에 소제목을 너무 많이 넣으면 혼란스럽기 때문에 5개 이하로 넣는다.

(1) 서두

서두는 이력서의 가장 윗부분에 제시하며 성명, 생년월일, 주민등록번호, 주소, 전화번호, 이메일 주소 등을 기재한다. 응시하는 직위도 이 부분에 제시한다. 자신의 웹 페이지가 있는 경우는 그 주소도 같이 기재해준다.

(2) 교육

이력서에서 중요한 두 가지 영역은 경력과 교육이다. 직업 경력이 적을 경우에는 교육을 경력보다 먼저 제시한다. 이 경우에는 직장을 얻기 위하여 노력한 것을 보여주기 위하여 지원하는 직위와 관련된 학습이나 활동 내용을 상세하게 제시한다. 졸업한 고등학교와 대학교를 제시한다. 아직 졸업하지 않았을 때는 졸업 예정 날짜를 제시한다. 학점 평점이 좋을 때는 잘 보이도록 기재한다. 반드시 학점 평점을 기재하도록 하는 직장도 많다. 자신의 전공 학점이 특히 좋은 경우에는 전공부문만 따로 평점을 기재하기도 한다. 지원하는 직무와 관련된 특별활동을 제시하기도 한다. 학교를 졸업하고 직장 경력을 가진 사람에게는 학점이 큰 영향을 미치지 않는 경우도 많다.

(3) 경력

5년 이상의 직업 경력을 가지고 있다면 경력부분이 교육부분보다 더 중요하다. 그러나 단순히 아르바이트로 직업을 경험하였을 때는 교육부분이 더 중요하다. 직업 경력을 제시할 때는 자신의 능력이 확연히 나타날 수 있도록 서술해야 한다.

여기에서는 과거 자기 직장의 위치, 근무기간, 직위명칭, 책임, 업적 등을 제시한다. 최근의 직장을 가장 먼저 쓰고 이어서 시간의 역순에 따라서 서술한다. 직장이나 직무에서 자신이 달성한 업적을 되도록이면 상세하고 돋보이게 제시한다. 경력사항에서 자신의 임무나 성과를 표현할 때는 되도록이면 동사를 많이 사용하고, 명사를 쓸 때는 동작을 나타내는 말을 많이 사용하여 활동성이 느껴지도록 한다. 아르바이트도 장기간 동안 일했고 지원하는 직장과 관련이 있을 때는 기재해 볼만하다.

(4) 기타 관련 사항

자신과 관련된 것으로 이력서에 기재할 수 있는 항목은 다음과 같은 것이 있다.

보유 능력 해당 기업에 기여할 수 있는 특별한 능력을 교육과 경력으로만 나타낼 수 없을 때는 따로 능력을 표시해 줄 필요가 있다. 그런 능력으로는 특정 컴퓨터 프로그램이나 사무장비의 사용 능력, 외국어 구사능력, 업무와 관련된 특별한 솜씨 등이 여기에 포함된다.

팀 활동, 군 경험, 사회단체, 수상 현대 기업에서는 업무처리 능력뿐만 아니라 커뮤니케이션, 리더십, 팀워크 등이 뛰어난 사람을 선호한다. 직장이나 학교에서 이러한 능력을 연마하거나 발휘한 일이 있으면 기재한다. 예를 들어 "신입생을 위한 학교생활 안내 매뉴얼을 5명의 팀 작업으로 완성," "학교 교지 편집위원회의 기획기사 팀장으로 활동" 등과 같은 문장을 넣을 수도 있다. 군대 경험이나 사회단체 활동 경험도 제시하면 조직 적응력이 높다는 것을 보여줄 수 있다. 단체 체육활동 경험도 여기에 포함된다. 학교나 직장에서 상을 받은 경험도 중요 경력으로 제시한다.

추천인 추천인이 중요한 정보를 준다는 견해와 그렇지 않다는 견해가 있다.[8)]지원하는 기업에서 추천인을 기재하라는 요구가 있으면 사전에 승인을 얻어서 3-4명을 기재한다. 이 사람들을 선정할 때는 같이 일한 경험이 있는 상위자가 가장 적합하다. 직장 경력이 없을 때는 선생님이나 지도교수로 한다. 그 사람들의 성명, 직위, 회사명, 주소, 직장 전화번호 등을 이력서에 기재한다. 이력서를 제출한 회사에서 그 사람들에게 문의를 했다는 것을 알게 되면 수고해 준 것에 대해서 고맙다는 인사를 한다.

사실 확인 이력서에 기재한 내용이 진실한 사항임을 맹세하는 글을 쓰고 사인을 하거나 도장을 찍는다. 실제 이력서의 내용도 거짓을 적어서는 안 된다. 최종심사 대상자가 될 때는 기업에서 사실을 확인해 보게 되고, 사실임을 증명하는 문서를 요구하는 경우도 있다.

4) 이력서 형식

이력서에서 많이 쓰이는 형식은 전통적 형식, 연대기 형식, 목표별 형식 등이 있다. 자신의 자격이나 경력에 따라서 적합한 형식을 선택하여 사용할 수 있다.

(1) 전통적 형식

전통적으로 이력서는 교육과 경력을 발생 순서에 따라서 서술해 나가는 형식으로 작성해 왔다. 지금도 상당히 많은 지원자는 이와 같은 형식의 이력서를 제출하고 있다. 또 많은 기업에서는 이와 같은 형식의 이력서가 제출될 것으로 생각한다.

기업의 인사 담당자는 이 형식의 이력서에서 지원자의 교육과 경력이 성장해 가는 과정을 쉽게 파악할 수 있다. 따라서 이 형식은 교육과 경력이 하나의 방향성을 가지고 성장한 경우에 적합하다.

반면에 이 형식은 이력서 제출자가 최근에 어떤 활동을 하였는가를 바로 파악하기 힘들다. 심사자들은 지원자가 최근에 활동한 사항에 관심이 많지만, 이 형식의 이력서에는 최근 활동 사항을 가장 마지막에 기재한다. 또 기업에서 지원자가 구체적으로 어떤 능력을 가지고 있고 기업에 어떤 도움을 줄 수 있는가에 관심이 많지만, 이 형식의 이력서는 이에 대한 직접적 대답을 제시해 주지는 못한다. 그러나 전통적으로 이러한 형식의 이력서를 가장 많이 사용하고 있기 때문에 무시할 수 없는 형식이다.

그림 14-1 전통적 형식 이력서의 예

<table>
<tr><td colspan="3" rowspan="3">(사 진)</td><td colspan="4">이 력 서</td></tr>
<tr><td>성 명</td><td>김 ○ ○ ㊞
(金 ○ ○)</td><td colspan="2">주민등록번호
890101-1234×××</td></tr>
<tr><td colspan="4">생년월일 서기 1989 년 1 월 1 일 (만 23 세)</td></tr>
<tr><td colspan="3">주 소</td><td colspan="2">서울특별시 ○○구 ○○동 ○○번지
○○아파트 123-456호</td><td>자택 전화</td><td>02)2244-6025</td></tr>
<tr><td colspan="3">E-mail</td><td colspan="2">abcd@hijklm.net</td><td>휴대 전화</td><td>010-2244-1234</td></tr>
<tr><td colspan="3">호적 관계</td><td>호주와의 관계</td><td>장 녀</td><td>호주 성명</td><td>김 길 동</td></tr>
<tr><td>년</td><td>월</td><td>일</td><td colspan="3">학 력 및 경 력 사 항</td><td>발 령 청</td></tr>
<tr><td>2008</td><td>2</td><td>24</td><td colspan="3">○○고등학교 졸업</td><td></td></tr>
<tr><td>201x</td><td>11</td><td>15</td><td colspan="3">○○대학교 경영학과 제4학년 재학 중</td><td></td></tr>
<tr><td></td><td></td><td></td><td colspan="3">기 능 사 항</td><td></td></tr>
<tr><td>2008</td><td>10</td><td>5</td><td colspan="3">워드프로세서 제2급 합격</td><td>대한상공회의소</td></tr>
<tr><td>2008</td><td>12</td><td>10</td><td colspan="3">컴퓨터활용능력 제2급 합격</td><td>대한상공회의소</td></tr>
<tr><td>2009</td><td>3</td><td>18</td><td colspan="3">전산회계운용사 제2급 합격</td><td>대한상공회의소</td></tr>
<tr><td>2009</td><td>5</td><td>20</td><td colspan="3">무역영어 제2급 합격</td><td>대한상공회의소</td></tr>
<tr><td>2010</td><td>3</td><td>15</td><td colspan="3">토익(TOEIC)시험 850점 취득</td><td>ITS</td></tr>
<tr><td>2010</td><td>4</td><td>10</td><td colspan="3">ITQ파워포인트 A등급 취득</td><td>한국생산성본부</td></tr>
<tr><td></td><td></td><td></td><td colspan="3">상 벌 사 항</td><td></td></tr>
<tr><td>2002</td><td>2</td><td>19</td><td colspan="3">6개년간 개근상 수상</td><td>○○초등학교</td></tr>
<tr><td>2005</td><td>2</td><td>19</td><td colspan="3">3개년간 정근상 수상</td><td>○○중학교</td></tr>
<tr><td>2008</td><td>2</td><td>13</td><td colspan="3">2개년간 우등상 수상</td><td>○○고등학교</td></tr>
<tr><td>2010</td><td>3</td><td>2</td><td colspan="3">2개년간 ○○문화재단 장학생 선발</td><td>○○문화재단</td></tr>
<tr><td colspan="7">상기 내용은 사실과 틀림이 없습니다.

201×년 ○○월 ○○일 작성자 김 ○○ (印)</td></tr>
</table>

(2) 연대기 형식

연대기 형식의 이력서는 가장 최근에 있었던 경력을 먼저 기재하고 이어서 그 다음 경력을 제시해 나가는 방식으로 기재한다. 지원자의 최근 교육과 경력을 쉽게 파악할 수 있기 때문에 기업의 심사자에게 이 형식이 편리하여 구미에서는 가장 많이 사용된다.[9] 이 형식은 경력이 하나의 방향성을 가지고 성장한 경우와 지금까지의 경력이 지원하는 기업의 업무와 연관성을 가질 때 적합하다. 반면에 새로이 가고자 하는 분야가 지금까지의 경력과 일치하지 않을 때는 이 연대기 형식은 좋지 않다. 또 학교를 막 졸업한 사람이나 경력이 많지 않은 사람에게는 이 형식보다는 목표별 형식이 더 좋다.

그림 14-2 연대기 형식 이력서의 예

이 력 서

성명 : 박00

주소 : 서울특별시 00구 00동 00아파트 123-123호

전화 : 02)345-6789

지원 직무

회계 소프트웨어를 설치하고 사용법에 대해서 교육하고 지도해주는 회계 소프트웨어 전문상담자 직위를 원합니다. 이 직위에서 저의 회계 및 컴퓨터 지식과 커뮤니케이션 및 인간관계 능력을 십분 발휘할 수 있을 것이라고 생각합니다.

경력

회계 소프트웨어 컨설턴트 : (주)삼호전산회계(2008년 - 현재)

- ○ 영풍산업, 호명증권, 한국대학교와 같은 유수의 기업과 기관의 회계시스템 설계 및 설치
- ○ 고객기업에 기술적 지원과 컨설팅 실시
- ○ 회계시스템 설계 및 설치와 관련된 프로젝트의 제안서 작성 지원 (5억 원 이상의 프로젝트 12회 수주에 공헌)

회계업무 관리자 : 우영기업(주)(2003-2008년)

- ○ 주문처리시스템 개선 설계 및 설치
- ○ 컴퓨터 회계 시스템 관리(신입사원 훈련 포함)
- ○ LAN 설치 지원

회계원 : 우영기업(주)(1999-2003년)

- ○ 기업의 전반적인 회계업무 수행
- ○ 정기 회계 감사 수감

교육

한국대학교 경영학과 : 1993.03.01-1999.02.25

- ○ 회계 과목과 경영정보 과목을 중점적으로 배움

1

호민고등학교 : 1990.03.01-1993.02.25

한국컴퓨터협회 : 1998년

○ 컴퓨터 컨설턴트 양성 과정 수료(3개월 과정)

* 육군 복무 : 1995-1997년(행정 주특기, 병참업무 담당)

보유 능력

○ 워드 프로세스, 파워포인트, 엑셀 등을 능숙하게 사용

○ 더존 등 국내 회계 소프트웨어 및 solomon 등 미국 회계 프로그램을 능숙하게 사용

○ 한국 회계기준과 국제 회계기준을 현실에 적용하는 능력

○ 제안서, 사용설명서 등을 커뮤니케이션 기술을 활용하여 작성하는 능력

○ 사무관리 능력

○ 영어 의사소통 능력(토익 910점)

수상 실적

○ 2007년 우영기업 최우수관리자상 수상

* 이력서의 모든 기재 사항이 사실임을 확인합니다.

201×년 10월 20일 작성자 박00 (인)

2

참고 자료 : M. E. Guffey, *Business Communication: Process and Product*, 4th ed., Thomson South-Western, Mason Ohio, 2003, pp.526-529

(3) 목표별 형식

목표별 형식의 이력서에는 지원하는 직무를 수행하기 위한 자신의 능력과 요건을 명확하고 상세하게 제시한다. 목표별 형식의 이력서에는 여러 가지 특징이 있다. 첫째는 지원하는 직무를 표시하고 그 직무에 적합한 자신의 능력을 제시하기 때문에 고용할 기업 담당자의 관심을 끌 수 있다. 둘째로 과거의 직장이나 학교에서 자신이 이룬 업적을 같이 제시한다. 마지막으로 교육과 경력은 간단하게 제시한다.

이 목표별 형식은 자신이 지원하는 직무를 수행할 수 있는 능력을 집중적으로 보여줄 수 있기 때문에, 이와 같은 직무를 수행할 수 있는 사람을 찾는 기업에 깊은 인상을 줄 수 있다. 이 경우에도 직무 수행에 관한 정보에는 동사를 많이 사용하여 업무활동을 적극적으로 표현하는 것이 좋다.

그림 14-3 목표별 형식 이력서의 예(1)

이 력 서

성　　명 : 하00
생년월일 : 1972년 4월 5일
주　　소 : 부산광역시 00구 00동 00아파트 122동 112호
전　　화 : 053)123-1234

지원 직무

스포츠웨어 도소매유통 영업관리자

능력

- 소매유통 기업의 영업과 마케팅 업무 수행
- 매입채권과 매출채권 기록
- 컴퓨터 및 각종 사무 장비 사용
- 사무실 종업원 임금지급 준비 및 은행예금 관리
- 사무업무 및 자료처리

업무 업적

- 스포츠웨어 판매증진을 위한 판촉물 제작
- 소비자 및 미래 고객과의 공감대를 표시하는 광고물 제작
- 고객 댄스경연대회를 위한 장비 기획 및 운영
- 새로운 고객 기록 분석 방법 개발 및 운용
- 1000여건 이상의 고객 불만 처리 및 이를 위한 서신 작성
- 종업원 생산성 향상을 위한 사무 장비 조달
- 매출채권관련 문제해결
- 팀장 교육에서 부대표를 맡는 등, 다양한 리더 활동

교육

- 00대학교 경영대학원 졸업 경영학석사 2006.03.01 - 2009.08.25
- 00대학교 졸업 경영학사 1995.03.01 - 2003.02.25

* 육군 근무 1993 - 1995년

경력

- 00유통 생활용품 마케팅팀장 2008년 - 현재
- 00마트 스포츠웨어 담당 2003년 - 2008년

사회활동

- 00테니스 클럽 이사
- 00봉사단체 회원

* 이력서의 모든 기재 사항이 사실임을 확인합니다.

201×년 10월 20일 작성자 하00 (인)

참고 자료 : D. B. Roebuck, *Improving Business Communication Skill*, 3rd ed.. Prentice Hall, Upper Saddle River New Jersey, 2001, p.302-303.

그림 14-3 목표별 형식 이력서의 예(2)

이 력 서

성명 : 정00

주소 : 부산광역시 00구 00동 00아파트 123-1232호

전화 : 053)123-1234

지원 직무

카펫 생산 및 관련된 분야의 일반관리.

(직무상의 여행을 좋아하고 다른 지역으로 이사도 가능함)

수행한 직장 업무

일반관리 : 300명 이상의 종업원이 있는 카펫 공장 두 곳에서 관리업무를 하였음
모든 공장 종업원의 일정관리와 노무관리를 담당하였음

품질보증 : 품질표준 달성률이 99% 이상이었음
신상품 카펫의 품질표준 설정에 참여함

생산 : 새로운 생산 장비의 도입결정, 설치, 운영 등을 담당하였음
00기업에서 출시하는 생산장비를 잘 알고 있음

동기유발 및 관리방법 : 목표에 의한 관리(MBO), 목표 설정, 품질관리 분임조, 성과급제 등을 기획하고 실시하였음

교육

1996년 2월 : 00대학교 공과대학 섬유기계학과 졸업(공학사)

사회 활동

200×년 - 현재 : 00사회복지재단 후원회 홍보담당

1996년 - 1999년 : 00 학생봉사회 회원 및 회장

직장 경력

2008년 - 현재 : 00카펫주식회사 생산관리팀장

1999년 - 2005년 : (주)00카펫 품질관리 담당자 및 과장

추천인

요청이 있으면 제출하겠음

* 이력서의 모든 기재 사항이 사실임을 확인합니다.

201×년 10월 20일 작성자 정00 (인)

참고 자료 : D. B. Roebuck, *Improving Business Communication Skill*, 3rd ed., Prentice Hall, Upper Saddle River New Jersey, 2001, p.301.

5) 전자 이력서

전자 이력서를 이메일로 보내거나 인터넷 사이트나 데이터베이스에 게시할 수 있는 기회가 증가하고 있다.[10] 전자 이력서는 컴퓨터 데이터베이스에 저장해두고 관리하면서 적절한 구직자를 검색할 수 있게 만들어진 이력서이다. 근래에는 구직자가 취업 포털 등의 인터넷 게시판에 이력서를 직접 올리는 방법을 많이 사용한다.

기업에서 사람을 찾아야 할 때는 컴퓨터의 이력서관리시스템에 키워드를 입력한다. 컴퓨터 시스템에서는 키워드와 일치도가 높은 구직자를 찾아서 명단을 작성해 준다. 기업의 채용 담당자는 명단에 있는 구직자 중에서 면접에 초청할 사람을 결정한다. 이렇게 하면 인력선발 업무가 간단해지기 때문에 비용과 시간을 줄일 수 있다.

전자 이력서를 사용하면 지원자나 기업에 다음과 같은 장점이 있다.

❑ 구직자가 쉽게 다수의 구인 기업과 접촉할 수 있다.

❑ 구직자 자신은 생각하지도 못했던 다양한 일자리에서 구인 제의가 들어올 수 있다.

❑ 선발 과정의 상당부분이 편견이 없는 컴퓨터에 의해서 진행된다.

❑ 구인 기업에서는 문서를 보고 적격자를 골라내는 단순한 일을 컴퓨터에 맡길 수 있다.

❑ 작업을 신속하게 진행할 수 있다.

❑ 개인의 이력서가 컴퓨터에서 사라지지 않는 한 언제든지 정보를 사용할 수 있다.

이와 같은 시스템을 사용하는 기업에 응시하기 위한 이력서를 작성할 때는 적절한 키워드를 입력하는 것이 중요하다.[11] 키워드는 구인 기업이 자기 기업에 적절한 구직자를 묘사하는 말이다. 기업이 찾는 사람을 요약해서 나타낼 수 있는 말로 외국어 능력, 직위 명칭, 직업 능력, 소프트웨어 패키지, 기계 명칭, 경쟁 기업의 명칭 등을 나타내는 말이 여기에 해당 된다. 예를 들어 마케팅 관리, 삼성전자, 엑셀, ISO9000 등이 있다.

그러나 전자 이력서를 이메일로 제출하거나 인력 데이터베이스에 등재하고 나면 보안에 문제가 발생할 수 있다. 이런 문제를 방지하기 위하여 전자 이력서에는 자신의 주소나 전화번호를 기재하기보다는 이메일 주소만을 기재하는 것이 좋다. 또 다른 문제점은 일단 한 번 제출된 전자 이력서는 본인의 의지와는 상관없이 온라인의 여러 곳에 게재될 수 있다는 것이다. 온라인 문서는 내용을 복사하기 쉬워서 쉽게 다른 곳으로 옮겨 놓을 수 있기 때문에 생기는 결과이다. 이런 문제가 걱정이 되는 사람은 가급적 전통적 이력서를 사용하여 전통적인 방법으로 지원하여야 한다.

전자이력서는 먼저 컴퓨터에 의해 선정이 되어야 기업의 심사를 받을 수 있다. 컴퓨터에 의해 선정되기 쉽도록 하기 위하여 전통적 형식의 이력서를 '컴퓨터에 친근하게(computer - friendly)' 수정하여야 한다. 특히 전자이력서의 선정의 기준이 되는 키워드를 다음과 같은 방법으로 작성하는 것이 좋다.[12]

1. 동사보다는 명사를 사용한다. 추상적인 말보다는 구체적인 행동을 나타내는 명사를 사용한다. 구인광고에서 사용한 명사 중에서 능력을 정확하게 나타내며, 업계에서 많이 쓰는 명사로 행동을 담은 말(예, 분쟁해결)을 사용한다.

2. 키워드를 적절하게 배치하여 이력서 내의 전반에 분포가 되도록 한다. 단, 이력서의 한 구역에만 키워드를 배치하도록 요구하는 데이터시스템에는 그에 따른다.

3. 자신의 능력을 표현하기 위하여 가급적이면 같은 능력도 여러 가지 단어로 표현한다. 한 단어를 여러 번 사용하면 컴퓨터는 한 번만 점수를 부여한다.

3 자기소개서

직장을 구하고자 하는 사람은 이력서와 함께 자기소개서를 보내야 할 때가 많다. 가장 좋은 자기소개서는 심사자의 관심을 끌면서 작성자가 유능한 사람이라는 인상을 줄 수 있는 것이다. 심사자의 호감을 얻기 위해서는 우선 다른 사람이 작성한 것을 모방하지 말고 자신의 말로 써야 한다.

심사자 중에는 이력서를 먼저 보는 사람도 있고, 자기소개서를 먼저 보는 사람도 있다. 심사자가 무엇을 먼저 볼지 모르기 때문에 이력서와 자기소개서 모두 심사자의 관심을 끌고 능력을 보여주도록 작성하여야 한다. 이력서는 주로 자신이 과거에 어떤 일을 하였는가를 설명하는데 반하여, 자기소개서는 회사에 입사하면 어떻게 활동할 것인가를 보여주는 방향으로 작성한다.

자기소개서는 일정한 형식도 없이 비교적 장문을 작성하여야 하기 때문에 작성하기에 어렵다. 이런 어려움을 쉽게 해결하는 방법으로 남들의 자기소개서를 적당히 편집해서 작성하기도 한다. 그러나 이 방법으로는 남들과 비슷한 자기소개서만을 쓰게 되어 심사자에게 아무런 인상을 남길 수 없다.

심사자에게 인상을 남기기 위해서는 해당 직장의 업무에 대해서 자신이 충분히 준비가 되어 있다는 것을 구체적으로 보여주어야 한다.[13] 이를 위해서는 앞에서 언급한 바와 같이 자기 자신의 특성을 충분히 파악하고, 지원하는 직장의 정보를 충분히 수집하여야 한다. 이를 바탕으로 지원하는 직장의 직무 특성에 자신이 적합한 응시자라는 것을 보여줄 수 있도록 구체적인 문장을 작성하여야 한다. 이런 방법으로 자기소개서를 작성하여 경력이나 학력이 좋지 않은 사람도 심사자에게 호감을 얻을 수 있다.

앞에서 언급한 설득적 글쓰기의 방법인 AIDA를 응용하여 자기소개서를 작성할 수 있다. 처음에 심사자의 주의(A: attention)를 끌고, 흥미(I: interest)와 욕망(D: desire)을 일으키고, 장래의 포부를 제시하여 2차 심사인 면접에 부르도록 행동(A: action)을 취하게 하여야 한다. 이하에서는 이와 같은 과정을 응용한 자기소개서 작성 방법을 소개한다.

1) 서론 - 주의 끌기

서론에서 읽는 사람의 주의를 집중시켜 자기소개서가 돋보이도록 해야 한다. 첫 부분에서 심사자의 주의를 끌지 못하면 뒷부분은 읽히지 않게 된다. 주의를 끌기 위해서는 간단하면서도 지원하는 기업과 관련성이 높은 내용의 문장을 제시해야 한다. 지원자 자신에 대한 말보다는 기업에 대한 말이 심사자의 주의를 끌기 쉽다. 예를 들어 먼저 자신이 파악한 기업의 긍정적 특징을 지목하고, 자신이 그 기업을 더욱 발전시킬 수 있는 능력을 가진 사람이라는 것을 설명한다. 이런 과정에서 지원동기가 자연스럽게 설명되도록 한다. 자신의 특징을 요약적으로 보여줄 수 있는 말을 선정하여 자기소개서의 제목으로 설정하기도 한다.

회사에서 신뢰하는 사람의 추천은 매우 유리하게 작용할 수 있기 때문에, 특정한 사람의 추천을 받아서 지원서를 제출할 때는 그 사람의 이름을 명시한다. 신문이나 인터넷 광고를 보고 작성한 경우는 광고의 내용을 바탕으로 해당 기업에 도움이 될 만한 자신의 특이한 능력과 경력을 명시한다.

2) 본론 - 흥미와 욕망 유발

본론에서는 심사자가 자신에게 흥미를 갖고 선발하려는 마음이 나도록 작성한다. 먼저 해당 기업과 산업에 대하여 얼마나 관심이 많은가를 보여준다. 해당 기업의 정기 보고서를 비롯한 여러 정보원에서 수집한 정보를 간단히 제시한다. 해당 기업의 제품과 관련된 자신의 경험, 최근의 해당 기업의 성공, 해당 기업에 관한 최근 신문 기사 등의 핵심사항을 설명한다. 이러한 기업을 위하여 자신이 무엇을 할 수 있는가를 강하게 제시하여 자신의 자질과 경험이 해당 기업에 좋은 영향을 미친다는 것을 보여준다.

단순히 이력서를 반복하지 말고, 이력서와는 다른 단어를 사용하여 자신의 가장 중요한 자질이나 주목할 만한 업적을 상세하게 제시한다. 직업 경력이 있으면 이를 강조한다. 직업 경력이 적다면 교육 내용과 능력을 중점적으로 설명한다. 경력과 교육에 대한 설명은 구체적인 업적을 같이 제시한다. 자신의 성장과정에 지원하는 업무와 관련된 일이 있었으면 설명해준다. 성장과정에 대해서는 구체적인 사실을 설명하지 않거나 증거를 제시하지 않고, 일반적이고 추상적인 말만 하면 읽는 사람이 지루하게 생각하고 진실을 의심할 수도 있다는 것을 염두에 두어야 한다.

자신의 성격에 대해서도 장단점을 설명한다. 보통 장점은 3가지 정도만 말한다. 너무 여러 가지를 나열하면 초점이 없어져서 진짜 좋은 점을 강조하지 못한다. 단점도 1-2가지 정도를 말하면서, 단점을 고치기 위해서 어떤 노력을 하였는가를 같이 설명해주는 것이 좋다. 글의 전체 내용이 심사자의 흥미를 자극하도록 하여 계속 읽히도록 해야 한다.

또 기업이 구인광고에서 제시한 자격요건을 직접 언급하고, 여기에 자신이 어느 정도 적합한가를 비교하는 형식으로 보여주기도 한다. 예를 들어 표를 만들어서 왼편에는 기업이 요구하는 자격요건, 오른편에는 자신의 자질을 서로 대응되도록 제시하는 형식이 있다. 자신의 능력을 나타내는 말로는 '달성하였다. 책임을 맡았다. 도와주었다. 고안하였다' 등과 같이 구체적인 행동을 나타내는 말이 적절하다. 항상 긍정적이고 확신에 찬 어조를 사용한다. 반대로 '시도하였다. 노력하였다. 희망하였다, 시험해보았다' 등과 같이 약해보이는 단어는 피해야 한다.

감정에 호소하고 과장하기보다는 객관적이고 상세하고 논리적으로 설명해야 한다. 이런 과정에서는 주장하는 바에 적합한 증거를 제시해야 한다. 증거의 형태는 증명서나 관련자료, 전문가 의견, 예시 등이 있다. 문장에서는 "저는……" 또는 "나는……"으로 시작하면 주관적으로 보이기 때문에 피한다. '나'라는 사람보다는 나의 구체적 행동을 중심으로 문장을 구성한다. 다음의 문장을 비교해보자.

☒ "저는 감독 일을 잘 수행했습니다."

➔ "5명으로 구성된 팀을 리드하면서 저는 .... 하는 활동을 했습니다."

☒ "저는 정확하게 업무를 수행합니다."

➔ "1년 동안 학생회 총무 일을 하면서 제가 작성한 편지, 회람, 보고서 등에 잘 못이 있어서 반송이 되는 경우는 없었습니다."

☒ "저는 비즈니스 커뮤니케이션 과목을 배웠습니다."

➔ "비즈니스 커뮤니케이션 과목에서는 커뮤니케이션 전략을 특히 중점적으로 공부했습니다. 이렇게 배운 전략을 잘 활용하면 고객과의 문제를 해결할 수 있는 구체적인 방법을 찾을 수 있습니다."

3) 결론 - 장래 포부

결론에서는 자신이 5-10년 뒤에 어떤 사람이 될 것이라는 포부를 밝힌다. 일반적인 포부보다는 지원하는 회사에 입사하게 되었을 때의 포부를 구체적으로 설명한다. 일반적인 말로 "세계적인 전문가가 되겠습니다."라는 말보다는 구체적으로 "00주식회사에 입사하게 되면 5년 뒤에는 선박엔진 판매에서 연 매출액 500억 이상을 달성하는 판매팀의 팀장이 되겠습니다."와 같은 설명을 제시한다. 좀 더 구체적으로 3단계 정도로 나누어 제시하고 도달하는 과정에 대해서도 설명하면 더욱 현실감을 주게 된다.

이러한 장래 포부를 보고 기업의 심사자가 해당 지원자를 신입사원 선발의 다음 단계인 면접에 초청하도록 유도한다.

그림 14-5 자기소개서의 예

비즈니스 커뮤니케이션 출판 및 교육 전문가로 성장하려는 박혜련의 발전 계획

성　　명 : 박혜련

주　　소 : 대구광역시 00구 00동 00아파트 123-1234호

전화번호 : 055)123-1234

한국 비즈니스 커뮤니케이션 출판의 개척자인 비즈컴출판(주)에서는 커뮤니케이션 기술과 기획력이 뛰어난 사람을 찾는다고 알고 있습니다. 교육과 훈련, 그리고 실제 경험을 통하여 그러한 능력을 갖추고 있는 제가 귀사에 적합한 사람입니다. 귀사와 같은 비즈니스 커뮤니케이션 전문 출판 회사에 입사하기 위하여 저는 대학교에서 지난 4년간 준비해왔습니다.

박혜련의 능력

비즈컴출판(주)는 비즈니스 커뮤니케이션 분야를 중점 영역으로 5년 전에 출발하여 비약적인 발전을 이룬 회사로 알고 있습니다. 유망한 출판 분야를 선점하였기 때문에 설립 초기에 비약적으로 발전할 수 있었습니다. 비즈컴출판(주)의 성공이 알려지면서 다른 출판 기업들도 이 분야로 진출하게 되어 점점 경쟁이 치열해지고 있습니다. 이제 비즈컴출판(주)에서는 진정한 경쟁력을 갖추어야 할 시기가 도래했다고 하겠습니다. 저의 출판 기획 능력, 커뮤니케이션에 관한 능력과 조직 능력, 데스크탑 출판 능력은 귀사에서 출판하는 비즈니스 커뮤니케이션 도서의 경쟁력 향상에 큰 도움이 될 것입니다. 또 저는 대학교에서 교직과목을 이수했기 때문에 교육부문에도 능력을 가지고 있습니다. 귀사가 5년 뒤부터 진출하려고 준비하는 새로운 사업영역인 비즈니스 커뮤니케이션 교육사업에도 저는 도움을 줄 수 있습니다.

박혜련의 성장 과정

저의 어린 시절에 부모님께서 각별히 교육에 관심을 기울여 주셨습니다. 일반적인 학교 공부는 학교에 맡겨 두셨지만 글쓰기와 말하기는 부모님께서 직접 교육시켜 주셨습

니다. 미국 영화 '흐르는 강물처럼'에 나오는 아버지처럼 읽은 책을 요약하고, 요약한 것을 또 요약하는 방식으로 글쓰기와 독서 교육을 시켜 주셨습니다. 또 일기 쓰기를 권하시면서 저녁에는 그 날 있었던 일에 대해서 부모님과 토론을 하고, 토론한 내용을 바탕으로 일기를 쓰도록 하셨습니다. 학교에서 독후감 쓰기 숙제를 받으면, 책을 한 권 선정하여 읽고 토론하는 과정을 거치면서 독후감을 작성하는 것을 도와주셨습니다. 이런 교육의 결과로 저는 어린 시절부터 백일장이나 토론 대회에서 상을 받기도 하였습니다. 중학교 2학년 때인 1998년에는 00대학교 주최의 글짓기 대회에서 우수상, 고등학교 1학년 때인 2000년에는 00신문사 토론대회에서 금상을 받았습니다.

박혜련의 대학교 공부

대학교에서는 경영학을 전공하였습니다. 1학년 때 교양과목으로 비즈니스 커뮤니케이션을 배웠습니다. 그 때의 교재는 비즈컴출판(주)에서 국내 최초로 개발한 『비즈니스 커뮤니케이션 기술』이었습니다. 그 강의에서 비즈니스 커뮤니케이션은 상대방의 입장을 고려하여 단순·명료하게 진행하는 것이 좋다고 배웠습니다. 그 뒤에도 조직행동론, 마케팅, 광고론, 회계학 등을 배우면서도 항상 커뮤니케이션에 대해서 주목을 했습니다. 다른 학과에서도 언론 커뮤니케이션, 출판 커뮤니케이션, 컴퓨터출판 프로그램 과목 등을 공부했습니다. 커뮤니케이션 관련 학문은 사회과학과 인문과학 분야가 어울려 종합적이고 실용적이기 때문에 매우 흥미가 있었습니다. 이런 흥미에 이끌려 저 자신의 미래 진출분야를 비즈니스 커뮤니케이션으로 설정하였습니다. 2학년 때부터는 비즈니스 커뮤니케이션과 관련된 사업에 도움이 될 것이라고 생각하여 교직과목을 수강하여 교사자격증도 취득하였습니다.

박혜련의 비즈니스 커뮤니케이션 경험

대학교 재학 중에 비즈니스 커뮤니케이션과 관련된 경험을 해보았습니다. 2학년부터 학교의 교지편집위원을 하였습니다. 3학년 2학기와 4학년 1학기 때는 기획부문 팀장을 담당하였습니다. 제가 그 직책을 맡기 이전에는 저희 학교 교지는 기획 기사를 많이 게재하지 못했습니다. 저는 기획부문 팀장을 하면서 우리 학교 학생들이 가장 읽고 싶어 하는 주제를 조사하여 먼저 파악하였습니다. 저희들이 조사한 주제는 우리 학교 앞의 하천 오염문제였습니다. 이 주제에 대해서 잘 알고 있는 교수님과 지역 인사를 찾아서 원고를 의뢰하고 원고의 내용에 대해서도 우리 편집 위원들과 토론하는 시간을 가지도록 하였습니다. 그 결과 작년과 올해 저희 학교 교지의 열독률이 20% 정도 상승한 것으로 조사되었습니다.

학교에서 배운 경영학을 현실에 직접 적용해보고 학비도 벌어보고 싶은 마음에 저는 2 - 3학년 때 1년 정도 아르바이트를 했습니다. 주말에 피자회사의 텔레마케터를 하였습니다. 처음에 고객의 마음에 맞게 전화로 커뮤니케이션 한다는 것이 어려웠습니다. 6개월 정도가 지나서 회사에서는 저를 매니저로 승진시켜 주었습니다. 20명 정도 팀원들을 관리하는 일이었습니다. 팀원들이 아르바이트생이고 주말에 일하기 때문에 출근율이 매우 유동적이었습니다. 그러나 지속적으로 출근해서 고객에게 안정적인 서비스를 하는 것이 회사에는 매우 중요했습니다. 지속적으로 출근하도록 하기 위하여 벌금제도를 시행해보았지만 효과가 적었습니다. 대신에 구성원의 어려운 점을 들어주고 인간적인 말을 하여 구성원들의 동지의식이 형성되었을 때 출근율이 높아졌습니다. 이렇게 커뮤니케이션을 통하여 저는 조직의 문제를 해결해보았습니다.

박혜련의 장래 포부

저는 앞으로 비즈컴출판(주)에 입사하게 되면 우선 3년 내에 비즈니스 커뮤니케이션 출판기획 전문가로 귀사의 핵심인재로 성장하고자 합니다. 저의 공부와 경험을 바탕으로 국내에서 가장 선도적인 귀사의 노하우를 배우면 기획 전문가로 성장할 수 있을 것이라고 생각합니다. 이렇게 배운 능력을 바탕으로 5년 뒤에는 비즈컴출판(주)에서 진출하려는 비즈니스 커뮤니케이션 교육 사업의 기획자 및 전문 강사로 활동하고자 합니다.

4 구직 지원서 작성

많은 기업에서는 이력서와 자기소개서 대신에 회사에서 설정한 양식의 지원서를 작성할 것을 요구한다. 지원서는 이력서 및 자기소개서와 비슷한 정보를 기재하도록 한다. 기업에서는 지원서 심사를 통하여 적합한 응시자를 1차로 선발한다. 심사에서는 가장 먼저 지원서 작성에 성의가 보이지 않는 사람을 골라낸다. 지원서를 충실하게 작성할 수 있도록 평소에 자신의 중요 정보를 종이나 컴퓨터 파일에 정리를 해두고 적합한 표현 방법에 대해 개발할 필요가 있다.

지원서를 작성할 때는 첫인상을 좋게 하기 위하여 노력하여야 한다. 지원서를 작성하기 전에 전체 양식을 읽어본다. 먼저 초고를 완성하고 난 뒤에 여러 번 수정 작업을 한다. 지원서의 모든 빈 칸을 메우도록 노력한다. 쓸 만한 내용이 없으면 "해당 사항 없음" 또는 "없음"과 같은 말을 쓴다. 지원서 작성을 마쳤을 때는 한 부를 복사하여 남겨둔다. 뒤에 면접을 하러 가게 되면 복사하여 둔 것을 참고하여 자신이 기재한 내용을 다시 확인할 수 있다.

이력서나 자기소개서처럼 자기 마음대로 형식을 조정할 수는 없지만 지원서에서도 자신의 강점을 돋보이게 할 수 있는 방법이 있다. 예를 들어 지원서의 처음에 회사의 특성에 자신이 적합한 사람임을 보일 수 있는 말을 많이 배치한다. 지원서의 양식이 그렇게 하기에 어려운 경우에도 가능한 방법을 찾아보는 것이 좋다. 또 자신이 수행한 임무를 설명하면서 행동을 나타내는 동사를 사용한다. 실무 경력을 가지고 있지 않을 때는 자원봉사 경력이나 교육 사항, 동아리 활동 등을 제시하기도 한다.

컴퓨터 데이터베이스에 사용할 지원서를 작성할 때는 키워드를 잘 설정하고 굵은 글자나 화살표 등을 사용하지 않는다. 가장 중요한 정보를 먼저 제시한다. 각 항목에 대해서 너무 많은 말을 하거나 같은 말을 계속하지 않으면서도 충분한 정보를 제공한다. 이런 방식으로 정보를 충분히 제공하면 해당 기업의 요구조건에 적합한 키워드를 제시할 가능성이 높아진다. 이것을 제출하기 전에 워드프로세서 프로그램에 복사하여 붙여 넣기를 하여 철자를 점검하는 것이 좋다.

5 제출 문서의 매력을 높이는 방법

이력서와 자기소개서를 보내기 전에 구인광고나 해당 회사의 방침을 검토하고, 이력서와 자기소개서의 내용이 구인광고에서 제시하는 기준에 적합한가를 다시 확인해보아야 한다. 구인광고나 해당 회사의 방침에서 사용한 용어를 이력서와 자기소개서에서도 사용하는 것이 좋다. 이력서와 자기소개서를 매력적이고 읽기 쉽도록 작성하면 첫인상을 긍정적으로 형성할 수 있다.

1) 디자인의 원칙

이력서를 읽기 쉽고 복사하기 쉽게 하기 위하여 흰색이나 옅은 색 종이에 프린트한다. 화려하고 밝은 색깔이 매력적이기는 하지만 비전문인이라는 인상을 줄 염려가 있다. 또 레이저 프린트를 사용하고 폰트는 10이나 그 이상을 사용한다. 읽을 사람에게 너무 어려운 용어는 사용하지 않는다.

비즈니스 커뮤니케이션의 가독성과 관련된 디자인 기법을 적절하게 사용한다. 제목은 굵은 글자, 큰 글자, 중간으로 모으기 등을 사용하여 돋보이도록 한다. 중요 업적 부분에는 화살표나 굵은 글자, 밑줄 등을 넣는다. 종이의 끝부분에는 1.5cm 정도의 여백을 주고, 각 문단 사이에는 빈 줄을 넣어서 보기가 쉽도록 한다.

컴퓨터에서 쉽게 만들 수 있다고 하여 특수한 글자나 그림을 너무 많이 넣으면 혼란스러워 보인다. 그림을 넣을 때는 해당 분야의 직업적 기준을 고려한다. 한 직업에 적절한 그림이 다른 직업에는 어울리지 않는 경우가 많다. 창의성이 요구되는 직장일 경우는 매력을 잃지 않는 범위 내에서 창의적인 형식, 글자, 그림 등을 사용하기도 한다.

문서의 흐름을 일정하게 유지하기 위하여 처음부터 끝까지 동일한 스타일을 유지한다. 예를 들어 첫 중간 제목을 굵은 글자로 중간에 모으기를 하였다면 모든 중간 제목을 굵은 글자로 중간에 모으기를 한다. 또 글씨체도 별다른 이유가 없으면 동일한 것을 사용한다.

문서를 완성하였을 때는 문서를 조금 멀리 놓고 디자인을 검토한다. 글자는 읽기 쉽고, 여러 가지 요소가 페이지에 골고루 분포되었는가를 검토한다. 여러 가지 스타일로 작성하여 비교해보고 최고 좋은 것을 선택한다.

2) 이력서의 길이

이력서가 길면 기업의 심사자는 검토하는데 시간이 많이 소요된다. 이력서가 너무 길면 심사자가 읽지 않는 경우가 많다. 이력서의 길이에 대해서 엄격한 규칙이 있는 것은 아니다. 한 연구 결과에 의하면 대부분의 인사담당자는 1장으로 된 이력서를 좋아한다고 말하였지만, 실제로 면접대상자를 선발할 때는 2장으로 된 이력서를 제출한 사람을 많이 선발하였다.[14] 지원자를 신중하게 고려하다보면 조금 긴 이력서를 제출한 사람이 적합해 보이는 것 같다.

대체로 학생이나 막 학교를 졸업한 사람은 1 페이지, 직장 경력이 있는 사람은 1-2 페이지, 직장 경력이 아주 많은 사람은 2-3 페이지 정도가 적합하다. 경력이 아주 많은 사람이 이력서를 1 페이지로 한정하는 것은 좋은 방법이 아니다.[15] 자기의 좋은 경력을 모두 밝히지 않는 것은 자기에게 손해가 될 뿐이다. 반면에 너무 긴 이력서에는 필요 없는 말이나 부적절한 정보가 포함되어 있을 것이다. 자신이 해당 직장에 적합한 사람임을 보여줄 수 있는 정보가 아닌 것은 제거해야 한다.

3) 교정

최고의 문서를 준비하려면 시간이 소요된다. 모든 일자리에 최고의 자격을 갖춘 사람이 될 수는 없지만 이력서와 자기소개서는 최고가 되도록 해야 한다. 가장 자주 범하는 실수는 인쇄나 철자의 오류이다. 컴퓨터 워드프로세서 프로그램의 철자 오류 검색 기능이 제대로 작동하지 못하는 영역이 있기 때문에 그 기능을 전적으로 믿어서는 안 된다. 실수를 예방하기 위해서는 다른 사람 여러 명에게 교정을 부탁하는 것이 좋다. 또 이력서의 내용에서 졸업학교, 직위명칭, 근무기간 등에서 실수가 없도록 이중 점검을 하여야 한다. 잘 못 기재되었을 때 상대방을 속이는 행위에 해당할 수도 있다.

4) 문서의 제출방법

마지막으로 이력서와 자기소개서가 심사자의 책상 위에 도착했을 때 어떻게 보일 것인가를 고려한다. 바쁘게 봉투에 밀어 넣고, 주소도 불분명하게 쓰고, 엉성한 봉투를 사용한 경우에는 좋은 인상을 주기 어렵다.

이력서를 팩스로 보낼 때는 팩스 기계의 프린트가 선명하도록 조정하고 원본을 사용한다. 이렇게 보낸 문서를 또 복사를 하기도 하기 때문에 선명도가 낮아지는 경우도 많다. 가급적 선명도가 높아지도록 노력하여야 한다.

이메일로 문서를 보낼 때는 회사의 구인광고에서 요구하는 형식을 잘 따른다. 사용하는 워드프로세서 프로그램이나 파일형태, 페이지 형식 등과 같은 스타일 지침도 해당 회사의 것을 따른다. 의문 사항이 있을 때는 해당 회사의 인사부나 홍보부에 전화를 하여 전자 이력서에 대한 회사의 방침을 물어본다. 문서가 어떻게 전달되는가를 알아보기 위해서 먼저 친구에게 이메일을 보내본다. 이를 통해 자기가 몰랐던 실수를 찾아낼 수 있다. 광고나 구인 게시물을 보고 문서를 제출할 때는 광고나 게시물의 제목을 자신의 이메일 제목으로 사용한다.

제15장

취업을 위한 면접

1. 면접 준비
2. 면접 중의 행동
3. 온라인 면접

제15장

취업을 위한 면접

이력서와 자기소개서가 심사를 통과하면 면접을 받게 된다. 면접은 지원자를 평가하는 방법 중에서 가장 포괄적인 방법이기 때문에 대부분의 조직에서는 면접을 실시한다.[1] 기업의 면접자는 피면접자가 직무 수행에 필요한 요건을 갖추고 있는지, 또 조직에 잘 적응할 것인지를 결정한다. 그러나 사람들은 평가받고, 잘 못되면 거부당하는 피면접자가 되었을 때 공포감을 가진다. 이러한 피면접자의 공포감을 가지지 않기 위해서는 면접에 대한 준비가 필요하다.

기업은 나름대로의 문화를 가지고 있어서 이 문화에 적합한 사람을 찾는다. 반대로 피면접자도 조직의 문화가 자신의 적성에 적합한가를 파악해보고, 해당 기업에서 자기가 성공할 수 있는 기회를 가질 수 있겠는가를 파악해 보는 것이 좋다. 이력서와 자기소개서가 심사를 통과하여 면접까지 갔을 때는 취직에서 실패하는 이유가 실력보다는 개인의 적성이 기업의 문화와 어울리지 않기 때문인 경우가 많다.[2]

1 면접 준비

피면접자는 면접에 성공하기 위하여 사전에 충분히 준비하여야 한다. 해당 회사에 대해서 충분히 조사하고, 적절한 복장을 선택하며, 여러 가지 대답을 준비하여 연습하고, 면접시간과 장소를 사전에 파악해 둔다.

1) 기업과 직무에 대한 정보 수집

이력서와 자기소개서를 작성하기 위하여 수집한 정보가 있지만 면접을 위해서는 좀 더 상세한 정보를 수집하고, 여러 번 읽어서 숙지하여야 한다. 해당 기업이 자신의 능력과 흥미에 얼마나 적합한가를 결정하기 위하여 해당기업의 산업, 제품, 서비스 등을 조사하여야 한다. 예를 들어 해당 기업의 설립년도나 본부의 위치를 파악하고, 시상점유율과 증권시장에서의 주가 움직임도 파악한다. 해당 회사에서 담당하게 될 직무, 역할, 자격 요건 등을 조사하여 전반적인 직무의 특성을 파악한다. 해당 산업과 지역 내에서 상대적인 임금 수준도 파악한다. 이러한 정보를 바탕으로 해당 기업에서 자신이 어떤 식으로 일할 수 있을 것인가를 사전에 결정해 두어야 한다.

이러한 정보를 조사하기 위하여 상장기업 정기보고서, 사내 잡지나 신문, 제품 설명서, 증권시장 보고서, 지역신문의 경제면 등을 이용한다. 학교의 취업지원센터의 정보도 최대한 이용한다. 가능하다면 과거 해당 회사에 근무했던 사람이나 현재의 근무자의 이야기도 들어본다. 면접에서는 지원자가 조직의 문화에 적합한가를 중요하게 본다는 점을 고려하여 개별적으로 만난 사람들에게 기업에서 중요시하는 가치관, 사람들의 행동방식, 회사의 독특한 제도 등에 대해서 물어보아야 한다.

이렇게 다양한 정보를 파악하고 있으면 면접에서 해당 조직의 사람에게 익숙한 말을 사용하여 깊은 인상을 줄 수 있다. 면접에서 단순히 "이 회사의 주가가 최근 한 달 사이에 25% 올랐더군요."라고 말하는 것보다는 "최근에 이 회사에서 발표한 신제품 생산 계획과 회사의 진취적인 문화가 결합되어 시장에서 좋은 반응을 보이고 있더군요. 그 덕분에 이 회사의 주가가 최근 한 달 사이에 25% 올랐더군요."라는 말이 더 좋을 것이다. 수집한 정보를 이용하여 자연스럽게 회사에 대해서 많이 알고 있다는 것을 보여 주면 좋다. 수집한 정보를 모두 활용하지 못할지라도 해당 기업에 대한 종합적인 판단을 하는데도 도움이 될 것이다.

그 외에도 정부기관에 취직하기 위하여 면접을 할 경우는 기관의 역할, 최근의 재정상태, 최근 활동, 관련 법률 등에 대해서 파악해둔다. 교육기관에서 교사 자리에 취직하고자 할 경우에는 해당 학교의 교육 내용, 학생의 유형, 시설과 장비의 상태, 교사의 임무 등에 대해서 파악해둔다. 이렇게 취직하고자 하는 조직에 관련되는 모든 정보는 면접에 도움이 된다.

2) 예상 질문에 대한 연습

예상 질문에 대한 연습을 하기 전에 자신의 강점을 3-5가지 정도 생각해 둔다. 그 강점에 포함되는 영역으로는 능력, 교육, 성격, 경력 등이 있다. 이 내용을 정리하여 두었다가 면접 중에 적당한 방법으로 제시한다. 또 지원하는 직무와 관련하여 자신이 성공한 경험 2-3가지를 설명하도록 준비해 둔다. 자신이 해결한 문제나 사람들에게 인정받게 된 계기가 되는 사건 등도 설명하도록 준비해둔다. 면접을 연습할 때는 예상되는 질문을 녹음해두고 질문에 대한 대답을 해본다. 대답도 녹음을 한 후에 스스로 평가하면서 연습하기도 한다. 비디오로 녹화하여 평가하면 시간과 비언어적인 신호를 점검해볼 수 있다.

면접에서는 질문에 대한 대답의 내용도 중요하지만 질문에 어떻게 반응하고 어떤 방법으로 말하는가도 중요하다. 우선 면접에서 사용하는 말은 기업의 문화를 고려하면서 기업의 해당 직위에 있는 사람들이 공동으로 사용하는 전문 용어를 많이 사용한다. 또 적극적이고 긍정적이며 구체적인 언어를 사용한다. 자신의 경험이나 친구, 출판물 등을 통해서 알게 된 실제의 예, 비교자료, 통계자료 등을 인용하면서 설명한다. 한편, 자기 능력의 약점이나 육체적인 문제점이 있을 때는 이를 인정하면서 긍정적인 방향으로 발전시키고 있다는 것을 설명한다.[3)]

전통적으로 면접에서는 교육, 자격요건, 의견, 경력 등에 대해 많이 질문하였다. 지원자가 적합한 교육, 경력, 자격 등을 갖추고, 질문에 적절히 대답하면 그 지원자를 해당 직위에 적합한 사람으로 간주하였다. 그러나 이러한 전통적인 면접을 실시하면 피면접자가 앞으로 맡게 될 실제 직무의 경험이나 성과와 관련된 사항을 말할 기회가 없다는 문제점이 있다. 한 연구의 결과에 의하면 전통적인 면접은 19% 정도의 정확성을 가질 뿐이라고 한다.[4)]

이런 문제를 해결하기 위하여 이제 많은 기업에서는 행동설명질문법(behavior description question)을 사용한다. 이 방법의 기본원칙은 미래의 성과를 예측하는데 가장 중요한 것은 과거에 동일한 상황에서 했던 행동이라는 것이다. 이렇게 행동을 파악하면 지원자가 새로운 조직에서 어떻게 행동하여 어떤 성과를 낼 수 있

는가를 예측하기가 쉬워진다고 한다. 이 방법으로 예측의 정확성을 80%로 높일 수 있었다고 한다.[5)]

또 조직의 구성원은 집단으로 일하는 경우가 많기 때문에 집단에서 어떻게 일할 것인가를 파악해보는 집단면접법도 있다. 피면접자는 지원하는 회사에서 전통적인 면접, 행동설명면접, 집단면접 중에서 어떤 면접을 하는가를 파악하고 이에 대응할 수 있도록 준비하여야 한다.

(1) 전통적인 면접 질문에 대한 연습

면접자는 다음과 같은 질문을 많이 한다. 우선 이들 질문에 대한 대답을 준비해 둔다. 다른 지원자에게도 비슷한 질문을 할 것이라는 것을 염두에 두고 자신의 대답이 독창적인 것이 되도록 준비한다. 이런 질문에 대한 준비를 잘하고 있으면 예상하지 못한 다른 질문에 대해서도 적절하게 대답할 수 있게 된다. 행동설명질문법이나 집단면접을 실시하는 회사에서도 먼저 전통적 면접 질문 몇 가지를 하는 경우가 많기 때문에 이 질문에 대비하는 연습을 해둘 필요가 있다.

◈ 당신 자신을 소개해 주세요.

면접에서 제일 먼저 이와 같은 질문을 하는 기업이 많다. 이 질문에 답할 때는 자신을 알릴 수 있는 기회로 생각하고 면접자가 허용해준 시간을 활용한다. 대답을 하는데 너무 많은 시간을 사용하면 안 된다. 너무 상세한 사항을 두서없이 이야기하는 것은 피한다. 사용하는 시간은 2분 정도가 적합하다. 주로 자신이 잘 수행할 수 있는 업무를 설명하고 개인적이거나 우스운 이야기는 하지 않는다. 지원하는 직무와 관련되어 성공한 경험이나 자신이 맡았던 책임을 설명한다. 팀을 이루어 성공한 경험이 더 좋다.[6)]

◈ 우리 회사에 대해서 무엇을 알고 있습니까?

이 질문에 미리 준비하였음을 보여주어야 한다. 해당 기업의 제품, 서비스, 재무상태, 문제점, 사람, 역사 등에 대해서 말한다. 특히 최근의 중요한 사건을 파악하여 긍정적인 해석도 같이 해주면 좋다.

❖ 당신이 우리 회사에서 무엇을 할 수 있습니까?

다른 사람이 할 수 없는 것으로 자기가 할 수 있는 것을 설명한다. 자신의 관점과 회사의 관점에서 생각해 본다. 해당 조직에서 일어날 만한 일로서 자신이 성공한 경험을 말한다. 또 자신이 교육을 받아서 알고 있는 것으로 해당 조직에 의미가 있는 새로운 지식을 말하기도 한다. 해당 기업에 대한 다양한 조사가 되어 있어야 답을 준비할 수 있다.

❖ 왜 우리가 당신을 고용해야 하나요?

자신을 소개할 수 있는 기회로 생각하고, 자신의 강점과 자신이 할 수 있는 일이 지원하는 회사에 적합하다는 것을 설명한다. 업무 경험이 있는 사람은 그 경험을 중심으로 자기의 장점을 말하고, 경력이 없는 경우에는 학교에서 자신이 주도적으로 한 일이나 끈기 있게 노력하여 성공한 일, 업무를 빨리 배울 수 있는 능력 등을 예를 들어 설명한다.

❖ 임금에 대해서는 어느 정도를 기대합니까?

이 질문에 대답하기 위해서는 사전에 해당 기업과 해당 직무의 임금 수준을 알고 있어야 한다. 자신의 인적 네트워크를 최대한 활용하고 학교의 취업지원센터의 도움을 받기도 한다. 그러나 임금에 대해서 너무 민감한 행동을 하는 사람을 기업에서는 경계한다는 것을 염두에 두고 답해야 한다.

❖ 당신의 강점과 약점은 무엇이라고 생각합니까?

이런 질문이 나올 것을 당연히 예상해야 한다. 면접자가 강점을 물을 때는 업무와 관련된 강점에 중점을 두고 설명한다. 예를 들어 컴퓨터를 이용한 업무 능력이 뛰어나다거나, 기획 능력이 좋다거나, 커뮤니케이션을 잘 할 수 있다는 것을 예를 들어 설명한다.

약점에 대해서 질문을 받을 때는 그냥 순순히 아무 대책도 없이 자신의 약점을 말하는 것은 좋은 방법이 아니다. 대체로 두 가지 정도의 방법이 있다. 첫째는 실제 강점인 것을 약점으로 설명한다. 예를 들어 “일을 한 번 시작하면 마지막까지 일을 놓지 못하는 약점이 있다”고 설명한다. 실제로는 인내성이 많다는 장점을 말하는 것이다. 둘째는 자신의 약점을 솔직하게 말한다. 되도록이면 업무와 관련성이 적은 것으로 한다. 그리고 그 약점을 고치기 위하여 상당한 노력을 하였다는 것을 말한다. 예를 들어 과거에는 자신은 남 앞에서 프레젠테이션을 잘 못하였다는 것을 말하고, 이것을 고치기 위하여 학교 다닐 때 발표 수업에 많이 참여하고 동아리 활동도 열심히 하였다고 설명한다. 과거의 약점을 현재에는 강점으로 발전시켰다는 것으로 설명한다.

❖ 당신의 교육과 직업 경력에 대해서 말해주십시오.

이 질문에 대해서는 강력하고 긍정적인 대답을 한다. 직업 경력은 직장과 직위의 명칭을 말하고, 그 기간에 자신의 업무 수행 내용과 성과에 대해서 설명한다. 학교를 갓 졸업한 사람에게는 학교생활에 대해서 물어볼 것이라고 예상하고 있어야 한다. 보통 동아리 활동, 지역사회 활동, 자원봉사 활동 등을 질문하는 경우가 많기 때문에 이에 대해서 미리 대비해둔다. 학교에서 공부한 내용 중에서 지원하는 업무와 관련된 사항도 미리 정리하여둔다. 직업 경력이 부족할 경우에는 자신이 경험한 직업 외의 활동과 직업을 잘 연관시켜서 설명한다. 또 자원봉사 활동은 반드시 이야기 한다.

❖ 5년 뒤에 당신이 하고 싶은 일은 무엇입니까?

이 질문에 “잘 모르겠습니다.”라고 대답하지 않도록 한다. 현실적인 목표를 가지고 있다는 것을 보여준다. 비현실적으로 큰돈이나 높은 자리를 원한다고 말하면, 너무 욕망이 큰 사람으로 보이고 현재 취업하고자 하는 직위에는 부적합한 사람으로 보일 수도 있다. 심사자들은 야망을 가지고 좀 더 새로운 것을 많이 배워 발전하려는 사람을 좋아한다. 따라서 면접에서 응답할 때는 발전하려는 야망을 보여주지만, 그 야망의 목표는 자신이 열심히 노력하면 달성할 수 있는 정도로 설정하여 설명한다.

(2) 행동설명면접 질문에 대한 연습

점점 많은 기업에서 면접의 전부 또는 일부를 행동설명면접법으로 진행한다. 피면접자가 미래의 직무에 성공할 것인가는 그 사람이 말하는 계획, 일반적인 원칙, 신념, 지식보다는 과거의 행동을 보면 쉽게 알 수 있다는 것이 행동설명면접법의 기본 논리이다. 이 방법은 주관적인 생각보다는 실제 행동에 대해서 질문한다. 예를 들어 "사람을 동기유발하기에 좋은 방법은 어떤 것이 있습니까?"라고 질문하기보다는 "최근에 다른 사람에게 무언가를 열심히 하도록 하기 위하여 어떤 방법을 사용하였습니까?"와 같은 질문을 한다. 그런 질문에 이어서 보충질문을 한다. 보충질문의 예로는 "그 상황을 해결하기 위하여 무엇을 하였습니까?" "그 결과에 대해서는 어떻게 생각하십니까?" "그 사람은 어떻게 느꼈습니까?" "당신의 상사는 어떻게 느꼈습니까?" 등이 있다.

행동설명면접법의 질문에는 다음과 같은 내용으로 대답하는 것이 좋다.[7)]

① 상황을 설명한다.

② 자신이 한 행동을 말한다.

③ 결과를 설명한다.

④ 자신이 한 행동의 의미를 설명하고 다른 상황에서는 어떻게 행동할 것인가를 설명한다.

행동설명면접법의 질문에 대해서 사전에 준비하기 위해서는 학교나 직장에서 자신이 경험한 다양한 상황에 대해서 검토해본다. 자신이 지원하는 직무에서 훌륭한 성과를 내기에 적합한 행동과 관련된 자신의 경험 2~3가지, 성과에 부정적인 효과를 줄만한 행동과 관련된 자신의 경험 2~3가지를 각각 정리하여 본다. 긍정적인 경험에 대해서는 어떤 생각으로 그런 행동을 하였으며, 앞으로 어떻게 발전시킬 것인가를 설명한다. 부정적인 경험에 대해서는 그 후에 긍정적인 경험이나 강점으로 발전시켰다는 것을 설명해주는 것이 좋다. 이 경우에 "저는 항상 동료들과 협조를 잘합니다."와 같은 일반적인 말보다는 구체적이고 특정한 행동을 말하는 것이

행동설명면접법에 적합한 대답이다.[8)]

부정적인 경험에 관련된 질문과 대답의 예를 들기 위해, 항상 출근을 늦게 하는 사람과 교대 근무를 한 경험을 대답한 경우를 생각해보자. 대답에서는 먼저 대학교의 컴퓨터지원센터에서 아르바이트를 하면서 교대를 하는 사람이 매일 지각하기 때문에 교대를 제때에 하지 못하여 자신이 항상 수업이나 다른 아르바이트에 늦을 수밖에 없었던 어려움을 설명한다. 그 다음에 서로에게 좋은 해결책을 찾는 과정을 설명한다. 그 사람은 자명종 시계가 없으며 교대하러 오기 전까지 잠을 자야하는 상황에 있다는 것을 발견하였다. 매일 그 사람이 일어나야 하는 시간에 전화를 해 주었고, 얼마 뒤에는 그 사람이 자명종을 구입하여 지각 문제가 해결되었고, 이제는 서로 좋은 친구가 되었다는 것을 설명한다.

표 〈15-1〉은 실제로 한 회사에서 실시된 행동면접법의 질문과 응답, 그에 대한 평가를 소개한다.[9)]

표 15-1 행동면접법 평가의 예

면접자의 질문	피면접자의 응답	면접자의 평가
같은 팀에서 일하는 사람과 갈등을 겪은 것을 예를 들어 설명해주세요.	팀의 리더가 저에게 우리 팀으로 오는 택배를 모두 처리하라고 지시했습니다. 지시에 따라서 그렇게 하기는 했습니다만 택배를 처리하는 일은 저에게는 시간 낭비일 뿐이었습니다.	우리 회사에서는 팀 개념으로 일한다. 이 사람의 말을 들어보면 이 사람은 팀 내 다른 사람이 도움을 요청할 때 즉각 나서지 않을 것 같다.
당신이 하는 일에 방해가 되는 문제가 발생하였을 때 어떻게 해결하였습니까?	우리 팀에는 자신의 역할을 다하지 않는 엔지니어가 한 사람 있습니다. 마감기일에 일을 마치려고 제가 그 사람 몫의 일을 대신 해줍니다.	이 사람은 자신이 대신 일을 하여 문제를 해결하였다. 그러나 문제가 다시 발생하지 않도록 하는 노력을 하지 않았다.
현재 직장에서 무엇을 바꾸고 싶은지를 말해 주시겠습니까?	지금까지 영업직 일을 했는데, 그 일은 하찮은 일이어서 관리직으로 옮기려고 합니다.	이 사람은 현재 하는 일에 최선을 다하지 않고 있다. 제대로 일을 했다면 영업직은 하찮은 일이 아니다.

자료원 : K. O. Locker, S. K. Kaczmarek, *Business Communication: Building Critical Skills*, 4th ed., McGraw-Hill, 2009, p.518.

이와 같이 행동설명면접에서는 간단히 대답하기에는 어려운 질문을 한다. 이런 질문에 대답하기 위해서는 상당한 준비가 있어야 한다. 다음은 행동설명면접법에서 자주 물어보는 질문의 예이다.10)

- ❑ 학교나 직장에서 최선의 노력을 다 하였지만 문제를 해결하지 못하였거나, 목표를 달성하지 못했던 경우의 예를 설명해 주십시오. 그 일을 다시 한다면 어떻게 하겠습니까?
- ❑ 지금까지 학교나 직장에서 경험해본 일 중에서 가장 어려운 것은 어떤 것입니까? 그 일에서 성공하거나 실패한 이유는 무엇입니까?
- ❑ 학교나 직장에서 스스로 주도적으로 일을 처리한 경험이 있습니까? 그 결과는 어떠했습니까? 그 결과에 대한 느낌은 어떻습니까?
- ❑ 당신이 스스로 터득한 시간관리 방법이 있습니까? 실제로 학교나 직장에서 어떻게 이 방법을 적용하였습니까?
- ❑ 어떤 경우에 당신의 커뮤니케이션 능력을 최고로 잘 활용하였습니까?
- ❑ 문장 능력을 이용하여 실제 생활이나 업무에서 성공한 경험은 어떤 것이 있습니까?
- ❑ 효과적으로 커뮤니케이션하기에 가장 어려운 때는 언제입니까?
- ❑ 자신이나 다른 사람의 동기를 유발하기 위하여 어떤 활동을 해보았습니까?
- ❑ 다른 사람이 반대하는 결정을 해본 경험이 있습니까? 그 사람에게 어떻게 했습니까?
- ❑ 작년에 대응하기에 가장 어려운 사람은 어떤 사람이었습니까? 그 사람에게 대응하기 위하여 어떻게 준비하여, 어떻게 행동하였습니까?
- ❑ 자신이 담당한 업무를 잘하지 못하는 사람과 같이 일을 해본 경험이 있습니까?
- ❑ 집단으로 책임을 지는 프로젝트에서는 어떤 문제점을 경험했습니까? 이런 문제를 해결한 방법은 어떤 것이 있습니까?

- ❑ 엄격한 상사와 같이 일을 해본 경험이 있습니까?
- ❑ 당신의 상사였던 분의 행동 중에 좋아한 것과 싫어한 것을 설명해주세요.
- ❑ 당신이 싫어하는 사람과 커뮤니케이션을 잘 진행하여본 경험이 있습니까?
- ❑ 과거 학교나 직장에서 당신을 잘 못된 길로 인도한 사람이 있었습니까? 그 사람에게 어떻게 대응했습니까?
- ❑ 동료나 부하인 사람의 성과를 비판하거나 꾸지람하여야 하는 경우가 있었습니까? 그 상황에서 어떻게 행동했습니까? 그 결과는 어땠습니까?
- ❑ 학교나 직장에서 리더십을 발휘한 경험을 말해주세요. 어려운 문제는 어떻게 해결했습니까?
- ❑ 업무나 생활에서 비용을 절감하기 위하여 어떤 노력을 하였습니까? 비용이 과다하게 발생할 조짐을 사전에 파악한 적이 있습니까? 그런 문제를 처음 발견하였을 때 어떤 조치를 취하였습니까?
- ❑ 당신이 최근에 수행한 일에 대해서 물어 보겠습니다. 그 일에서 당신의 기술과 문제해결 능력을 잘 발휘하였습니까?
- ❑ 학교나 직장에서 실수를 하거나 결정을 잘 못한 경우를 말해주세요. 그 상황을 어떻게 해결하였습니까?
- ❑ 일을 잘하기 위하여 당신이 맡은 임무 이상을 수행한 경험이 있습니까?
- ❑ 문제를 해결하기 위하여 판단을 잘하여 성공한 경험이 있습니까?
- ❑ 취업준비를 위해서 당신의 기술과 능력을 최대한 잘 발휘한 사례를 말해 주십시오.

면접자는 위와 같은 질문에 답하는 것을 보고 지원자의 능력과 자격을 객관적으로 파악하여 정확한 채용 결정을 할 수 있게 된다. 지원자는 자신이 실제 작업 환경에서 어떻게 하였고, 또 그런 일이 발생하면 어떻게 할 것인가를 잘 표현하여 적절하게 대답하여야 한다.

(3) 집단면접에 대한 연습

집단면접은 동일한 직위에 지원한 사람 다수를 집단으로 동시에 면접하는 면접 방법이다. 이 집단면접의 목적은 지원자가 다른 사람에게 영향을 미치기 위하여 자신의 지식과 논리력을 어떻게 사용하며, 집단 내에서 다른 사람과 어떻게 상호작용하고, 리더십은 어느 정도 발휘하는가를 파악하고자 하는 것이다.

실제 면접에서는 집단이 공동으로 해결해야 할 문제를 제시한다. 피면접자는 한편으로는 자신의 리더십과 인간관계 능력을 보이면서 다른 한편으로는 자신의 지식과 논리력을 보이도록 노력해야 한다. 즉, 면접 중에 자신의 능력을 보여주는 것도 중요하지만 집단 내의 다른 사람에 대한 협조, 배려 등을 보여주어야 한다.

이 집단면접이 면접 중에서 가장 어렵고 스트레스도 많이 준다. 지원하는 기업에서 집단면접을 실시할 경우에는 친구들과 공동으로 해결할 문제를 설정하고 충분한 연습을 해 두어야 한다.

3) 자신의 질문 준비

지원자에게 질문을 할 수 있는 기회를 주는 경우도 있다. 이때는 한두 가지 질문을 하여 면접을 위하여 상당한 준비를 하였고, 해당 회사에 대해서 많이 알고 있다는 것을 보여줄 필요가 있다. 이 자리에서 지원자가 임금이나 복지에 대해서 물어보는 것은 좋지 않다. 보통 적절한 질문으로는 입사하여 처음 맡을 업무, 승진 기회, 해당 기업의 새로운 발전방향, 인사평가 방식, 업무 환경, 교육훈련 등이 있다.

4) 면접 장소와 교통편 파악

면접의 중요 사항에 대해서 준비를 완벽하게 마치고 난 뒤에는 면접이 진행될 장소에 대해서 알아둔다. 면접이 있기 전날 같은 시간에 면접 장소까지 가보아서 실제 가는데 걸리는 시간을 알아 둔다. 주차장 사정에 대해서도 파악하여 자동차를 몰고 갈 것인가를 결정한다.

작은 공책, 펜, 이력서 사본 등을 준비하고, 회사 정보와 자신이 질문하고 싶은 사항 등을 정리한 문서도 준비해 둔다. 이들 준비물을 작은 가방이나 폴드에 넣어서 준비가 잘 되어 있는 것을 보여주도록 노력한다.

면접이 있는 날은 예상보다 15분 이상 일찍 출발한다. 늦게 도착하는 것보다는 일찍 도착하는 것이 좋은 인상을 줄 수 있다. 해당 기업에 도착하면서부터 실제 면접은 시작된다고 생각하고 행동한다. 관계자들에게 밝고 친절하게 인사한다. 회사 내 모든 사람이 심사자에게 평가와 관련된 정보를 줄 수도 있다. 면접을 기다릴 때도 담배를 피우거나 커피를 마시지 말고 차분히 기다린다.

5) 겉모습과 옷차림

면접에서는 첫인상을 좋게 주는 것이 매우 중요하다. 한 연구에 의하면 취업 면접에서 처음 5분 동안에 좋은 인상을 준 사람의 75%는 성공을 하였고, 나쁜 인상을 준 사람의 10%만 성공하였다.[11)]

첫인상을 형성하는 데는 30초 정도가 소요된다. 첫인상을 좋게 심을 수 있는 기회는 한번 뿐이다. 말보다는 겉으로 보이는 모습이 먼저 인상 형성에 영향을 미치기 때문에 겉모습에 따라서 면접의 성공이 결정되는 경우가 많다. 면접이 있기 며칠 전부터 잠을 충분히 자고 좋은 음식을 먹어서 편안한 모습이 되도록 한다.[12)] 목표로 하는 직무 수준에 적합한 복장을 갖추어야 한다. 해당 기업의 복장 스타일에 대한 정보가 없을 경우에는 점잖게 옷을 입는 것이 좋다.

남자는 어두운 색의 정장이 적합하다. 셔츠는 옅은 청색이나 흰색 등이 적합하다. 넥타이는 점잖음을 유지하는 범위 내에서 약간 화려한 것도 가능하다. 넥타이의 넓이는 양복 깃의 넓이를 넘지 않도록 하고, 길이는 혁대의 버클을 덮지 않도록 한다. 양말은 색이 어두운 것으로 한다. 구두의 색도 어두운 것으로 하고 잘 닦아야 한다. 수염은 깨끗이 면도를 하여야 한다. 꽁지머리를 하거나 귀걸이를 하면 다른 사람과의 조화에는 별로 신경 쓰지 않는다는 인상을 줄 수도 있다. 남자는 단순하고 짧은 머리 스타일이 좋다.[13)]

여성의 경우에도 점잖은 복장이 좋다. 옷의 색은 짙은 감색, 중간 회색, 진한 회색, 담황색 등이 적합하다. 스카프나 보석은 너무 튀어 보이지 않는다면 사용해도 좋다. 단순한 머리 스타일을 하여 차분한 분위기가 나게 한다. 화장과 향수는 최소

한만 한다.[14] 너무 요란한 차림새를 하면 전문가의 이미지를 주지 못할 수도 있다.[15]

면접 과정에 자신의 개성이 돋보이도록 해야 한다. 열정과 긍정적인 태도를 보이면 심사자의 관심을 모을 수 있다. 미소를 지으며 긍정적인 이미지를 주기 위해서 노력한다. 실제 면접에서 몇 번 미소 짓는가를 세어보는 기업도 있다.[16]

2 면접 중의 행동

면접에서 자신의 능력을 돋보이도록 하기 위하여 사전에 면접 전략을 작성하고 연습을 해본다. 면접 중에 다리를 떨거나, 불안한 모습을 보이거나, 두리번거려서 산만해 보이지 않도록 한다. 또 조직의 문화에 적합한 행동을 해야 한다. 대부분의 기업은 능력 있는 사람뿐만 아니라 조직에 잘 적응하고, 대화에서 잘 듣고 잘 대답할 수 있는 사람을 찾으려고 한다.[17]

면접장에 가면 피면접자는 자리에 앉으라는 말을 들은 후에 주의 깊은 태도로 앉는다. 먼저 면접자의 요청에 따라서 간단하게 자신을 소개한다. 면접 과정에는 긍정적인 태도를 보이고, 다른 사람을 비판하지 않고 자신의 장점을 강조하며, 정확한 커뮤니케이션 기술을 사용하고, 마지막까지 최선을 다 한다.

1) 긍정적 태도

기업은 일에 대한 정열을 가진 사람을 고용하기를 원한다. 일단 면접이 시작되면 해당 직무가 자기에게 최선의 직무라는 생각을 가져야 한다. 면접자의 눈을 적당히 바라보면서 모든 질문에 대해서 확신을 가지고 침착한 태도로 자신의 능력을 나타내어 보인다. 친절한 미소를 보이면 열정이 더욱 돋보인다.

지금까지 자신이 이룬 업적을 설명하고, 그 과정에서 도와준 사람에 대해서도 설명한다. 그러나 너무 지나친 자신감을 보여서 건방지게 보이지 않도록 하여야 한다. 또 긍정적인 태도가 아첨하는 태도로 보이지는 않도록 하여야 한다.

2) 비판 금지

자신의 과거 학교나 직장의 교수나 교사, 상사에 대해서 부정적으로 표현하는 것을 삼가야 한다. 이런 비판을 하면 자신이 부정적 성격을 가진 사람이라는 것을 보여주게 된다. 불평이 많은 사람을 고용하고 싶어 하는 기업은 없다. 비슷한 비판을 해당 기업에서도 하게 될 것이라는 염려를 줄 수도 있다.

3) 자신의 장점을 강조

앞부분에서 설명한 바와 같이 예상 질문에 대한 응답을 준비해 두어야 한다. 자신의 강점을 강조할 수 있는 질문은 적극적인 내용으로 준비한다. 그렇지 않은 질문에는 간단히 응답하거나 자신에게 유리한 쪽으로 응답하도록 준비한다. 예를 들어 "질문하신 분야에 대해서 저는 따로 공부한 바가 없습니다. 대신 최근에 개발된 이동통신 기술에 대해서는 공부할 기회가 있었습니다. 공부를 하면서 새로운 기술에 대해서 놀라기도 했지만 우리나라 사람의 끝없는 신기술 도전 정신에 감탄하기도 했습니다."와 같은 답을 할 수도 있다.

4) 강력한 커뮤니케이션 기술사용

면접자는 지원자가 면접에서 제대로 말을 하지 못할 경우는 그 사람이 업무에서 고객이나 동료에게 제대로 말을 하지 못할 것이라고 생각하기 쉽다. 면접에서 성공하는 사람은 면접자를 바라보며 조금 빠른 속도로 힘차게 말하고, 제스처와 미소를 자주 보이고, 고개를 끄덕여서 긍정적인 태도를 보이고, 자연스럽고 편안하면서도 앞 쪽으로 약간 기울어진 자세를 보인다.[18] 또 대답하기 전에 주의 깊게 질문을 듣고 모든 질문에 대해서 응답을 하며, 비속어를 사용하지 않는다.

대부분의 질문은 미리 준비하고 연습하여 대답할 수 있지만 가끔 일부러 대답하기 곤란한 질문을 하는 면접자가 있다. 일부러 스트레스 상황을 연출하여 그 상황을 어떻게 극복하는가를 보기 위해서 질문하는 경우이다. 예를 들어 "당신의 부하가 한 사람은 몸이 불편한 남성이고, 다른 한 사람은 나이가 많은 여성입니다. 한 사람만을 승진시켜야 할 때 두 사람이 똑 같은 능력을 가지고 있다면 누구를 택하겠습니까?"와 같은 질문이다. 이렇게 곤란한 질문일 경우는 되도록이면 직접적인 대답을 피해야 한다. 그 대신에 질문과 관련이 있는 사항에 대해서 말한다. 이 질문에 대해서는 고령화 사회의 문제점, 장애자에 대한 대우 등에 대해서 설명하면서 직접 대답은 피한다.

5) 마지막까지 최선을 다함

면접자는 면접의 마지막에 할 말이나 질문이 있느냐고 물어 보는 경우가 많다. 이 때 미리 준비해 둔 말이나 질문을 한다. 자신이 가진 강점을 면접자가 물어보지 않았을 때는 그에 대해서 짧게 설명한다. 너무 길지 않게 설명하고 면접자가 추가적으로 질문하면 자세히 대답한다.

면접을 마치면서 보통 면접자는 언제 최종 선발이 이루어지며 어떤 방법으로 통보하는가를 설명해준다. 이런 설명을 해주지 않으면 이에 대해서 물어보아도 괜찮다. 마지막으로 자신이 해당 기업에 취업하고자 하는 마음이 간절하다는 것을 표명한다. 마지막으로 면접자에게 감사를 표시한다.

6) 면접 후의 행동

면접 후에는 곧바로 자신의 행동에 대해서 반성해본다. 각 질문에 대한 자신의 대답을 회상하고 평가해본다. 만족스럽지 못한 부분이 있으면 좋은 대답으로 고쳐본다. 다음에 다른 면접에서도 비슷한 질문을 받을 가능성이 있기 때문이다. 또 이력서에 대해서도 재평가한다. 이력서를 잘 못썼기 때문에 받은 질문은 없는가를 회상해본다. 수정해야 할 부분이나 추가해야할 내용이 없는가를 생각해본다. 면접을 해본 결과 자기소개서에는 고칠 점이 없는가도 생각해본다. 자기소개서에서 제시한 학력이나 경력 중에서 좀 더 강한 인상을 주기 위하여 수정할 부분은 없는가를 생각해본다.

3 온라인 면접

전화나 온라인으로 예비 면접을 실시하는 경우가 많아지고 있다. 근래에는 많은 업무를 전화나 인터넷을 통해서 진행하기 때문에 전화나 이메일에서 사용하는 문장이나 커뮤니케이션 능력을 알아보려고 이러한 면접을 한다. 먼저 관심이 가는 지원자에게 이메일로 몇 가지 질문을 보내어 응답을 받아서 심사한다. 그들 중에서 선발된 사람에게 좀 더 많은 이메일 질문을 보내거나 전화를 하여 계속 심사를 진행한다.

이런 절차를 거치면서 적합하지 않은 사람을 사전에 걸러내기 때문에 양쪽의 시간을 절약할 수 있다. 이런 예비 절차를 통과하지 못한 사람은 다음 단계인 본격적인 면접 단계로 넘어가지 못한다. 일부 지원자는 이 절차를 통해 1차적인 선발 작업이 이루어지는 것을 몰라서 실수하기도 한다.

전화나 온라인 예비면접에서 가장 자주 범하는 실수는 임금에 대해서 물어보는 것이다. 임금에 대한 이야기는 면접자 쪽에서 먼저 물어보기 전에 피면접자가 먼저 말하는 것은 좋지 않다. 다음에 직접 만나서 이루어지는 면접에서 면접자가 물어볼 경우에만 대답하는 것이 좋다.

미 주

❖ 제1장 비즈니스 커뮤니케이션의 의의와 과정 ◇

1) G. Johns, *Organizational Behavior: Understanding and Managing Life at Work*, 4th ed., Harper Collins, NY, 1996, p.342.

2) C. L. Bovee & J. V. Thill, *Business Communication Today,* 10th ed., McGraw Hill, NY, 2010, p.38.

3) 신유근, 인간존중의 경영, 다산출판사, 서울, 2000.

4) S. Helldorfer & M. Daly, "Reengineering Brings Together Units." *Best's Review*, Oct. 1993, pp.82–85.

5) C. L. Bovee & J. V. Thill, *Business Communication Today,* 10th ed., McGraw Hill, NY, 2010, p.38.

6) E. B. Keable & M. Brill, "Hotelling: Beyond Space Reduction," *Facilities Design & Management*, June 2000, pp.26–28.

7) S. Watson, "Getting to Aha," *ComputerWorld Intranets*, Jan. 1998, pp.1–2, 6–7. M. E. Guffey, "The Latest in Business Buzzword: A Primer on Knowledge Management," *Business Communication News*, South-Western College Publishing, Fall 1999, p.1.

8) P. Drucker, "New Reality, New Ways of Managing," *Business Month*, May 1989, pp.50–51. A. Toffler, *Power Shift*, Bantam Books, New York, 1990; O. Harari, "Flood Your Organization with Knowledge," *Management Review*, Nov. 1997, pp.33–37.

9) 전국경제인연합회, 「기업이 바라는 대학 교과과정」, 2003.

10) National Association for Colleges and Employers, "The Job Market for the Class of 2001," *Planning Job Choices: 2001*, 4th ed. Bethlehem, PA, 2000.

11) C. L. Bovee & J. V. Thill, *Business Communication Today*, 10th ed., McGraw Hill, NY, 2010, p.38.

12) C. E. Shannon & W. Weaver, *The Mathematical Theory of Communication*, University of Illinois Press, 1949, p.5.

13) O. Hargie, C. Saunders, & D.Dickson, *Social Skills in Interpersonal Communication*, 3rd ed., Routledge, NY., 1994, p.155.

14) D. B. Roebuck, Improving Business Communication Skill, 3rd ed.. Prentice Hall, Upper Saddle River New Jersey, 2001, p.6.

15) J. Greenberg & R. A. Baron, *Behavior in Organizations*, 5th ed., Prentice–Hall, Englewood Cliffs, NJ, p.331.

16) R. J. Aldag & L. W. Kuzuhara, *Organizational Behavior and Management: An Integrated Skills Approach*, Mason Ohio, South–West Thompson, 2003.

17) E. Davidson, "Communicating with a Diverse Workforce," *Supervisory Management,* Dec. 1991 pp.1–2.

18) R. Kreitner & A. Kinicki, *Organizational Behavior,* 3rd ed.(Chigago: Irwin, 1995), pp.60–62.

❖ 제2장 업무문서 작성과정

1) M. E. Guffey, Business Communication: Process and Product, 4th ed.. Thomson South-Western, Mason Ohio, 2003, p.130.

2) H. Hay-Roe, "The Secret of Excess," *Executive Excellence,* Jan. 1995, p.20.

3) 노동형, 1등 기획서 상식 사전, 길벗, 서울, 2010, p.93.

4) S. Ober, Contemporary Business Communication, Houghton Mifflin Company, Boston, 2003, p.188.

5) D. B. Roebuck, Improving Business Communication Skill, 3rd ed.. Prentice Hall, Upper Saddle River New Jersey, 2001, p.17.

6) 노동형, 1등 기획서 상식 사전, 길벗, 서울, 2010, pp.88-89.

7) A. F. Osborn, *Applied Imagination*, Charles Scriber's Sons, NY, 1953.

8) A. Furnham, "The Brainstorming Myth," *Business Strategy Review*, Winter 2000, pp.21-28.

9) F. S. Wayne & D. P. Dauwalder, *Communicating in Business: An Action Oriented Approach*, Irwin Publishing, Burr Ridge Illinois, pp.40-41.

10) A. Fluegelman & J. J. Hewes, "The Word Processor and the Writing Process" in *Strategies for Business and Technical Writing*, 4th ed. K. J. Harty ed., Hartcourt Brace Jovanovich, 1989.

11) M. Cook, "Seven Steps to Better Manuscripts," *Writer's Digest*, Sep. 1987, p.30.

12) S. Ober, Contemporary Business Communication, Houghton Mifflin Company, Boston, 2003, p.195.

13) 조세형, 회사에서 통하는 커뮤니케이션, 위즈덤하우스, 고양, 2010, p.129.

14) D. B. Roebuck, Improving Business Communication Skill, 3rd ed.. Prentice Hall, Upper Saddle River New Jersey, 2001, p.20.

15) P. Elbow, *Writing with Power: Techniques for Mastering the Writing Process,* Oxford University Press, Oxford, 1998, p.30.

16) J. S. Fielden, "What Do You Mean You Don't Like My Style?" *Harvard Business Review,* May/June 1982, p.128.

17) S. V. M. Stoddard, "Proofreading for Perfection," *Legal Assistant Today,* Mar./Apr. 1997, p.84-85.

18) L. E. Boone & D. L. Kurtz, *Contemporary Business Communication,* Englewood Cliffs, Prentice Hall, 1994, p.160.

❖ 제3장 업무상의 글쓰기 스타일 ◇

1) S. Ober, Contemporary Business Communication, Houghton Mifflin Company, Boston, 2003, p.124; M. E. Guffey, Business Communication: Process and Product, 4th ed.. Thomson South-Western, Mason Ohio, 2003, pp.137-196; D. B. Roebuck, Improving Business Communication Skill, 3rd ed.. Prentice Hall, Upper Saddle River New Jersey, 2001, pp.21-42.

2) S. Ober, Contemporary Business Communication, Houghton Mifflin Company, Boston, 2003, p.128.

3) 배상복, 일반인을 위한 글쓰기 정석, 경향미디어, 서울, 2006, p.191.

4) 조세형, 회사에서 통하는 커뮤니케이션, 위즈덤하우스, 고양, 2010, p.127.

5) 김영민, 대한민국 핵심인재를 위한 기획특강, 새로운 제안, 서울, 2009, p.229.

6) 이수연, 성 평등한 미디어 언어개발을 위한 토론회 발표문, 한국여성개발원, 2006.

7) R. C. Huseman, J. M. Lahiff, & J. M. Penrose, Jr., *Business Communication,* Dryden Press, Chicago, 1991, p.65.

8) R. W. Goddard, "Communication: Use Language Effectively," *Personnel Journal,* Apr. 1989, p.32.

9) 배상복, 문장기술, MBC프로덕션, 서울, 2009, p.35.

10) 배상복, 일반인을 위한 글쓰기 정석, 경향미디어, 서울, 2006, p.198.

11) D. B. Roebuck, Improving Business Communication Skill, 3rd ed.. Prentice Hall, Upper Saddle River New Jersey, 2001, p.37.

12) R. Gunning, *The technique of Big Business*, McGraw-Hill, New York, 1952, p.38.

❖ 제4장 일상적 문서의 작성 ◇

1) D. Chambers, *Writing to Get Action*, Velocity Business Publishing, Bristol VT, 1998, p.12

2) D. B. Roebuck, Improving Business Communication Skill, 3rd ed.. Prentice Hall, Upper Saddle River New Jersey, 2001, pp.72-74.

3) S. Ober, "Contemporary Business Communication," Houghton Mifflin Company, Boston, 2003, p.221.

4) G. L. Clark, P. F. Kaminiski, & D. R. Rink, "Consumer Complaints: Advice on How Companies Should Respond Based On an Empirical Study," *Journal of Services Marketing*, Winter 1992, pp.41-50.

5) C. Goodwin & I. Ross, "Consumer Evaluations of Responses to Complaints: What's Fair and Why," *Journal of Consumer Marketing*, 7, 1990, pp.39-47.

6) M. E. Guffey, Business Communication: Process and Product, 4th ed.. Thomson South-Western, Mason Ohio, 2003, p.264.

❖ 제5장 설득적 문서의 작성 ◇

1) D. B. Roebuck, Improving Business Communication Skill, 3rd ed.. Prentice Hall, Upper Saddle River New Jersey, 2001, p.100.

2) M. E. Guffey, Business Communication: Process and Product, 4th ed.. Thomson South-Western, Mason Ohio, 2003, p.288.

3) 김현기, 파워프레젠테이션 특강, 한국문화사, 서울, 2010, p.182.

4) R. L. Hemmings, "Think Before You Write." *Fund Raising Management,* Feb. 1990, pp.23-24.

5) D. Rieck, "Great Letters and Why They Work," *Direct Markcting*, June, 1998, pp.20-24.

6) A. Hass Jr., "How to Sell Almost Anything by Direct Mail," *Across the Board*, Nov. 1986, p.50.

7) D. Chambers, *The Agile Manager's Guide to Writing to Get Action*, Velocity Press, Bristol VT, 1998, p.86.

8) T. Lammers, "The Elements of Perfect Pitch," *Inc.*, Mar. 1992. pp.53-55.

9) K. McLaughlin, "Words of Wisdom," *Entrepreneur*, Oct. 1990, p.101.

10) K. Paterson, "The Writing Process-Sales Letters That Work," *Rough Notes*, Apr. 1998, pp.59-60.

11) L. Lynton, "The Fine Art of Writing a Sales Letter," *Sales & Marketing Management*, Aug. 1988, p.55

12) D. B. Roebuck, Improving Business Communication Skill, 3rd ed.. Prentice Hall, Upper Saddle River New Jersey, 2001, p.104.

❖ 제6장 부정적 내용을 알리는 문서 작성 ◇

1) S. L. Brock, *Better Business Writing*, Crisp Publishing, Menlo Park, CA, 1988, p.37.

2) "Delivering Bad News by E-Mail Is More Accurate, Less Painful, Study Suggests," Information on Line, June 23, 2000, http://www.informs.org/Press/BadNews.html (June 12, 2001)

3) C. David & M. A. Baker, "Rereading Bad News: Compliance-Gaining Features in Management Memos," *The Journal of Business Communication*, Vol.31 No.4, p.268.

4) M. R. Limaye, "Further Conceptualization of Explanations in Negative Massages," *Business Communication Quarterly*, June 1997, p.46.

5) M. Bayless, "Business and Education: Perception of Written Communication," *NABTE Review*, 1991, pp.32-35; D. Brent, "Indirect Structure and Reader Response," *Journal of Business Communication*, Spring 1985, pp.5-7.

6) 정경진, 성공하는 직장인의 7가지 대화법, 크레듀, 서울, 2008, p.261.

7) M. Forbes, "How to Write a Business Letter," in K. Harty, *Strategies for Business and Technical Writing*, 4th ed. Allyn and Bacon, Boston, 1999, p.108.

8) E. M. Dorn, "Case Method Instruction in the Business Writing Classroom," *Business Communication Quarterly*, Mar. 1999, pp.51-52.

9) M. E. Guffey, Business Communication: Process and Product, 4th ed.. Thomson South-Western, Mason Ohio, 2003, p.340.

❖ 제7장 메모와 이메일 작성 ◇

1) A. S. Bednard & R. J. Olney, "Communication Needs of Recent Graduates," *The Bulletin of the Association for Business Communication*, p.22, Dec., 1987.

2) R. Davidhizar, R. Shearer, & B. Castro, "A Dilemma of Modern Technology: Managing E-Mail Overload," *Hospital Material Management Quarterly*, Feb. 2000, pp.42-47.

3) R. Gold, "Reader-Friendly Writing," *Supervisory Management*, Jan. 1989, p.40.

4) L. Sussman, P. Golden, & R. Beauclair, "Training for E-Mail," *Training and Development Journal*, Mar. 1991, p.70.

5) D. Angell & B. Heslop, *The Elements of E-mail Style: Communicate Effectively Via Electronic Mail*, Addison-Wesley Publishing, Reading, MA, 1994, p.5.

6) K. Williams, A. G. "Buddy" Krizan, J. Logan, P. Merrier, *Communication in Business*, 8th ed., South-Western, Mason Ohio, 2008, pp.142-143

7) K. Williams, A. G. "Buddy" Krizan, J. Logan, P. Merrier, *Communication in Business*, 8th ed., South-Western, Mason Ohio, 2008, pp.146-147.

8) C. L. Bovee & J. V. Thill, *Business Communication Today*, 10th ed., McGraw Hill, NY, 2010, pp.217-219.

9) K. Williams, A. G. "Buddy" Krizan, J. Logan, P. Merrier, *Communication in Business*, 8th ed., South-Western, Mason Ohio, 2008, pp.60-61.

10) K. Williams, A. G. "Buddy" Krizan, J. Logan, P. Merrier, *Communication in Business*, 8th ed., South-Western, Mason Ohio, 2008, pp.146-147.

11) C. L. Bovee & J. V. Thill, *Business Communication Today*, 10th ed., McGraw Hill, NY, 2010, pp.217-219.

12) C. L. Bovee & J. V. Thill, *Business Communication Today*, 10th ed., McGraw Hill, NY, 2010, pp.217-219.

13) K. Williams, A. G. "Buddy" Krizan, J. Logan, P. Merrier, Communication in Business, 8th ed., South-Western, Mason Ohio, 2008, pp.146-147.

14) K. Williams, A. G. "Buddy" Krizan, J. Logan, P. Merrier, Communication in Business, 8th ed., South-Western, Mason Ohio, 2008, pp.146-147.

15) C. L. Bovee & J. V. Thill, *Business Communication Today*, 10th ed., McGraw Hill, NY, 2010, pp.217-219.

16) C. L. Bovee & J. V. Thill, *Business Communication Today*, 10th ed., McGraw Hill, NY, 2010, pp.217-219.

17) 배상복, 일반인을 위한 글쓰기 정석, 경향미디어, 서울, 2006, p.291.

18) C. L. Bovee & J. V. Thill, *Business Communication Today*, 10th ed., McGraw Hill, NY, 2010, pp.212-213.

19) C. L. Bovee & J. V. Thill, *Business Communication Today*, 10th ed., McGraw Hill, NY, 2010, pp.217-219.

❖ 제8장 보고서 작성의 준비 ◇

1) J. Naisbitt, Megatrends: Ten New Directions Shaping Our Lives, Warner Books, NY, 1984, p.17.

2) D. T. Hawkins, "What is Credible Information," Online, Sep.1999, http://www.onelineinc.com/OL1999/technomonitor9.html.

3) M. E. Guffey, Business Communication: Process and Product, 4th ed.. Thomson South-Western, Mason Ohio, 2003, p.385.

4) M. E. Guffey, Business Communication: Process and Product, 4th ed.. Thomson South-Western, Mason Ohio, 2003, p.388.

5) J. J. Sullivan, "Financial Presentation Format and Managerial Decision Making: Tables Versus Graphics," *Management Communication Quarterly*, Vol.2, Nov. 1988, pp.194-216.

6) E. Tufte, *The Visual Display of Quantitative Information*, Graphics Press, Cheshire, CT, 1983.

7) J. M. Penrose Jr., R. W. Rasberry, & R. J. Myers, *Advanced Business Communication*, Wasworth, Belmont CA, 1993, pp.38-46.

8) T. B. A. Aldo, "The Effects of Dimensionality in Computer Graphics," *Journal of Business Communication*, Vol. 31, Dec. 1994, pp.253-265.

9) 진 젤라니즈, 맥캔지(안진환 역), 차트의 기술, 스마트비즈니스, 서울, 2009, pp.29-31.

10) 진 젤라니즈, 맥캔지(안진환 역), 차트의 기술, 스마트비즈니스, 서울, 2009, pp.47-49.

❖ 제9장 보고서 작성의 실제

1) K. O. Locker, S. K. Kaczmarek, *Business Communication: Building Critical Skills*, 4th ed., McGraw-Hill, 2009, pp.400-401.

2) K. DeTienne, et als, "Developing Winning Proposals," *Mechanical Engineering*, June 1994, pp.65-66.

3) H. Holtz, *The Consultant's Guide to Proposal Writing*, John Wiley, NY, 1990, p.188.

4) S. Brock, *Writing Business Proposals and Reports*, Crisp Publications, Menlo Park CA, 1992, p.68.

5) T. Pollock, "A Personal File on Stimulating Ideas and Problem Solvers," *Supervision*, July 1992, pp.24-26.

6) R. W. Rasberry & L. Lindsay, *Effective Managerial Communication*, 2nd ed. Wadsworth Publication, Belmont CA, 1994, p.336.

❖ 제10장 경청과 대화, 비언어적 커뮤니케이션

1) Williams, Krizan, Logan, Merrier, *Communication in Business*, 8th ed., p.432-433.

2) A. M. Simon, "Effective Listening: Barriers to Listening in a Diverse Business Environment," *Bulletin of the Association for Business Communication*, Vol. 54, No.3, 1991, pp.73-74.

3) C. L. Bovee & J. V. *Thill, Business Communication Today*, 10th ed., McGraw Hill, NY, 2010, pp.83-85.

4) J. Brownell, *Listening*, 2nd ed., Allyn & Bacon, Boston, 2002, pp.9–10.

5) R. G. Nicols, "Listening Is a Ten-Part Skill," *Nation's Business*, Sep. 1987, p.40.

6) H. L. Goodall, Jr., S. Goodall, J. Schiefelbein, *Business and Professional Communication in the Global Workplace,* 3rd ed., Wadsworth, Boston MA., 2010, pp.91–94.

7) A. Fisher, "The Trouble with MBAs," *Fortune International*, No.30, April 2007, pp.33–34.

8) "Listening Factoids," International Listening Association〈http://www.listen.org〉

9) A. H. Bell, D. M. Smith, *Management Communication*, 3rd ed., Wiely, 2010, pp.145–152.

10) Williams, Krizan, Logan, Merrier, *Communication in Business*, 8th ed., pp.432–433.

11) D. M. Kratz and A. R. Kratz, *Effective Listening Skills*, McGraw-Hill, New York, 1995, pp.45–53.

12) Brownell, *Listening*, 2nd ed., pp.230–231.

13) Kratz and Kratz, *Effective Listening Skills*, pp.78–79.

14) B. Brooks, "The Power of Active Listening," *American Salesman*, June 2003, p.12.

15) S. Ober, Contemporary Business Communication, Houghton Mifflin Company, Boston, 2003, p.62; S. P. Robbins, Management, 4th ed. Prentice-Hall, Englewood Cliffs, NJ, 1996, p.388.

16) S. Golen, "A Factor Analysis of Barriers to Effective Listening," *The Journal of Business Communication*, Winter 1990, pp.25–37.

17) A. H. Bell, D. M. Smith, *Management Communication*, 3rd ed., Wiely, 2010, 145–152.

18) H. L. Goodall, Jr., S. Goodall, J. Schiefelbein, *Business and Professional Communication in the Global Workplace,* 3rd ed., Wadsworth, Boston MA., 2010, p.91–94.

19) 정경진, 성공하는 직장인의 7가지 대화법, 크레듀, 서울, 2008, p.6.

20) 한휘, 오너 커뮤니케이션, 이너북, 서울, 2009, p.73.

21) 마일로 프랭크(임정재 역), 설득, 30초 안에 끝내라, 한스미디어, 서울, 2004.

22) 이정숙, 성공하는 직장인은 대화법이 다르다, 더난출판사, 서울, 2008, p.182.

23) 한휘, 오너 커뮤니케이션, 이너북, 서울, 2009, p.154.

24) 이정숙, 성공하는 직장인은 대화법이 다르다, 더난출판사, 서울, 2008, pp.67–75.

25) 정경진, 성공하는 직장인의 7가지 대화법, 크레듀, 서울, 2008, p.251.

26) A. Mehrabian, "Communication without Words," *Psychology Today*, Sep., 1968, pp.53–55.

27) B. Boyer, *A World of Ideas,* Doubleday, Garden City, NY, 1990에서 Drucker의 연설을 인용함.

28) 정경진, 성공하는 직장인의 7가지 대화법, 크레듀, 서울, 2008, p.164–166.

29) M. L. Knapp, *Essentials of Nonverbal Communication,* Holt, Rinehart & Winston, New York, 1980, pp.21–26.

30) E. T. Hall, *The Hidden Dimension*, Doubleday, Garden City, NY, 1966, pp.107–122.

❖ 제11장 프레젠테이션의 준비와 실시 ………………………………… ◇

1) R. V. Montagno, D. F. Kuratko, & J. H. Scarcella, "Perception of Entrepreneurial Success Characteristics," *American Journal of Small Business*, Winter 1968, pp.25–32.

2) R. M. Berko, A. D. Wolvin, & R. Curtis, *The Business of Communicating*, 5th ed., WCB Brown & Benchmark Publishers, 1993, p.286.

3) Z. K. Quible, M. H. Johnson, & L. Dennis, *Introduction to Business Communication*, 2nd ed., Prentice Hall, Englewood Cliffs, NJ, p.484.

4) M. E. Guffey, Business Communication: Process and Product, 4th ed.. Thomson South-Western, Mason Ohio, 2003, pp.490-491.

5) C. Hamilton, & C. Parker, *Communicating for Results: A Guide for Business and the Professions*, 4th ed., Wardworth, Belmont, CA, pp.360-372.

6) D. Fisher, *Communication in Organization*, 2nd ed., West Publication, Minneapolis, 1993, p.520.

7) 조세형, 회사에서 통하는 커뮤니케이션, 위즈덤하우스, 고양, 2010, p.81.

8) 카마인 갈로(김태훈 역), 스티브 잡스 프레젠테이션의 비밀, 랜덤하우스코리아, 서울, 2010, p.75-79.

9) B. Decker, *You've Got to Be Believed to Be Heard*, St. Martin Press, NY, 1992, p.85.

10) J. Endicott, "For Better Presentation, Avoid PowerPoint Pitfalls," *Presentations*, June 1998,pp.36-37.

11) 논자에 따라서 주장하는 내용에 조금씩 차이가 있다. 대체로 6×6 또는 7×7이 적당하다는 주장이 많다. N. B. Sigband & A. H. Bell, *Communication for Managers*, 6th ed., South-western Publishing, Cincinnati, 1994, p.412.

12) C. L. Bovee & J. V. Thill, *Business Communication Today*, 10th ed., McGraw Hill, NY, 2010, p.538.

13) D. B. Roebuck, Improving Business Communication Skill, 3rd ed.. Prentice Hall, Upper Saddle River New Jersey, 2001, pp.180-181.

14) D. M. Pibal, "Mastering the Art of a Winning Business Presentation," in R. H. Hudson & B. J. Selzler ed., *Business Communication: Concepts and Applications in an Electronic Age*, Roxbury Publishing, Los Angles, 1994, p.151.

15) A. Mehrabian, "Communication without Words," *Psychology Today*, Sep., 1968, pp.53–55.

16) D. Booher, *Executive's Portfolio of Model Speeches for All Occasions*, Prentice-Hall, Englewood Cliffs, NJ, 1991, p.259.

17) A. Taylor, T. Rosegrant, A. Meyer, & B. T. Samples, *Communicating*, Prentice-Hall, Englewood Cliffs NJ., 1980, p.381.

18) R. C. Huseman, J. M. Lahiff, & J. M. Penrose, *Business Communication*, Dryden Press, Chicago, 1992, p.399.

19) M. Martel, "Combating Speech Anxiety," *Public Relations Journal*, July 1981, pp.20–21.

20) G. Plimpton, How to Make a Speech, *International Paper Company*, NY, 1982, pp.1–2.

21) C. C. Staley & R. S. Staley II, *Communicating in Business and the Professions: The Inside Word*, Wadsworth, Belmont CA, 1992, p.197.

22) S. Asher & W. Chambers, *Wooing and Winning Business*, John Wiley & Sons, NY, 1997, p.71.

23) K. O. Locker, S. K. Kaczmarek, *Business Communication: Building Critical Skills*, 4th ed., McGraw-Hill, 2009, p.355.

24) S. Ober, Contemporary Business Communication, Houghton Mifflin Company, Boston, 2003, pp.477–478.

25) S. Mandel, *Effective Presentation Skills: A Practical Guide for Better Speaking*, Crisp Publications 1993, Menlo Park, CA, 1993, p.38.

26) K. L. Johnson, "You Were Saying," *Managers Magazine*, Feb. 1989, p.19.

27) 송승우, 말하는 기술, 이기는 감성 프레젠테이션, 소담출판사, 2003, p.75.

❖ 제12장 팀과 커뮤니케이션 ◇

1) J. R. Katzenbach & D. K. Smith, The Wisdom of Teams, *Havard Business School,* Boston MA, 1993; J. Greenberg & R. A. Baron, Behavior in Organizations, 5th ed., Prentice-Hall, Englewood Cliffs NJ, 1995, pp.297-298.

2) S. P. Robbins, *Organizational Behavior*, Prentice-Hall, Englewood Cliffs NJ, 2003.

3) B. W. Tuckman, M. A. Jensen, "Stage of Small Group Development Revisited," *Groups and Organization Studies*, Vol.2, 1977, PP.419-427.

4) D. Tjosvold, "Implication of Controversy Research for Management," *Journal of Management*, Vol.11, 1985, pp.21-37.

5) 이정숙, 성공하는 직장인은 대화법이 다르다, 더난출판사, 서울, 2008, p.188.

6) S. Ober, Contemporary Business Communication, Houghton Mifflin Company, Boston, 2003, p.41.

7) C. A. Kiesler & S. B. Kiesler, *Conformity*, Addison-Wesley, Reading MA, 1969.

8) I. R. Janis, *Victims of Groupthink*, Houghton Mifflin, Boston, 1972.

9) P. R. Scholtes, *The Team Handbook: How to Use Teams to Improve Quality*, Joiner Associates, Madison, WI, 1988, PP.623-628.

10) J. R. Hackman, "Group Influence on Individuals in Organizations," in M. D. Dunnette & L. M. Hough ed., *Handbook of Industrial and Organizational Psychology*, 2nd ed., Vol.3, Consulting Psychologists Press, Palo Alto CA, 1992, pp.199-268.

11) D. B. Roebuck, Improving Business Communication Skill, 3rd ed.. Prentice Hall, Upper Saddle River New Jersey, 2001, p.215.

12) A. M. Townsend, S. M. DeMarie, & A. R. Hendrickson, "Virtual Teams: Technology and the Workplace of the Future," *Academy of Management Executive*, Aug. 1998, pp.17–29.

13) A. M. Townsend, S. M. DeMarie, & A. R. Hendrickson, "Are You Ready for Virtual Teams?" *HR Magazine*, Sep. 1996, pp.122–126.

14) B. P. Glacel, "Virtual Teams Create New Challenges," *Business Journal,* 12, June 1998, pp.15–18; K. O. Locker, S. K. Kaczmarek, *Business Communication: Building Critical Skills*, 4th ed., McGraw–Hill, 2009, p.340.

15) A. Lunsford & L. Ede, "Why Write Together: A Research Update," *Rhetoric Review*, Fall 1986, p.1.

16) M. E. Guffey, Business Communication: Process and Product, 4th ed.. Thomson South–Western, Mason Ohio, 2003, p.132.

17) D. B. Roebuck, Improving Business Communication Skill, 3rd ed.. Prentice Hall, Upper Saddle River New Jersey, 2001, pp.215–217.

18) J. Hanke, "Presenting as a Team," Presentations Magazine, Jan. 1998, p.80

19) S. Ober, Contemporary Business Communication, Houghton Mifflin Company, Boston, 2003, pp.476–477.

❖ 제13장 조직 내의 커뮤니케이션 행동 ◇

1) M. E. Haynes, *Effective Meeting Skills*, Crisp Publications 1993, Menlo Park, CA, 1988, p.2.

2) T. McDonald, "Minimizing Meetings," *Successful Meetings*, June 1996, p.24.

3) J. Conlin, "Park It Here: Small Meetings," *Successful Meetings*, Nov. 1992, pp.87–95.

4) T. Hajduk, "Interpersonal Communication: Moving Students Beyond Writing Assignments," 64th Annual Convention of Business Communication, Los Angeles, CA, Nov. 1999; D. B. Roebuck, Improving Business Communication Skill, 3rd ed.. Prentice Hall, Upper Saddle River New Jersey, 2001, p.232.

5) H. M. Robert, *The Scott, Foresman Robert's Rule of Order*, Newly Revised, Scott, Foresman, Glenview, IL, 1981.

6) E. J. Davidson, *Business Writing at Work*, Irwin Mirror Press, Burr Ridge, IL, 1994, p.184.

7) J. Grossman, "The Sound of Slience," *Sky*, June 1998, pp.28-32.

8) P. A. LaRosa, "Voice Messaging Is Quality 'Lip Service,'" *The Office*, May 1992, p.10.

9) S. Friedman, "Skill on Telephone Builds Good Image," *Atlanta Journal and Constitution*, Feb. 28, 1993, p.3.

10) J. A. Dibble & B. Y. Langford, *Communication Skills and Strategies*, South-Western Publishing, Cincinnati, OH, 1994, p.93.

11) G. Dutton, "Gaining a Vocal Edge," *Management Review*, July 1996, p.9.

12) E. L. Popham et als, *Secretarial Procedures and Administration*, South-Western Publishing, Cincinnati, OH, 1994, pp.271-277.

13) M. E. Guffey, Business Communication: Process and Product, 4th ed.. Thomson South-Western, Mason Ohio, 2003, pp.513-514; D. B. Roebuck, Improving Business Communication Skill, 3rd ed.. Prentice Hall, Upper Saddle River New Jersey, 2001, pp.252-253.

14) M. E. Guffey, Business Communication: Process and Product, 4th ed.. Thomson South-Western, Mason Ohio, 2003, pp.512-513; D. B. Roebuck, Improving Business Communication Skill, 3rd ed.. Prentice Hall, Upper Saddle River New Jersey, 2001, pp.253-254.

15) S. Ober, Contemporary Business Communication, Houghton Mifflin Company, Boston, 2003, p.107.

16) S. Ober, Contemporary Business Communication, Houghton Mifflin Company, Boston, 2003, pp.102-106.

17) National Business Association, "Business Etiquette," Keying In, Reston, VA, Jan. 1996, p.6; D. Foster, "Business Across Borders: International Etiquette for the Effective Global Secretary," The Secretary, Oct. 1992, pp.20-24; S. Ober, Contemporary Business Communication, Houghton Mifflin Company, Boston, 2003, pp.70-77.

18) M. E. Guffey, Business Communication: Process and Product, 4th ed.. Thomson South-Western, Mason Ohio, 2003, pp.326-327; S. Ober, Contemporary Business Communication, Houghton Mifflin Company, Boston, 2003, pp.22-23.

19) D. Harris, "A Matter of Privacy: Managing Personal Data in Company Computers," *Personnel*, Vol.65, June 1988, p.52.

❖ 제14장 이력서와 자기소개서 작성 ◇

1) C. P. Williams, "The End of the Job As We Know It," *Training & Development*, Jan. 1999, pp.52-54.

2) G. B. Weathersby, "Responding to Change," *Management Review*, Oct. 1998, p.5.

3) M. E. Guffey, Business Communication: Process and Product, 4th ed.. Thomson South-Western, Mason Ohio, 2003, pp.525-526; D. B. Roebuck, Improving Business Communication Skill, 3rd ed.. Prentice Hall, Upper Saddle River New Jersey, 2001, pp.274-275.

4) M. E. Guffey, Business Communication: Process and Product, 4th ed.. Thomson South-Western, Mason Ohio, 2003, pp.526-529; D. B. Roebuck, Improving Business Communication Skill, 3rd ed.. Prentice Hall, Upper

Saddle River New Jersey, 2001, pp.276-279.

5) M. Messmer, "Net-savvy Job Searching," *Strategic Finance*, June 1999, pp.10-12.

6) D. B. Roebuck, Improving Business Communication Skill, 3rd ed.. Prentice Hall, Upper Saddle River New Jersey, 2001, p.297.

7) J. Harcourt, A. C. Krizan, "A Comparison of Resume Content Preferences of Fortune 500 Personnel Administrators and Business Communication Instructors," *Journal of Business Communication*, Spring 1989, pp.177-190.

8) R. Lorentz & J. W. Carland, "The Resume: What Value Is There in References?" *Journal of Technical Writing and Communication*, Fall 1993, p.371.

9) T. Jackson, *The Perfect Resume*, Anchor Books, NY, 1981, p.66. N. Bortoli, "Resumes in the Right: New Rules Make Writing a Winner Easy," *Manage*, Aug. 1997, pp.20-21.

10) W. H. Baker, K. DeTeinne, & K. L. Smart, "How Fortune 500 Companies Are Using Electronic Resume Management System," *Business Communication Quarterly*, Sep. 1998, p.8-19.

11) J. L. Kennedy & T. J. Morrow, *Electronic Resume Revolution*, John Wiley & Son, NY, 1994, Ch.3.

12) S. Ober, Contemporary Business Communication, Houghton Mifflin Company, Boston, 2003 pp.535-537.

13) H. M. Augustin, "The Written Job Search: A Comparison of the Traditional and a Nontraditional Approach," *The Bulletin of the Association for Business Communication*, Sep. 1991, p.13.

14) E. Blackburn-Brockman & K. Belanger, "One Page or Two?: A National Survey of CPA Recruiters' Preferences for Resume Length," *The Journal of Business Communication*, Jan. 2001, pp.29-57.

15) J. Harcourt, A. C. Krizan, "A Comparison of Resume Content Preferences of Fortune 500 Personnel Administrators and Business Communication Instructors," *Journal of Business Communication*, Spring 1989, pp.177-190.

❖ 제15장 취업을 위한 면접

1) L. Ulrich & Don Trumbo, "The Selection Interview Since 1949," *Psychological Bulletin*, Vol.43, 1956, p.100.

2) S. Ober, Contemporary Business Communication, Houghton Mifflin Company, Boston, 2003, p.545.

3) A. Uris, *Action Guide for Executive Job Seekers and Employers*, Acro Publishing, NY, 1971. pp.186-187.

4) T. Janz & G. B. Monney, *Behavior Description Interviewing: Trainer's Guide*, HRD Press, Amherst, MA, 1991.

5) T. Janz & G. B. Monney, *Behavior Description Interviewing: Trainer's Guide*, HRD Press, Amherst, MA, 1991.

6) M. E. Guffey, Business Communication: Process and Product, 4th ed.. Thomson South-Western, Mason Ohio, 2003, p.559.

7) K. O. Locker, S. K. Kaczmarek, *Business Communication: Building Critical Skills*, 4th ed., McGraw-Hill, 2009, p.523.

8) K. Williams, A. G. "Buddy" Krizan, J. Logan, P. Merrier, *Communication in Business*, 8th ed., South-Western, Mason Ohio, 2008, p.539.

9) K. O. Locker, S. K. Kaczmarek, *Business Communication: Building Critical Skills*, 4th ed., McGraw-Hill, 2009, p.519.

10) K. O. Locker et al, op. cit.. K. Williams et al, op. cit.. A. H. Belll, D. M. Smith, *Management Communication*, 3rd ed., John Wiely, NJ, 2009, p.439.

11) N. Spinks & B. Wells, "Employment Interviews: Trends in the Fortune 500 Companies - 1980-1988," *ABC Bulletin*, Dec. 1988, p.17.

12) C. L. Bovee & J. V. Thill, *Business Communication Today*, McGraw Hill, NY, 1992, p.391.

13) S. Cejka, "How to Ace a Job Interview," *Medical Economics*, June, 1997, p.213-214.

14) J. M. Farr, *The Very Quick Job Search*, JIST Works, Indianapolis, IN, 1991, p.158.

15) N. Carr-Ruffino, *The Promotable Woman: Becoming a Successful Manager*, 2nd ed., Wadsworth, Belmont, CA, 1985, p.87.

16) D. B. Roebuck, Improving Business Communication Skill, 3rd ed.. Prentice Hall, Upper Saddle River New Jersey, 2001, p.322.

17) K. Gerencher, "Finding the Path to Your Next Job," InfoWorld, Aug. 1999, p.75.

18) C. Hamilton & C. Parker, *Communicating for Results*, 4th ed., Wadsworth, Belmont, CA, 1993, p.241.

○ 서 인 석

- 공주대학교 사범대학 상업정보교육과 교수
- 경상대학교 경영학과 졸업
- 서울대학교 대학원 석사과정 졸업
- 서울대학교 대학원 박사과정 졸업(경영학 박사)

[제2판]

지식근로자시대의

비즈니스 커뮤니케이션

Business Communication

초판발행	2008년 1월 4일
제2판 1쇄 발행	2012년 9월 23일
제2판 2쇄 인쇄	2015년 3월 2일
제2판 2쇄 발행	2015년 3월 2일

저 자	서인석
발 행 인	차성환
발 행 처	나라디엠출판사
주 소	서울특별시 마포구 토정로 222
등 록	2010년 5월 13일
신고번호	제 313-2010-139호
전 화	02) 353-2220
팩 스	02) 335-0408
E - mail	chash310@hammail.net
I S B N	978-89-97891-01-6 (93320)

정가 **20,000원** ※ 파본은 교환해 드립니다.

판매대행 GS인터비전 (02) 976-7898